MITTELM
Biserta
Annaba
Tunis
Algier
Bejaia
se
Oued Chéliff
staganem
Djelfa
araatlas
Tozeur
Gabès
El-Oued
Laghouat
TUNESIEN
Touggourt
Ghardaïa
Ouargla
Hassi-Messaout
ALGERIEN
er Großer Erg
Östlicher Großer Erg
El-Goléa
El-Agreb
LIBYEN
Timimoun
Ohanet
a r a
Edjéleh
In-Salah
eggane
Djanet
Ahaggar
Tamanrasset

Piper Panoramen der Welt

Willy Guggenheim · 3mal Nordafrika

Willy Guggenheim

3mal Nordafrika

Marokko, Algerien, Tunesien

Piper
München Zürich

ISBN 3-492-02836-5

Gesetzt aus der Aldus-Antiqua
Vorsatzkarte: Jutta Winter
Gesamtherstellung: H. Mühlberger, Augsburg
Printed in Germany

Inhalt

Europas »Süden« –
Arabiens »Westen«

Herakles, Dido und die Folgen

Über die Urzeit Nordafrikas wird viel gerätselt, Paläolithikum und Neolithikum geben zu Spekulationen Anlaß. Das mag die Forscher interessieren, trägt jedoch zum Verständnis des heutigen Maghreb und seiner Geschichte kaum etwas bei. Denn erst mit der Einbeziehung Nordafrikas in den Mittelmeerraum wurde das nördlich der Sahara gelegene Afrika für die Historie interessant.

Begonnen hat es in der griechischen Mythologie; Herakles setzte mit dem Bau seiner »Säulen« bei der Meerenge von Gibraltar der antiken Welt, zu der fortan Nordafrika gehörte, eine Grenze. Dann erreichte Odysseus, der mit seinen Gefährten herumirrte, Dscherba, die Insel der Lotophagen, der Lotosblütenesser, im Süden von Tunesien. Die phönizische Prinzessin Dido gründete später Karthago.

Nordafrika wurde also recht früh in den Kulturkreis der Antike einbezogen. Auf die Sagen und Heldenepen folgte die Kolonisierung durch seefahrende Nationen. Vermutlich hatten sich schon im 12. Jahrhundert v. Chr. Phönizier aus dem libanesischen Tyros bei den Säulen des Herkules eingenistet; das war vierhundert Jahre, bevor Dido nach Karthago kam. Und es scheint, daß auch die Juden zu Salomos Zeiten bereits mit nordafrikanischen Städten Handel getrieben hatten.

Bevor Nordafrika also »Europas Süden« wurde, war es gewissermaßen ein »Ableger« des antiken Ostens gewesen. Doch im Gegensatz zur späteren arabischen Invasion, die zu Land erfolgte, kamen jene fremden Eindringlinge auf Schiffen, war die nordafrikanische Küste Zankapfel der maritimen Mächte rund ums Mittelmeer: Phönizier, Griechen und Römer. Und auch Karthago war in erster Linie am Seehandel interessiert.

Wir werden in späteren Kapiteln, an Ort und Stelle, ausführlich diesen historischen Entwicklungen nachgehen, hier soll zunächst in einigen groben Strichen Nordafrikas Einbezug in die »Geschichte«, die ja für Europäer mit der Antike beginnt, dargestellt werden.

Das von Dido gegründete Karthago löste sich recht bald von der phönizischen Nabelschnur und somit vom »Osten«, es wurde eine eigenständige Mittelmeermacht, die zwangsläufig auf Kollisionskurs mit dem entstehenden Römischen Reich kommen mußte, nachdem es sich zuvor auch mit griechischen Stadtstaaten herumgeschlagen hatte. Im 3. Jahrhundert v. Chr. war es soweit: Jene geschichtliche Epoche, die wir auf dem Gymnasium als »Antike« vorgesetzt bekommen haben, begann. Sie umfaßte in erster Linie den Mittelmeerraum, der Orient gehörte gerade noch dazu, wenn sich Alexander der Große dorthin auf Eroberungen begab oder Cäsar und Marc Antonius mit Kleopatra flirteten. Ansonsten war das *mare nostrum* ein geschlossener Raum, dessen Südrand Nordafrika darstellte.

Und zwar ein Nordafrika, das lediglich als Funktion der römischen Großmacht geschichtsträchtig war, als Kornkammer des Reiches, Tummelplatz ehrgeiziger Prokonsuln und Provinzgouverneure. Zuerst, im 1. Jahrhundert v. Chr., benutzten die Römer die nordafrikanischen Provinzen, um ihre Getreidezufuhr zu sichern. Berber, die ein Vierteljahrhundert in den römischen Legionen gedient hatten, erhielten sogar ein Stück Land. Später, als Rom seine Macht von der Küste her auf die Hochplateaus ausgedehnt hatte, lieferten die Provinzen auch Olivenöl und Wein.

Es hat allerdings immer Versuche der Berberstämme gegeben, sich zu nationalen Einheiten zusammenzuschließen, so etwa im 4. Jahrhundert v. Chr. das mauretanische Reich im heutigen Marokko. Es stand zwar stark unter karthagischem Einfluß, doch heutige arabische Historiker gehen seiner Geschichte liebevoll nach, wie sie ja überhaupt – aus verständlichen Gründen nationalen antikolonialistischen Stolzes – die

Tendenz zeigen, alle Regungen eines Widerstandes der einheimischen Bevölkerung gegen die damaligen Kolonialherren hochzuspielen.

Die Römer entfalteten eine beachtliche Bautätigkeit, die Ruinen ihrer Städte sind heute noch Touristenattraktionen; die afrikanischen Provinzen lagen ihnen klimatisch natürlich näher als Eroberungen in Europas Norden. Deshalb spielte Nordafrika auch eine kulturelle Rolle, davon zeugen die Mosaiken und Statuen, die in Museen besichtigt werden können. Nur eben – es war in jenen Jahrhunderten die Geschichte der Südprovinzen des Römischen Reiches und nicht diejenige Nordafrikas. Die einheimischen Berber wurden höchstens erwähnt, wenn sie sich auflehnten oder in der römischen oder frühchristlichen Hierarchie Karriere machten.

Mit dem Niedergang des Römischen Reiches erreichten die Vandalen und später die Byzantiner die nordafrikanische Küste, die somit weiterhin »Europas Süden« blieb. Unter byzantinischer Herrschaft spielte Nordafrika eine gewisse Rolle im Frühchristentum, doch die Berber blieben beharrlich im Windschatten der Geschichte. Bis dann um 670 die arabische Invasion von Ägypten her begann, die erstaunlich schnell Nordafrika überrollte. Damit war es um »Europas Süden« geschehen – er wurde »Bilad al-Maghrib«, der westliche Teil der arabischen Welt. Ursprünglich war *al-maghrib* die Zeit und die Richtung des Sonnenuntergangs, also des Abendgebetes der Moslems. Mit der Eroberung Nordafrikas bekam *al-maghrib* eine geographische Bedeutung – den heute noch geläufigen Begriff »Maghreb« für die Staaten Nordafrikas, insbesondere Marokko, Tunesien und Algerien. Ursprünglich gehörte auch Libyen dazu, doch da dieses Land außerhalb der eigentlichen nordafrikanischen Geschichte geblieben ist, schon vor dem französischen Kolonialismus, denkt man heute beim Begriff Maghreb automatisch an die drei Staaten des »westlichen« Maghreb, auch wenn in den rhetorischen Bemühungen um einen »Vereinigten Maghreb«, die nordafrikanische Politiker seit Jahrzehnten periodisch zelebrieren, Libyen ebenfalls dazu gezählt wird.

Die Berber – eine Urbevölkerung bleibt präsent

In seinem 1984 erschienenen Buch *L'Indépendance confisquée* erzählt Ferhat Abbas, der erste Präsident der algerischen Exilregierung, wie er 1922 mit einem französischen Colon über Land gefahren war. Sie begegneten einem kleinen Hirtenjungen, der Franzose gab ihm ein Stück Brot und fragte: »Bist du ein Araber oder ein Berber?« Die Antwort war: »Ana Meslem«, ich bin Moslem.

Mit dieser Anekdote wollte Ferhat Abbas aufdecken, daß die Klammer, die die verschiedenen Bevölkerungsgruppen Algeriens zusammenhält, der Islam ist. Nach Abbas Ansicht begingen die algerischen Präsidenten Ahmed Ben Bella und Houari Boumedienne später den Fehler, daß sie immer betonten, Algerien sei ein arabisches Land. Obendrein hätten sie den Islam durch einen »Sozialismus à la Fidel Castro« ersetzt, was dann 1980 zu den Berberunruhen in der Kabylei geführt habe.

Jenseits der Polemik, die Ferhat Abbas mit seinen Nachfolgern führt, enthält die kleine Episode aber eine grundsätzliche Wahrheit, ohne die Geschichte und Gegenwart der Berber nicht verstanden werden kann.

Die Ursprünge der Berber verlieren sich im Dunkel der Geschichte. Schon griechische Historiker wußten von diesen Bevölkerungsgruppen in Nordafrika zu berichten, daher vermutlich auch der Name: Es waren Barbaren. Sich selber nennen die Berber *imazighen*, freie Männer. Zu einer der Konstanten der Geschichte dieser »freien Männer« gehören gewisse anarchische Tendenzen, sie leben in Großfamilien, allenfalls Dörfern, »Douars«, führen ihre Stammeszugehörigkeit auf einen (oft mythologischen) Ahnen zurück und sind unfähig, sich in größeren staatlichen Verbänden zu organisieren. Zwar gab es immer wieder Dynastien, die berberischen Ursprunges waren, doch hatten sie selten Bestand.

Berberstämme lebten und leben in folgenden Regionen Nordafrikas: In Marokko im Atlasgebirge und dem Anti-Atlas, an der Atlantikküste, dem Rif (an der Mittelmeerküste), im Süden am Sahararand und im Osten in der Gegend von Taza und Meknes. Natürlich gibt es auch in anderen Gegenden des Landes zerstreut lebende Berberstämme. Ihr Schwerpunktgebiet in Algerien ist im Aurèsgebirge und in der Kabylei. Aber auch im algerischen Süden finden sich Berberstämme.

Da man mit der ethnischen Definition der Berber immer etwas Mühe hatte, sprechen die Volkskundler heute lieber von der »Berberophonie«, definieren somit die Zugehörigkeit zu dieser Bevölkerungsgruppe durch die Sprache.

Diese »Urbevölkerung« Nordafrikas, die nichts lieber getan hätte, als ihr bescheidenes, traditionelles Leben in kleinen Gemeinschaften zu führen, wurde im Laufe der Geschichte immer wieder durch Invasoren gestört: Phönizier, Karthager, Römer, Byzantiner und dann die Araber. Wir müssen uns jedoch bewußt bleiben, daß die große Masse der einheimischen Bevölkerung bis zur arabischen Eroberung nie wirklich unter Kontrolle der Invasoren geriet. Die Fremden nisteten sich in Hafenstädten ein, vergrößerten mit mehr oder weniger Glück ihren territorialen Besitzstand, doch einen nachhaltigen kulturellen Einfluß hatten sie nie. Ab und zu tauchte ein Berber von historischem Rang auf, wie etwa Massinissa oder Jugurtha, der den Römern zu schaffen machte und heute in Algerien und Tunesien als einer der ersten »Nationalhelden« gefeiert wird.

Einige Berberstämme traten zum Judentum über oder nahmen den christlichen Glauben an, doch das war nicht von Dauer. Von Karthago bis Byzanz zeigten die Berber wenig Neigung, fremde Kulturen, und seien sie der eigenen noch so überlegen, anzunehmen.

Mit den Arabern war es anders. Manchmal freiwillig, oft auch unter Druck übernahmen die Berber den Islam. Es gab Stämme, die mit den Arabern die Invasion Nordafrikas vorantrieben, andere, die sich ihr entgegenstemmten. Doch gegen Ende des 8. Jahrhunderts war Nordafrika unter arabischer Herrschaft, wenngleich schon bald Dynastien von Berbern entstanden.

Ohne Zweifel waren es Affinitäten der Lebensweise, die die Berber, die sich wenige Jahrhunderte zuvor antiken Hochkulturen gegenüber wenig aufgeschlossen gezeigt hatten, so schnell den Islam und die arabische Zivilisation übernehmen ließen. Schließlich waren auch die Araber zu ihrem Siegeszug aus der Wüste aufgebrochen. Deshalb war der Islam eine Form der Religion, die auf die Bedürfnisse der Berber zugeschnitten war.

Fortan verschmilzt die Geschichte der Berber mit jener des moslemischen Nordafrika. Berber waren maßgeblich an der Eroberung Spaniens beteiligt, lebten im Al-Andalus und kehrten später mit den Arabern als Flüchtlinge nach Nordafrika zurück. Nach dem Niedergang der Dynastien berberischen Ursprungs machten sie im 19. Jahrhundert wieder Geschichte, als sie sich gegen die Kolonialisten erhoben, so Abdel Kader in Algerien und Abdel Krim in Marokko.

Diese »Geschichtslosigkeit«, die ja die Berber auszeichnet, heißt nun aber nicht, daß sie verschwunden sind, sich aufgelöst, assimiliert hätten. Zwei Drittel der marokkanischen Bevölkerung sind Berber oder berberophon. Die wichtigsten Stämme sind die Masmuda östlich des Rif, im Hohen Atlas und im Anti-Atlas, die Sanhadscha, ebenfalls im Atlas und in den südlichen Regionen, sowie die Zanata im Osten des Landes. Die Berberstämme des Südens werden auch Schlöh (Chleuh) genannt, was bei den Städtern mit einem leicht abfälligen Unterton verbunden ist. In den beiden Weltkriegen wurden auf dem Umweg über den Kolonialismus auch die Deutschen »les Chleuhs« genannt.

Berber sind auf ihre Abstammung und Stammeszugehörigkeit stolz. Und hier kommen wir zum Kern des Zusammenlebens von Arabern und Berbern. Auch wenn die Berber nie

Ghorfas von Medenine: alte Berberbehausungen

einen »nationalen« Ehrgeiz besessen, nie einen eigenen Staat gegründet haben, sind sie sich ihrer Kultur und Sprache bewußt. Nur eine staatliche Autorität, die diesen politisch-psychologischen Faktor berücksichtigt, wird anerkannt, hat keine Schwierigkeiten mit den Berbern. Die »archaische« marokkanische Monarchie hatte deshalb kaum Probleme mit den Berbern, denn der Sultan oder König nimmt gebührend auf den Stolz der Berber Rücksicht, und sei es, wie noch unter Mohammed V., indem er Töchter aus verschiedenen Stämmen in seinen Harem aufnahm. Was natürlich deren Loyalität zum Königshaus zementierte.

Die Berber halten an ihren sozialen und kulturellen Traditionen fest. Großfamilie und Stamm bilden eine politische Einheit, in der die »Djemaa«, die Versammlung, eine wichtige Rolle spielt. Vor allem auch im praktischen Leben, denn hier wird über Weidegründe fürs Vieh, Bewässerung und Bebauung der Felder bestimmt. Die Stellung der Frau in der berberischen Gesellschaft unterscheidet sich von der im Islam. Berberfrauen sind nicht verschleiert, dafür im Gesicht kunstvoll tätowiert. Polygamie gab es praktisch nicht. Eine wichtige Rolle im Leben der Berber nimmt der Markt ein, wo sich die verschiedenen Familien und Clans periodisch treffen.

Weniger gut als im traditionsreichen Marokko kamen die algerischen Revolutionäre mit ihren Berbern aus, was ja bereits mit der Anekdote von Ferhat Abbas angedeutet worden ist. Das hat zunächst etwas mit dem Kolonialismus zu tun. Die Franzosen, die sich schon 1830 in Algerien einnisteten, schürten die unterschwelligen Konflikte zwischen Arabern und Berbern, indem sie deren Kultur bewußt förderten. Sie schufen berberische Schulen, »Lycées Franco-Berbères«, wo man nicht arabisch, sondern in den Berbersprachen unterrichtete. Somit war es natürlich, daß man im unabhängigen Algerien den Berbern mit einem gewissen Mißtrauen begegnete. Dazu kam, daß unter den »historischen« Führern der Revolution einige Berber waren, wie etwa Ait Ahmed und Belkassem Krim, die später in den Bruderzwisten der neuen Herren Algeriens ausgeschaltet und verbannt wurden. In einer gewissen politischen Paranoia glaubten Ben Bella und nach ihm Boumedienne, daß alle Versuche der Kabylen, ihre kulturelle Eigenständigkeit zu bewahren, »Überreste« des Kolonialismus oder finstere Machenschaften ihrer politischen Gegner seien. Dazu gesellte sich, wie bereits erwähnt, die »Solidarität« des algerischen Regimes mit den Arabern und die anfänglichen laizistischen Tendenzen. 1980 kam es zu Unruhen in Kabylien, insbesondere in Tizi Ouzou, der Hauptstadt der Großen Kabylei. Dabei kämpften die Studenten wirklich nur um Wahrung ihrer kulturellen Eigenständigkeit, ein Zugeständnis, das Algerien, im Gegensatz zu Marokko, offensichtlich nicht leichtfällt. Dies wiederum hängt mit der »revolutionären« Regierungsstruktur dieses Staates zusammen, die für Stammesloyalitäten wenig Verständnis zeigt. Allerdings hat unter Präsident Chadli Benjedid eine gewisse Entkrampfung eingesetzt, die hoffen läßt, daß auch Algerien die Berber einigermaßen zufriedenstellend in den Staat integrieren kann.

Der Islam in Ifriqiya – Allahs Dynastien

Der erste arabische Einfall in Nordafrika erfolgte im Jahre 647, der zweite 18 Jahre später. Es waren jedoch eher Aufklärungsaktionen, bei denen es vor allem auf das Beutemachen ankam. Die eigentliche Invasion begann 670 unter Okba Ibn Nafi, der Kairuan im Süden Tunesiens gründete. Von dort stieß er weiter gegen Westen vor, wurde vom Kalifen Jazid I. offiziell als Statthalter in Nordafrika, das die Araber Ifriqiya nannten, eingesetzt und soll sogar bis an die Atlantikküste vorgedrungen sein. Wir werden den in diesem kurzen historischen Abriß erwähnten Herrschern und Feldherren ausführlicher in den Kapiteln, die den Orten ihres Wirkens gewidmet sind, begegnen, Okba Ibn Nafi somit in Kairuan. Doch die Berber setzten sich zur Wehr, Okba wurde bei Biskra im heutigen Algerien entscheidend geschlagen und fand den Tod (683). Seine Grabstätte neben der Oase Biskra kann auch heute noch besichtigt werden.

Hassan Ibn an-Numan, Okbas Nachfolger, gelang es 702, Karthago und die noch unter byzantischer Herrschaft stehenden Hafenstädte zu erobern und ganz Tunesien unter seine Kontrolle zu bringen. Das Land wurde dem Kalifat von Bagdad, es war die Epoche der Omaijaden, unterstellt, der Statthalter residierte in Kairuan und begann mit der Islamisierung der Bevölkerung. Schon 734 wurde in Tunis mit dem Bau der Zeitouna-Moschee begonnen, und auch das Grabmal von Okba Ibn Nafi entwickelte sich zum religiösen Wallfahrtsort.

Allerdings haperte es mit der Islamisierung, denn die Berberstämme übernahmen die Häresie der Kharidschiten, einer Sekte, die auf die Kämpfe um die Nachfolge des Kalifen Ali zurückgeht. Die Kharidschiten betrachten natürlich die anderen Moslems als Ketzer, und in der Epoche der Omaijaden bekämpften sie im Irak und im Iran mit fanatischer Todesverachtung das damalige Regime. Sie wurden geschlagen und spielten im Orient bereits unter den Abbasiden kaum mehr eine Rolle. Doch in Nordafrika blieben viele Berberstämme dieser Form des Islam treu und griffen auch immer wieder Kairuan, den Sitz des Kalifen-Statthalters an.

In Tunesien herrschte von 800 bis 909 die Dynastie der Aghlabiden, die sich immer mehr vom Kalifat absetzten und ihre Unabhängigkeit auch dadurch bewiesen, daß sie ihren Herrschaftsbereich nach Algerien ausdehnten, Teile Tripolitaniens eroberten und sich sogar Sizilien untertan machten. Womit wir zu einem Phänomen der nordafrikanischen Geschichte unter der Moslemherrschaft gekommen wären, das deren Darstellung etwas kompliziert: Die drei Staaten Marokko, Algerien, Tunesien sind in ihren heutigen Grenzen das Werk des Kolonialismus. Vorher waren die Herrschaftsbereiche ineinander übergegangen, je nach dem militärischen Glück einer Dynastie.

Die Aghlabiden beherrschten also einen Teil von Algerien. In diesem Land errichteten jedoch zur selben Zeit (776–906) die Rustamiden ihr Emirat. In Marokko entstand die erste einheimische Dynastie, als unter Idris I. und seinem Sohn Idris II. Fes zu einer Stadt wurde. Vorher hatte in Marokko eine gewisse Anarchie geherrscht, Berberstämme bekämpften sich gegenseitig, oder kharidschitische Berber lieferten den Truppen der Kalifen Gefechte, deren berühmteste die »Schlacht der Edlen« im Jahre 740 in Nordmarokko war. Mit der Konsolidierung ihrer Macht verhalfen die Idrisiden dann in Marokko dem sunnitischen Islam zum Durchbruch.

Im Jahre 909 lösten in Tunis die Fatimiden die Aghlabiden ab; sie machten sich allerdings schnell unpopulär und wurden von kharidschitischen Berberstämmen bekämpft. Die Fatimiden erhoben Mahdia zu ihrer Hauptstadt, doch schon 971 überließen sie die Herrschaft den Ziriden, die aus dem Berberstamm der Banu Ziri hervorgegangen waren. Die Ziriden weiteten ihren Besitzstand bis ins algerische Constantine aus und gaben dem Land eine Periode wirtschaftlichen und kulturellen Aufschwungs, die jedoch in der Mitte des 11. Jahrhunderts ihr Ende finden sollte. Beduinenstämme griffen die Städte an; Kairuan wurde erobert und zerstört, die Ziriden mußten sich auf Mahdia und dessen unmittelbare Umgebung zurückziehen. Und zu guter Letzt kamen die Normannen und eroberten Mahdia. Dann übernahm im Jahre 1159 die Dynastie der Almohaden die Macht.

Doch zuvor müssen wir uns wieder den beiden anderen Maghrebländern zuwenden. In Algerien herrschten, wie bereits erwähnt, die Ziriden. Einer von ihnen, Buluqqin, gründete unter anderem die Stadt Algier. Mit den Idrisiden in Marokko war es inzwischen abwärtsgegangen, sie mußten sich gegen die Omaijaden im Al-Andalus und gegen die Fatimiden im Osten wehren, das eigene Herrschaftsgebiet zerfiel, Stammesfehden machten sich immer stärker bemerkbar. Der erste Ansatz zu einer einheitlichen Regierung in Marokko, mit Sitz in Fes, war fehlgeschlagen. Die Ziriden herrschten somit während einer gewissen Zeit über Tunesien, Teile von Algerien und Gebiete in Marokko, bis sie von den Almoraviden abgelöst wurden.

Diesmal begann es in Marrakesch, das 1070 von den aus der Wüste aufgebrochenen berberischen Almoraviden gegründet wurde, einer der erfolgreicheren Dynastien. Schnell eroberten sie unter Jussuf Ibn Taschfin große Teile Marokkos und Algeriens, stießen über die Meerenge von Gibraltar bis ins Al-Andalus vor und fügten König Alfons VI. von Kastilien 1086 eine vernichtende Niederlage zu. Granada, Malaga und Cordoba gerieten unter die Herrschaft der Almoraviden, Jussufs Sohn Ali (1106–1143) herrschte über ein beachtliches Reich. Tunesien war eine Provinz der Almoraviden, ebenso wie die größten Teile von Algerien. Doch war der Dynastie keine Dauer beschieden.

Die Almohaden stammten aus dem Hohen Atlas, wo im Jahre 1121 unter den Berberstämmen ein religiöser Reformator auftrat, Ibn Tumart, der die Stämme der Masmuda, Zanata und Sanhadscha einigte und zum Heiligen Krieg gegen die in seinen Augen »gottlosen« Almoraviden aufrief. Von sich selber behauptete er, der vom Propheten Mohammed verheißene Mahdi zu sein. Der Name Almohaden ist die westliche Umschreibung des arabischen *al-muwahidun*, was »Bekenner der göttlichen Einheit« bedeutet. Zwanzig Jahre später erreichte Abd al-Mumin das vom inzwischen verstorbenen Ibn Tumart gesteckte Ziel: Er schlug die Almoraviden, eroberte auch Algerien und Tunesien und festigte die Herrschaft über die spanischen Gebiete, die die Almoraviden bereits eingenommen hatten. Marrakesch blieb zwar Hauptstadt des Reiches, doch beehrten Almohadenherrscher immer wieder auch die spanischen Städte, wie Sevilla, mit längerer Anwesenheit.

Unter den Almohaden wurde der Kulturaustausch zwischen Andalusien und der nordafrikanischen arabischen Welt gefördert, trotz des religiösen Fanatismus dieser Herrscher, der moslemischen »Abweichlern« hart zusetzte und auch der »Goldenen Periode« der Juden in Spanien ein Ende bereitete. Es gelang den Almohaden, ihr Reich durch administrative Maßnahmen in den Griff zu bekommen, der Handelsverkehr blühte, und von Sevilla bis Marrakesch hinterließen sie architektonische Zeugnisse ihrer Herrschaft. Auch das Geistesleben entwickelte sich – solange man sich nicht mit Religion abgab, nicht vom rechten Weg der vom »Mahdi« Ibn Tumart festgelegten Lehre abwich, durfte man sich intellektuell frei betätigen. Der Arzt, Mathematiker und Astronom Ibn Tufail, der Philosoph Averroës (Ibn Ruschd) und andere Geistesgrößen wirkten in jener Zeit. Doch der jüdische Universalgelehrte Maimonides zog die freiere Atmosphäre Kairos dem almohadischen Fes vor.

Die Almohaden mußten manche Schlachten mit den christlichen Königen in Spanien bestehen. Zuerst konnten sie sich behaupten, doch am 16. Juni 1212 wurde Mohammed an-Nasir in der Schlacht von Las Navas de Tolosa von einer Koalition der Könige von Kastilien, Aragon und Navarra entscheidend geschlagen. Das war der Anfang vom Ende der Almohaden, die sich bald darauf aus Spanien zurückziehen mußten und dann in Marokko von den Meriniden abgelöst wurden. In Tunesien sagte sich Abdalwahid Ben Abu Hafs, der Statthalter der Almohaden, von seinen geschwächten Herrschern los, und sein Sohn Abu Zakarija wurde zum Begründer der Dynastie der Hafsiden, die bis zum Beginn der Türkenzeit – 1574 – regierten.

In Algerien begann nach dem Fall der Almohaden zwischen 1236 und 1554 eine Periode lokaler Herrscher. Die Abdalwadiden regierten im Raum Oran und versuchten, sich gegen die Meriniden im Westen und die Hafsiden im Osten schlecht und recht zu behaupten. Einige Gegenden kannten sogar Blütezeiten, wie etwa Tlemcen, das vom Zustrom arabischer Flüchtlinge aus Spanien profitierte. Später wurden die Abdalwadiden zwischen Spaniern und Türken aufgerieben, und 1554 wurde Algerien Provinz des Osmanischen Reiches.

In Marokko regierten von 1244 bis 1465 die Meriniden, die insbesondere Fes ihre Aufmerksamkeit schenkten. Zuerst versuchten die Meriniden auch die Schlappe der Almohaden in Spanien wiedergutzumachen, doch ohne Erfolg. Deshalb wandten sie sich Algerien zu, eroberten die Gebiete der Abdalwadiden und konnten überdies Teile Tunesiens unter ihre Hegemonie bringen. Bald darauf sank der Stern der Meriniden, denen wir im Kapitel über Fes begegnen werden, sie wurden von den Wattasiden verdrängt, die von 1472 bis 1554 regierten. Doch schon die dritte Generation erwies sich als unfähig und mußte die Macht an die aus dem Süden stammenden Saadier abgeben, die zuerst einmal Marrakesch zur Hauptstadt machten. Sie behaupteten sich gegen die Portugiesen, schlossen sogar ein Bündnis mit den Spaniern, um gegen die türkischen Beys von Algier vorzugehen. Ahmed al-Mansur (1578–1603) errang in der »Schlacht der drei Könige« einen großen Sieg über die Portugiesen. Nebenbei konnten die Saadier auch einige lokale Rivalen, die auf die portugiesische Karte gesetzt hatten, eliminieren. Die »Schlacht der drei Könige« spielt in der marokkanischen Geschichte eine große Rolle, denn Portugal wurde als afrikanische Macht ausgeschaltet, und an europäischen Höfen stieg das Prestige des Sultans. Zudem brachten die kriegsgefangenen Portugiesen dem Hof von Marrakesch ganz enorme Einnahmen an Lösegeldern. Die Blütezeit unter Ahmed al-Mansur blieb jedoch eine Episode, schon unter dem ersten Nachfolger zeigten sich Zerfallserscheinungen. Bruderzwiste führten zu einer Teilung des Reiches, ein Zweig der Familie herrschte in Fes, der andere in Marrakesch. Das konnte natürlich nicht gut enden, das Land versank wieder einmal im Chaos.

Im Jahre 1666 brachen dann die Alaouiten aus der Sahara auf, Moulay Raschid ließ sich in Fes zum Sultan küren. Sein Bruder und Nachfolger, Moulay Ismail, machte Meknes zu seiner Hauptstadt und wurde ein marokkanischer Ludwig XIV. Die Dynastie der Alaouiten regiert noch heute über Marokko, sie weist eine für arabische Verhältnisse ganz erstaunliche Dauer von über dreihundert Jahren auf. Sie ist gewissermaßen die Ausnahme, die die Regel bestätigt. Und auch Marokko ist, wie wir in diesem Kapitel gesehen haben, eine Ausnahme unter den Staaten des Maghreb. Algerien und Tunesien wurden in der zweiten Hälfte des 16. Jahrhunderts türkische Provinzen und gerieten im 19. Jahrhundert unter französische Herrschaft. Marokko blieb bis 1912 unabhängig, und auch unter den Franzosen konnte die Dynastie, wenn auch mit beschränkter Machtbefugnis, weiterregieren. Mehr noch: Mohammed V. wurde zum Symbol des Unabhängigkeitskampfes, was ebenfalls in der Dritten Welt ein Unikum darstellt. Denn bei der Entkolonisierung wurden zumeist die traditionellen Herrschaftsstrukturen über Bord geworfen und durch »revolutionäre« ersetzt.

Die Juden waren immer dabei

Neben der einheimischen Berbern gibt es nur eine Bevölkerungsgruppe in Nordafrika, die seit der Antike bis auf den heutigen Tag ununterbrochen dort gelebt hat: die Juden. Blättert man jedoch in jüdischen Geschichtsbüchern, so fällt der Eurozentrismus auf, mit dem die Geschichte der Juden abgehandelt wird.

In seiner klassischen dreibändigen *Weltgeschichte des jüdischen Volkes* widmet Simon Dubnow dem Maghreb nur wenige Seiten.

Von den in Nordafrika lebenden Juden erfährt man nur, daß ihr Leben »eine einzige Qual« gewesen sei.

Das in den dreißiger Jahren erschienene Jüdische Lexikon, damals das Standardwerk, widmet in seinen fünf Bänden dem Stichwort »Sefardim« (orientalische, aus Spanien stammende Juden) vier Seiten, Marokko ebenfalls vier und Tunesien ganze zwei Seiten. Natürlich haben die jüdischen Geschichtsschreiber das »klassische« sefardische Judentum in Spanien gebührend gewürdigt, das war ja schließlich eine der wenigen »Goldenen Epochen« in der jüdischen Diasporageschichte. Man beschäftigte sich auch mit den Sefardim in England, Holland und den Vereinigten Staaten, jener so herrlich versnobten »aristokratischen Elite« – aber eben, das spielte sich im europäischen Kulturkreis und seinem nordamerikanischen »Ableger« ab.

Wie gesagt, man befaßte sich in der jüdischen – und erst recht der allgemeinen – Geschichtsschreibung und auch in Biographien mit der »Goldenen Epoche« in Spanien, der sefardischen Elite in der Zerstreuung – doch die eigentlichen Zentren des sefardischen und orientalischen Judentums waren weitgehend terra incognita.

Und was man nicht kennt, dem begegnet man mit Vorurteilen. In Nahum Goldmanns 1914 erschienenen *Reisebriefe aus Palästina* finden sich einige für jene Zeit bezeichnende Stellen, wie zum Beispiel: »Man kann schöne Sephardinnen finden, die sich mit dem Raffinement Pariser Mondänen zu schminken wissen und dabei ihre Amulette unter der dekolltierten Bluse tragen. Das ganze Sephardentum gleicht in gewisser Hinsicht dem Typus vieler junger Sephardinnen, denen ich begegnet bin: Äußerlich von einer verführerischen Schönheit und innerlich wie eine leere Nuß. Es ist ein Genuß, sie eine Viertelstunde lang zu betrachten; aber es ist eine Qual, mit ihnen fünf Minuten lang sich zu unterhalten. Es ist mir heute unbegreiflich, wie wir uns von ihnen haben narren lassen können. Ich verstehe einfach nicht, wie die Vorstellungen von dem höherstehenden sephardischen Juden überhaupt hat entstehen und bis heute fortleben können. Es ist heute schon wirklich an der Zeit, ein für allemal damit aufzuräumen.«

Es bedurfte des Exodus der nordafrikanischen Juden nach Frankreich und Israel im Gefolge der Entkolonisierung mit ihren Wirren und der Unabhängigkeit der Maghrebstaaten, um die Aufmerksamkeit der Geschichtsschreibung und Forschung auf die Juden Nordafrikas zu lenken; heute insbesondere Anliegen französischer und israelischer Universitäten.

In der 1972 in Jerusalem erschienenen *Encyclopedia Judaica* werden die »Unterlassungssünden« vorangegangener Lexika und Geschichtsbücher wiedergutgemacht. Nordafrikas Juden haben den ihnen gebührenden Platz gefunden. Die Artikel stammen aus der Feder meines allzufrüh verstorbenen Freundes David Corcos-Aboulafia. Selber Nachfahre einer der alten Kaufmanns-Gelehrten-Diplomatenfamilien aus Mogador, war er einer der Pioniere in der Erforschung des nordafrikanischen Judentums, zu einer Zeit, da die Israeli dem Phänomen der orientalischen Juden mit Skepsis, Unkenntnis und Vorurteilen gegenüberstanden.

Zeitgenössische Reiseberichte hatten allerdings immer wieder von den Juden in Nordafrika erzählt. Der französische Forscher und Missionar Charles de Foucauld (1858–1916) mußte sich sogar als Jude verkleiden, um überhaupt nach Fes gelangen und sich dort aufhalten zu können. Und dies bringt uns zum Kernpunkt: Die Juden Nordafrikas »gehörten dazu«, hatten ihren festen Platz in der Gesellschaft, waren zwar nicht gleichberechtigt, sondern *dhimmi*, geschützte Untertanen, wie überall in der islamischen Welt. Zusammen mit den Christen, die denselben Status hatten, galten sie als »Leute des Buches« (der Bibel), im Gegensatz zu den völlig rechtlosen »Götzendienern«. Als Gegenleistung für den »Schutz« durch die Herrscher, mußten die Dhimmis spezielle Kopf- und Grundsteuern bezahlen.

Gleichzeitig entstanden bereits im 8. Jahrhundert in den verschiedenen moslemischen Ländern »Judengesetze«; sie enthielten Kleidervorschriften, bestimmten die Höhe der Häuser in den Judenvierteln, verboten das Reiten auf einem Pferd und verlangten ehrerbietigsten Respekt jedem Moslem gegenüber. Wechselvoll war die Geschichte der Juden unter islamischer Herrschaft. Auf die »Goldene Periode« in Spanien (13. Jahrhundert) folgten sehr bald schlechtere Zeiten. Es war ein steter Wechsel, der zumeist mit der allgemeinen Situation eines bestimmten Landes und der Person des Herrschers verbunden war.

Anders als im Europa vor der Emanzipation in der zweiten Hälfte des 19. Jahrhunderts spielten in arabischen Ländern, im Maghreb, aber auch zur Blütezeit nahöstlicher Reiche, die Juden immer wieder eine große Rolle als Kaufleute, Ärzte, Mathematiker, Astronomen und Hofbeamte.

In der arabischen Literatur und Folklore sind die Darstellungen der Juden nicht immer schmeichelhaft – wenngleich sie natürlich christlicher Tradition auf diesem Gebiet nicht das Wasser reichen, da das dämonisierende Element und der Vorwurf des »Gottesmordes« fehlt. Zu bedenken ist, daß es gerade auf religiösem Gebiet – Beschneidung, Speisegesetze – Berührungspunkte gibt, ganz abgesehen von den alttestamentlichen Bibelstellen, die der Koran übernommen hat; auch wenn dort Abraham den Ismael und nicht Isaak zu opfern bereit ist!

Wie in der gesamten arabischen Welt lebten auch die Juden

Nordafrikas zwischen Blütezeiten und Verfolgungen. Immer wieder kam es zu örtlichen Gemetzeln und Plünderungen, die jedoch nie die durchgreifende »Systematik« europäischer Pogrome erreichten. Zumeist war es ein aus aktuellem Anlaß fanatisierter Pöbel, der in den Judenvierteln wütete, wenn gerade die Macht eines Königs, Wesirs oder Gouverneurs auf einem Tiefpunkt war. Denn laut Koran waren die Herrschenden verpflichtet, ihre Dhimmis zu schützen.

Mit dem Niedergang des Osmanischen Reiches und seiner Provinzen in Nordafrika, Tunesien und Algerien, verschlechterte sich die soziale und wirtschaftliche Situation der Juden. Marokko erlebte zu jener Zeit ebenfalls einen Niedergang. Die Judenviertel verkamen teilweise zu Elendsquartieren. Dasselbe galt für jüdische Zentren in abgelegenen Teilen des Maghreb. Nach der Entstehung des Staates Israel emigrierten rund 350 000 nordafrikanische Juden in den neuen Staat, wo sie die größte Bevölkerungsgruppe darstellen, andere, insbesondere die algerischen, fanden in Frankreich oder Kanada eine neue Heimat. In Marokko und Tunesien gibt es indes heute noch kleine, aber teilweise aktive jüdische Gemeinschaften.

Skizzieren wir nun kurz die Geschichte der Juden in Nordafrika, sie weist in den drei Staaten Übereinstimmungen, aber auch große Unterschiede auf. Im geographisch-beschreibenden Teil des Buches wird jeweils an Ort und Stelle auf lokale jüdische Aspekte eingegangen.

Während über die Existenz von Juden im Gebiet des heutigen Algerien vor der arabischen Invasion nur bekannt ist, daß Berberstämme zum Judentum übergetreten waren, weiß man über ihr Dasein in den beiden anderen Maghrebstaaten recht gut Bescheid. Zwar wird eine jüdische Präsenz in Marokko noch zur Zeit des ersten Tempels als Legende betrachtet, doch bereits ab dem 5. Jahrhundert v. Chr. waren jüdische Kaufleute als Goldhändler im karthagischen Reich tätig. Funde in der Gegend des Anti-Atlas, bei Ifran und im Wadi Draa im Süden zeigen, daß noch vor der Zerstörung des zweiten Tempels dort jüdische Zentren bestanden.

Auch in Tunesien, wo ja die Hauptstadt Karthago lag, sollen jüdische Gemeinschaften bereits zu punischer Zeit existiert haben. Die jüdischen Gemeinden Dscherbas führen ihren Ursprung auf die Zeit nach der Zerstörung des zweiten, wenn nicht gar des ersten Tempels zurück. Die Gelehrten streiten sich auch seit der Antike darüber, ob das in der Bibel erwähnte »Tarschisch«, der entfernte Hafen, von wo Silber, Eisen, Elfenbein, Straußen und Affen importiert wurden, Karthago gewesen sei.

Weit Genaueres weiß man über die Juden in Marokko und Tunesien zur Römerzeit: In Volubilis, der alten Römerstadt nahe Meknes, wurden jüdische Grabsteine aus dem 2. Jahrhundert gefunden, ebenso in Sale, der Zwillingsstadt von Rabat, wo an der Mündung des Bou Regreg ins Meer schon zu punischer und Römerzeit ein befestigter Hafen war. Und in den Ruinen des römischen Karthago, jener Stadt, die Julius Caesar auf den punischen Ruinen neu zu erbauen begonnen hatte, fand man Grabsteine, die zwar lateinische Inschriften trugen, aber mit dem siebenarmigen Leuchter, der Menorah, verziert sind. In anderen Orten Tunesiens, etwa in Gamarth und Marsa, ebenfalls im Golf von Karthago gelegen, entdeckte man jüdische Grabstätten. Der Gouverneur von Biserta zur Zeit der arabischen Eroberung, damals hieß die Stadt noch Hippo-Diarthius, soll ein Jude gewesen sein. Aber auch andernorts im heutigen Tunesien haben Juden zur Römerzeit gelebt. Einige sollen von den Römern nach der Eroberung Jerusalems als Sklaven dorthin verkauft worden sein. Bis weit in den Süden, nach Tozeur, kann eine jüdische Präsenz nachgewiesen werden. Der Talmud weiß von Gelehrten zu berichten, die im römischen Karthago gelebt und gewirkt haben. Der »schlagendste« Beweis für Aktivitäten jüdischer Gemeinschaften im römischen Nordafrika sind die antisemitischen Ausfälle der dortigen frühen Kirchenväter, Augustin, Tertullian und Cyprianus, denen die missionarische Konkurrenz der Juden unter den Berberstämmen ein Dorn im Auge war. Tertullian verfaßte sogar ein diesbezügliches antijüdisches Pamphlet! Ibn Khaldun, der arabische

Historiker aus dem 14. Jahrhundert, weiß ebenfalls von Berberstämmen, die zum Judentum übergetreten waren, zu berichten.

Unter den Römern führten die Juden Nordafrikas ein recht erfolgreiches wirtschaftliches und kulturelles Leben, sie waren Kaufleute und Besitzer von gutgehenden Schiffahrtslinien, die Rom mit Lebensmitteln aus der »Getreidekammer« des Reiches versorgten. Jüdische *navicularii* bildeten eine eigene Zunft.

Mit dem Siegeszug des Christentums im Römischen Reich war diese Blütezeit zu Ende. Die Juden erhielten Berufsverbot, ihre Synagogen wurden Basiliken. Doch paradoxerweise führten gerade die Verfolgungen unter dem Byzantiner Justinian zu einer Ausweitung des jüdischen Einflusses. Die Juden wichen aus den Städten in die ländlichen Gegenden, an den Wüstenrand und in die Gebirge aus, wo sie von den Berberstämmen wohlwollend aufgenommen wurden, die sich für die jüdische Religion zu interessieren begannen. Während der arabischen Invasion, die 670 mit der Gründung von Kairuan im Süden Tunesiens einsetzte, erhielten die Berber einen zusätzlichen Anreiz, zum Judentum überzutreten, denn wie bereits erwähnt, als *ahl al-kitab*, Besitzer des Buches, wurden sie nicht als »Götzendiener« niedergemetzelt, sondern genossen Dhimmi-Status.

Mit der arabischen Invasion begann ein neues Kapitel in der Geschichte der Juden Nordafrikas. Der letzte Widerstand wurde von christlichen und jüdischen Berberstämmen geleistet, darüber ist auf den Kairuan gewidmeten Seiten die Rede.

Die Aghlabidenherrscher gewährten den jüdischen Zentren eine erhebliche Freiheit, obschon ihnen die Steuern der Dhimmis auferlegt wurden. Unter den Nachfolgedynastien der Fatimiden und Ziriden ging es ihnen weiterhin gut. Kairuan, die von den arabischen Invasoren gegründete Stadt, war auch ein jüdisches Geisteszentrum, das mit den Talmudgelehrten von Sura und Pumbedita in Babylonien und dem Heiligen Land Kontakte unterhielt. In der Genisa von Kairo, jenem traditionellen Aufbewahrungsort heiliger Schriften aus dem 9. Jahrhundert, der 1763 entdeckt wurde, befinden sich unzählige

Manuskripte, die auf das tunesische Judentum Bezug nehmen. Neben einem regen Handelsverkehr zwischen Ägypten und dem Maghreb gab es somit auch einen intellektuellen Austausch.

Auch Algerien kannte in jenen Jahrhunderten blühende jüdische Gemeinden mit einem regen Geistesleben. Von Kairuan bis Fes in Marokko fand ein intellektueller und religiöser Gedankenaustausch statt, der in der traditionellen jüdischen Literatur seinen Niederschlag gefunden hat. Idris II., Sohn des Begründers der Stadt Fes, gestattete Juden, in der Stadt zu wohnen. Im Kapitel über Fes ist davon ausführlicher die Rede. Auf die Idrisiden folgten in Marokko die Almoraviden, unter denen die Juden eine wirkliche Blütezeit erlebten. Almoravidenherrscher hatten jüdische Leibärzte, die gleichzeitig auch Thoragelehrte waren. Damals entstand auch ein bedeutendes Zentrum in Sijilmassa am Sahararand, und das Prestige von Fes war so groß, daß Maimonides dorthin zog.

Unter den fanatischen Almohaden, die zu Beginn des 12. Jahrhunderts ihre Herrschaft über ganz Nordafrika ausdehnten, kamen die Juden in Bedrängnis, es kam zu Verfolgungen, Pogromen und Hinrichtungen, viele emigrierten nach Spanien und nicht wenige traten sogar in ihrer Todesangst zum Islam über. In Tunesien hingegen stellte sich Abu Zakarija, der Gouverneur der Provinz, gegen seine Herren, den Almohadenkalifen von Marrakesch, schwang sich zum Emir von Tunis auf und begründete die Dynastie der Hafsiden (1228–1534). Die Juden Tunesiens konnten ungestört ihre Religion ausüben.

Erst unter den Meriniden im 13. Jahrhundert kannten die Juden Marokkos wieder eine Blütezeit, besonders in der von dieser Dynastie favorisierten Stadt Fes. Aber auch in anderen Regionen Marokkos blühte jüdisches Leben wirtschaftlich, religiös und kulturell. In Algerien wie auch in Tunesien übten die Juden wichtige Funktionen im Handelsverkehr mit Frankreich aus. Die Juden von Dscherba besaßen in Sizilien eine eigene Handelsniederlassung, und 1239 erhielten sie gar vom Stauferkönig Friedrich II. eine Konzession zum Anbau von Indigo und

Henna. Zwischen den Hafsiden und den Königen von Aragon gab es, nicht zuletzt dank jüdischer Kaufleute, ausgezeichnete Wirtschaftsbeziehungen.

Ein entscheidendes Jahr für die Juden Marokkos war 1492, als die Katholischen Könige Ferdinand von Aragon und Isabella von Kastilien die Juden aus Spanien vertrieben. Ein Flüchtlingsstrom ergoß sich nach Nordafrika, andere fanden ihren Weg nach Italien, in den Balkan und die Türkei. Im Hebräischen heißt Spanien Sefarad, die aus Spanien stammenden Juden nannte man Sefardim, im Gegensatz zu den Aschkenasim, den Juden aus Deutschland. Dies sind auch heute noch die zwei Hauptgruppen des jüdischen Volkes, auch wenn eine Verwischung der Begriffe eingetreten ist. Besonders in Israel werden alle Juden orientalischer Herkunft als Sefaradim bezeichnet, also auch jene aus dem Irak, Syrien und dem Jemen. Was natürlich einen wahren Sefaradi erbost, denn für ihn ist nur jemand, dessen Ahnen in der »Juderia« von Toledo oder Cordoba gewohnt haben, ein waschechter Sefaradi.

Man kann nicht behaupten, daß die verfolgten Glaubensbrüder aus Spanien mit offenen Armen in Marokko empfangen wurden. Zu Tausenden sammelten sie sich in der Gegend um Fes. Das Prestige vor allem dieser Stadt hatte sie angezogen. Räuberische Araber überfielen die Juden, die vor Fes zelteten; nach zeitgenössischen Berichten sollen 20000 als Folge von Hunger, Krankheit und Mord umgekommen sein. Was etwas über die Gesamtzahl der Flüchtlinge aussagt.

Immerhin konnten viele der Flüchtlinge in Marokko eine neue Heimat finden, womit allerdings ihre Probleme noch nicht zu Ende waren. Denn es ist eine der Konstanten der jüdischen Diasporageschichte, daß eingesessene Juden jüdische Flüchtlinge immer mit größtem Mißtrauen betrachteten. In Marokko gab es also zwei jüdische Gruppen, die »Toschabim«, die Eingesessenen, und die »Megoraschim«, die Vertriebenen.

Es sollte nicht lange dauern, bis die »Megoraschim« zur dominierenden Gruppe aufstiegen, kamen sie doch aus dem kulturell höherstehenden Spanien und hatten nur kurze Zeit zuvor die »Goldene Periode« jüdischen Lebens gekannt. Sie errichteten ihre eigenen Synagogen und Gemeindestrukturen.

In allen drei Staaten Nordafrikas genossen die Juden in den meisten Perioden ein großes Maß an interner Autonomie. Sie lebten zumeist in Judenvierteln, in Tunesien »Hara« oder »Harat al-Jahud« und in Marokko »Mellah« genannt, hatten ihre eigenen Vorsteher, je nach dem Wohlwollen der Herrscher von diesen bestimmt oder von der Gemeinschaft gewählt. Der oberste Chef der Juden hieß »Zekan ha'Jehudim« auf hebräisch, also Judenältester, auf arabisch Scheik oder Kaid der Juden. Dann gab es die »Siknei-Hakahal« oder »Gedolei Hakahal«, also die Judenältesten oder großen Juden, die die Wohltätigkeitsfonds verwalteten, die durch Spenden, aber auch den Verkauf von koscherem Wein gespeist wurden. Die eigentliche Verwaltung unterstand einem »Gisbar« (Kassierer), der wie in Europa »Parnas« (vom hebräischen Wort für ernähren abgeleitet) genannt wurde. Die Juden hatten eine eigene Gerichtsbarkeit, in der natürlich der Rabbiner eine große Rolle spielte, und das Recht, Abgaben zu erheben. Allerdings war das Oberhaupt der Juden auch dafür verantwortlich, daß die Sondersteuern der Dhimmis eingezogen und abgeliefert wurden.

Die Juden Nordafrikas scheinen, sehr zum Leidwesen der Rabbiner, kein Volk von Traurigkeit gewesen zu sein. Im 11. Jahrhundert schickte der berühmte Gaon Hai eine geharnischte »Responsa«, ein rabbinisches Rechtsgutachten, an die Juden von Kairuan und Gabes in Tunesien, und ermahnte sie, weniger Musik zu machen. Auch zeigten die Jüdinnen schon damals eine große Vorliebe für elegante Kleidung und Parfüms, wobei sie mit letzterem natürlich in einem arabischen Land in guter Gesellschaft waren.

Aus dem 17. Jahrhundert sind rabbinische Entscheidungen aus Fes bekannt, in denen die Juden ermahnt wurden, an den Feiertagen bescheidener zu essen, weniger Gänge bei den Diners aufzutragen. Interessant ist eine solche »Takkanah«, wie diese Gutachten genannt werden, aus dem Jahre 1602. Darin wird angeordnet, daß ein Jude weder Wein noch Schnaps an einen Nichtjuden verkaufen, ja ihm nicht einmal ein alkoholhaltiges Getränk gratis anbieten dürfe. Das war eine offensichtliche Rücksichtsnahme auf die moslemische Umwelt. Einem nichtjüdischen Sklaven durfte der Jude jedoch Wein geben, unter der Bedingung allerdings, daß dieser in seiner Gegenwart trinken mußte. Was ein Hinweis darauf ist, daß zu jener Zeit – der Zeit der Piraten – auch reiche Juden Sklaven hielten.

Den Jüdinnen schrieben die Rabbiner vor, was sie an Schmuck oder Prunkkleidern zu Festen und auf der Straße tragen durften. Offensichtlich gefielen sich die Damen darin, den Reichtum ihrer Männer zur Schau zu stellen.

Die natürliche Affinität der nordafrikanischen Juden zu Musik und Poesie verstärkte sich mit der Ankunft der Glaubensbrüder aus Spanien, denn diese brachten eine Tradition sefardischer, andalusischer Musik mit, die von liturgischen Gesängen bis zu den »Romanzeros«, Liebesliedern, reichte und auch heute noch lebendig ist. Dies kann man nicht nur in Nordafrika feststellen, sondern auch bei Festen orientalischer Juden in Israel. Am berühmtesten ist die »Maimouna«, der letzte Tag des Passah-Festes und nach marokkanischer Tradition der Todestag des Vaters von Maimonides. Auf Wiesen und in Parks finden Volksfeste mit Picknicks, Musik und Volkstänzen statt.

Auf religiösem Gebiet gibt es zwischen dem nordafrikanischen und dem weitgehend durch die osteuropäische und später deutsche Orthodoxie geprägten aschkenasischen Judentum Unterschiede. Die sefardische Religiosität ist weit entfernt von der rigiden, strikten Orthopraxie des Ostjudentums, sie ist menschlicher und toleranter. Das hat nicht nur mit Lebensgefühl und Klima etwas zu tun, sondern mit der Tatsache, daß sich die Juden Nordafrikas an den im 16. Jahrhundert von Josef Karo in Safed verfaßten *Schulchan Aruch*, die Kodifizierung jüdischer Gesetze und Vorschriften, halten. Für die Ostjuden hat Moses Isserles (1525–1572), der in Krakau Rabbiner war, eine heute noch maßgebende Interpretation geschrieben, in der Karos Vorschriften wesentlich schärfer gefaßt sind, insbesondere die »Verbote« im täglichen Leben des einzelnen. Auf der anderen Seite haben nordafrikanische Rabbiner die Restriktionen in bezug auf den Umgang mit Nichtjuden strenger gestaltet. Da die Juden, auch wenn sie in abgeschlossenen Vierteln lebten, dennoch »dazugehörten«, enge wirtschaftliche und intellektuelle Kontakte mit den Moslems hatten, »bei Hof« ein- und ausgingen, mußten hier die Schranken höher aufgerichtet werden, um eine Assimilation oder gar Mischehen zu verhindern. Im Europa jener Zeit, als die Juden im totalen Abseits im Getto lebten, bestanden diese Gefahren nicht.

Anders als in den jüdischen Gemeinschaften Europas vor der Emanzipation, wo die Sprache des Gettos zumeist Jiddisch war, jene der Rabbiner Hebräisch, sprachen die Juden Nordafrikas einen arabischen Dialekt, die Gebildeten (neben Hebräisch) auch noch klassisches Arabisch. Das hat natürlich eine gegenseitige kulturelle Befruchtung gebracht. Die Umwelt verstand die traditionelle Sprache der Juden, und – um nur ein Beispiel zu nennen – die jüdische Poesie übernahm ihrerseits Stilelemente aus dem Arabischen. Die Sprache der Juden war in der Regel der arabische Dialekt des Landes, vermischt mit hebräischen Wörtern. Man nennt es »Judéo-Arabe«, in Israel hat sich dafür der Name »Mugrabit« eingebürgert, der jedoch in Nordafrika nie gebraucht wurde. Die aus Spanien stammenden Juden sprachen »Haketia«, eine Mischung aus Spanisch, Hebräisch und dem arabischen Landesdialekt. Haketia unterscheidet sich deutlich vom Spaniolischen der sefardischen Juden auf dem Balkan und in der Türkei, einem noch mehr oder weniger unverfälschten »Castillan«, das zur Zeit der Vertreibung, 1492, in Kastilien gesprochen wurde. Die marokkanischen Juden, die im ehemaligen Spanisch-Marokko, an der Mittelmeerküste, insbesondere in den Städten Tanger und Tetuan lebten, bewahrten das »Ladino«. Dagegen übernahmen die ebenfalls aus Spanien stammenden, aber im Landesinnern lebenden Juden im Laufe der Zeit das Jüdisch-Arabische, eine Sprache, die auch die Moslems, mit denen man ja ständig Kontakt hatte, verstanden.

Es ist hier nicht der Platz, die Geschichte der Juden in Nordafrika in allen Details darzustellen. Sie war, wie bereits erwähnt, wechselvoll, weist aber eine erstaunliche Konstanz auf. Nur wenige jüdische Diasporagemeinschaften können auf eine praktisch ununterbrochene Anwesenheit im selben Raum, die bis in die biblische Zeit zurückgeht, hinweisen.

Eine kleine anekdotische Einschaltung, die zeigt, wie sich Schwerpunkte jüdischer Diasporageschichte verschieben: Als Reaktion auf »die häufigen Forderungen und übertriebenen Bitten von Rabbinern aus Polen und Aschkenas« erließ der jüdische Gemeindevorstand von Fes im Jahr 1691, angesichts der eigenen Nöte ein Reglement, um die Betteltätigkeit dieser Emissäre aus Europa einzuschränken. Zwei Jahrhunderte später wurden die Juden Nordafrikas durch europäische philanthropische Organisationen unterstützt!

Im 16. Jahrhundert erreichten viele Marrannen, Nachkommen von zwangsgetauften Juden während der Inquisition, Marokko und wurden wieder offiziell ins Judentum aufgenommen, hauptsächlich in den Städten Fes, Tetuan, Meknes und Marrakesch. Juden spielten bis ins 19. Jahrhundert eine große Rolle im Handel, besonders jene der Stadt Mogador, aber auch als diplomatische Vertreter des Sultans an europäischen Höfen.

Da wäre etwa Samuel Pallache zu erwähnen, der 1608 als Botschafter in die Niederlande kam. Zwei Jahre später unterzeichnete der Jude den ersten Beistandspakt zwischen dem moslemischen Königreich Marokko und einem christlichen Staat! Unter Moulay Ismail, dem marokkanischen Louis XIV., spielten in Meknes die jüdischen Familien Toledano, Maymeran und Ben Attar am Hof eine große Rolle. Ein Moses Ben Attar unterzeichnete ein Abkommen mit Großbritannien und zwei Sprößlinge der Familie Toledano waren Botschafter in Holland und London. Juden waren auch Wegbereiter der freundschaftlichen Beziehungen zwischen Marokko und den Vereinigten Staaten. Isaac Cordobes Nunez, Dolmetscher des Sultans, und ein in den USA lebender marokkanischer Jude namens Isaac Pinto waren die Architekten des ersten Abkommens zwischen den beiden Staaten (1787) über Schiffahrts- und Handelsrechte für US-Schiffe.

Während Marokko bis zur französischen Eroberung im Jahre 1912 unabhängiges Königreich war, gerieten Algerien und Tunesien im 16. Jahrhundert unter türkische Oberhoheit, was allerdings für die Juden keine besonderen Veränderungen brachte. Weiterhin hing alles vom Wohlwollen der lokalen Herren ab. Zu erwähnen wäre, daß im 17. Jahrhundert Tunis ein Zentrum jüdischer Gelehrsamkeit war. Insgesamt ging es den Juden Nordafrikas besser als ihren Glaubensgenossen in der Türkei.

Das 19. Jahrhundert war für Nordafrika eine Periode des Niedergangs, was sich sehr schnell in Europa herumsprach und kolonialistische Begehrlichkeiten weckte. Zuerst kam 1830 Algerien an die Reihe. Für die Juden begann ein neues Kapitel ihrer Geschichte. Die Franzosen gaben den Juden einen neuen Status. Rabbiner wurden aus Frankreich geschickt und von der französischen Regierung bezahlt, Gemeindeorganisationen *à la française* geschaffen – kurz, mit Windeseile setzte die Assimilation der Juden Algeriens ein. Das hatte natürlich auch seinen Grund darin, daß die jüdischen Algerier oder algerischen Juden, nun plötzlich keine *dhimmi* mehr waren. Jetzt wurden die Moslems Kolonisierte, die Juden aber gleichberechtigte Mitbürger der Franzosen: 1865 erhielten sie das Recht zur individuellen Naturalisation, und am 24. Oktober 1870 wurde das Cremieux-Dekret erlassen, das allen Juden Algeriens die französische Nationalität gab.

Damit waren rund 35 000 Juden französische Staatsbürger geworden. Begeistert begrüßten sie die neue Chance, nur um kurz darauf betroffen feststellen zu müssen, daß die Franzosen neben ihren Vorstellungen von *liberté, fraternité, égalité* noch etwas ganz anderes mitgebracht hatten: den Antisemitismus europäischer und ganz besonders französischer Prägung. In Tlemcen, Algier, Setif und Oran gab es in den frühen achtziger Jahren des vorigen Jahrhunderts antijüdische Ausschreitungen von Seiten der französischen Siedler, die Dreyfus-Affäre schwappte auf Algerien über, Edouard Drumont, einer der führenden antisemitischen Ideologen Frankreichs wurde gar zum Abgeordneten für Algier gewählt.

Auch die Volksfront von Léon Blum in den dreißiger Jahren, die in der französischen Metropole zu einem Anschwellen des Antisemitismus im reaktionären Lager geführt hatte, ließ Algerien nicht unberührt.

Und dann kam der Zweite Weltkrieg, die Niederlage und das Vichy-Regime, das das Cremieux-Dekret kurzerhand aufhob. Über 100 000 algerische Juden teilten nun die Diskriminierung ihrer europäischen Glaubensgenossen unter Hitlers Herrschaft.

Paradoxerweise änderte auch die amerikanische Landung (1942) und die Machtübernahme durch General Giraud, dem allerdings noch die etwas dubiose Figur von Admiral Darlan zur Seite stand, nicht viel am Status der algerischen Juden. Auch Robert Murphy, der amerikanische Vertreter in Algier, spielte eine zwielichtige Rolle. Es sollte bis zum Oktober 1943 dauern und bedurfte weltweiter jüdischer Proteste und der Intervention von Präsident Roosevelt, bis das Cremieux-Dekret wieder in Kraft gesetzt wurde. Aber das verhinderte nicht, daß die Juden in Algerien weiterhin die europäische Form des Antisemitismus von seiten der französischen Colons zu spüren bekamen.

Tunesien wurde 1881 französisches Protektorat, was sich auf das Leben der Juden günstig auswirkte. Bereits 1878 hatte die Alliance Israélite Universelle, die französisch-jüdische philanthropische Organisation, ihre erste Schule in Tunis eingerichtet. Zwischen 60 000 und 100 000 Juden lebten damals in diesem Land, die in den Städten sofort die Chance ergriffen, für sich oder zumindest ihre Kinder eine französische Ausbildung und Erziehung zu erhalten. Nach dem Ersten Weltkrieg konnten sie auch die französische Nationalität erwerben.

Auch wenn die Mehrheit weiterhin Tunesier waren, kulturell, geschäftlich und politisch setzten sie auf die französische Karte, schließlich waren sie dank der Franzosen aus dem Status des *dhimmi* befreit worden. Und dann kam Rommel mit seinem Afrika-Korps. Vom November 1942 bis Mai 1943 war Tunesien von den Deutschen und Italienern besetzt, Juden wurden in Lager verschleppt und zu Zwangsarbeit eingesetzt, wie im Kapitel über Tunis näher ausgeführt wird. Die Alliierten kamen gerade noch rechtzeitig, um die Deportation der Juden in Vernichtungslager zu verhindern.

Marokko geriet erst 1912 unter französische Herrschaft, Wirren brachen aus, und es kam zu antijüdischen Ausschreitungen in Fes. Der fanatisierte Mob griff das Judenviertel an, doch der Sultan öffnete die Tore seines Palastes und rettete so die meisten seiner Dhimmis. Er war schließlich auch religiöses Oberhaupt und kannte die Gebote des Koran.

Erwähnenswert wäre vielleicht noch, daß bereits 1864 auf Intervention des englisch-jüdischen Philanthropen Sir Moses Montefiore mit einem »Dahir«, einer königlichen Proklamation, den Juden zumindest theoretische Gleichberechtigung eingeräumt worden war. Das war immerhin zwei Jahre, bevor die Schweiz das gleiche getan hat. Zwar dauerte es noch einige Jahre, bis sich auch der hinterste Kaid und Pascha in der Provinz daran hielten, außerdem bedurfte es periodischer Ermahnungen der amerikanischen und europäischer Regierungen – ebenfalls eine Parallele zur Schweiz, wo die Judenemanzipation erst auf massiven amerikanischen und französischen Druck erfolgt war. Insgesamt ging es jedoch den Juden in Marokko im ausgehenden 19. und beginnenden 20. Jahrhundert recht gut. Natürlich gab es gewaltige Unterschiede zwischen wohlhabenden Städtern und dem Elend in der Provinz, doch das galt für alle Marokkaner. Eine Pestepidemie suchte die Mellah, das Judenviertel, von Fes heim und forderte 3000 Opfer. Um die Jahrhundertwende lebten rund 200 000 Juden in Marokko, unter ihnen gab es einige bekannte Rabbiner und Gelehrte, Talmudisten und Juristen.

Die französische Administration respektierte die traditionellen Gemeindestrukturen. Was noch wichtiger war: Die Juden blieben wie die Moslems Untertanen des Sultans. Man darf nicht vergessen, daß die Franzosen sich damit begnügt hatten, das »Protektorat« über das Königreich zu übernehmen, wenngleich die Vertreter der Kolonialadministration sehr bald versuchten, ihre parallelen Dienststellen an die Stelle der königlichen Verwaltung zu setzen. Doch darüber ist an anderem Ort ausführlicher die Rede. Für die Juden jedenfalls sollte einige Jahrzehnte später die Tatsache, daß sie dem Sultan unterstanden, von großer Bedeutung sein. Denn auch Marokko geriet 1940 unter die Vichy-Herrschaft.

Am 31. Oktober 1940 führte die französische Administration in Marokko Sondergesetze für die Juden ein, analog zu Frankreich. Doch sie hatte ihre Rechnung ohne Mohammed V. gemacht, der sofort heftig protestierte und erklärte, daß die Juden ebenso seine »Kinder« seien wie die Moslems. Mit dieser Haltung trug er entscheidend zum Überleben der marokkanischen Juden bei. Marokkos Juden haben seine Einstellung nie vergessen, sie war bezeichnend für die Alaouitenherrscher. Und wenn es in den fünfziger Jahren zu Spannungen mit Mohammed V. wegen der Auswanderung nach Israel kam, die für zwei Jahre erschwert war, so hing dies viel mehr mit der Enttäuschung des Monarchen zusammen, der ehrlich gehofft hatte, daß die jüdische Bevölkerung des Landes ihren Beitrag zum Aufbau des unabhängig gewordenen Marokkos leisten würde, als mit irgendwelchen antijüdischen oder antiisraelischen Tendenzen.

Doch konnte die mutige Haltung des Sultans nicht verhindern, daß die Juden mancherlei Schikanen der französischen Verwaltung ausgesetzt waren. Sie durften keine französischen Schulen mehr besuchen und erhielten geringere Lebensmittelrationen als die andere Bevölkerung. Mit der Landung der Amerikaner war jedoch 1942 die größte Gefahr gebannt, und als 1943 die Gaullisten endgültig die Macht von den Vichy-Funktionären übernommen hatten, kehrte das Leben der marokkanischen Juden wieder in normale Bahnen zurück. Bis dann 1948 mit der Gründung des Staates Israel ein weiteres Kapitel ihrer Geschichte begann.

Christentum – Kirchenväter und Kolonialisten

Zwei historische Perioden hat das Christentum in Nordafrika gekannt, beide waren mit Invasionen verknüpft. Das ist nichts Außergewöhnliches; überall in der Welt und zu jeder geschichtlichen Epoche brachten fremde Eroberer neue Götter mit. Die Araber taten es mit mehr Erfolg, der Islam hat sich durchgesetzt; die Römer, Vandalen, Byzantiner und Franzosen hatten weniger Glück mit dem Christentum.

Vielleicht wäre zu erwähnen, daß der römische Pantheon von der Urbevölkerung, den Berbern, sehr viel leichter akzeptiert worden ist. Man assimilierte ganz einfach die alten punischen Gottheiten den lateinischen: Der furchterregende Baal wurde Saturn und Tanit in Caelestis umbenannt.

Mit der Ausbreitung des Christentums im Römischen Reich war es unvermeidlich, daß auch in Nordafrika christliche Römer auftauchten und Berber den neuen Glauben annahmen. Nur war damals alles recht kompliziert, die Berber hatten zwar Erfahrungen mit ihren alten einheimischen Göttern, doch diese besaßen klar abgegrenzte Kompetenzen für die verschiedenen Lebensbereiche. Die diversen Strömungen des Christentums jener Zeit lieferten sich erbitterte dogmatische Richtungskämpfe. Da war Tertullian, Sohn einer christlichen Mutter und eines Berbers, der es bis zum Zenturio gebracht hatte. Nach Studien in Rom trat er im Jahre 196 zum Christentum über, begann zu schreiben und schloß sich 207 den Montanisten an. Das waren die Anhänger des Montanus, der in Phrygien eine Form des Christentums mit stark endzeitlichen Erwartungen gegründet hatte. Tertullian gehört zu den großen Schriftstellern und Theologen des frühen Christentums.

In Karthago lebte und wirkte der Kirchenvater Cyprianus, der während der Christenverfolgungen unter Valerian

(257–260) den Märtyrertod erlitt und später heiliggesprochen wurde. Donatus, ein Rigorist, also Anhänger einer anderen christlichen Strömung, war 316 Bischof von Karthago. In Hippo, dem späteren Bone und heutigen Annaba in Algerien, wirkte als Bischof der berühmteste von allen, Augustinus, der ein Berber war. Er wurde in Tagaste, im heutigen Algerien, geboren (354) und fand bei der Belagerung von Hippo durch die Vandalen den Tod (430).

Die Vandalen gehörten zu den Ostgermanen und zogen südwärts durch Europa, bis sie im Jahre 409 in Spanien einfielen, wo sie sich zum arianischen Christentum bekehrten. Der Arianismus war eine frühchristliche Häresie, die den Kirchenvätern viel zu schaffen machte, bis dann das Konzil von Nicäa (325) diese Bewegung verdammte. Doch das hinderte die Arianer nicht daran, weiterhin eine große Massenwirkung auszuüben.

Der Vandalenkönig Geiserich setzte 429 über die Meerenge von Gibraltar und begann die Eroberung von Nordafrika. Wie es dazu kam, ist eine recht merkwürdige Geschichte. Der römische Statthalter (comes Africae), Bonifatius, hatte geglaubt, in Rom in Ungnade gefallen zu sein. Er weigerte sich zurückzukehren und bat Geiserich um Hilfe. Als dieser jedoch in Nordafrika eintraf, erklärte ihm Bonifatius, es habe sich um einen Irrtum gehandelt. Geiserich, der mit Armee, Frauen, Kind und Kegel gekommen war, konnte sich damit nicht abfinden und lieferte Bonifatius eine Schlacht, die er auch gewann. Damit war Nordafrika unter die Herrschaft der Vandalen gelangt, die, entgegen dem modernen Gebrauch des Begriffes »Vandalen«, keineswegs härter war als die anderer Eroberer.

Geiserich war klug genug einzusehen, daß er die wohlbefestigte Stadt Karthago nicht so leicht stürmen könne. Er schloß deshalb mit Rom einen Vertrag, der eine Teilung der Herrschaft vorsah. Doch der verschlagene Vandale brach ihn 439 und nahm Karthago in einem Überraschungsangriff ein.

Von Nordafrika aus unternahm Geiserich einen Feldzug gegen das Römische Reich und eroberte 455 Rom, das er gründlich plünderte, aber nicht zerstörte. Unter anderem soll er auch den von den Römern eroberten Tempelschatz von Jerusalem mitgenommen haben. Doch das regte damals niemanden sonderlich auf. Die Römer hatten ja in Karthago ganz anders gewütet!

Erst 1794 prägte ein gewisser Henri Gregoire, Bischof von Blois in Frankreich, den Begriff »Vandalisme«, weil den frommen Mann ein Bericht über Geiserichs Plünderung von Rom sehr beeindruckt hatte. Seither hat sich die Bezeichnung »Vandalismus« durchgesetzt, werden die Vandalen, die es gar nicht verdient haben, verunglimpft.

Vergeblich versuchten die beiden römischen Reiche, gegen Geiserich vorzugehen, deshalb schlossen sie 474 mit ihm einen Frieden, der die Vandalenherrschaft über Nordafrika legitimierte. Damit hatte Geiserich ein Reich aufgebaut, das von Karthago bis Ceuta und Tanger reichte. Gleichzeitig trug er zum Zerfall des Weströmischen Reiches bei.

Doch seine Schöpfung sollte keinen Bestand haben. Auf Geiserich folgte Hilderich – wie haben wohl die Berber diese barbarischen Namen ausgesprochen? –, der jedoch bald von seinem Neffen Gelimer abgesetzt wurde. Und dann trat der byzantinische Feldherr Belisarius auf den Plan, eroberte Karthago und schlug beim 30 Kilometer entfernt gelegenen Tricamarum Gelimer, der nach Konstantinopel verschifft wurde (534). Nun waren die Byzantiner Herren von Nordafrika und sollten es bis zur arabischen Invasion bleiben, auch wenn sie sich immer wieder gegen aufständische Berberstämme, die sich mit den neuen Herrschern nicht abfinden wollten, wehren mußten.

Was nun das Christentum betrifft, so war es für die Berber recht verwirrend. Wie sollten sie zwischen Montanisten, Arianern, Donatisten und dem am Konzil anerkannten nicäisch-athanasianischen Glaubensbekenntnis den wahren Glauben finden? Zwar hatten die Byzantiner über zweihundert Jahre Zeit, ihr Christentum zu konsolidieren, sie bauten Kirchen und Basiliken, teilten das Land in Bistümer ein – doch ein durchschlagender Bekehrungserfolg blieb ihnen versagt, wie dann die schnelle und verhältnismäßig reibungslose Islamisierung der

Berberstämme durch die Araber zeigte. Nach dem christlichen dogmatischen Durcheinander und den gegenseitigen Verketzerungen muß ihnen der Islam mit seinem klaren und unkomplizierten Glaubensbekenntnis und den leicht zu erfüllenden Vorschriften geradezu als »Offenbarung« erschienen sein.

Etwa um das Jahr 705 hatten die Araber die Eroberung von Nordafrika vollendet, wenngleich da und dort berberische Widerstandsnester verblieben waren. Die »Urbevölkerung« Nordafrikas ließ sich bekehren. Mehr noch: Offensichtlich waren die Berber von den christlichen konfessionellen Querelen dermaßen beeindruckt worden, daß sie nach ihrer Konversion zum Islam mit einer gewissen boshaften Vorliebe häretische Varianten übernahmen, wie etwa die der Kharidschiten. Doch davon ist im nächsten Kapitel die Rede.

Über tausend Jahre sollte fortan der Islam in Nordafrika die dominierende Religion sein, ob unter den verschiedenen Dynastien in Marokko oder lokalen Herrschern in Tunesien und Algerien.

Im Jahre 1834 eroberten die Franzosen Algerien, 1883 wurde Tunesien und 1912 Marokko französisches Protektorat. Und wieder kam mit der Eroberungsarmee eine fremde Religion. So fremd war sie jedoch nicht, da die Bewohner Nordafrikas schon einmal mit dem Christentum konfrontiert waren.

Die Kolonisierung verlief in den drei Staaten verschieden, was auch mit ihrer Dauer zusammenhängt. In Algerien nisteten sich die Franzosen gründlich ein, schon 1840 zählte man 25000 Europäer, 1851 waren es 131000 und 1851 272000. Nach Erlangung der Unabhängigkeit 1962 verließen über eine Million Franzosen das Land, eine Zahl, die drastisch zeigt, wie hoch der Bevölkerungsanteil der Europäer in Algerien angestiegen war. In Tunesien und Marokko war die Zahl der »Colons« oder »Pieds noir«, wie sie genannt wurden, bedeutend kleiner.

Rund 130 Jahre dauerte die Herrschaft der Franzosen über Algerien. Doch sie hinterließ, was das Christentum betrifft, erstaunlich wenig Spuren. Im Gegensatz etwa zur französischen Kolonisation in Indochina konnte das Christentum keine

Erfolge zeitigen. Das hing nicht nur mit der Tatsache zusammen, daß sich die europäische Entwicklung fein säuberlich getrennt und parallel zum Leben der *indigènes* (der Einheimischen) abspielte, sondern auch damit, daß für Muslime das Christentum wenig attraktiv war. Man hatte eine monotheistische Religion, die einem, sofern man gewisse Gebote erfüllte, die Aufnahme ins Paradies zusicherte. Wozu sich also das Leben komplizieren, indem man dem Einen Gott noch einen Sohn und eine jungfräuliche Mutter hinzufügte?

Zwar stand die Kirche voll und ganz im Dienste des Kolonialismus, doch *la glaive et le goupillon*, das Schwert und der Sprengwedel, waren in erster Linie dazu bestimmt, den Kolonisatoren ein gutes Gewissen zu geben. Sehr schnell hatte der französische Klerus in Algerien erkannt, daß mit Seelenfang unter den Moslems keine Lorbeeren zu erringen waren. Im Jahre 1920 nahmen die »Weißen Väter« sogar den Verzicht auf Missionstätigkeit formell in ihre Satzungen auf.

Bedeutendster Vertreter des französischen Klerus in Nordafrika war Charles Martial Allemand Lavigerie, ab 1867 Erzbischof von Algier, 1882 zum Kardinal und 1884 auch zum Erzbischof von Karthago ernannt. Er gründete im Jahr 1868 den Orden der »Weißen Väter«, der Patres Albi oder Pères Blancs, wie sie in Nordafrika genannt wurden. Auch die Gemeinschaft der »Weißen Schwestern«, Soeurs Missionaires de Notre Dame d'Afrique, wurde 1869 von ihm ins Leben gerufen. Beide Orden entfalteten in Nordafrika eine segensreiche humanitäre und pädagogische Tätigkeit, wobei sich die »Weißen Väter« durch ihren Weinanbau besondere Verdienste errangen. Doch mit der Missionstätigkeit wollte es nicht so recht vorangehen. So ziemlich der einzige »Erfolg« von Lavigerie war, daß er anläßlich einer schweren Hungersnot in Algerien einige Waisenknaben aufnahm und sie dann bekehrte. Natürlich nahm die *aliénation*, die Selbstentfremdung, besonders der in französischen Schulen und Universitäten erzogenen Algerier große Ausmaße an, doch war es im 20. Jahrhundert eher Karl Marx als Jesus Christus, der auf sie eine Faszination ausübte.

Als 1962 Algerien nach einem langen und blutigen Konflikt unabhängig wurde und die französischen Colons das Land verließen, war natürlich auch für das Christentum eine Epoche zu Ende. Man hätte nun annehmen können, daß diese Kirche, die so eng mit dem Kolonialismus verknüpft gewesen war, in der allgemeinen Bitternis für immer ausgespielt hätte. Doch Algerien ist der einzige moslemische Staat, in dem auch heute noch ein Kardinal residiert: Erzbischof Leon Etienne Duval von Algier. Das ist um so erstaunlicher, als der Islam Staatsreligion und in der Verfassung von 1976 die noch 1963 erwähnte Glaubensfreiheit verschwunden ist, auch wenn sie de facto weiterbesteht. Obendrein wurden die kirchlichen Schulen gleichgeschaltet. Die katholische Kirche zeigt sich heute diskret. Daß sie nicht auf immer diskreditiert wurde, verdankt sie Kardinal Duval. Zur Zeit der bittersten Kämpfe des algerischen Befreiungskrieges, der scheußlichsten Kampfmethoden und der Folter der Franzosen, hatte er seine Stimme gegen die eigene Regierung und deren Statthalter in Algier erhoben. Verächtlich nannten ihn die französischen Ultras »Mohammed« Duval. Nach der Unabhängigkeit blieb er im moslemischen und sozialistischen Algerien.

Aber auch Strukturen blieben erhalten, es gibt weiterhin vier Diözesen, 200 Pfarrer und etwa 500 Ordensfrauen, darunter auch 40 »Weiße Väter« und 20 Jesuiten. Natürlich verhält sich die Kirche äußerst zurückhaltend, und moslemische Integristen schauen dem Klerus auf die Finger. Daß alles relativ reibungslos vonstatten geht, hängt mit den Gläubigen zusammen: Es sind französische Entwicklungshelfer, Lehrer und Techniker, rund 40 000 an der Zahl, daneben fast ebenso viele andere Ausländer, Afrikaner, Europäer und auch christliche Orientalen.

Die Katholiken halten sich peinlichst genau an die »Spielregeln« und vermeiden alles, was auch nur im entferntesten als Missionstätigkeit ausgelegt werden könnte. Gewisse protestantische Gruppen sind da weniger vorsichtig und haben darum auch periodisch Schwierigkeiten. Es gibt rund 300 Protestanten in Algerien.

Das »Wohlverhalten« der Kirche wird von der algerischen Regierung honoriert, nicht nur, indem Kardinal Duval an offiziellen Empfängen ein geehrter Gast ist. Während etwa die ausländischen Diplomaten, die durchs Land fahren wollen, Bewilligungen der Behörden brauchen, dürfen sich die Priester frei bewegen, auch müssen sie ihre Publikationen nicht den Zensurbehörden unterbreiten und haben weitgehend Versammlungsfreiheit – für ihre ausländischen Gläubigen, versteht sich. Algerien ist auch der einzige Staat im Maghreb mit einer diplomatischen Vertretung des Vatikans und einem päpstlichen Pro-Nuntius.

All dies ist das Werk von »Mohammed« Duval. Auf den Ruinen des algerischen Unabhängigkeitskrieges, den Zerstörungen und der unermeßlichen Bitterkeit, die dieser blutige und grausame Kampf hinterlassen hatte, ist es ihm gelungen, das Ansehen der Kirche, das durch ihr Zusammenspiel mit dem Kolonialismus arg gelitten hatte, einigermaßen wiederherzustellen. Doch Duval ist bereits über achtzig Jahre alt. Wie es einmal um die katholische Kirche Algeriens ohne ihn bestellt sein wird, bleibt abzuwarten.

In Marokko vollzog sich die religiöse »Entkolonisierung« problemlos, was damit zusammenhängt, daß der französische Kolonialismus nur etwa vier Jahrzehnte gedauert hatte. Dazu kommt, daß die religiösen moslemischen Strukturen völlig intakt geblieben waren, der Sultan war gleichzeitig religiöses Oberhaupt. Und was die in Algerien so starke *aliénation* betrifft, so hat sie im Scherifenreich nie stattgefunden.

Aus dieser Position der Stärke heraus, aber auch aus einer gewissen traditionellen Toleranz, konnte man sich nach der Unabhängigkeit großzügig erweisen. Allerdings ist man in Fragen der Missionstätigkeit noch sehr hart, wie besonders protestantische Gruppen, die auch in Frankreich unter marokkanischen Gastarbeitern auf Seelenfang gehen, immer wieder erfahren müssen.

Natürlich nahm die Zahl der Gläubigen mit dem Auszug der französischen Colons drastisch ab. In Marokko wurden sie wie in Algerien durch *cooperants,* Entwicklungshelfer, ersetzt. Heute leben rund 70 000 Christen, mehrheitlich Katholiken in diesem Land. Allerdings sind die beiden Diözesen Rabat und Tanger ohne einen Erzbischof. Doch finden regelmäßig Gottesdienste in den Kirchen statt.

Tunesien, obschon dieses Land als das »gemäßigste« in Nordafrika gilt und auch die Entkolonisierung relativ schmerzlos vor sich gegangen war, kam mit der Kirche auf Kollisionskurs.

Im Jahre 1962, noch im Gefolge der Biserta-Krise, »nationalisierte« Bourguiba die katholischen Kirchen Tunesiens. Der Vatikan machte gute Miene zum bösen Spiel, er reagierte praktisch nicht. Erst im Sommer 1964 wurde zwischen dem Heiligen Stuhl und der tunesischen Regierung ein Abkommen unterzeichnet, worin die katholische Kirche ihren gesamten Besitz dem tunesischen Staat »übermachte«. Damit war die stolze Erbin eines nordafrikanischen Christentums, das auf die Zeit des heiligen Augustin zurückgeht, gründlich »entkolonisiert« worden.

Eine religionsgeschichtliche Epoche fand damals ihren Abschluß, die vom heiligen Augustin, dem Berber Tertullian, dem Bischof von Karthago, über den unglücklichen letzten Kreuzzügler, König Ludwig den Heiligen, bis zur »kolonisierenden« Kirche des französischen Protektorates geführt hatte.

Auch in Tunesien stand die Kirche im Dienste der französischen politischen, wirtschaftlichen und kulturellen Durchdringung. Die »Weißen Väter« errichteten hier ihre Musterfarmen und Domänen, Mönche und Nonnen bauten Klöster und Schulen. Daneben erwarb die Kirche auch städtischen Grundbesitz, vom Mietshaus bis zum Kino.

Unter dem französischen Protektorat genoß der Katholizismus eine Ausnahmestellung und Privilegien, die weit über das hinausgingen, was ihm im Mutterland der antiklerikalen und antikurialen Strömungen des letzten Jahrhunderts noch zugestanden wurde.

Die enge Verbindung der Kirche mit dem Kolonialismus und der »Résidence«, dem Sitz des französischen Statthalters, macht es verständlich, daß das unabhängige Tunesien der Sonderstellung des Katholizismus ein Ende bereiten wollte, zumal laut Verfassung der Islam Staatsreligion ist.

Zudem hatte sich die Bevölkerungsstruktur Tunesiens seit der Unabhängigkeit gründlich geändert. Von den einstmals 300 000 Katholiken, Franzosen und Italiener, waren nur wenige zehntausend verblieben, die sich im Laufe der sechziger und siebziger Jahre weiter verminderten. Heute zählt Tunesien etwa 20 000 Katholiken und eine kleine Anzahl Griechisch-Orthodoxe und Protestanten. Fährt man durchs Land, so findet man in manchen Dörfern verschlossene Kirchen, Andenken an die Zeit des Kolonialismus.

Nur ein knappes halbes Dutzend Kirchen im ganzen Land sind noch für den Gottesdienst erhalten, der Rest wurde in Museen, Kulturzentren und Versammlungslokale umgewandelt. Auch die berühmte Kathedrale von Karthago mit ihren ehemaligen Klostergebäuden ist zum »Musée national de Carthage« umfunktioniert worden und beherbergt eine beachtliche Sammlung punischer und römischer Überreste – aber auch eine christliche Abteilung ist eingerichtet worden. Dennoch – blickt man von der Kathedrale auf den alten punischen Hafen herunter – verspürt man deutlich, wie sich hier ein geschichtlicher Kreis geschlossen hat.

Türken und Seeräuber

Während in Marokko die einheimischen Dynastien bis in die Gegenwart, sogar in der Zeit des französischen Protektorats, an der Herrschaft blieben, mußten Algerien und Tunesien im 16. Jahrhundert wieder einmal eine fremde Invasion hinnehmen. Beide Länder erlitten einen politischen und wirtschaftlichen Niedergang, interne Wirren. Die marokkanischen Meriniden wurden gezwungen, sich aus Algerien zurückzuziehen.

Daß europäische Mächte nur darauf lauerten, im nordafrikanischen trüben zu fischen, gehört zu den historischen Konstanten dieser Region. Somit war es kein Wunder, daß die Spanier begehrliche Blicke auf Algerien und Tunesien warfen und in den Küstenstädten, Stützpunkte, »Presidios«, errichteten, bewaffnete Nachschubbasen, von wo aus sie militärische Streifzüge ins Landesinnere unternahmen.

Die einheimischen Moslems riefen gegen die Eindringlinge türkische Korsaren zu Hilfe. Der berühmteste war Kheireddin »Barbarossa«, von der griechischen Insel Mytilene gebürtig, der zusammen mit seinem Bruder Horuk dem Appell der Algerier Folge leistete, in Fischerdörfern Stützpunkte errichtete und dann Algier eroberte. Das weckte den Appetit des Türkensultans Selim I. (1512–1520), der nun beschloß, Algerien unter seine Fittiche zu nehmen. Er ernannte Kheireddin zu seinem Vertreter mit dem Titel eines Pascha und schickte ihm Janitscharen als Hilfstruppe. Die Türkenherrschaft konnte sich ausbreiten, mit Ausnahme der Hafenstädte Oran und Mers-el-Kebir, wo sich die Spanier bis 1791 halten konnten.

Was als mehr oder weniger romantisches Abenteuer zweier Korsaren begonnen hatte, entwickelte sich zu einem ausgewachsenen Krieg zwischen Spanien und der Türkei um die Vorherrschaft an der nordafrikanischen Küste – die Türken blieben

Sieger. Allerdings mußten die osmanischen Sultane hinnehmen, daß ihnen die direkte Herrschaft über die Provinzen zusehends entglitt; die lokalen Herrschaftsverhältnisse waren ziemlich verwirrend. Zuerst übte ein »Beyerlbey«, also der »Bey der Beys«, die Macht aus, dann führte der Sultan das Amt des »Wali« ein, der Stellung eines Gouverneurs vergleichbar, aber auch die »Agha«, die Kommandanten der Janitscharen, spielten eine Rolle. Doch da waren auch noch die Korsaren, die ihren Anteil an der Macht verlangten.

Die Einnahmen der Provinzen kamen vornehmlich aus der Piraterie, einträglichstes Geschäft waren die Lösegelder für Gefangene, von denen manchmal bis zu 30 000 in algerischen Kerkern schmachteten. Es gab eine wohlorganisierte »Seeräuber-Zunft«, die darüber wachte, daß dem Sultan der ihm gebührende Anteil an den Einkünften zufloß. Die Piraten schützten auch die türkischen Schiffe gegen die europäischen Seeräuber, die an der »Piratenküste« ihr Unwesen trieben. Den Janitscharen oblag das Eintreiben von Steuern und Abgaben bei den einheimischen Stämmen.

Später durften die Aghas einen »Dey« wählen, der dann bis 1830 nomineller Herrscher von Algerien war, natürlich von der Aghas Gnaden. Von den 28 Deys, die zwischen 1671 und 1830 regierten, erlangten 14 die Macht, weil ihre Vorgänger Palastrevolutionen der Aghas zum Opfer fielen.

Trotz der etwas rauhen Sitten innerhalb der regierenden Cliquen und Oligarchien, trotz periodischer Aufstände der Berberstämme gegen die Janitscharen, die mit unerbittlicher, blutiger Strenge Steuern eintrieben, entwickelte sich eine recht blühende, den Umständen angepaßte Wirtschaft. Die Piraten wurden Exporteure von Landesprodukten und arrangierten sich mit ihren europäischen »Kollegen«, die ihrerseits Waren aus dem Westen lieferten. Die türkischen Herrscher spielten subtil die verschiedenen Stämme gegeneinander aus, gewährten den einen Steuerprivilegien, drangsalierten dafür andere.

Doch gegen Ende des 18. Jahrhunderts ging die relative Blütezeit zu Ende, Algier und sein Hinterland versanken im wirtschaftlichen Morast. Bis dann eines schönen Tages im Jahre 1827 der Dey den französischen Konsul mit einem Fliegenwedel »schlug«, was einen diplomatischen Konflikt auslöste und zu einer militärischen Intervention führte. Pikanterweise waren bei der fatalen Audienz zwei Juden dabei, denn es ging um die Begleichung von Schulden aus dem Jahre 1798! Jüdische Kaufleute aus Livorno beherrschten in jener Zeit den gesamten Handelsverkehr Algiers. Der Dey wollte sich für seinen »Affront« gegenüber Paris nicht entschuldigen, und so landeten im Mai 1830 französische Truppen vor Algier, am 18. Juni wurde das Heer des Dey vernichtend geschlagen, die Kolonisierung nahm ihren Anfang. Darüber wird an anderer Stelle berichtet.

In Tunesien verlief die Entwicklung zunächst ähnlich wie in Algerien. Gegen Ende des 16. Jahrhunderts ging es mit der Dynastie der Hafsiden abwärts, und es kam zum Konflikt zwischen Spanien und der Türkei. Im Jahre 1534 eroberte Kheireddin Biserta und das Tunis vorgelagerte Hafenstädtchen La Goulette; er konnte seine Macht sogar bis nach Kairuan ausdehnen. Was den Spaniern, Italienern und sogar dem Papst zuviel war. Aber auch der von den türkischen Korsaren abgesetzte Hafsidensultan Moulay Hassan, der nach Sizilien geflüchtet war, fand, daß der Korsarenherrschaft Einhalt geboten werden müsse. Unter Karl V. brach eine Armee von 30 000 Mann auf und eroberte 1535 Tunis zurück. Dann machte der Kaiser einen verhängnisvollen Fehler. Er begnügte sich damit, in La Goulette eine Garnison zurückzulassen und überließ Moulay Hassan sich selbst. Der Feldzug des unglücklichen Hafsiden gegen Kairuan scheiterte, nicht zuletzt, weil Moulay Hassan von seinem eigenen Sohn verraten wurde. Daraufhin setzten die Türken einen ihnen genehmen Korsaren-»Rais« in Tunis ein, der seine Macht bis in den Süden, Gafsa und die Insel Dscherba, ausdehnte. Was wiederum die Malteser-Ritter auf den Plan rief, die zusammen mit einem spanischen Vizekönig bei Dscherba in einer Seeschlacht geschlagen wurden. Im Jahre 1573 gelang es Don Juan d'Austria, Tunis zu erobern, das war zwei Jahre, nachdem er in der Seeschlacht von Lepanto die Türken besiegt hatte. Doch schon ein Jahr darauf kapitulierte Tunis vor einer vereinigten Streitmacht aus Algerien, Tripolis und Verstärkungen aus der Türkei. Auch La Goulette, letzter spanischer Stützpunkt, wurde erobert. Tunesien war nun fest in türkischer Hand.

Zuerst wurde in Tunis nach dem »algerischen Modell« regiert. Von 1574 bis 1590 gab es die Aghas, die türkischen Militärkommandanten, die den »Diwan« bildeten und den Pascha wählten. Doch 1590 wurden die Mitglieder des Diwan kurzerhand von aufständischen einheimischen Soldaten umgebracht. Ein neuer Diwan wählte nun einen Dey, der allerdings dem Bey, dem Chef der Janitscharen und dem Marinekommandanten unterstellt war. Das tunesische Wirtschaftsleben jener Zeit ähnelte dem algerischen, man lebte von Piraterie und Sklavenhandel, der pikanterweise von zum Islam übergetretenen Europäern betrieben wurde. Daneben sorgte aber auch ein beachtlicher Handelsverkehr mit Frankreich und Italien für relative Prosperität, die sich mit der Ankunft der aus Spanien vertriebenen Mauren noch vergrößerte.

Im Jahre 1640 wurde unter Murad Pascha die Würde des Bey erblich; die Muradiden, die von einem zum Islam konvertierten Korsen abstammten, regierten bis 1702. Doch bereits in der dritten Generation war es mit der Dynastie vorbei: Murad III. wurde mitsamt seiner Familie von meuternden Offizieren umgebracht. Es folgte eine Periode der Wirren, bis 1705 der Türkensultan Husain Ibn Ali als Bey einsetzte. Seine Dynastie hatte mehr Glück, sie konnte sich bis 1957 an der Macht halten, dann setzte Habib Bourguiba den letzten Husainiden ab.

Mit der Festigung ihrer Herrschaft verstanden es die Husainiden, sich aus der türkischen Bevormundung zu lösen und relativ unabhängig zu regieren. Sogar die Franzosen ließen noch, als sie 1881 das Protektorat errichteten, die Fiktion türkischer Oberhoheit über Tunesien bestehen. Erst der Vertrag von Sèvres (1920) setzte dieser völkerrechtlichen Anomalie ein Ende.

Die Husainiden regierten schlecht und recht über das Land, eine städtische Oberschicht lebte gut, die Landbevölkerung und auch die weniger privilegierten Städter wurden rücksichtslos ausgepreßt und verarmten. Mit den öffentlichen Finanzen ging es abwärts, trotz ernsthafter Bemühungen einiger Beys und insbesondere des Finanzministers Khéréddine, den man »at-Tunisi« nannte. Unaufhaltsam trieb Tunesien dem Staatsbankrott entgegen, wobei europäische Finanzleute wacker mithalfen. 1881 wurde der Vertrag von Kassar Said, 1883 der von La Marsa unterzeichnet. Tunesien war nun französisches Protektorat. Doch die Husainidenbeys blieben weiterhin auf dem Thron.

Rekapitulieren wir kurz, denn die auf diesen Seiten skizzierte Geschichte der drei Maghrebländer bildet die Grundlage zum Verständnis des nachfolgenden Kapitels. In Marokko herrschten praktisch ununterbrochen einheimische Dynastien, die manchmal sogar ihren Herrschaftsbereich auf die Nachbarstaaten ausdehnten. Das französische Kolonialregime dauerte lediglich von 1912 bis 1956.

Algerien hatte es mit der Eigenstaatlichkeit und eigenen Dynastien erheblich schwerer. Nicht nur stammten viele der Herrscherfamilien aus Marokko oder Tunesien, nach dem Ende der Hafsiden geriet Algerien unter die Herrschaft der Türken, die rund dreihundert Jahre dauerte. Dann kamen die Franzosen. Insgesamt war Algerien rund 450 Jahre – von 1516 bis 1962 – unter Fremdherrschaft, bis es die Unabhängigkeit erkämpft hatte.

Auch Tunesien geriet unter türkische Oberhoheit (1574), doch von 1705 bis 1957 herrschte eine einzige Dynastie, während in Algerien die Deys und Paschas aus einer Oligarchie von Fremden, zumeist Türken, ausgesucht wurden. Unter dem Sultan, aber auch in der französischen Protektoratszeit (1883–1956) kannte Tunesien eigene Eliten, die zwar nicht viel zu sagen hatten, zumindest was die Außenpolitik betraf, und auch die wirtschaftlichen Folgen des Kolonialismus nicht aufhalten konnten, doch der einheimischen Sozialstruktur und dem kulturellen Leben einen Halt gaben.

Der Volkscharakter in den drei Ländern ist von dieser unterschiedlichen Geschichte geprägt und ebenso das Verhältnis zu Tradition, Islam und französischer Kultur. Eine jahrhundertealte geschichtliche Erfahrung wirkt sich in Marokko, Algerien und Tunesien auf völlig verschiedene Art aus.

Identitätssuche zwischen Allah, Marx und Technologie

Im Achsenkreuz von Zeit und Raum suchen die Staaten des Maghreb ihre Identität. Während ihrer mehrtausendjährigen Geschichte sind sie mit allen Kulturen des Mittelmeerraumes konfrontiert worden, im Wechsel von – oft modifizierter – Übernahme und Widerstand haben sie ihre eigene Kultur entwickelt.

Das Grundmuster ist jedoch dasselbe. Eine berberische Urbevölkerung wird immer wieder von fremden Invasoren überflutet, die ihre kulturellen Spuren hinterlassen, Araber und Franzosen am nachhaltigsten. Manchmal kommt es zur Synthese zwischen Kulturelementen, dann wieder zu Antagonismus und Konfrontation. Und um alles noch etwas zu komplizieren: nicht einmal die arabischen Kulturelemente sind einheitlich. Zuerst kamen die Araber aus dem Osten mit ihrer Nomadenkultur und Folklore, mit der sie aus der Wüste aufgebrochen waren und die sehr bald nahöstliche städtische Elemente aus Bagdad, Damaskus und Kairo in sich aufnahm. Über Jahrhunderte war dann der Maghreb dem kulturellen Einfluß des arabischen Ostens ausgesetzt. Doch mit dem Ende der moslemischen Herrschaft in Spanien und dem Rückfluten arabischer Flüchtlinge nach Marokko und Tunesien trat das kulturelle Element des Al-Andalus hinzu, das heute ebenfalls noch präsent ist. Nicht zuletzt in der Musik und Poesie.

Betrachten wir einmal – stellvertretend für andere kulturelle Aspekte – die Musik. Natürlich haben bereits die Berber musiziert, und Juba II., der Berberprinz-Statthalter der Römer, dem wir in Volubilis begegnen werden, hat ein Buch über die Musik und das Theater seines Volkes verfaßt. Daß es die Urbevölkerung Nordafrikas durchaus mit den durch *Tausendundeine Nacht* berühmt gewordenen Arabern aufnehmen konnte, beweisen die drei reizvollen, von Leo Frobenius herausgegebenen Bände *Volksmärchen der Kabylen* (1921 bei Eugen Diederich, Jena). Und wer auf dem Platz Djemaa el-Fna in Marrakesch den Märchenerzählern zuhört, findet dort einen zusätzlichen Beweis.

Die arabischen Invasoren brachten als erstes die Gesänge der Karawanenführer, »Huda« genannt, mit. Doch sobald sich die Gouverneure seßhaft gemacht hatten, zog am Regierungssitz städtische Musik ein, erklangen auf den traditionellen Instrumenten, der Laute und der »Rabab«, ebenfalls ein Saiteninstrument, die Melodien des Kalifenhofes von Bagdad.

Die Flüchtlinge aus Andalusien, die in mehreren Wellen, im 13., 15. und zu Beginn des 17. Jahrhunderts nach Nordafrika kamen, brachten dann jene Musik mit, die heute in den Maghrebstaaten die populärste ist und an Familienfesten und offiziellen Feierlichkeiten gleicherweise gespielt wird: andalusische Weisen, die Elemente der berberischen (mit den arabischen Eroberern seinerzeit nach Spanien gekommen), arabischen sowie romanisch-mittelmeerischen Musik, wie sie sich in Spanien entwickelt hatte, enthalten. Kenner haben festgestellt, daß in Tunesien der Stil von Sevilla, in Algerien der von Cordoba vorherrscht, während man sich in Marokko (Fes und Tetuan) auf Valencia und Granada ausgerichtet hat.

Die hispano-andalusische Musik heißt in Tunesien »Malouf«, in Marokko wird sie »A'la« genannt. Schon Ibn Khaldun war aufgefallen, mit welcher Begeisterung die Menschen des Maghreb musizierten und sangen.

Neben dem »Malouf« gibt es die »Sama« genannte sakrale Musik mit religiösen klassisch arabischen Texten, die eher der Erbauung dienen. Dies kann von der »Griha« nicht gesagt werden, das sind die volkstümlichen Gesänge der »Chioukhs«, der Sänger, die bei Volksbelustigungen und -festen mit wildem Händeklatschen und zu einer Mandoline mit zwei Saiten ihre rassigen Lieder singen.

In ländlichen Gegenden, etwa am Sahararand Marokkos und im Atlasgebirge, findet man noch unverfälschte berberische

Gesänge, die von Tamburinen und Flöten begleitet werden. Die städtische Jugend Nordafrikas geht jedoch in die Diskotheken!

Das kulturelle Erbe ist der Boden, auf dem sich die Identitätssuche vollzieht. Wenn eingangs vom Achsenkreuz Zeit und Raum gesprochen wurde, sollte jetzt noch eine weitere Dimension eingeführt werden: die ideologische. Zwar lebt die ländliche Bevölkerung Nordafrikas weiterhin in einem ideologischen Windschatten, dafür prallen in der intellektuellen und politischen Welt die Ansichten um so härter aufeinander. Nach wie vor ist Nordafrika »Arabiens Westen« und »Europas Süden«. Vom Orient weht der Sturmwind, der die arabische Welt bewegt, panarabische Ideologien, religiöse Konflikte innerhalb des Islam (auch Khomeinis Integristen sind eifrig am Werk), vom Okzident her überfluten kommunistische Ideen, westliche Wohlstandsverlockungen und Technologie das Land, und obendrein gibt es so etwas wie eine Affinität zu den Ländern der Dritten Welt, mit allem, was damit ideologisch und politisch einhergeht.

Jeder der drei Maghrebstaaten reagiert verschieden auf diese Herausforderungen, entsprechend der jüngsten Vergangenheit, der Entkolonisierung, aber auch im Einklang mit seinem kulturellen Erbe und seiner staatlichen Struktur. In den Kapiteln, die die einzelnen Länder beschreiben, ist darüber ausführlicher die Rede, hier geht es lediglich darum, kurz die Problematik aufzudecken.

Beginnen wir mit dem Verhältnis zum Islam. Marokkos König ist gleichzeitig *commandeur des croyants*, Befehlshaber der Gläubigen, also geistliches Oberhaupt. Diese religiöse Dimension der staatlichen Legitimität und Herrschaft spielt natürlich eine große Rolle, wenn es um die Auseinandersetzungen und Strömungen innerhalb des Islam geht. Mit einer äußerst subtilen Politik gelingt es Hassan II., Tradition und die Erfordernisse der Moderne in Einklang zu bringen. Seine religiöse Glaubwürdigkeit als Abkömmling des Propheten ist so groß, daß er sich sogar den Ausspruch leisten konnte: »Wenn

Khomeinis Islam der wahre Islam ist, wäre es besser, Atheist zu sein.« Das Problem des islamischen Integrismus stellt sich somit in Marokko kaum, und jene Grüppchen, die sich auf ihn festgelegt haben, tun dies eher aus antimonarchistischer politischer Motivierung heraus, denn aus religiöser Überzeugung.

Tunesiens Habib Bourguiba war ursprünglich eher antireligiös. Er wollte sogar das Fasten während des Ramadan abschaffen, weil es volkswirtschaftlich zu große Verluste bringe. In den letzten zehn Jahren mußte Bourguiba jedoch zur Kenntnis nehmen, daß die religiösen Kräfte in seinem Land doch stärker waren, als vermutet. Religion wird wieder vermehrt berücksichtigt, ohne allerdings in Fanatismus umzuschlagen – das wäre ohnehin mit dem eher sanften tunesischen Nationalcharakter unvereinbar.

In Marokko entstand die Unabhängigkeitsbewegung im Großbürgertum und an der Universität von Fes, später wurde der Sultan zur Symbolfigur. Die tunesische nationale Bewegung war von kleinbürgerlicher und studentischer Inspiration. In beiden Staaten blieben Sozialstruktur und Tradition intakt. Es ging lediglich darum, die französische Herrschaft abzuschütteln. Anders in Algerien. Roger Le Tourneau, einer der bedeutendsten französischen Historiker des Maghreb, nennt in seiner *Evolution Politique de l'Afrique du Nord Musulmane 1920–1961* die algerische Unabhängigkeitsbewegung *une revolution des sous-officiers,* eine Revolution der Unteroffiziere. Das hängt damit zusammen, daß die Franzosen in Algerien in den 130 Jahren der Kolonialherrschaft die traditionellen Strukturen völlig zerstört hatten. Diese »Unteroffiziere«, die »historischen Führer« der algerischen Befreiungsfront FLN, hatten sich anfänglich nicht mit dem Problem des Islam auseinandergesetzt. Lediglich Ahmed Ben Bella schien sich bewußt gewesen zu sein, daß in Algerien der Islam eben doch sehr stark im Volk verwurzelt war. Doch Ben Bella saß während den entscheidenden Jahren in französischen Gefängnissen. Bei seiner Machtübernahme verkündete er sogleich, Algerien sei nicht, wie die anderen FLN-Führer erklärt hatten, ein demokratischlaizistischer Staat, sondern ein islamischer. Bezeichnenderweise bekämpft heute Ben Bella von seinem europäischen Exil aus die algerischen Machthaber unter der Flagge des islamischen Integrismus.

Während also für die algerischen Befreiungskämpfer damals der Islam kein Thema war, konnten sie sich hingegen für Nassers Panarabismus begeistern. Dies hing nicht zuletzt damit zusammen, daß sie jahrelang ihre Büros und Stützpunkte in Kairo hatten und erhebliche Hilfe von Ägypten erhielten. Dieser Panarabismus wurde denn auch zu einem der ideologischen Eckpfeiler des unabhängigen Algerien. Tunesien hatte dafür weniger Sympathie, weil Habib Bourguibas Widersacher Salah Ben Youssef in Kairo Unterschlupf gefunden hatte und von dort aus subversive Aktionen startete. Und für Marokkos Herrscher war Nasser ohnehin nicht akzeptabel, da sie verständlicherweise für revolutionäre Rhetorik nicht viel übrighaben.

Aber auch in bezug auf die Dritte Welt gibt es Unterschiede. Als 1955 die Konferenz von Bandung stattfand, auf der die Blockfreien sich zusammenschlossen, waren Marokko und Tunesien bereits auf dem Weg zur Unabhängigkeit, und im Jahre 1957, als in Kairo die Konferenz der Völker Asiens und Afrikas abgehalten wurde, nahmen die beiden Staaten daran teil. Der algerische Befreiungskampf hatte jedoch erst begonnen. Das afro-asiatische Völkerforum wurde für den FLN zum internationalen Resonanzboden, bereitete den Kampf in den Vereinten Nationen vor, sorgte für ein internationales Klima, das den Anliegen der algerischen Befreiungsfront günstig war.

Nassers Panarabismus und der »Geist von Bandung« hatten entscheidend mitgeholfen, Algeriens Weg zur Unabhängigkeit zu ebnen. Daraus erklärt sich die auch heute noch bestehende politische Fixierung dieses Staates auf Arabien und die Dritte Welt. Allerdings ist festzustellen, daß die Dritte-Welt-Romantik zusehends außer Mode kommt. Noch während der OPEC-Erdöleuphorie glaubte Algerien, auf das richtige Pferd gesetzt zu haben, seither sind seine Politiker etwas nüchterner geworden. Der Besuch Chadli Benjedids in den Vereinigten Staaten, im Frühjahr 1985, ist ein deutliches Indiz. Noch vor Jahren wäre eine solche »Häresie« undenkbar gewesen. Denn die algerische Politik war immer von starken »antikapitalistischen« und anti-neokolonialistischen Affekten geprägt.

Die beiden anderen Maghrebstaaten leisteten zwar der Solidarität mit der Dritten Welt Lippendienste, betrachteten sich jedoch weitgehend als Europas »Süden«. Algerien dagegen blickte gen (nichtarabischen) »Osten«. Denn auch der Ostblock hatte der Befreiungsbewegung mit tatkräftiger Sympathie gegenübergestanden. Zudem waren viele Führer des FLN, besonders die intellektuellen, vom Kommunismus als Ideologie und politischem System fasziniert.

Die an und für sich nicht besonders ideologischen »Unteroffiziere« wurden von Linksintellektuellen vereinnahmt und beeinflußt. Das führte dann dazu, daß Algerien ein »sozialistischer« Staat nach kommunistischem Muster wurde, der enge Beziehungen zur Sowjetunion und insbesondere auch zur DDR unterhält, von wo die algerischen Wirtschaftsplaner ihre Vorbilder und Ausbilder beziehen. Tausende von Experten aus den Oststaaten befinden sich in Algerien.

In Tunesien verfolgte Bourguiba einen eher pragmatischen sozialistischen Kurs, der eigentlich keine ideologische Basis hatte, sondern viel eher aus Sachzwängen entstand. Als es sich zeigte, daß Ahmed Ben Salah, in den frühen sechziger Jahren der allgewaltige Wirtschaftszar Tunesiens, mit seiner überzogenen Sozialisierungspolitik keinen Erfolg zeitigte, wurde er schnell kaltgestellt und ins Gefängnis geworfen. Im Königreich Marokko sind die Sozialisten abwechselnd in der Regierung, in der Opposition oder im Gefängnis zu finden. Dennoch besteht ein ordentliches Maß an Meinungsfreiheit, sogar kommunistische Zeitschriften dürfen erscheinen. Und das marokkanische Paradox besteht darin, daß Sozialisten und Kommunisten gute Monarchisten sind.

Zwischen Tradition und Moderne, Allah und Marx, Arabertum und Europa sucht Nordafrikas Jugend ihren Weg, zumindest die intellektuelle. Denn für die Mehrheit geht es zuerst einmal darum, Arbeit zu finden und einen Lebensunterhalt. Soziale Unrast in diesen Ländern hängt immer mit dem »Brotpreis« zusammen, ideologische Slogans finden keine breite Resonanz. Die Zukunft Nordafrikas hängt somit in erster Linie von der wirtschaftlichen Entwicklung der nächsten Jahre ab.

Dreimal Emanzipation der Frau

Nordafrikas Frauen werden den 8. August 1984 nicht so schnell vergessen. Um 16.27 Uhr fällt vor 90000 Zuschauern auf dem Coliseum in Los Angeles der Startschuß zum 400 Meter Hürdenlauf der Frauen. 54,61 Sekunden später ist die zweiundzwanzigjährige Marokkanerin Nawal el-Moutawakel Olympiasiegerin.

In ihrer Heimat war es zu dieser Zeit bereits Mitternacht, doch Millionen Landsleute, darunter auch König Hassan II., saßen vor den Fernsehern, als Nawal, Freudentränen in eine marokkanische Fahne vergießend, unter dem Applaus der Zuschauer zur Siegerehrung schritt.

Kurz darauf klingelte im Olympiastadion von Los Angeles das Telefon. Hassan, ebenfalls von Emotionen übermannt, sagte: »Wir teilen deine Freude und deine Tränen, meine Tochter.« In einem Interview mit der Zeitschrift *Jeune Afrique* sprach sie von ihrer Befriedigung, »zur Befreiung der moslemischen Frau beigetragen zu haben. Oder vielmehr zur Befreiung des moslemischen Mannes, der, so hoffe ich, über meine Leistung nachdenken wird. Ich bin optimistisch, ich weiß, daß man in unserem Land der Frau eine Chance gibt.«

Einige Tage später gab es »großen Bahnhof« für Nawal in Casablanca. Kronprinz Sidi Mohammed und seine Schwester, Prinzessin Lalla Meriem, waren zur Begrüßung der Nationalheldin erschienen. Später empfing der König das Mädchen noch mehrmals in seinem Palast und stellte eine Villa zu ihrer Verfügung.

Man sollte solche Symbolfiguren nicht unterschätzen, auch in unseren Breitengraden werden Spitzensportler zu Nationalhelden. Wieviel mehr erst muß in einem moslemischen Land, wo die Emanzipation der Frau nicht nur neueren Datums, sondern noch keineswegs durchgeführt ist, ein Mädchen wie Nawal el-Moutawakel wirken, in kurzen Turnhosen und Leibchen.

Europäische Kommentatoren überschlugen sich in poetischen Redewendungen: »Die Gazelle vom Atlas« oder »Vom Wüstensand auf die Aschenbahn« hieß es in den Zeitungen. Was natürlich Unsinn war. Der Lebenslauf und die Karriere von Nawal waren weniger romantisch, aber gleichzeitig typisch für Marokko. Das Mädchen wurde in einer kleinbürgerlichen Familie in Casablanca geboren und besuchte dort die Schule, was damals für Mädchen noch keine Selbstverständlichkeit war. Dort zeigte Nawal schnell ihr sportliches Talent, allerdings ohne überwältigende Resultate im Sprint. Erst mit zwanzig Jahren spezialisierte sie sich auf Hürdenlauf, kam in Helsinki bei den Weltmeisterschaften von 1983 ins Halbfinale und gewann kurz darauf bei den afrikanischen Spielen von Casablanca die Goldmedaille.

Und dann geschah etwas für Marokko Typisches. Hassan II., auf die Sportlerin aufmerksam geworden, finanzierte ihr ein Studium, Kinesiotherapie und Sportlehrerin, an der amerikanischen Universität von Iowa. Natürlich gab er ihr die königlich-väterliche Ermahnung mit auf den Weg, weiterhin brav für Spitzenleistungen zum Ruhme des Königreiches zu trainieren. Also nicht vom Wüstensand zur Aschenbahn, sondern ein weiteres Beispiel dafür, wie in Marokko – allen monarchisch-moslemischen Traditionen zum Trotz – die Emanzipation der Frau vom König gefördert wird. Das war schon unter Hassans Vater, dem Sultan Mohammed V., der Fall gewesen. Betrachten wir nun den Verlauf der Frauenemanzipation in den drei Ländern.

Die Emanzipation der Frau verlief in den drei Maghrebstaaten entsprechend dem politischen System, aber auch je nach Verlauf der Entkolonisierung und der Einstellung gegenüber der ehemaligen Kolonialmacht. Allen Gemeinsamkeiten zum Trotz gibt es subtile Unterschiede zwischen Marokko, Tunesien und Algerien.

In Marokko trügt der erste Eindruck: überall Frauen und

Mädchen in »Djellabas«, Djellabas – das traditionelle Kapuzengewand mit dem halben Gesichtsschleier – in allen Farben, Schwarz, Braun, Grünlich, Anthrazit und manchmal gar nach der letzten Mantelmode geschnitten. Aus dieser Beobachtung ließe sich nun der Schluß ziehen, die immer noch traditionell gekleidete Marokkanerin sei weniger emanzipiert als ihre tunesische oder algerische Schwester.

Das ist richtig und falsch zugleich, richtig, weil die Marokkaner sehr viel mehr in ihrer Tradition leben, falsch, weil eine Djellaba nicht unbedingt Indiz für fehlende Emanzipation ist. Das merkte ich bereits vor mehr als zwei Jahrzehnten, als ich in Ifran, dem Kurort im Atlas (wo die Könige ihren Sommerpalast haben), Frauen und Mädchen in Djellabas auf Kleinmotorrädern herumkutschieren sah, manchmal sogar mit einem Mann als Sozius.

Im Gegensatz zu anderen orientalischen und nordafrikanischen Ländern, wo die Abschaffung des Schleiers und der traditionellen Kleidung zum Symbol für die Emanzipation geworden ist, bleibt die emanzipierte Marokkanerin meistens ihrem Nationalkostüm treu. Ja, man kultiviert sogar bewußt die alte Tradition!

Vor Jahren interviewte ich die damals führende Frauenrechtlerin Marokkos, Fatima Hassan, die auch heute noch politisch aktiv ist. Sie empfing mich in ihrer modernen Villa in Rabat, das Haus könnte auf dem Zürichberg oder in Beverly Hills stehen. Doch die Inneneinrichtung war marokkanisch: niedrige Sofas, Sitzkissen, kleine Tische. Der Tee wurde in der traditionellen Art serviert, und Madame, die diplomierte Sorbonne-Studentin, trug ein goldgewirktes marokkanisches Hauskleid, den Kaftan.

Die Emanzipation der Frau wurde durch Sultan Mohammed V. regelrecht angekurbelt. Bereits 1947 ließ er zu – und das bedeutete eine kleine Revolution –, daß sich seine Tochter, Prinzessin Lalla Aicha, unverschleiert in der Öffentlichkeit zeigte. In einer beinahe rührenden Rede teilte er dem Volk damals freudig mit, daß sein Sohn, Moulay Hassan, der jetzige

König, das Abitur und seine Tochter die Abschlußprüfung der Sekundarschule bestanden haben. Ein deutlicher Wink an das Volk, den Mädchen eine solide Schulbildung zu geben.

In Marokko gehen alle sozialen Reformen behutsamer vor sich als in den »revolutionären« arabischen Staaten: brutaler Zwang, flammende Aufrufe und Reden werden nach Möglichkeit vermieden. So wurde etwa die Polygamie nicht einfach verboten. Es wurde lediglich verfügt, daß die erste Frau offiziell und ohne Zwang ihr Einverständnis geben müsse, wenn sich ihr Mann eine zweite Gemahlin anschaffen wolle! Obendrein rief man den Ehemännern die Vorschriften des Koran und des islamischen Rechtes in Erinnerung, die ihnen zwar vier Frauen gestatten, aber gleichzeitig auch fordern, allen den gleichen Lebensstandard und die gleiche – auch sexuelle – Befriedigung zu bieten. Wer aber kann sich das schon leisten?

Im Jahre 1960 wurde der neue »Code de la famille« eingeführt, das neue Familienrecht, der das Mindestheiratsalter für Mädchen auf 15 Jahre, und für Jünglinge auf 18 Jahre festlegte. Es wurden auch Bestimmungen über die Ehescheidung erlassen, die den Frauen größeren Schutz einräumten.

Die Töchter von Mohammed V. gingen auf dem Weg der Emanzipation mit gutem Beispiel voran. Sie waren immer aktiv im politischen und sozialen Leben tätig, genauso, wie sie einst den Kampf um die Unabhängigkeit nicht gescheut hatten. Eine Schwester des jetzigen Königs vertrat Marokko auch als Botschafter im Ausland.

Doch die Frau von Hassan II., den Titel »Königin« gibt es offiziell gar nicht, lebt abgeschlossen in den Frauengemächern der Paläste. Niemand kennt sie, niemand hat sie je zu Gesicht bekommen. So will es die Tradition der Alaouiten. Auch das ist eines der Paradoxe Marokkos: Die Prinzessinnen sind Avantgarde, die Frau des Königs alte Tradition.

Natürlich sind Marokkos Frauen noch weit von der wirklichen Emanzipation entfernt, selbst wenn bereits ein Drittel der Universitätsstudenten weiblichen Geschlechts ist. In den Industriestädten der Küste, wo Zehntausende Frauen in Fabriken tätig sind, bleibt auf sozialem Gebiet viel zu tun. Die Löhne der Frauen liegen etwa ein Drittel unter denen der Männer, man kümmert sich auch um Säuglingspflege und Geburtenkontrolle, richtet Kinderkrippen ein. Doch noch so wohlgemeinte Pläne können mit dem Zustrom des ländlichen Proletariats in die Städte nicht Schritt halten. Im Innern des Landes, mit seiner armen und ärmsten Landbevölkerung, ist die Aufgabe schier unlösbar.

Dort sind 72,5 Prozent der über vierzehnjährigen Frauen bereits verheiratet, ungefähr die Hälfte heiratet mit 15 bis 16 Jahren. Was die Polygamie betrifft, so bewegt sie sich in ländlichen Gegenden um die 3 Prozent, zumeist in Form von Bigamie. Doch die hohe Geburtenrate ist Marokkos größtes Problem und weitgehend für die Wirtschaftsmisere verantwortlich. Da nützen auch die im ganzen Land vorhandenen Einrichtungen für Familienplanung nicht viel. Nicht nur, weil bekanntlich der orientalische Mann Kinderreichtum als Zeichen der Potenz betrachtet. Das Problem liegt ganz anders, wie mir ein marokkanischer Freund erklärte: »Was willst du, wenn ein Mann sich scheiden läßt, um eine jüngere Frau zu heiraten? Dann macht er eben mit ihr einen zweiten ›Wurf‹ von drei bis vier Kindern. Manche Männer heiraten sogar zum drittenmal. Da kannst du lange Geburtenkontrolle predigen.«

Nawal el-Moutawakel hat in Los Angeles gesagt, daß sie einen marokkanischen Jüngling liebe und ihn zu heiraten gedenke. Die Olympiasiegerin ist das Symbol der erfolgreichen Emanzipation der Frau. Nicht alle Mädchen haben dieses Glück. Viele Ehen werden durch die Familien geschlossen, Braut und Bräutigam sehen sich erst am Hochzeitstag. Das ist auch heute noch in traditionellen großbürgerlichen Familien der Fall. Bei der städtischen Jugend bereits weniger.

Eine der hübschesten und farbenfrohesten marokkanischen Traditionen auf diesem Gebiet ist der »Moussem der Verlobten« in Imilchil am Rande der Sahara. Ein »Moussem« ist eine jährlich wiederkehrende Pilgerfahrt zum Grab eines Heiligen, in Imilchil der Marabut Sidi Mohammed el-Mehreni. Im September kommen die Angehörigen des Berberstammes der Ait Haddidou hier zusammen, bauen ihre Zelte auf, veranstalten Folkloredarbietungen und ermöglichen es den Jungen und Mädchen, ihre Wahl zu treffen. Ganz so romantisch ist es allerdings nicht, denn bevor die Kinder sich am Moussem nach alter Tradition verloben, hatten bereits zuvor Verhandlungen zwischen den Familien stattgefunden. Es ist in den seltensten Fällen Liebe auf den ersten Blick. Was allerdings dem Charme des Moussem der Verlobten keinen Abbruch tut. Zumal da in dieser Gegend sich eine Romeo- und Julia-Geschichte abgespielt hat. Zwei Fraktionen der Ait Haddidou waren verfeindet, die Ait Yazza und die Ait Brahim. Und es kam, wie es kommen mußte. Ein Mädchen der einen verliebte sich in einen Jüngling der anderen Gruppe, an eine Heirat war nicht zu denken. Und so beschlossen sie in ihrer Verzweiflung, gemeinsam den Tod zu suchen. Bei Imilchil gibt es zwei kleine Gewässer. Zur selben Zeit stürzte das Mädchen sich in das eine, der unglückliche Jüngling sich in das andere. Seither heißt das eine Seelein Tislit (die Verlobte) und das andere Isli (der Verlobte).

Zwischen dem Fanal von Los Angeles und dem Moussem von Imilchil suchen Marokkos Frauen ihren Weg: Kein abrupter Bruch mit den Traditionen, sondern langsame Evolution, Erziehung der Frau, ohne sie aber von ihrer angestammten Kultur zu entfremden. »Zuerst kommt die Alphabetisierung, dann Erziehung zur Gattin, Mutter und Staatsbürgerin«, meinte Fatima Hassan. »Gleichzeitig aber soll die marokkanische Frau stolz auf ihre nationale Kultur sein.« Der modische Kaftan, manchmal so teuer wie ein Haute-Couture-Modell, ist dafür gleichsam Symbol.

In Tunesien kam die Frauenemanzipation ebenfalls von »oben«, allerdings auf eine andere Art. Das hängt nicht nur mit dem anderen Volkscharakter zusammen, sondern mit dem Temperament des Mannes, der in diesem Land die Emanzipation in Gang brachte, Habib Bourguiba.

Man muß ganz einfach erlebt haben, mit welchem Enthusiasmus die Tunesierin jeweils vom *combattant suprême* sprach –

als er noch zwei, drei Dezennien jünger, aber bereits ein faszinierender, gutaussehender Mann mit grauen Schläfen war. Doch die Begeisterung hatte nichts, oder nur am Rande, mit Bourguibas Aussehen zu tun, vielmehr mit der Tatsache, daß Tunesiens Frauen ihn als ihren Befreier betrachteten. Zu Recht, denn seit 1956 hat er sich sowohl mit Reden wie auch durch eine gezielte Gesetzgebung mit dem ihm eigenen Engagement für die Emanzipation der Frau eingesetzt.

Äußerliches Symbol für die Befreiung war die Abschaffung des Schleiers. »Enlevez cet odieux chiffon«, rief Bourguiba in öffentlichen Reden aus, als er verschleierte Frauen vor sich sah. Und der »häßliche Fetzen« wurde heruntergenommen. Natürlich nicht von allen Frauen. Im Straßenbild Tunesiens, ganz besonders in den ärmeren Gegenden, trifft man noch viele Frauen, die in das weiße Tuch, den »Safsari«, eingewickelt sind. Doch hat dies oft mehr mit Koketterie als mit Tradition zu tun, denn wenn der Schleier fällt, vergrößert sich das Kleiderbudget. Viele Frauen sind ganz einfach zu arm, um sich anständige Kleider zu verschaffen. Mit einem Safsari läßt sich sehr viel Armut verdecken.

Obwohl die Emanzipation als eine »Revolution von oben« begann, waren die tunesischen Frauen schnell bereit, das Losungswort aufzunehmen und der Politik des Staatspräsidenten zum Durchbruch zu verhelfen. Es genügte natürlich nicht, die Frau und das Mädchen zu »befreien«, man mußte dieser Freiheit auch eine Zielsetzung geben. Dies hieß vor allem Erziehung – von Grundschule bis zur Aufklärung über Geburtenkontrolle. Es war erstaunlich, wie schnell und wie reibungslos (trotz der Opposition traditionalistischer moslemischer Kreise) diese Reformen durchgeführt worden sind.

Bereits 1955 wurde die »Union Nationale des Femmes de Tunisie« (UNFT) gegründet, ein der Neo-Destour-Partei eng verbundener Frauenverein, der der eigentliche Stoßtrupp der Emanzipation wurde.

Wie erfolgreich diese Aufklärungsarbeit war, mußte die Präsidentin der UNFT später am eigenen Leib erfahren. Im Jahre

1962 gab es ein Komplott gegen Bourguiba, an dem Tunesier beteiligt waren, die Ausländerinnen geheiratet hatten. Übrigens eine in diesem Land verbreitete Erscheinung, besonders unter den jungen Intellektuellen. Damals wurde auf einem Kongreß der UNFT, kurz nach dem Komplott, eine Resolution angenommen, die sich gegen Mischehen von Tunesierinnen mit Ausländern aussprach.

Am Tage danach erhob sich ein Proteststurm der tunesischen Mädchen. Auch jene, die aus nationalistischen oder kulturellen Gründen gegen Mischehen waren, wandten sich in Leserbriefen gegen die Bevormundung durch die UNFT. »Wir sind keine minderwertige Ware, die Schutzzoll braucht«, war das Leitmotiv. »Wir können uns wehren und in freier Konkurrenz mit den Ausländerinnen behaupten.« Kurz, die damals seit knapp acht Jahren emanzipierten Tunesierinnen zeigten ein ganz beträchtliches Selbstgefühl.

Natürlich waren die Schreiberinnen von Leserbriefen eine Minderheit. Es handelte sich um eine Elite der städtischen Jugend, die Mittelschulen besucht oder im Berufsleben steht. Bei der großen Masse der tunesischen Frauen geht es auch heute noch darum, die allerschwärzeste Not zu lindern. Hier hat die UNFT schon frühzeitig die Hebel angesetzt und Nähkurse, Säuglingsheime und Kinderkrippen gegründet. Die Führerinnen der UNFT waren die treibende Kraft, sie forderten staatliche Initiativen durch Gesetzgebung und konkrete Maßnahmen zugunsten der Frauen.

Bourguibas Neo-Destour-Partei hatte schon im Jahre 1934 in einer Resolution die Emanzipation der Frau gefordert. Kurz nach Erlangung der Unabhängigkeit, am 13. August 1956 wurde ein neuer »Code de la famille« vom Parlament verabschiedet, der recht eigentlich der tunesischen Frau ihren Platz in der Gesellschaft gab. Die Polygamie wurde verboten. Der traditionelle islamische Ehevertrag mit Mitgift wurde zwar beibehalten, aber – und dies war eine entscheidende Neuerung in der islamischen Gesellschaft – die Frau mußte von nun an vor dem Standesbeamten ihre Einwilligung zur Eheschließung geben. Somit hatten es Väter erheblich schwerer, Töchter zu einer Heirat zu zwingen. Das Gesetz sah auch eine ordnungsgemäße Scheidung vor, wobei der Frau Alimente und auch die elterliche Gewalt über Kinder zugesprochen werden konnten. Es genügte also nicht mehr, daß ein seiner Frau überdrüssig gewordener Ehemann einfach seine Gemahlin zu ihren Eltern »heimschickte«.

Ein Beispiel, um zu veranschaulichen, wie in jenen Jahren in offiziellen Regierungspublikationen die Liebesheirat propagiert wurde: »Die Frau ist nicht mehr einfaches Objekt der Lust, das man sich anschafft, wie etwa ein schönes Tier. Nein, es handelt sich jetzt darum, ihr Herz zu erobern. Keine Zwangsheiraten mehr!« Deutlicher als dieses Zitat aus einer Broschüre des Kultur- und Propagandaministeriums konnte man wohl nicht sein.

Bereits in den sechziger Jahren wurden Frauenzeitschriften gegründet, es gab Clubs – zum Teil recht versnobte, wie der Club Othmana Aziza in Tunis, wo sich Ministergattinnen und andere Angehörige der weiblichen Oberschicht trafen –, die Frauen zu den verschiedensten Aktivitäten vereinten, doch dabei handelt es sich um die »Endprodukte« der vollzogenen Emanzipation. Zudem ist abzuwarten, wie sich eine gewisse islamische »Gegenrevolution«, die in den achtziger Jahren eingesetzt hat, auf die tunesischen Frauen auswirken wird.

Die Mehrheit befindet sich irgendwo halbwegs zwischen traditionellen Frauengemächern und -rollen und dem Safsari, dem Anfang des Weges, und den Büros, Universitäten und Salons als Endstation. Große Unterschiede finden sich zwischen dem zurückgebliebenen Süden und den Städten des Nordens, was besonders aus der Schulstatistik ersichtlich ist. Die Zahl der Mädchen, die Schulen besuchen, nimmt im Süden mit zunehmendem Alter rapide ab. Mit dem Einsetzen der Pubertät halten es viele Eltern für ratsamer, die Mädchen zu Hause zu behalten. Immerhin zeigt sich von Jahr zu Jahr ein Fortschritt, der sich auch im steigenden Heiratsalter ausdrückt. Die Frau heiratet heute im Durchschnitt mit 22 Jahren, gegenüber 20,5 in den sechziger Jahren. Der Prozentsatz der ledigen Mädchen in der Altersgruppe 20 bis 24 stieg von 45,3 Prozent im Jahre 1975 auf 53,1 Prozent 1980. Allerdings liegt in ländlichen Regionen das Heiratsalter immer noch rund vier Jahre unter dem in den Städten.

Seit 1960 wird Familienplanung propagiert, die jährliche Geburtenziffer ist mit 2,6 pro Tausend die niedrigste in Nordafrika. Empfängnisverhütende Mittel werden seit 1976 gratis abgegeben, 65 Prozent der Frauen machen von dieser Möglichkeit Gebrauch.

In Algerien nahm die Emanzipation der Frauen einen völlig anderen Weg. Es begann mit der enthusiastischen Teilnahme von Mädchen an der Revolution – man denke an die beiden Djamilas, Mädchen die von den Franzosen brutal gefoltert wurden, und deren Schicksal geradezu Symbolcharakter erlangte.

Nach der Revolution sieht – immer – alles anders aus. Das hängt damit zusammen, daß eigentlich Algerien ein monumentales Mißverständnis der Linken, insbesondere der europäischen, ist. Diese Illusion begann bereits in den späten fünfziger Jahren, als es dem FLN, dem »Front de Libération Nationale«, der algerischen Befreiungsfront, gelang, die Unterstützung der französischen Linken zu gewinnen. Da gab es etwa in Tunis den sogenannten »Maghreb-Zirkus«, eine Gruppe durchaus honoriger und erstklassiger Pressevertreter aus Europa, die in der Rue des Entrepreneurs beim Informationsministerium der GPRA, der algerischen Exilregierung, akkreditiert waren. Und dort saßen sehr sympathische junge Männer und Frauen, die den ausländischen Journalisten vorschwärmten, daß das künftige unabhängige Algerien ein fortschrittlicher, sozialistischer und laizistischer Staat werde, in dem alle, Moslems, Christen und Juden, Männer und Frauen, in Freiheit einer glücklichen Zukunft entgegenschreiten würden.

Ich muß gestehen, daß auch ich, der ich 1961 zu den Journalisten in Tunis stieß, gebührend beeindruckt war. Da gab es endlich Araber, die die progressive Sprache europäischer Liberaler und Sozialisten sprachen, und die keine Minderwertigkeitskomplexe gegenüber dem Okzident hatten, da sie ja als erste arabische Nation ihren Unabhängigkeitskampf unter blutigen Opfern durchführen mußten. In Gardhimaou, dem Grenzort, wo die in Tunesien stationierten Algerier unter dem späteren Staatspräsidenten Houari Boumedienne ihr Hauptquartier hatten, aber auch in der Umgegend von Tunis, wo wir Spitäler und Waisenhäuser des FLN besichtigen konnten und endlose Gespräche mit unseren algerischen Freunden führten, kamen wir zur Überzeugung – was auch wacker in der europäischen Presse publiziert wurde –, daß das neue Algerien etwas Einzigartiges in der arabischen Welt werden würde.

Die Frage ist offen, ob wir oder unsere algerischen Freunde sich geirrt haben. Denn diese Elite an der Rue des Entrepreneurs, oft Absolventen der Sorbonne in Paris, glaubten vermutlich ehrlich an das, was sie uns vorsetzten. Nur eben – es hatte, wie man sofort nach Erlangung der Unabhängigkeit im Jahre 1963 feststellen konnte, keinen Bezug zur algerischen soziologischen Realität.

Als Beispiel: Ferhat Abbas, der damalige Präsident der algerischen Befreiungsbewegung, konnte sich nicht auf arabisch ausdrücken, die »Propagandisten« des FLN waren auf französischen Universitäten ausgebildet worden und in westlichen und östlichen sozialistischen Ideologien geschult. Daß das algerische Volk auf dem Land und in der Kasba, trotz 130jähriger Kolonisation immer noch traditionalistisch islamisch war, nahm man jenseits der algerischen Grenzen nicht so recht zur Kenntnis. Kaum war Algerien unabhängig, trat die islamische Komponente in Erscheinung, insbesondere nach der Machtübernahme durch Ahmed Ben Bella, doch darüber ist an anderer Stelle ausführlicher die Rede. Hier geht es ja um die Stellung der algerischen Frau. Unsere jungen Bekannten aus Tunis merkten bald, daß sie nach dem ersten Überschwang über die Erlangung der nationalen Unabhängigkeit wieder in eine traditionelle islamische Gesellschaftsform gepreßt wurden. Es sollte über zwanzig Jahre dauern, bis die Rechte der Frau am 29. Mai 1984 in einem »Code de la famille«, einem Familiengesetz, festgelegt wurden – und auch dies erst nach harten Auseinandersetzungen zwischen islamischen Traditionalisten und progressiveren Kräften.

Auf staatlicher Ebene war der Konflikt gleichfalls durch den Gegensatz zwischen Islam und Sozialismus vorprogrammiert. In der Verfassung von 1976 steht, daß die Staatsreligion der Islam und die »irreversible Option des Sozialismus der einzige Weg zur Unabhängigkeit« ist. Überdies hat sich Algerien das in einem Teil der Dritten Welt so beliebte – wenngleich pleonastische – Etikett »Republique démocratique et populaire«, volksdemokratische Republik, zugelegt.

Zwischen Allah und Karl Marx mußte somit für Algeriens Frauen ein Weg gesucht werden. Ideen, die in den anderen Maghrebstaaten der König oder der Präsident schon vor vielen Jahren ins Rollen gebracht hat, mußten in Algerien einen langen Marsch durch die Institutionen antreten. Es ist einigermaßen paradox, aber letztlich bezeichnend, daß ausgerechnet der Staat Nordafrikas, der sich immer als progressiv gebärdet hat und auch in den europäischen Medien als fortschrittliches Vorbild gefeiert wird, sich mit der Emanzipation der Frau so schwertut. Könnte es sein, daß der ideologische Überbau nicht ganz mit der gesellschaftlichen Realität übereinstimmt?

Bereits in der Nationalcharta von 1976, also der Verfassung Algeriens, wurden Maßnahmen versprochen, »um eine geistige und gesetzliche Umwelt, die manchmal der Ausübung der anerkannten Rechte der Frauen und der Mütter und deren materiellen und moralischen Sicherheit nachteilig ist, zu verändern«. Das war vierzehn Jahre, nachdem bereits 1962, also kurz nach der Unabhängigkeit, beschlossen wurde, ein neues Familienrecht einzuführen. Acht Jahre sollte es dann noch bis zur Einführung des neuen Gesetzes dauern! Das zeigt, wie mühsam der Kampf in diesem »progressiven« Staat war, der vornehmlich von einer kleinen Elite algerischer Frauen geführt wurde.

Unterstand bislang die Familiengesetzgebung der »Schariah«, dem islamischen Recht, so sind nun die staatlichen Gerichte dafür zuständig. Was natürlich nicht ohne erhebliches Zähneknirschen der islamischen Rechtsgelehrten erreicht werden konnte. Der erste Entwurf zum Familiengesetz, der schon im Januar 1982 vorgelegt wurde, war noch recht reaktionär gewesen und hätte den inferioren Status der Frau weiter zementiert. Doch die Frauen, wenigstens die bereits emanzipierten, liefen dagegen Sturm, es kam sogar zu Demonstrationen in Algier.

Im Parlament und in den Spitzengremien der Einheitspartei prallten die Ansichten hart aufeinander. Doch die algerische Realität verlangte ganz einfach, daß die Familiengesetzgebung revidiert werde. Denn die bestehende Rechtspraxis bot der Frau wenig Schutz. Immerhin sind nicht wenige Frauen Algeriens berufstätig, einige sogar in Kaderpositionen aufgestiegen. Als Arbeitskollegin ist sie mehr oder weniger den Männern gleichgestellt, als Frau jedoch nicht. Im Vergleich mit den anderen Maghrebstaaten hinkt Algerien hinterher: Der Anteil der Frauen an der arbeitenden Bevölkerung beträgt anfangs der achtziger Jahre 4,4 Prozent, in Marokko sind es 15,8 und in Tunesien 9 Prozent.

Algeriens Männer unterscheiden sich in ihren Vorstellungen nicht von anderen Arabern. Um ihre Jungfräulichkeit zu bewahren, leben die Mädchen weitgehend abgeschirmt von der Außenwelt, außer während der Arbeitszeit. Die Eltern bestimmen in den meisten Fällen die Gattenwahl, sehr oft wird noch ein »Brautpreis« verlangt, eine Summe, die der Bräutigam bezahlen muß und die sich in vierstelligen Zahlen bewegt. Natürlich wird der Ehevertrag vom Vater des Mädchens unterzeichnet, der sie damit dem Ehemann unterstellt, der fortan über sie verfügen darf.

Eine weitere Benachteiligung gibt es im Fall der Ehescheidung, die für Männer bedeutend leichter zu erhalten ist als für die Frauen. Kein Wunder, daß drei Viertel aller Scheidungen auf Initiative des Ehemannes erfolgen. Eine Frau muß schon ganz schwerwiegende Gründe anführen können, um die Trennung der Ehe zugestanden zu erhalten. Obendrein kann sich der Mann bis zu zehn Jahren weigern, die Partnerin freizugeben, die Frau lediglich drei. Mit den Alimenten ist es nicht zum besten bestellt, geschiedene Frauen mit Kindern leben oft in größter Not.

Auch auf dem Gebiet der Geburtenbeschränkung tat sich Algerien schwerer als die anderen Maghrebstaaten. Zwar gab es immer wieder Absichtserklärungen der politischen Spitzengremien, die angesichts der Zuwachsrate der Bevölkerung ein *espacement* der Geburten wünschten. In der Tat gingen denn auch die Ziffern von 4,4 Prozent im Jahre 1979 auf 4,29 Prozent 1982 zurück. Doch dieser mehr als bescheidene Erfolg wurde durch einen Rückgang der Sterblichkeit wettgemacht, so daß im selben Zeitraum die Zuwachsrate der Bevölkerung von 3,13 Prozent auf 3,24 Prozent stieg.

Während man in den anderen Maghrebstaaten das »urfranzösische« Wort *le planning familial* gebraucht, sprach man in Algerien verschämt von *espacement*, also größeren Abständen zwischen Geburten. Erst im Gefolge der Diskussionen über den neuen »Code de la famille«, also im Mai 1984, begann in Algerien eine ernsthafte Diskussion über Geburtenregelung. Im Fernsehen setzten sich Regierungsvertreter und islamische Geistliche mit dem Problem auseinander. *Révolution africaine*, das offizielle Blatt der Einheitspartei, druckte sogar die Ansicht des obersten islamischen Rates dazu ab, was geradezu symbolisch die zwei Seelen Algeriens – Revolution und Islam – zeigt. Die Korangelehrten waren nicht besonders präzise. Geburtenregelung sei zulässig unter der Bedingung, »daß sie auf individueller Basis, im Falle vorliegender Notlagen, praktiziert werde, oder sie könne eventuell auch der Entscheidung der direkt Betroffenen überlassen werden«. Im Januar 1985 wurde eine Kampagne zur Geburtenbeschränkung gestartet.

Das neue Familiengesetz ist kein revolutionärer Wurf, aber immerhin ein Fortschritt gegenüber der bisherigen Situation. Nach wie vor ist der Mann bei der Scheidung bevorzugt: »Die Scheidung geschieht durch den Willen des Ehemannes, durch gemeinsame Übereinkunft oder auf Verlangen der Frau.« Man merkt die subtilen Abstufungen in der Wortwahl. Fehlende Jungfräulichkeit ist nach wie vor ein Grund zur »Verstoßung«.

Wie in Marokko wurde auch die Polygamie nicht abgeschafft, sondern die Frau muß nun ihre Einwilligung geben oder kann die Scheidung verlangen. Das Mindestheiratsalter ist für Frauen auf 18, für Männer auf 21 Jahre festgelegt, Ausnahmen können gewährt werden. Insgesamt umfaßt das neue Familienrecht 224 Paragraphen.

Auch in Algerien ist das Traditionsgefälle zwischen Stadt und Land sehr groß. In der ländlichen Bevölkerung wird die Tradition – Gesetz her oder hin – weiter die Situation der Frau bestimmen, ebenso wie in stark islamisch geprägten Gruppen der Stadtbewohner. Zwanzig Jahre später ist die algerische Realität weit von den Träumen in der Rue des Entrepreneurs in Tunis entfernt.

In Zusammenhang mit der Frauenemanzipation im Maghreb fragen sich Beobachter häufig, wie es um den Einfluß des islamischen Integrismus bestellt sei. In der Tat haben sich seit dem Sieg der iranischen Revolution auch in den Staaten Nordafrikas fundamentalistische Strömungen vermehrt bemerkbar gemacht. Geht es darum, sie zu bekämpfen, gibt es zwischen der Monarchie in Marokko, dem Präsidialregime Tunesiens und dem »revolutionären« Algerien kaum Unterschiede: Alle schlagen hart zu, sobald diese Gruppierungen subversive Aktivitäten entfalten.

Dennoch ist nicht zu übersehen, daß gerade im Gefolge der steigenden wirtschaftlichen Schwierigkeiten immer mehr Moslems Zuflucht in einem integristischen Islam suchen.

Man muß das Phänomen jedoch differenzierter betrachten. Nicht jeder bärtige Jüngling oder ein Mädchen in einem Tschador-ähnlichen Umhang sind unbedingt Anhänger des iranischen Ayatollahs. Diese äußeren Kennzeichen sind oft ganz einfach demonstratives und modisches Symbol für Opposition gegen das herrschende Regime. Obendrein kann man sich leicht täuschen. Als ich in einem der teuersten Hotels von Casablanca speiste, saß am Nebentisch ein bärtiger Jüngling mit einem leichtgeschürzten schönen Mädchen. Auf der Straße hätte ich ihn bestimmt für einen »typischen« islamischen Integristen gehalten!

Prognosen im arabischen Raum sind immer riskant. Doch wer nordafrikanische Frauen ein bißchen kennt und während Jahrzehnten ihre Entwicklung verfolgt hat, glaubt kaum, daß sie sich in die integristische Zwangsjacke stecken lassen würden. Dazu kommt, daß ja die überwiegende Mehrheit der nordafrikanischen Moslems Sunniten sind und von schiitischem Fanatismus nicht viel halten. Und auch die Tradition der Berber wirkt nach, bei denen die Frau eine ganz andere Stellung hat, als in der arabischen Gesellschaft. Somit ist anzunehmen, daß die Nordafrikanerin ihren langwierigen, schrittweisen Weg zur Emanzipation weitergehen wird.

Vom Essen und Trinken im Maghreb

»Es gibt eben Reis-Araber und Grieß-Araber«. Der Mann, der ganz unvermittelt diesen tiefschürfenden Satz fallenließ, war der Direktor der algerischen Nationalbibliothek, Mahmoud Bouayed. Wir saßen in seinem geräumigen Büro in Algier, das genau die notwendige Unordnung – überall lagen Bücher herum – aufwies, die man an der Arbeitsstätte eines Bibliotheksdirektors erwartet, und sprachen eigentlich über die kulturellen und historischen Verschiedenheiten der nahöstlichen und nordafrikanischen Araber. Und dann stellte sich heraus, daß seine Frau einen Bestseller geschrieben hatte, ein algerisches Kochbuch. Daher seine kulinarische Abschweifung. Das Buch von Fatima-Zohra Bouayed ist ausgezeichnet, das, was die heutigen Algerier aus ihren Rezepten machen, schon weniger. Doch das hängt mit der jetzigen allgemeinen Situation in Algerien zusammen.

Insgesamt finden sich in allen drei Maghrebstaaten grundsätzlich dieselben Speisen, auch wenn es kleinere lokale Abweichungen gibt. Und viele dieser Gerichte basieren auf *semoule*, dem Hartweizengrieß, den die meisten Touristen spätestens beim Couscous kennenlernen. Für Fleisch und Gemüse dient Grieß als Unterlage, im Nahen Osten jedoch ist es Reis. Deshalb der Aphorismus von Bouayed. Natürlich gibt es noch weitere Unterschiede zwischen den Arabern des »Ostens« und denen des »Westens«, doch davon ist an anderer Stelle die Rede.

Logischerweise beginnt ein kulinarischer Exkurs mit dem Aperitif: Wenn ein Nordafrikaner, und insbesondere ein Tunesier, zu einem Aperitif einlädt, so etwa auf fünf Uhr abends, tut man gut daran, kein Nachtessen einzuplanen. Ein tunesischer Aperitif hat nämlich nur den Namen und die Zeit mit einem europäischen oder amerikanischen gemeinsam. Wer da glaubt, lediglich einen Drink, einige Salzmandeln und Oliven zu bekommen, wird auf angenehmste Weise überrascht. In Nordafrika ißt man den Aperitif.

Unter dem Sammelbegriff »Kemia« stehen auf dem Tisch leckere kleine Gerichte, gebackene Fische, schwarze und grüne Oliven, Thunfisch, harte Eier, in Scheiben geschnitten und gewürzt. Dazu gibt es Boutargue, die berühmte »Kaviarwurst«. Die roten Eier des Mulets werden gesalzen, getrocknet und dann zusammengepreßt. Des weiteren gehört zu einem tunesischen Aperitif allerlei auf dem Holzkohlengrill Gebackenes, Leberstückchen und natürlich der Merguez, eine dünne Wurst, die man gewissermaßen am laufenden Meter kaufen kann. Sie besteht aus stark gewürztem Hammel- oder Lammfleisch. Übrigens, Merguez ist Vertrauenssache, wie alle Würste in allen Ländern. Bekanntlich kann eine Wursthaut vieles verstecken – erkundigen Sie sich deshalb bei einem Tunesier, wo er seinen Merguez kauft.

Genau das habe ich vor einigen Jahren in Nabeul, südlich von Tunis, getan, wo ich mit meiner Familie die Ferien verbrachte. Eines Morgens fuhren wir ins Städtchen, um Einkäufe zu tätigen. Auf der Straße sah ich einen traditionell gekleideten Tunesier, in der »Djebaa«, dem weißen Kleid, und mit der »Chechia« auf dem Kopf, und wandte mich an ihn: »Pardon, Monsieur, ich bin hier fremd. Können Sie mir sagen, wo ich guten Merguez finde?« Er schaute mich an und sagte: »Wenn Sie wirklich guten Merguez wollen, müssen Sie in eine ›Boucherie Israélite‹ gehen.« Der Moslem, der dem Schweizer Touristen rät, in eine jüdische Metzgerei zu gehen – das sagt nicht nur etwas aus über Merguez, sondern auch über das Verhältnis zwischen den beiden Religionsgemeinschaften, von dem an anderer Stelle ausgiebig die Rede ist.

Doch zurück zum Aperitif. Zu ihm gehören natürlich auch Salate, besonders *coeur d'artichaut* aus würzigen kleinen tunesischen Artischocken, die roh zubereitet werden, sowie aus Rüben, Gurken, Peperoni und Zitronen, die monatelang in Salzwasser ziehen.

Bislang war lediglich vom Essen die Rede, was wird jedoch zum

Aperitif getrunken? Da ist einmal in Tunesien der Feigenschnaps, die Boukha. Er ist in – viereckige – Flaschen aller Größen abgefüllt, darunter auch in ganz kleinen. Jeder Gast erhält sein Fläschchen. Wenn es leer ist, legt er es demonstrativ neben sich flach auf den Tisch, worauf prompt für Nachschub gesorgt wird. In Marokko trinkt man, vornehmlich die Juden, Mahja, was nichts anderes ist als die arabische Übersetzung von *eau de vie*. Mahja wird aus Feigen, Datteln oder Trauben destilliert und mit Anis gewürzt. Natürlich findet man auch altgewohnte Getränke bei einem Aperitif, von Coca-Cola über Limonade bis zu Bier. Letzteres wird in Marokko als Aperitif getrunken, besonders im spanisch beeinflußten Norden, wo man dazu »Tapas« vorgesetzt bekommt, Paella, grillierte Sardinen und Oliven und also wie in Tunesien den Aperitif »ißt«. Auch die Weine Nordafrikas sind ganz passabel, auch wenn deren Qualität seit dem Abzug der Franzosen und der Auswanderung des größten Teiles der Juden gesunken ist.

Denn logischerweise waren es Christen und Juden, die im moslemischen Maghreb die Alkoholika produzierten. Die beste Boukha stammte von der jüdischen Firma Bokobsa. Im Jahre 1961, anläßlich der Biserta-Krise, wurde die Familie aus Tunesien ausgewiesen, ließ sich in Frankreich nieder und produzierte dort Boukha und Weine. Nach einiger Zeit baten die Tunesier reumütig die Bokobsas, wieder in ihrem Land die Produktion von Boukha aufzunehmen – die Qualität war dermaßen gesunken, daß es beinahe ein nationaler Skandal wurde.

Neben den Juden und französischen Colons waren es die Mönche, insbesondere die »Weißen Väter«, die die besten Weine produzierten. Wie gesagt, heute ist es in Nordafrika mit der Weinqualität abwärtsgegangen – doch sind die Weine immer noch ausgesprochen freundlich und im Sommer angenehm zu trinken. Nach wie vor exportiert Algerien große Mengen Weins, die in Europa als Verschnittweine dienen. Etwas boshaft könnte man sagen: Algerien ist das einzige Land der Welt, in dem man wirklich weiß, daß man algerischen Wein trinkt. In Europa vermutet man es lediglich bei manchen »französischen« Flaschen.

Überhaupt haben die nordafrikanischen Moslems eine recht ambivalente Haltung dem Alkohol gegenüber. In den Restaurants und auch in den einfachen Spunten Tunesiens sieht man moslemische Gäste je nach Kaufkraft und Geschmack Bier und Wein trinken. Im Gegensatz zu anderen moslemischen Ländern ist dies keineswegs verpönt. Zumindest nicht in den großen Städten des Nordens. Im konservativen Süden kann es schon schwieriger werden, da hat man sogar Mühe, in Geschäften Bier zu finden.

Als ich vor Jahren einmal mit Marokkos König und dessen Hofstaat durch den Süden reiste, tranken wir nach zurückgelegter Etappe munter mit den Ministern zum Aperitif Whisky und Bier. Doch zum Nachtessen gab's nur Coca-Cola oder Fanta. Denn einem Mahl kommt bereits eine kultisch-traditionelle Bedeutung zu. Dasselbe ist in Tunis der Fall. Bei Empfängen servieren die Minister Alkoholika, der Außenminister, wenn er ausländische Diplomaten oder Journalisten bewirtet, läßt auch Wein aufstellen – doch bei offiziellen Anlässen, insbesondere wenn Bourguiba beteiligt ist, herrscht strenges Alkoholverbot. Nun ist es jedoch für Europäer recht mühsam, abends drei bis vier Stunden im präsidialen Palast von Karthago oder Monastir herumzustehen und freundliche Konversation zu machen – und dabei nur Fruchtsäfte und Coca im Magen zu haben. Die Exzellenzen fanden einen Ausweg. Jeder hatte eine kleine flache Flasche irgendwo in seinem Smoking versteckt und schlug sich von Zeit zu Zeit in die Büsche, um sich mit einem Schluck Schnaps zu stärken.

Bleiben wir jedoch bei den Trinkgewohnheiten in den drei Maghrebländern, sie sind ja auch für Touristen interessant. »Glücklicherweise« – für Europäer – haben sie sich in den letzten Jahren drastisch geändert. Vor zwanzig Jahren schaltete ich in einem Restaurant im Atlasgebirge einen Zwischenhalt ein. Es war Sommer, und ich hatte Durst. Zudem war ich recht braungebrannt – was für den weiteren Verlauf der Geschichte wichtig ist. Doch mein Bier kam und kam nicht. Ich schaute unwirsch gegen die Theke, dort stand der Kellner, diskutierte mit dem Patron und zeigte auf mich. Endlich geruhte der Chef an meinen Tisch zu kommen. »Aber Sie sind doch Moslem. Dann sollten Sie wissen, daß ich Ihnen kein Bier servieren darf!« herrschte er mich an. Ich zeigte meinen Schweizer Paß und erhielt endlich das Bier. Damals war es nämlich im scherifischen Reich noch verboten, Moslems alkoholische Getränke zu servieren, bei Übertretung wurde nicht nur der konsumierende Gast, sondern noch viel drakonischer der Besitzer der Bar bestraft.

Inzwischen spricht man in Nordafrika vom Alkohol als einem sozialen Problem. Zwar hatte in Algerien Ben Bella nach der Unabhängigkeit ein striktes Alkoholverbot für Moslems verhängt, was natürlich, wie in den Vereinigten Staaten zur Prohibitionszeit, zu einem blühenden Schwarzhandel führte. Sein Nachfolger, der doch so asketische Houari Boumedienne, hob das Verbot wieder auf. Die Landflucht und die unerträgliche Überfüllung der Städte führten bald zu einem Elendsalkoholismus. Da zu den Stoßzeiten, wenn die Büros der Administration schließen, die Straßen hoffnungslos verstopft sind, füllen sich die Bars, Bier fließt in rauhen Mengen. Das algerische Paradox liegt darin, daß man vor Jahren konsequent die Rebstöcke ausgerissen hat, um die Weinproduktion zu verringern. Der jetzt noch produzierte Wein wird exportiert, statt dessen importiert man für teure Devisen Bier und fabriziert ein bierähnliches Getränk im Lande selber. Auch algerischer »Whisky« wurde destilliert, allerdings ohne großen Erfolg. Daneben gibt es einen blühenden Schwarzhandel mit importiertem Whisky zu prohibitiven Preisen, den sich jedoch die algerische »Nomenklatura«, die Oberschicht von Parteibonzen und anderen Privilegierten des Sozialismus, durchaus leisten kann.

Während die Algerier und Tunesier in erster Linie Bier trinken, ist es in marokkanischen Slums, den Bidonvilles, üblich, in Kanistern billigen Wein zu kaufen, der dann über das Elend hinweghilft. Und in den Villenvierteln, wo sich ein Aperitif bis tief in die Nacht hinziehen kann, ist nur »Chivas Regal« das standesgemäße Getränk. In den einfachen Bars der Städte hängen Marokkaner nachts an der Theke und lassen sich mit Bier vollaufen.

Alkoholismus wird somit zusehends zu einem sozialen Problem, da hilft alles Wettern der moslemischen Integristen wenig. Immerhin wurde auf einem internationalen Kongreß über Alkoholismus, der 1984 in Casablanca stattfand, etwas Tröstliches vermeldet: Die Mehrheit der Bevölkerung trinkt während des Ramadan, des Fastenmonats, keinen Alkohol – und zeigt dabei keinerlei Entzugserscheinungen! Woraus man schließen kann, daß die Nordafrikaner vorläufig noch keine »echten« Alkoholiker geworden sind. Doch nach dieser Abschweifung nun zurück zum eigentlichen Thema, der nordafrikanischen Küche.

Zuerst sollte man noch von der Harissa sprechen, bevor weitere Elemente der Küche erwähnt werden, denn dieses Püree aus Paprikaschoten und Knoblauch in Olivenöl trifft man in vielen Gerichten an. Es ist irrsinnig scharf und gibt somit erst den richtigen Pfiff, sei es einem Couscous, oder sei es ganz einfach einer Cassecroute, auch Sandwich tunisien genannt. Letzteres ist ein beliebter Snack, der an allen Straßenecken verkauft wird und auf Ausflügen wohl die billigste Zwischenverpflegung darstellt. Ein rundes arabisches Brot wird aufgeschnitten und ausgehöhlt, innen mit Harissa bestrichen und mit Oliven, Thunfisch und Salaten gefüllt.

Es war von Olivenöl die Rede, deshalb sei in einer kurzen Abschweifung näher darauf eingegangen. In Nordafrika findet man noch »jungfräuliches«, das heißt nicht raffiniertes Olivenöl, das eben einen ganz spezifischen Geschmack aufweist. Olivenöl ist für die nordafrikanische Küche unabdingbar, gleichzeitig ist es aber auch Universalheilmittel: Man benutzt es als Volksmedizin gegen so ziemlich alle Gebrechen, zur Hautpflege, im Hammam, dem türkischen Bad, dient es als Massageöl, und als Mittel gegen eine Verbrühung mit siedendem Wasser fabrizierte unsere »Fatmah« einmal sofort einen lindernden Balsam aus Olivenöl, Eiweiß und fein gehackten Zwiebeln. Die Mädchen in den nordafrikanischen Bordellen gebrauchten es noch für ganz andere Zwecke . . . So berichtet wenigstens der aus Tunis gebürtige Schriftsteller Albert Memmi in seinem Roman *La statue de sel*.

Wen wundert's somit, daß ein solches Volksnahrungsmittel auch eine politische Brisanz entfalten kann. 1963 kam es zu einem Komplott gegen Habib Bourguiba. Einer der Gründe für den Mißmut war ein Abkommen Bourguibas mit den Amerikanern, wonach diese Tunesien zu einem Vorzugspreis Sojaöl liefern wollten, damit das Land vermehrt Olivenöl exportieren und dadurch wertvolle Devisen einbringen könnte. Doch dieser volkswirtschaftlich wohlgemeinte Plan schlug fehl. Die Opposition verbreitete unter den einfachen Leuten das Gerücht, Sojaöl mache Männer impotent. Es handle sich um einen perfiden imperialistischen Plan der Amerikaner. Nach dem gescheiterten Putsch verzichtete Bourguiba wohlweislich darauf, seinem Volk das verhaßte Sojaöl aufzuzwingen. Das Olivenöl hatte gesiegt.

Zurück zur Küche. Gleicherweise auf der Straße wie auf Galadiners findet man eine weitere tunesische Spezialität, die Briks. Ein rohes Ei wird in eine dreieckige Tasche von feingezogenem Teig gegeben, die dann in heißem Öl gebacken wird. Einige Tropfen Zitronensaft darauf und hineingebissen! Bei einem gut zubereiteten Brik muß das Eigelb noch flüssig sein. Es hat somit die fatale Eigenschaft herunterzutropfen, wie der frühere indonesische Staatspräsident Ahmed Sukarno anläßlich des offiziellen Diners bei Bourguiba nach einem Blick auf seinen weißen Smoking feststellen mußte. Aber auch in anderen Maghrebstaaten kennt man die Briks.

Nach Briks folgt zumeist ein Mechoui und ein Couscous. Der Mechoui ist wohl für die meisten Touristen der erste Schritt in Richtung maghrebinische Küche. In den Hotels werden bereits zerlegte Hammelstücke auf dem Grill gebraten. Doch eigentlich sollte man – wer Glück hat und reiche Freunde in Nordafrika besitzt, kann dies auch tun – ein ganzes Lamm auf dem Feuer braten und mit den Händen verzehren. Das Fleisch wird herausgerissen, aber dafür dürfen nur drei Finger verwendet werden. Eine andere Art der Zubereitung, die in Marokko verbreitet ist, besteht darin, daß im Freien aus Lehm ein richtiger Ofen gebaut wird, in dem dann während Stunden der Hammel zugedeckt auf dem Feuer gebraten wird. Oben befindet sich ein Deckel, der während der Kochzeit hermetisch mit Lehm zugekittet wird, bis dann unter den zustimmenden Kommentaren der Gäste im Triumph das gebratene Tier herausgezogen wird.

Bei einem Mechoui in traditionsreichen Familien läßt sich auch die Sozialstruktur beobachten. Zuerst picken sich die Gäste und das Familienoberhaupt ihre Stücke heraus, dann geht das Mechoui zu den – in einem anderen Raum versammelten – Frauen, die nun die zweite Wahl haben, und anschließend zu den Dienstboten.

Couscous, das nordafrikanische Nationalgericht, dürfte allen Touristen bekannt sein, aber die wenigsten wissen, wie viele Varianten es davon gibt. Basis ist gewalzter Hartweizengrieß, der in einem speziellen Topf im Dampf weichgekocht wird. Darauf kommen, je nach Budget und nationaler Tradition, die verschiedensten Fleischsorten und allerlei Gemüse, von Rüben über Kürbis bis zu Artischocken, dann noch *pois chiches* (auf deutsch Kichererbsen) und zu guter Letzt, als Krönung, die Harissa-Sauce. Man kann ruhig nach Herzenslust zugreifen, Couscous hat nämlich die angenehme Eigenschaft, relativ schnell und gut verdaulich zu sein. Auch nach dem opulentesten Mahl hat man knapp eine Stunde später den »postprandialen Stupor« überwunden und ist wieder voll in Form – ganz abgesehen davon, daß in Nordafrika, wie in allen zivilisierten Ländern, eine Siesta obligatorisch ist.

Couscous gibt es auch statt mit Fleisch mit Fisch garniert und auch als Nachspeise, süß, mit Rosinen, Datteln und Granatäpfeln. Apropos Dessert. Es ist wohl überflüssig, von all den Früchten des Landes zu sprechen, erwähnt sei höchstens noch, daß es in allen Staaten herrliche Patisserie gibt, Leckerbissen aus Honig und Zucker. Bezeichnenderweise sind Patisserien die einzigen Läden in Algerien, die ein volles Angebot haben, die anderen Geschäfte sind trübselig leer. Offensichtlich haben die traditionellen Gebäcke als einzige die dirigierte sozialistische Mangelwirtschaft überlebt.

Daß Araber etwas von Kaffee verstehen, hat sich in den letzten Jahrhunderten herumgesprochen. In Nordafrika trinkt man – trotz der Espressomaschinen, die überall zu finden sind – den feingemahlenen arabischen Kaffee. Tunesisches Nationalgetränk ist jedoch der *thé à la menthe*, der Minzetee, den man, mit oder ohne *pignons* (Pinienkerne), auf geflochtenen Matten sitzend, in Cafés trinkt. Bekanntester »Wallfahrtsort« für Teetrinker ist das »Café des Nattes« in Sidi Bou Said bei Tunis.

Die marokkanische Küche zählt kulinarischen Spezialisten zufolge zusammen mit der französischen und chinesischen zur Weltklasse. Das hängt ganz einfach mit der Sozialstruktur dieser Länder zusammen. Marokko hatte eine recht große, reiche und traditionsreiche Oberschicht, die es sich leisten konnte, die nordafrikanischen Nationalspeisen immer raffinierter zu gestalten. Ein Soziologe hat einmal das treffende Wort geprägt: »Kultur ist eine Dienstbotenfrage.« Und die reichen Marokkaner hatten ganz einfach immer genügend »Fatmahs« im Haus. Die besten Köchinnen waren zumeist Negerinnen, die besten unter ihnen hatten ihre Kunst in Tetuan gelernt. Einige ganz berühmte verdingten sich tageweise, um ein Festmahl zuzubereiten, das heißt die »Fatmahs« des Hauses zu dirigieren.

Apropos China: Als nach Mao Tse-tungs Revolution der Sultan von Marokko so ziemlich als erster das neue Regime anerkannte, wunderten sich viele darüber. Ausgerechnet dieser traditionelle Monarch beeilt sich, den Revolutionär salonfähig zu machen. Marokko-Spezialisten waren jedoch kaum überrascht: Für den Minzetee, auch in Marokko Nationalgetränk, verwendet der Kenner prinzipiell nur grünen chinesischen Tee, dessen reibungsloser Import mit der diplomatischen Anerkennung gesichert werden sollte.

Es ist hier nicht der Ort, nun eine systematische Übersicht oder gar ein Rezeptbuch nordafrikanischer Küche zu schreiben.

Lediglich einige Gattungen von Speisen sollen erwähnt werden, wobei wir kurz spezifisch jüdische Aspekte der Küche streifen. Die Juden waren ja seit jeher Teil der nordafrikanischen Gesellschaft. Ihre Küche entspricht weitgehend der einheimischen, mit einer großen Ausnahme: der Skhina, dem nordafrikanischen Tscholent. Bekanntlich dürfen Juden am Schabbat kein Feuer machen, also nicht kochen. In Osteuropa entstand der Tscholent, ein Eintopfgericht, doch außer der religiösen Vorschrift des Feuerverbotes hat er nichts mit einer rassigen nordafrikanischen Skhina gemeinsam.

Die Skhina ist ein Eintopfgericht, das am Freitag zubereitet wird und dann bis Samstag mittag auf kleinem Feuer schmort. Noch vor zwei Generationen wurde sie in einem richtigen Topf aus Tonerde, eben dem typischen nordafrikanischen Topf gekocht, wobei der Deckel hermetisch verschlossen wurde. Heute benutzt man gewöhnliche Pfannen, innen emailliert. Am Freitag werden also sorgfältig die verschiedenen Schichten der Skhina in den Topf gelegt – wie bei allen traditionellen Speisen in allen Ländern werden je nach verfügbarem Haushaltsgeld mehr oder weniger Zutaten verwendet. Unabdingbare Basis sind Kichererbsen, man kann auch eine spezielle Weizensorte dazugeben, das Ganze wird dann mit Öl, Safran, Knoblauch und Pfeffer gewürzt.

Auf diese Grundlagen kommen ein Fleischstück, Hackbraten und Kalbsfüße, natürlich auch wieder mit den entsprechenden Gewürzen. Darüber legt die Hausfrau noch geschälte Kartoffeln und Eier. Man kann sich leicht vorstellen, was in zwölfstündiger Kochzeit mit all diesen Ingredienzen geschieht, es entsteht ein unnachahmlicher Geschmack, denn beim Schmoren gehen ja die Düfte und Geschmäcke der verschiedenen Speisen ineinander über. Und am Schabbat-Mahl wird dann am Tisch Schicht um Schicht aufgetragen, zuerst die Kartoffeln mit den Eiern, die schön braun geschmort sein müssen, und zuletzt, nach dem Fleisch, die *pois chiches*, die zuunterst lagen und den Höhepunkt der Düftekombination darstellen.

Vielleicht sollte in Zusammenhang mit der Skhina noch die

Harira erwähnt werden. Das ist eine traditionelle Suppe, eine Art Minestrone mit Kichererbsen, Fleisch, Linsen, Nüdelchen und natürlich den dazugehörigen Gewürzen, Koriander, Zwiebeln, Safran, Pfeffer und so fort. Eine Harira kann man sich in traditionellen Stadtvierteln, etwa in Fes, an Ständen kaufen. Die Suppe wird von den Moslems mit Vorliebe nach dem Fasten des Ramadan gegessen, in manchen jüdischen Familien nach Jom Kippur oder anderen Fasttagen, von Angehörigen beider Religionen natürlich auch im Winter.

Und da wir gerade bei Juden und Suppen sind: Für Pessach gibt es eine besondere Gemüsesuppe, für die großen Feste die Ministra oder Intria, eine Luxussuppe mit Teigwaren-Füllung, allerdings einer so dichten, daß sie bereits in den Grenzbereich der Suppen gehört. Wie gesagt, die meisten Speisen entsprechen denjenigen der allgemeinen Bevölkerung, die ja auch verschiedenen Einflüssen, insbesondere aus Andalusien, ausgesetzt war.

Weiter nun mit Sammelbegriffen. Wer in Nordafrika, bei Juden oder Moslems, eine Menükarte studiert, stößt unweigerlich auf das Wort Tajine, mit einem Anhängsel, Kalb, Ochse oder sogar Truthahn. Touajen, wie der Plural für Tajine heißt, sind eine typisch nordafrikanische Spezialität. Das Wort bedeutet nichts anderes, als daß die vorhin erwähnten Fleischstücke lange Zeit in der Pfanne gekocht werden, natürlich mit den dazugehörigen Gewürzen. Dazu kommen Gemüse, Kartoffeln, Zwiebeln, Oliven, Tomaten und vieles andere. Das Geheimnis der Tajine liegt eben darin, daß zum Schluß alle Aromen ineinander übergegangen sind, und vor allem, daß das Fleisch auch wirklich weich geworden ist – was in Nordafrika nicht immer eine Selbstverständlichkeit ist. Das Lammfleisch entspricht meistens dem Standard unserer Breitengrade, Ochsen werden jedoch einige Jahre zu spät geschlachtet, und Kalbfleisch ist eine große Rarität. Da hilft eben nur langes Kochen – doch das Resultat überzeugt.

Bei einer Tajine übrigens scheiden sich die Geister, beziehungsweise die Religionen. Denn die Moslems machten seit alters ihre Tajine mit *smen*, einem aus Butter und Milch hergestellten Fett. Die Juden, die bekanntlich Milch und Fleisch nicht vermischen dürfen, bereiten ihre Tajine mit Öl zu, vornehmlich Erdnußöl, das im Gegensatz zum Olivenöl keinen Geschmack hinterläßt. Doch in den letzten Jahrzehnten sind auch die Moslems dazu übergegangen, Tajine mit Öl zu machen, es wurde nämlich zusehends schwieriger, im Frühjahr Butter und Milch zu finden. Den *smen* bereitete man in dieser Jahreszeit für das ganze Jahr zu.

Geflügel spielt in der nordafrikanischen Küche eine große Rolle. Dementsprechend vielfältig sind die Rezepte für Poulet. Während wir in Europa uns mit gegrillten Hähnchen begnügen, haben die Nordafrikaner eine ganze Palette von Pouletzubereitungen entwickelt, gekocht mit Oliven, Zitronen, Pflaumen, ja sogar mit Ananas.

Doch die unbestreitbare Krönung der Speisen mit Geflügel ist die Pastilla, auf arabisch »B'stilla«. Eine runde Platte wird mit Blätterteig ausgelegt und mit Poulet- oder Taubenfleisch, Zwiebeln, Mandeln, Koriander, Eiern und natürlich vielen Gewürzen gefüllt. Dann wird der Teig zu einer Tasche geschlossen und die Pastilla in heißem Öl gebacken. Eine B'stilla ist die raffinierteste Vorspeise in Nordafrika – leider wird es immer schwieriger, mit Taubenfleisch gefüllte zu finden. Das Problem mit den Pastillas ist in unseren Breitengraden, daß sie nicht reproduzierbar sind, ganz einfach, weil es den dazu benötigten speziellen Blätterteig nicht gibt, außer in von Nordafrikanern bewohnten Vierteln in französischen Städten. Mit dem gleichen Teig werden auch die verschiedenen »Cigars« hergestellt, runde zigarrenförmige Gebilde, die mit Fleisch oder Käse oder auch als Dessert mit Mandelfüllung gebacken werden.

Eigentlich sollte man noch von den verschiedenen Fischgerichten sprechen, von allem, was man so in Nordafrika brät, und von den Desserts – doch das würde zu weit führen, es gibt ja so viele gute Kochbücher. Zudem wurde mir beim Schreiben dieses Kapitels schmerzlich bewußt, wie inadäquat eben Worte sind, um kulinarische Traditionen zu beschreiben.

Von »Reis-Arabern« und »Grieß-Arabern« wurde einleitend gesprochen. Und die Juden haben sich der arabischen Küche recht gut angepaßt, weil diese ja erstens kein Schweinefleisch kennt und obendrein vornehmlich Olivenöl verwendet, das auch in der Geschichte eine Rolle gespielt hat. Man erzählt, daß zur Zeit der Inquisition in Spanien die Häscher durch die Gassen zogen und die Düfte einatmeten. Wo sie aus einer Küche Olivenöl rochen, in dem Fleisch gebraten wurde, machten sie sofort eine Razzia. Denn es war klar, daß hier Marranen, zwangsgetaufte Juden, lebten, die sich noch an die alten Speisegesetze und somit heimlich an die alte Religion hielten.

Der vor einigen Jahren verstorbene »Pan-Europa-Graf« Richard Coudenhove-Kalergi entwickelte mir einmal eine originelle Theorie: Der arabische Vormarsch in Europa wurde bei der Oliven-Schweineschmalz-Grenze aufgehalten. Als die Araber in jene Gegenden kamen, wo Olivenbäume nicht mehr wachsen konnten, mußten sie ihren Eroberungszug aufgeben. Denn nördlich davon begann die bei den Germanen beliebte Schweineschmalz-Gastronomie. Die Überlegung ist hübsch und zeigt, wie eng eben die Kochkunst mit der allgemeinen Kultur und Religion eines Volkes verknüpft ist.

Marokko

Die Königsstädte

Sie stehen in jedem Reiseprospekt, *les villes impériales*, die Königsstädte. Dem eiligen Touristen wird eine Marokkoreise angeboten, die Marrakesch, Fes, Meknes und Rabat umfaßt.

Paris war immer Hauptstadt von Frankreich, London von England. Dynastien kamen und gingen, Kriege wurden gewonnen oder verloren, die Hauptstadt blieb. Nicht so in Marokko. Das hat seine historische Ursache darin, daß dieses Land nur selten zentral regiert worden ist, andrerseits Dynastien irgendwo – meist im Süden, am Sahararand – ihren Ausgang nahmen und dann mit mehr oder weniger Glück versuchten, ein Reich zu gründen. Die Almoraviden und Almohaden in Marrakesch, die Meriniden und Alaouiten in Fes. Doch der Alaouite Moulay Ismail entschied sich für Meknes, derweil Rabat als Seeräuberstützpunkt in die Geschichte einging, bevor der französische Marschall Lyautey es 1912 zur Hauptstadt erhob.

Ein Henri IV. mit seinem Ausspruch »Paris vaut bien une messe« (Paris ist eine Messe wert) wäre in Marokko unmöglich gewesen. Einer Stadt zuliebe änderte ein König nicht die Religion, vielmehr erhob er einer religiösen Schattierung zuliebe eine andere Stadt zur – zeitweiligen – Kapitale. Manchmal war auch nur eine Laune Anlaß zum Wechsel.

Europäische Hauptstädte waren, jenseits der historischen Wechselfälle, Kulturzentrum, Anziehungspunkt für Künste und Wissenschaft. Auch in Marokko spielten die Königsstädte diese Rolle, aber immer nur für eine beschränkte Zeit, so lange der Herrscher einer Stadt seine Gunst schenkte. Wer Marokkos Geschichte wirklich erleben will, muß dies in den vier Königsstädten tun.

Fes – die heimliche Hauptstadt

Im Jahre 1980 beschloß die UNESCO, die Medina von Fes als Teil des internationalen kulturellen Erbes unter ihre Fittiche zu nehmen. Ein Plan zur Erhaltung der Altstadt sieht vor, rund 70 000 Bewohner der alten Stadt umzusiedeln, um so den verbleibenden knapp 200 000 ein normales Dasein zu ermöglichen. In einem bis zur Jahrtausendwende durchzuführenden Projekt, will die »Délégation à la sauvegarde de la ville de Fés«, eine aus marokkanischen und von der UNESCO ernannten Fachleuten bestehende Behörde, die Medina sanieren, Bauten restaurieren und die Wasserversorgung und Kanalisation modernisieren. Was rund eine Milliarde Dollars kosten dürfte. Eine respektable Summe, selbst wenn sie auf zwei Jahrzehnte verteilt wird.

Wie bei so manchen Plänen der UNESCO weiß man nicht, ob sie überhaupt durchgeführt werden. Inzwischen tröstet man sich damit, daß der König von Saudi-Arabien immer wieder Gelder für ganz konkrete Restaurationsprojekte spendet.

In Fes erlebt man heute noch, wie kaum anderswo die mittelalterliche »Cité«, dieses Gebilde, das gleicherweise Bürgerstolz, Geschäftssinn und Kultur beinhaltet. Fes ist nicht einfach eine der vier Königsstädte, sondern recht eigentlich die heimliche Hauptstadt Marokkos, und die »Fassi« sind eine politische, wirtschaftliche und intellektuelle Elite im Königreich. Der Marschall Lyautey mag geglaubt haben, einen besonders klugen Schachzug zu tun, als er 1912, nach dem Vertrag von Fes, mit dem Sultan Moulay Hafid sich den Franzosen unterwerfen mußte, die Hauptstadt des Protektorates nach Rabat verlegte. Damit sollte der Sultan, der ebenfalls dorthin verfrachtet wurde, es war Moulay Jussef, der Halbbruder des inzwischen abgesetzten Moulay Hafid, von seiner ihm nahestehenden politischen Elite, dem Bürgertum von Fes, isoliert werden.

Es hat Lyautey, obschon er einer der intelligentesten französischen Kolonisatoren war, wenig genutzt. Zwar führte der Sultan in Rabat ein eher kümmerliches Dasein im Schatten französischer Administratoren und Intrigen. Ganz besonders Sidi Mohammed Ibn Jussef, der 1927 auf den Scherifenthron gelangte, nicht zuletzt, weil die Franzosen glaubten, in dem kränklichen und schwachen Jüngling ein gefügiges Werkzeug zu erhalten, was auch bis nach dem Zweiten Weltkrieg zutraf. Doch die »Fassi« waren keineswegs von der politischen Welt abgeschnitten. Bereits 1934 entstand das »Comité d'Action Marocaine«, aus dem 1934 der »Istiqlal«, die Partei der Unabhängigkeit, hervorging. Einer der Gründer und Führer dieser Bewegung war Allal el-Fassi, wie der Name schon sagt, ein Bürger von Fes.

Nach der Unabhängigkeit stellten die Fassi eine überproportional große Zahl von Ministern, Diplomaten und Beamten, auch in den Provinzverwaltungen und in den Städten. In Marrakesch sprach man noch 1983 nicht nur scherzhaft von der »Bande der Fassi«, die auch in dieser Stadt im Süden an den Schalthebeln der Macht saßen. Eine 1975 veröffentlichte Studie weist nach, daß von 155 Mitgliedern der marokkanischen Regierungen zwischen 1955 und 1975 rund drei Viertel aus den großen Städten kamen. Nicht weniger als ein Drittel unter ihnen stammte aus Fes!

Handwerk, Handel und Gelehrsamkeit verhalfen Fes zu seiner Ausstrahlung in der gesamten islamischen Welt, die auch heute noch anhält. Das Komitee »Al Quods« der Arabischen Liga, das sich für die »Befreiung« Jerusalems einsetzt, pflegt in Fes zu tagen, wie übrigens auch manche panarabische oder panislamische Konferenzen. Denn Fes besaß bereits im Mittelalter koranische Universitäten, wie die Medersa el-Attarin, die Medersa Bou Inania, von der berühmtesten, der Karaouine, gar nicht zu reden, die in der ersten Hälfte des 14. Jahrhunderts in der Blütezeit der Stadt unter den Meriniden errichtet wurden. Und die aus Spanien vertriebenen Araber, die sich in Fes niederließen, brachten auch noch Musik und Poesie aus Andalusien mit, die das nordafrikanische Musikleben bis zum heutigen Tag beeinflußt. Nach 1492 kamen zahlreiche Juden, Flüchtlinge aus dem Spanien der Inquisition, in die Stadt und verhalfen der jüdischen Gemeinschaft zu neuem Aufschwung. Bereits seit seiner Gründung durch Idris I. im Jahre 789 lebten Juden in Fes, und von 1160 bis 1165 wirkte auch der große jüdische Gelehrte Moses Ben Maimon (Maimonides) in dieser Stadt.

Wie immer man nach Fes gelangt, mit dem Auto oder Flugzeug, zuerst sollte man auf die Anhöhe zu den Gräbern der Meriniden fahren. Dort steht auch das gleichnamige moderne Hotel. Früher gab es lediglich ein kleines Garten-Café, wo die Fassi Tee tranken und ihre Stadt bewunderten. Heute können es die Touristen von der Hotelterrasse aus tun. Natürlich gehen die wahren Kenner immer noch ins Palais Jamai, das klassische Hotel am Bab el-Guissa, einem der Tore zur Medina. Im letzten Jahrhundert erbaut, war es ursprünglich der Palast eines Wesirs unter Moulay Hassan. Auch wenn seither ein moderner Flügel angebaut worden ist, hat das Palais Jamai seinen Reiz bewahrt. Das Zimmer der »Favoritin« des Wesirs ist liebevoll bewahrt worden und kann vom Hotelgarten aus besichtigt werden. Also – wenn man schon einmal nach Fes kommt, sollte man sich im Palais Jamai einquartieren, die modernen Hotels wären ein Stilbruch, der die Atmosphäre des Besuches stört. Um so mehr, als es, verglichen mit Luxushotels in Europa, gar nicht so teuer ist.

Doch zurück zu den Merinidengräbern oder der Hotelterrasse. Von dort überblickt man die Stadt und die Ebene von Sais. Ein von den alten Stadtmauern eingeschlossenes Häusergewirr, überragt von den grünen Dächern der Koranschulen und Moscheen.

Man versteht, warum Fes zu einer der wichtigsten Städte Nordafrikas geworden ist. Die Ebene ist äußerst fruchtbar, denn von den Ausläufern des Mittleren Atlas und vom Djebel Zalagh fließen Bäche und Flüsse herab, die die Landwirtschaft und die Stadt ausreichend mit Wasser versorgen. Die Zedernwälder des Atlas liefern Holz, Steinbrüche in der Gegend Baumaterial. Durch die Ebene von Sais führten seit jeher wichtige

Karawanenstraßen: von Tanger im Norden nach Sijilmassa am Rande der Sahara im Tafilalet. Eine Ost-West-Achse, die aus Algerien kommend den Nahen Osten mit dem Atlantik verbindet, führte ebenfalls durch Fes. Bei soviel natürlichen Voraussetzungen mußte früher oder später jemand auf den Gedanken kommen, hier eine Stadt zu gründen.

Genau das geschah im Jahre 789. Idris Ibn Abdallah, der später Idris I. genannt wurde, war ein Abkömmling von der Prophetentochter Fatima und von -schwiegersohn Ali. Wegen Streitigkeiten unter den Nachfahren mußte er aus Mekka fliehen, kam endlich nach Oualila, dem einstigen römischen Volubilis, wo er von den eingesessenen Berberstämmen freundlich aufgenommen und bald ihr »Scherif« wurde. Später erwarb er Land beim Flüßlein, das heute Fes durchfließt, und mit einer Hacke, *fas* auf arabisch, markierte er auf dem Feld die Umrisse der neuen Stadt. So lautet die plausibelste Überlieferung für die Etymologie von Fes.

Doch schon 792 wurde Idris auf Geheiß Harun ar-Raschids, des Abbasidenherrschers von Bagdad, vergiftet. Idris hatte bereits einen Sohn gezeugt, der wenige Monate nach der Ermordung des Vaters geboren und mit elf Jahren zum neuen König, Idris II., erkoren wurde. Unter seiner Herrschaft nahm Fes seinen Aufschwung. Zuerst kamen aus dem Al-Andalus vertriebene Araber, sie wurden am rechten Ufer des Oued Fes, des Flüßleins, angesiedelt, das andalusische Viertel, das »Adouat el-Andalous« entstand. Die Flüchtlinge aus Spanien waren Städter, ein Großteil von ihnen kam aus Cordoba. Sie brachten Handwerk und Kultur nach Fes, das ja eher ein befestigtes Heerlager in der landwirtschaftlichen Ebene war als eine wirkliche Stadt.

Einige Jahre später erreichten Flüchtlinge aus dem tunesischen Kairuan die Stadt. Idris wies ihnen auf dem linken Ufer Quartier an – das war das Viertel der Kairuaner, das »Adouat el-Karaouine«. Im Jahre 856 spendete die Tochter eines der politischen Flüchtlinge aus Kairuan einen Teil ihres Erbes für den Bau einer Moschee: Keimzelle der späteren »Karaouine«, die noch heute berühmteste Moschee von Fes, aber auch eine der ältesten Universitäten der Welt, Zentrum des intellektuellen und religiösen Lebens der Stadt während Jahrhunderten.

Gleichzeitig geschah unter Idris II. etwas, das bis heute als Konstante in der marokkanischen Geschichte nachlebt. Sein Vater war auf der Flucht in Oualila von den dortigen Berberstämmen aufgenommen und akzeptiert worden. Der Sohn fühlte sich jedoch zu den Neuankömmlingen aus Spanien hingezogen und umgab sich mit einer militärischen Eliteeinheit von Arabern. Die Berber waren nicht begeistert. Idris II. hat ganz wesentlich zur Islamisierung Marokkos beigetragen – und damit auch zum unterschwelligen, manchmal auch blutigen Konflikt zwischen Berbern und Arabern in dieser Gegend.

Und wie fast immer in der arabischen Welt folgten auf eine überragende Herrschergestalt mittelmäßige Söhne, die sich um das Erbe stritten. Fes wurde zum Zankapfel entfernter Herrscher, der Omaijaden in Spanien, der Fatimiden und der Berberstämme. Dennoch gelang es der Stadt, sich innerhalb ihrer Mauern zu entwickeln. Sie wurde moslemisch, Christen und »Heiden« mußten sie verlassen, nur die Juden durften bleiben.

Später (1069) versuchten die Almoraviden, die Marrakesch gegründet hatten, ihr Glück in Fes. Unter ihnen wurde die Stadt wieder Handelszentrum und auch wichtige Etappe und Versorgungsbasis für die Armeen. Die Almoraviden wurden von den Almohaden abgelöst, die ebenfalls aus Marrakesch kamen und dort ihre Hauptstadt hatten, in Fes bauten sie neue Mauern und ließen ansonsten die Stadt sich entwickeln.

Die größte Blütezeit von Fes begann unter den Meriniden und dauerte bis in die Mitte des 16. Jahrhunderts an. Da ihm jedoch Fes als Hauptstadt zu klein erschien, beschloß Abu Jussef, in einiger Entfernung von der alten Stadt eine neue zu bauen. »Fes el-Jedid«, das neue Fes, entstand neben »Fes el-Bali«, dem alten Fes. Die Teilung besteht noch heute.

Im neuen Stadtviertel ließ Abu Jussef seinen Palast errichten, und am 21. März 1276 geschah etwas, was für die Juden von Nordafrika von großer Bedeutung war. Am Tag zuvor, am

20. März 1276, hatte es Ausschreitungen gegen die jüdische Bevölkerung gegeben, die der Sultan jedoch schnell und hart niederschlug. Die prominenten Juden, Kaufleute und Finanzmänner sowie jüdische Vertraute des Hofes, verlegten ihre Wohnsitze nun ebenfalls nach Fes el-Jedid, und jüdische Botschafter von christlichen Königen Spaniens taten es ihnen gleich. Das war der Anfang des ersten Judenviertels in Nordafrika. Doch die Mehrzahl der Juden lebte weiterhin in Fes el-Bali. Bis 1438 dort das Grab von Moulay Idris II. entdeckt und jener Teil von Fes in den Rang einer heiligen Stadt des Islam erhoben wurde. Nun durften Ungläubige nicht mehr dort wohnen, die Juden wurden nach Fes el-Jedid »exiliert«. Nach dem Namen des dort gelegenen Platzes benannte man das jüdische Viertel in Fes »Mellah« und später alle Judenviertel in Marokko. Doch erst 150 Jahre später entstand die Mellah von Marrakesch (1557). An anderer Stelle ist von den Juden Nordafrikas die Rede, hier soll nur dem Ursprung der Mellah nachgegangen werden. Nicht zuletzt, weil es zwei volkstümliche Erklärungen für dieses Wort gibt. »Mellah« wird genauso ausgesprochen wie das arabische Wort für Salz, *m'lach*. Eine Version besagt, weil die Juden zu einer gewissen Zeit das Salzmonopol hatten, habe sich dieser Name für das Judenviertel eingebürgert. Eine noch »gesalzenere« Version will wissen, daß die Sultane ihren Feinden die Köpfe abschlugen und auf den Stadtmauern aufpflanzten. Damit sie länger hielten, hätten die Juden die Köpfe mit Salz »einpökeln« müssen.

Doch kehren wir zurück zu den Meriniden. Unter Abul Hassan und Abu Inan, in der ersten Hälfte des 14. Jahrhunderts wird Fes zu einer der wichtigsten Städte der islamischen Welt mit einer wohlorganisierten Verwaltung. Als Vertreter des Sultans sorgt ein Gouverneur für die Aufrechterhaltung von Ruhe und Ordnung. Die Stadt ist in Distrikte eingeteilt. Ein »Kadi« ist oberste religiöse Instanz und kümmert sich um die Moscheen und Universitäten – aber auch um die Reinlichkeit in den »Hammams«, den Dampf- oder türkischen Bädern, wie sie in Europa genannt werden. Zudem ist er auch für Eheschließungen zuständig.

Dritter im Bunde ist der »Muhtasib«, der für Gewerbe und

Handel zuständig ist. Wie man sieht, wies Fes alle Merkmale einer wohlorganisierten mittelalterlichen Stadt auf. Kein Wunder, daß ihre Bürger einen Stolz entwickelten, der bis zum heutigen Tag anhält. Wenn ein aus Fes gebürtiger Mann sagt »ana Fassi« oder eine Frau »ana Fassia«, so beinhaltet dies mehr als lediglich eine Angabe über Herkommen!

Die Herrschaft der Meriniden fand 1465 ihr Ende, als der Sultan Abdel Haqq zusammen mit seinem Wesir Harun al-Batas, der Jude war, ermordet wurde. Das zeigt, welche Rolle die jüdische Bevölkerung von Fes damals spielte. Der Mörder war der Bruder des von Abdel Haqq ermordeten Gouverneurs Yahia. Damit begann die Dynastie der Wattasiden – und der Niedergang von Fes sowie der ganzen umliegenden Region. Er wurde zeitweilig aufgehalten unter der Herrschaft der Saadier, die die Wattasiden 1554 abgelöst hatten. Ihr wichtigster Herrscher war Ahmed al-Mansur, der in Fes neue Befestigungen baute und auch die Bibliothek der Karaouine bereicherte.

Die neue Blüte war von relativ kurzer Dauer, die Saadier und ihre Hauptstadt Marrakesch waren ganz einfach zu weit entfernt. Die starke Hand eines Herrschers fehlte, eine gewisse politische Anarchie machte sich in der Stadt bemerkbar. Doch am 6. Juni 1666 ließ sich Moulay Raschid in Fes zum Sultan küren, die Dynastie der Alaouiten übernahm die Herrschaft. Sie regiert heute noch über Marokko. Im Jahre 1669 eroberte Moulay Raschid Marrakesch, und 1670 machte er Fes zur Hauptstadt.

Die Alaouiten herrschen seit drei Jahrhunderten ununterbrochen über Marokko. Zudem weisen sie einen lupenreinen islamischen Stammbaum auf, der, wie es sich gehört, bis auf Mohammed zurückgeht. Der marokkanische »Urahne« von Hassan II. war Hassan Addakhil, der 1266 im Tafilalet, am Sahararand auftauchte. Mekkapilger aus dieser Gegend hatten ihn anläßlich ihrer Hadsch dort kennengelernt und aufgefordert, als ihr geistiges Oberhaupt nach Marokko zu kommen.

Als Moulay Raschid nach kurzer Herrschaft im Jahre 1672 starb, wurde sein Bruder Moulay Ismail, damals mit 26 Jahren

Statthalter von Fes, sein Nachfolger. Er bevorzugte jedoch Meknes als Hauptstadt, wo er 55 Jahre regierte. Wir werden diesem schillernden Zeitgenossen von Ludwig XIV. noch in Meknes begegnen.

Den Fassi war es nur recht, daß die Zentralgewalt in einer anderen Stadt lag. Die stolzen Bürger konnten in Ruhe und unbehelligt ihren Geschäften nachgehen. Als jedoch 1727 Moulay Abdallah, der Sohn von Moulay Ismail, versuchte, die Stadt wieder in den Griff zu bekommen, rebellierten die Einwohner. Es kam zu einer Belagerung, die der Stadt Schäden zufügte, Moulay Abdallah wurde wieder Herrscher – und dies fünfmal. Denn immer wieder mußte er vor dem Widerstand der Stadt oder den Intrigen von Familienangehörigen fliehen. Dennoch war Fes wieder Hauptstadt geworden.

Im 19. Jahrhundert lebte Fes ruhig vor sich hin. Erwähnenswert ist lediglich die Herrschaft von Moulay Hassan (1873 bis 1894), der sich um die Stadt kümmerte und mehrere größere Bauten errichtete, insbesondere den neuen Königspalast, den »Méchouar«, mit seinem Privatzoo und den Löwenkäfigen.

Unter seinem Nachfolger Moulay Abdel Aziz setzte eine längere Periode der Stagnation ein, die den damaligen Zustand des gesamten Königreiches widerspiegelte. Die europäischen Mächte begannen Einfluß auszuüben und Teile des Landes zu besetzen. Was dann ja 1912 zur Unterzeichnung des Vertrages von Fes durch Moulay Hafid führte.

Ein neues Kapitel in der Geschichte der Stadt nahm seinen Anfang, denn die Franzosen errichteten ein neues Stadtviertel, die Neustadt. Sie gleicht anderen modernen Stadtteilen in Marokko, von Bäumen umsäumte Boulevards, Geschäftshäuser und Villenviertel.

So ziemlich alle reichen Fassi haben inzwischen die übervölkerte Medina verlassen und moderne Villen gebaut. Ihre alten, traditionellen Häuser werden von mehreren Familien bewohnt, sind Geschäfte, Teppichbasare oder Restaurants geworden. Laut Volkszählung von 1971 zählte Fes 321 460 Einwohner, inzwischen dürften es, bei der marokkanischen Geburtenziffer, schon wieder beträchtlich mehr sein, besonders in der Medina, wo der Zuzug von Landbevölkerung recht groß ist. Die Provinz Fes weist mit 138 Bewohnern pro Quadratkilometer eine der größten Bevölkerungsdichten Marokkos auf, die Ebene von Sais gehört ja zu den fruchtbarsten Regionen des Landes. Die hoffnungslos übervölkerte Medina ist dennoch nach wie vor der Prototyp einer nordafrikanischen traditionellen Stadt.

Fes läßt sich nicht leicht ergründen, es ist eine diskrete Stadt, wie es sich für das Bürgertum gehört. Reichtum wurde nie zur Schau gestellt, hinter Mauern und Türen kann man lediglich Villen und Gärten erahnen. Wenn man Glück hat, erhascht man durch eine offene Tür einen Blick auf einen Innenhof mit Bäumen, Brunnen und getäfelten Mauern.

Fes entzieht sich dem Fremden, es ist ein Irrgarten von Gassen, die zu jeder Tageszeit dicht bevölkert sind. Man schlendert durch die Suks, beschaut sich Waren und Handwerker bei ihrer Arbeit und atmet den Duft der Gewürze vom Suk el-Attarin ein, den scharfen Geruch der Gerbereien und des verbrannten Öls von Kebab oder Würstchen. Dazwischen wird man durch ein durchdringendes *bäläk* aufgeschreckt, dem Ruf, mit dem die Eseltreiber sich eine Gasse durch die Menschen bahnen. Esel sind das einzig mögliche Transportmittel in der Medina.

Verglichen mit Fes sind andere Städte, auch in ihren Suks, übersichtlich und mit einem Plan leicht zu durchschlendern. In Fes jedoch braucht der Fremde einen *guide*, einen Führer. Ohne ihn würde er sich ganz einfach verlaufen.

Fes läßt sich nicht beschreiben, Fes muß man erleben. Auch die beste Photographie bleibt immer Ausschnitt: Erst die Mischung von Bild, Ton und Geruch ergibt die wirkliche Atmosphäre der Stadt. Dennoch soll versucht werden, andeutungsweise aufzulisten, was es in Fes zu sehen gibt.

Der erste Eindruck ist verblüffend. Kaum hat man eines der Stadttore durchschritten, befindet man sich mitten im Menschengewühl, in einer Marktgasse, einem Zentrum von Handwerkern, die fein säuberlich nach Berufen getrennt sind, und ebenso plötzlich gerät man zum Eingang einer Medersa, einer Universität oder einer Moschee.

Aus einer Tür dringt rhythmischer Kinderlärm. Es ist ein *m'sid*, eine Koranschule für die Kleinen. Knirpse zwischen fünf und sechs Jahren sitzen vor kleinen Pulten und rezitieren munter ihre Verse. Schelmisch lächeln sie dem Fremden, der durch die Tür schaut, zu, bis der Lehrer, der *fqih*, mit Stirnrunzeln sein Mißfallen bezeugt. Ahmed Sefrioui, einer der führenden Autoren Marokkos, hat in *La boîte à merveilles*, poetisch, wenn auch manchmal etwas langatmig, seine Jugend in Fes beschrieben, das Leben auf engem Raum in der Medina, insbesondere auch seine Schuljahre im *m'sid*.

Doch wie gesagt, Fes war berühmt wegen seiner Hochschulen, der Medresen, die ja gleichzeitig auch Moscheen waren. Die bekannteste ist die Karaouine, sie ist übrigens die größte in ganz Nordafrika und soll bis zu 20 000 Gläubige zum Gebet aufnehmen können. Durch das Tor kann man den Hof erblicken, die »maurische« Architektur, die Bögen mit dem Stuckwerk und den verschlungenen Koranzitaten, den Fußboden mit seinen Fliesenmustern. In der Moschee bedecken Schilfmatten und Teppiche die Bodenfliesen.

In der Medersa der Karaouine logierten in der Blütezeit 300 Studenten. Eine mittelalterliche Koran-Hochschule hat jedoch wenig mit einer europäischen Universität gemeinsam. Eine Medersa ist zuerst einmal ein Gebäude mit Innenhof, auf den hinaus die Zimmer der Studenten, Mönchszellen gleich, gehen. Die Schüler kamen aus dem ganzen Land, wer Glück hatte, erhielt einen Platz in der Medersa, die anderen mußten in der Stadt eine Unterkunft suchen. Die guten Bürger von Fes machten sich eine gottgefällige Ehre daraus, Studenten zu verköstigen – allerdings wurden sie nicht an die Tafel des Hausherrn eingeladen, sondern am Tor mit einer Schüssel Couscous abgefertigt. Der Unterricht fand zumeist in der Moschee statt, die Schüler gruppierten sich um einen Alem, einen Korangelehrten, und hörten ihm andächtig zu. Lehrfächer waren Theologie, Grammatik, islamisches Recht, Astronomie, Mathematik, Geographie.

Zu den berühmtesten Schülern – und Lehrern – der Karaouine gehörten unter anderem Ibn Khaldun, der Historiker, der Arzt Averroës, mit arabischem Namen Ibn Ruschd, und Leo der Afrikaner, dem wir sehr viele historische und geographische Angaben auch über Fes verdanken. Er hieß ursprünglich Hassan el-Ouazzani Al Fassi Ziati, lehrte an der Karaouine, bis er eines Tages während eines Ausfluges an die Küste von christlichen Seeräubern nach Italien verschleppt, getauft und Professor in Bologna wurde. Die Fama will wissen, daß im 14. Jahrhundert auch Christian Rosenkreuz, der Begründer der Rosenkreuzler, an der Karaouine studiert habe.

Heute beherbergt die Karaouine nur noch eine berühmte Bibliothek mit einer einzigartigen Sammlung von rund 10 000 Manuskripten, der Unterricht findet in einem Gebäude der alten Kasba statt. In der Neustadt entstand inzwischen eine moderne Universität, teilweise in ehemaligen französischen Offiziersquartieren, doch sind bereits neue Gebäude für Naturwissenschaften errichtet worden.

Andere Medresen von Fes sind die Attarin, eines der schönsten Bauwerke aus der Merinidenzeit, die Medersa Bou Inania, bekannt wegen der an der gegenüberliegenden Hauswand angebrachten Wasseruhr. Auch die Bou Inania besticht durch ihre Architektur und vor allem die Olivenholzschnitzereien der Decken und Türeinfassungen, die Onyx- und Marmorpflasterung sowie die mit Stukkaturen überzogenen Wände. Die Wasseruhr, *l'horloge*, ist eine der Sehenswürdigkeiten von Fes. Sie besteht aus Bronzeschüsseln, die an der Mauer auf Zedernbalken angebracht sind. Dank einem raffinierten System von Zu- und Abläufen, konnte die genaue Zeit festgestellt werden. Was natürlich für die Gebetszeiten enorm wichtig war. Es ist darum auch kein Zufall, daß die Uhr im Jahre 1357 von Ibn al-Fakham konstruiert wurde, der den wichtigen Posten des »Muakkit«, des Zeitbestimmers, bekleidete. Auf seinen Wink hin kletterte dann der Muezzin aufs Minarett, um die Gläubigen zum Gebet zu rufen.

Übrigens, wenn man in Fes von erhöhter Position aus die

Gassen und Dächer überschaut und dabei einen indiskreten Blick in einen Innehof oder auf einen Balkon werfen kann, versteht man die alte arabische Regel, wonach ein Muezzin gute Beine und schlechte Augen haben sollte: gute Beine, um aufs Minarett zu klettern, schlechte Augen, damit er ja nicht etwa durch eine entschleierte Schöne in Versuchung geraten oder sonstwie ein Geheimnis entdecken könnte.

Der Vollständigkeit halber seien noch die Medersa es-Seffarin erwähnt, die beim gleichnamigen Platz liegt, wo die Messing- und Metallhandwerker emsig in ihren Butiken hämmern, sowie die Medersa ech-Cherratin.

Der aufmerksame Leser wird bereits gemerkt haben, daß die Moscheen und Medresen zumeist nach dem Stadtviertel benannt sind, in dem sie sich befinden. Die Attarin liegt nahe beim Suk el-Attarin, dem traditionellen Gewürzmarkt. Und wer die nordafrikanische Küche kennt, wundert sich nicht, daß diese Marktgasse eine der wichtigsten der Stadt ist. Hier duftet es wie in Tausendundeiner Nacht. In schroffem Gegensatz zu unseren europäischen Lebensmittelgeschäften, wo alles in Büchsen oder in Zellophan verpackt ist, kann man hier zuerst einmal riechen. Hat man sich für ein Gewürz entschlossen, wird es mit einem Schäufelchen auf eine Waage getan und dann in ein Papier abgefüllt. Das Ganze ist ein Ritual – und der Gewürzhändler merkt sofort, ob er eine Kennerin vor sich hat oder irgendwelche europäische Barbaren. Und die Krönung der Gewürze schlechthin ist »Ras el-Hanut«, der Kopf des Ladens, eine Mischung, deren Geheimnis nur der Ladenbesitzer kennt.

Dicht neben dem Gewürzmarkt befindet sich der Suk el-Henna. Hier wird Henna verkauft, meist die bereits zu Pulver gemörserten getrockneten Pflanzen, womit an Hochzeiten die Hände der Braut und bei der Beschneidungszeremonie die der Knaben rot gefärbt werden, man benutzt Henna aber auch zur Pflege der Haare, es gibt ihnen Kraft und einen rötlichen Schimmer. Und dann darf natürlich »Khol«, die schwarze Schminke, nicht vergessen werden, mit der die Marokkanerin ihrem feurigen Blick nachhilft. Aber auch wundersame Parfüms, manche mit magischen Wirkungen, findet man im Suk el-Henna.

Leider ist der größte Markt von Fes, die »Kissariya«, wo Stoffe, Babouches (die gelben oder weißen Pantoffeln) und auch allerlei Schmuck verkauft werden, in den fünfziger Jahren einem Brand zum Opfer gefallen. Man hat sich zwar bemüht, alles wieder, wie es vorher gewesen war, aufzubauen, doch die Patina fehlt ganz einfach. Trotzdem lohnt sich ein Bummel durch die Kissariya.

Zu den berühmtesten Sehenswürdigkeiten von Fes gehört die »Chouara«, die Gerberei. Man findet sie, indem man seiner Nase folgt, der penetrante Geruch ist schon auf Distanz unverkennbar. Unter freiem Himmel, auf Terrassen, sind Mulden in den Boden gegraben, in denen die Leder in verschiedenen Farben gegerbt werden. Halbnackte, barfüßige Männer tauchen die Häute in die Lauge und hängen sie dann zum Trocknen auf.

Bedeutend reinlicher geht es bei den Kunsttischlern im Suk en-Nejjarin zu, wo Zedernholz zu Tischchen und anderen Möbelstücken verarbeitet werden. Dicht daneben liegt die »Zawiya Idris II.«, eine kleine Moschee über dem Grab des Herrschers. Als dieses 1437 entdeckt wurde, mußten die Juden, wie bereits erwähnt, Fes el-Bali verlassen. Im Suk en-Nejjarin kann man auch einen der zahlreichen »Fonduks« von Fes besichtigen, eine der Karawansereien, die vom früheren regen Handelsverkehr zeugen. Wie alle Karawansereien in Nordafrika und dem Orient bestehen sie aus einem Innehof, der von balustradengeschmückten Galerien umsäumt ist. Im Hof nächtigten die Kamele und Esel, in den Räumen hinter den Galerien die Kaufleute. Eine Spezialität der Handwerker in Fes ist die Herstellung der Kacheln oder Fliesen, die man überall an den Wänden findet. In den Werkstätten arbeiten Gesellen und Lehrlinge, oft noch Kinder, sie formen, färben und brennen die emaillierten Tonscheiben. Wie vom Delfter Blau, spricht man auch vom *bleu de Fes*. Und hier ist eine kleine historisch-etymologische Rückblende angebracht. Die Handwerker, die die Kacheln herstellen, heißen *zelligeurs*, nach dem arabischen

Namen der Platten *zelije*. Wir wissen bereits, daß aus Spanien vertriebene Araber das städtische Handwerk nach Fes gebracht haben. Blau heißt auf spanisch *azul*, daraus wurde *azulejos* für blaue Kacheln abgeleitet, die man ja in Spanien ebenfalls findet, was dann im Arabischen *zelije* wurde.

Fes ist für seine Keramik und Porzellanateliers berühmt, die herrliche Imitationen von chinesischem Geschirr und Vasen herstellen. »Ming made in Fes«, wie oft habe ich in großbürgerlichen Häusern die Sammlungen von »chinesischem« Porzellan bewundert. Damals war ich noch naiv und kannte Fes nicht! Wer sich für marokkanische Keramik interessiert, findet im »Dar Batha«, einem um die Jahrhundertwende erbauten Palais, ein Museum; dort sind in einem Saal die »Poteries de Fes« ausgestellt.

Wenn Sie entlang der Hausmauern gespannte Schnüre sehen, folgen Sie ihnen. Es sind keine Telefonleitungen, sondern sie führen Sie stracks zu einer Butik, in der Stickereien für Kaftane geklöppelt werden. Kleine Jungen spannen die Fäden über mehrere Dutzend Meter, denn nur ein nach solcher alter Tradition gespannter Faden kann richtig dekorativ geklöppelt werden. Wer sich jedoch für die Herstellung der Stoffe und Brokate interessiert, geht am besten in der Neustadt auf den Boulevard Mohammed V. zu Ben Cherif. Im Untergeschoß seines großen Ladens kann man so ziemlich alle Stoffe bewundern, vom billigsten bis zum goldgewirkten Kaftanstoff, und im ersten Stock sind die Ateliers mit den Webstühlen.

Wie aus den vorangegangenen Zeilen ersichtlich ist, befinden sich die meisten Sehenswürdigkeiten in der Medina von Fes el-Bali. Werfen wir dennoch einen schnellen Blick auf Fes el-Jedid, das neue Viertel, wobei neu nicht mit der Neustadt verwechselt werden darf, die erst unter den Franzosen errichtet wurde.

Fes el-Jedid ist bedeutend kleiner als die Medina. Der prunkvoll renovierte Palast des Königs, der »Dar el-Makhzen«, dominiert diesen Stadtbezirk. Die Außenmauer mit ihren Toren ist jedoch alles, was der Fremde zu Gesicht bekommt, denn überall in Marokko sind die Paläste, die vom König benutzt werden, *off limits*. In jeder der vier »Königsstädte« besitzt Hassan II. einen Palast, wo er sich periodisch aufhält. Daneben gibt es in den meisten wichtigen Städten und auch am Meeresstrand mehr oder weniger große »Palais«, die dem König als Residenz dienen. Bekannt geworden ist Skhirrat, an der Atlantikküste zwischen Casablanca und Rabat, wo 1971 ein Putschversuch gescheitert ist.

Neben dem Dar el-Makhzen kann man die alte Mellah besichtigen. Zwar leben keine Juden mehr hier, doch beim Durchstreifen der Gassen erhält man ein Bild auch von der damaligen sozialen Schichtung. Entlang der Grande Rue des Mérinides, der »Hauptstraße«, finden sich recht ansehnliche mehrstöckige Gebäude mit schönen Balkonen, deren kunstvolle Ausführung einen Hauch von Andalusien aufweisen, hier waren einmal die Geschäfte der Goldschmiede, einem der traditionellen jüdischen Handwerke in Nordafrika. Quer zur Hauptstraße verlaufen jedoch armselige Gäßlein mit niedrigen Behausungen. Schon zur Franzosenzeit hatten die reicheren Juden die Mellah verlassen und sich in der Neustadt angesiedelt, der Rest verließ in den fünfziger und sechziger Jahren Fes und wanderte nach Frankreich oder Israel aus.

Natürlich gibt es auch in Fes el-Jedid Moscheen, erwähnt seien die Jama el-Hamra, die rote, und die Jama el-Beida, die weiße. Jama ist übrigens der alte arabische Name für Moschee und heißt nichts anderes als Versammlungsort. Doch Fes el-Jedid übt eine weniger große Attraktion auf Touristen aus und wird in den Reiseführern eher beiläufig behandelt.

Das gilt für die moderne Neustadt in noch größerem Maße. Nicht zu Unrecht, denn sie gleicht vielen anderen in Marokko. In den letzten Jahren sind Konferenzgebäude entstanden, um den diversen panarabischen und panislamischen Zusammenkünften einen stilvollen Rahmen zu bieten; auch der König von Saudi-Arabien hat sich eine stattliche Villa gebaut. Das findet man allenthalben in Marokko, auf der Corniche bei Casablanca und dem dortigen Villenviertel Anfa; die Zahl der Villen von Mitgliedern des saudischen Königshauses ist verblüffend, aber leicht erklärbar: Hier können sie in einem ebenfalls traditionellen islamischen Land leben, bei einem König, der gleicherweise vom Propheten abstammt – aber daneben ist das Leben im scherifischen Reich bedeutend amüsanter und lockerer als in Saudi-Arabien.

Zu den Annehmlichkeiten von Fes, besonders im Sommer, gehört die nähere Umgebung. Eine zur Franzosenzeit gebaute Straße führt nach Ifrane, der Sommerfrische des Königs. Der Ort, 1650 Meter über Meereshöhe gelegen, ähnelt einem Kurort in den Alpen, nur daß die Bäume Zedern sind: Hotels, Chalets und Ferienwohnungen und auf einem Hügel der königliche Palast, der so gar nicht nach Nordafrika paßt. Viel eher hätte ihn ein bayerischer Ludwig erbauen können. Doch Mohammed V. hat es so gewollt, und seither verbringen die Könige im Sommer so viel Zeit wie möglich in Ifrane. Vor über zwanzig Jahren sah ich dort zum erstenmal Hassan II. im Trainingsanzug beim Dauerlauf. Man nannte es damals noch nicht Jogging.

Fährt man aus Fes heraus in Richtung Ifrane, so kommt man zuerst einmal nach Ain Chkef, der traditionellen Badeanstalt der Mittelklasse von Fes. Quellen – *ain* ist das arabische Wort für Quelle – speisen ein Schwimmbad mit köstlich kühlem Wasser. Halbwegs zwischen Fes und Ifrane liegt der Lac Immuzzer, ein kühler Bergsee, in dem sich herrlich schwimmen läßt. Aber auch dem Wintersport kann in der Umgebung von Fes gefrönt werden: In Michliffen, oberhalb des Zedernwaldes von Ifrane, gibt es sogar einen kleinen Skilift.

Und wer im Winter an Rheumatismus leidet, kann in den Schwefelquellen von Moulay Yacoub, westlich von Fes, baden. Im Osten, an der Straße nach Taza und zur algerischen Grenze, liegt Sidi Harazem; dort wird das Mineralwasser abgefüllt, das dem Touristen bald unentbehrlich ist. Es soll übrigens der Leber und den Nieren bekömmlich sein.

Die Zukunft von Fes ist ungewiß. Vorläufig platzt die Stadt weiterhin aus ihren Nähten. Sie soll bereits eine halbe Million Einwohner überschritten haben, so genau läßt sich das nicht sagen. In der Neustadt sind es rund 125 000, dazu kommt eine Vorstadt mit sozialem Wohnungsbau, Ain Kaddous, mit etwa der gleichen Bevölkerungszahl.

Wo soll die UNESCO eine Milliarde Dollar hernehmen, um die Medina zu sanieren? Und die Petrodollars fließen keineswegs mehr so reichlich wie in den siebziger Jahren. Auch die Saudis haben Liquiditätsprobleme. Es wäre ein Jammer, wenn Fes das Schicksal anderer Städte der Dritten Welt, von Kairo bis Kalkutta, beschieden sein sollte, die an ihrer Übervölkerung zugrunde gehen. Doch solch melancholische Gedanken nimmt der Besucher von Fes, zusammen mit den Photos, nach Hause.

Meknes – »Versailles« zwischen Volubilis und Moulay Idris

Eine knappe Autostunde von Fes entfernt liegt Meknes, ebenfalls eine alte Königsstadt. Weniger berühmt und bekannt als Fes, lohnt sich dennoch ein Abstecher nach Meknes. Nicht nur, weil die Stadt eine beträchtliche Rolle in der Geschichte Marokkos gespielt hat, sondern auch wegen der Nähe zu Volubilis, der römischen Ruinenstadt, und zu Moulay Idris, dem Bergdorf, wo der Begründer der Alaouitendynastie, Idris I., begraben liegt.

Schon mehrere Dutzend Kilometer vor Meknes erinnern die Olivenbäume daran, daß die Stadt im 11. Jahrhundert von einer Sippe des Berberstammes der Meknassa, die in jener Gegend lebten, unter dem Namen Meknassa ez-Zeitoun, Stadt der Ölbäume, gegründet wurde. Die andere Sippe der Meknassa errichtete weiter östlich einen festen Platz, Meknassa Taza, das heutige Taza. Übergehen wir die frühen Wechselfälle der Geschichte, die Meknes gekannt hat, sie glichen denen in anderen Gegenden: Almohaden, Meriniden und Saadier stritten sich um die wirtschaftlich und strategisch nicht ganz unbedeutende Stadt.

Von Interesse wird Meknes erst, wie bereits im Kapitel über Fes angedeutet wurde, als Moulay Ismail, der zweite Alaouitenherrscher, die Stadt zu seiner Hauptstadt machte, da ihm die Fassi ganz einfach zu aufmüpfig waren. Er hatte sie als Statthalter seines Bruders Moulay Raschid zur Genüge kennengelernt. Im Jahre 1672 fiel Moulay Ismail, erst 26 Jahre alt, die Herrschaft zu. Von Meknes aus unternahm er mehrere Feldzüge, um sich den Rest des Landes zu unterwerfen. Er eroberte unter anderem Marrakesch und die ganze Ostregion bis nach Oujda, an der heutigen algerischen Grenze. Zum zweitenmal, seit die Almoraviden im 11. Jahrhundert ganz Marokko unter ihre Herrschaft gebracht hatten, gab es eine Zentralgewalt, ein »Makhzen«; entsprechend heißen die Königspaläste in allen Städten »Dar el-Makhzen«, Haus der Zentralgewalt. Wobei *dar* gleichzeitig eine übertragene Bedeutung hat, wie etwa in »Dar al-Islam«, dem Haus des Islam, wie das ganze von Moslems bewohnte Gebiet genannt wird.

Moulay Ismail war nicht nur ein großer Kriegsherr, sondern auch ein Baumeister. Er ließ ganze Stadtviertel niederreißen, um eine neue Kasba zu bauen, wozu er eine Armee von Handwerkern und Sklaven – darunter auch christliche Gefangene – rücksichtslos und oft auch persönlich in Trab hielt. Es sollen 20 000 gewesen sein. Mit fast obsessivem Eifer stattete er Meknes mit Mauern, Palästen »à la Versailles«, Ställen, Zisternen und Speichern aus. Die Ställe, in denen Moulay Ismail 12 000 Pferde unterbringen konnte, sind noch zu besichtigen. Ihre Dächer sind zwar eingestürzt, aber das Ganze ist ziemlich eindrucksvoll. Immer wieder wird er in der Literatur mit Louis XIV. verglichen, dessen Zeitgenosse er war und zu dem er Botschafter schickte. Meistens ging es dabei um die Freilassung von Gefangenen, die in den Kerkern von Marokko schmachteten, Kriegsgefangene und Opfer von Seeräubern, die damals das Mittelmeer unsicher machten. Die Höflinge von Versailles bestaunten ein Straußenpaar, das Moulay Ismail einmal seinem französischen Kollegen schickte; doch dieser war weniger amüsiert, als eines Tages der Marokkaner eine illegitime, aber dennoch offiziell akzeptierte Tochter von Louis XIV. zur Frau begehrte. Sein Botschafter hatte ihm leichtsinnigerweise soviel über die Liebreize der Französin erzählt, daß er sie heiraten wollte – obschon er bereits rund 500 Frauen in seinem Harem beherbergte. Louis XIV. lehnte ab, Marie-Anne de Bourbon heiratete den Prinzen Conti, Moulay Ismail war verschnupft, und die diplomatischen Beziehungen zwischen den beiden Staaten verkümmerten.

Er schuf sich ein Heer, um sein Land gegen feindliche Nachbarn zu verteidigen: gegen Türken im östlichen Algerien, gegen die christlichen Seeräuber und europäischen Mächte an der Mittelmeerküste; aber auch gegen aufsässige Berberstämme, die sich seiner Herrschaft widersetzten. Dieses Heer war rund 150 000 Mann stark, von denen 25 000 allein in Meknes stationiert waren. Damit begann eine Tradition dieser Stadt, die bis heute andauert. Zur Zeit der französischen Herrschaft war Meknes nach Metz die zweitgrößte Garnisonsstadt Frankreichs, und auch heute noch beherbergt sie Kasernen und eine Offiziersakademie der »Forces Armées Royales«, heute kurz FAR genannt.

Moulay Ismails Söldnerheer bestand aus Sudanesen und Mauretaniern, aber auch christliche Offiziere und Spezialisten aus Spanien waren ihm willkommen. Christensklaven, die etwas vom Militärwesen verstanden, konnten sich durch Eintritt in die Armee freikaufen.

Um einem Irrtum vorzubeugen: Immer wieder ist in der Geschichte Marokkos vom Sudan die Rede, im Zusammenhang mit Negersklaven, aber auch mit Handelsverkehr. Es handelt sich dabei nicht um den heutigen Staat Sudan, den Nachbarn Ägyptens, sondern Sudan war einmal ein globaler geographischer Begriff für einen Gürtel südlich der Sahara, der sich quer durch ganz Afrika zog. Der Marokko benachbarte Sudan war Teil des ehemaligen französischen Westafrika und entspricht etwa dem heutigen Mali.

Der Herrscher verstand jedoch nicht nur etwas von Pferdezucht. Er ermutigte auch seine Negersoldaten, einheimische Frauen mehr oder weniger legal zu heiraten. Die Kinder wurden dann bereits im zarten Jugendalter für die Armee trainiert. Dieses System erhielt sich über Jahrhunderte, und sorgte für kriegerischen und vor allem dem Königshaus treu ergebenen Nachwuchs.

Hier wäre vielleicht der Platz für eine kurze Anmerkung über die »Schwarzen« in Nordafrika.

Das Organ der tunesischen Einheitspartei sprach einmal vor dem Besuch des damaligen Präsidenten von Liberia, William Tubman, davon, daß »der Mythos« von der Pseudoteilung Afrikas in zwei durch die Sahara getrennte Subkontinente, einen schwarzen und einen weißen, durch den Neokolonialismus aufrechterhalten werde. Heute sei dieser Mythos aber zerstört. Der gemeinsame Kampf gegen den Kolonialismus hätte alle angeblichen Rassengegensätze überwunden.

Der Gegensatz Neger–Araber hat jedoch seine historischen Wurzeln und ist kein bösartiger Mythos der Neokolonialisten. Ja, es waren gerade diese Kolonialisten, die den arabischen Sklavenhändlern, die in Afrika Jagd auf Neger machten, das Handwerk legten. Auch wenn es in Nordafrika, im Gegensatz zu Saudi-Arabien und Jemen, keine Negersklaven mehr gibt, war es doch eine Tradition in besseren Familien, schwarze Diener und Hausmädchen zu halten. Der Neger als Hausboy ist im Volksbewußtsein der Nordafrikaner immer noch verwurzelt, wie es auch in der arabischen Volkssprache Bezeichnungen für den Neger gibt, die seine soziale Stellung deutlich widerspiegeln.

Marokko ist der am wenigsten »rassistische« Staat im Maghreb. Das hängt ganz einfach damit zusammen, daß zwar Schwarze als Hauspersonal seit Jahrhunderten Tradition sind. Doch wurden sie beinahe familiär behandelt, und Kinder, die aus der Vereinigung von marokkanischen Herren mit Negersklavinnen hervorgingen, genossen oft den gleichen Status wie »reinrassige«.

In Tunesien wurden noch in den frühen sechziger Jahren negroide Einwohner, die zumeist die Slums bewohnten, mit sanftem Druck in den Süden abgeschoben. In diesem Land war »schwarz« noch mit bestimmter sozialer Schichtung identifiziert. Ein befreundeter Schwarzafrikaner, der als Arzt in Tunis tätig war, ging einmal auf die Post, um eine Zahlungsanweisung einzulösen. Der arabische Postbeamte knurrte über den Schalter: »Sag deinem Patron, er müsse selber kommen, wenn er Geld will!« Für den Araber war es ganz einfach undenkbar, daß der Schwarze »Monsieur le docteur« sein könne. Er hielt ihn für den Hausburschen.

In einer Fernsehsendung der französischen Schweiz über Rassismus im September 1984 wußte ein schwarzer Student, der in Algier studiert hatte, von seinen Erfahrungen zu berichten: Man habe ihn überall als *khael*, als Schwarzen behandelt. Übrigens soll der Begriff »blaublütig« von den Arabern während der spanischen Periode geprägt worden und dann über das Spanische in andere europäische Sprachen gelangt sein. Blaues Blut hatten damals die »Weißen«, das heißt die Araber, im Gegensatz zu den Negern. Erst später wurde das Adjektiv »blau« mit adliger Abkunft verknüpft.

Doch zurück nach Meknes. Der Glanz der Stadt überdauerte den Tod von Moulay Ismail (1727) nicht. Die späteren Alaouitenherrscher verlegten ihr »Dar el-Makhzen« wieder nach Fes oder Marrakesch, und das große Erdbeben von 1755 zerstörte einen Teil der Herrlichkeit.

Heute zählt Meknes rund 320 000 Einwohner, ist, wie bereits erwähnt, wichtige Garnisonsstadt und profitiert von seiner wirtschaftlich vorteilhaften Lage: Inmitten einer fruchtbaren, landwirtschaftlich ertragreichen Gegend liegt es im Schnittpunkt wichtiger Handelswege, von Algerien zum Atlantik, von Tanger zur Sahara.

In der Medina von Meknes sollte man selbstverständlich zuerst Moulay Ismail seine Aufwartung machen. Sein Mausoleum ist eine der wenigen Moscheen Marokkos, zu der der Ungläubige Zutritt hat. Allerdings nur bis zum Vorsaal; die Halle mit der Grabkammer, vor der Gläubige beten, ist durch ein Seil abgesperrt.

Neben dem Mausoleum hat Hassan II. in den ehemaligen Gärten des Sultans seinen Golfplatz eingerichtet, unerläßlicher Teil jeder »Königsstadt« für den jetzigen Alaouitensproß. Am bekanntesten jedoch sind die Tore der Stadt, besonders das Bab el-Mansour; es wurde erst nach dem Tod Moulay Ismails fertiggestellt und liegt an der Place el-Hedim, dem Hauptplatz von Meknes. Erwähnenswert sind Bab Berdain und Bab el-Khemis. Tore werden oft nach dem benannt, was sich dort abgespielt hat. Das Bab Berdain ist wie die gleichnamige Moschee dahinter nach dem Viertel benannt, in dem die Packsattel für Esel und Kamele hergestellt wurden. *Khemis* heißt auf arabisch fünf. Die Wochentage werden ab dem Sonntag gezählt; vor dem Bab el-Khemis fand der Donnerstag-Markt statt. Überall in Nordafrika findet man Orte mit dem Namen Suk el-Arba, das bedeutet nichts anderes, als daß seit alters hier am Mittwoch Markttag ist, *arba* ist vier.

Von der Stadtmauer aus kann man die Medina und das vier Hektar große und von Moulay Ismail gebaute Bassin Agdal überblicken. Allerdings lag es damals inmitten von Gärten, heute ist es von kümmerlichen Häusern umsäumt, doch zeugt es von der Umsicht des Herrschers, der die Wasserversorgung der Stadt sichern wollte. Auch an Getreidevorräte hatte er gedacht. Ein riesiger Speicher, »Heri«, bietet den Touristen kühle Rast in der Sommerhitze. Bei meinem ersten Besuch bin ich dem *guide* auf den Leim respektive den gummi arabicum gegangen, als ich, seinen Ausführungen lauschend, felsenfest davon überzeugt wurde, daß diese Hallen als Gefängnis für die Christensklaven von Moulay Ismail gedient hätten. Offensichtlich wird diese Legende, die zugegebenermaßen viel romantischer ist als Getreidespeicher, von vielen einheimischen Führern verbreitet. Jedenfalls hat es der *Guide bleu* in neueren Ausgaben für nötig gefunden, die Touristen davor zu warnen.

Von den Ställen war bereits die Rede. Um die Mauerecke herum befindet sich ein höchst romantischer und gut geführter Campingplatz, wie ja überhaupt Marokko viele davon aufweist, besonders auch am Atlantik und Mittelmeer. Sie sind nicht überfüllt wie europäische, auch in der sommerlichen Hochsaison nicht. Und wenn man schon mit seinem Auto oder Caravan bis Spanien gekommen ist – mit der Fähre sind es nur noch wenige Stunden bis nach Marokko!

Natürlich weist Meknes alles auf, was zu einer Medina gehört: einige Moscheen, Suks und die Mellah. Doch kann es natürlich nicht mit Fes verglichen werden. Der Besucher wird sich mit den oben erwähnten Sehenswürdigkeiten um so leichter begnügen, als ja in der Nähe zwei Orte liegen, die man unbedingt besucht haben muß: Moulay Idris und vor allem Volubilis.

Moulay Idris, das Bergdorf, wo Idris I. begraben liegt, ist eine heilige Stadt. Noch vor einigen Jahrzehnten durften Ungläubige den Ort nicht einmal betreten, heute ist lediglich der Zugang zur Grabstätte gesperrt. Hier nun liegt der Prophetensprößling, der aus Mekka fliehen mußte und beim Berberstamm der Aruaba in Oualila, dem einstigen römischen Volubilis, Zuflucht fand, und als »Scherif« verehrt wurde. Er ist gewissermaßen zum marokkanischen Nationalheiligen geworden.

»Saison« in Moulay Idris ist jeweils im September, wenn das dem Heiligen gewidmete Moussem stattfindet und die schönsten Fantasias (Reiterspiele) Marokkos abgehalten werden – außer natürlich, wenn Hassan gerade ausländische Besucher, wie die Queen von England oder arabische Staatschefs, empfängt.

Von Moulay Idris kann man in der Ferne Volubilis liegen sehen, jene römische Ruinenstadt, die zu den schönsten in Nordafrika gehört. Sie liegt knappe dreißig Kilometer von Meknes entfernt. Wie so oft, streiten sich die Archäologen und Historiker über die Urgeschichte der Stadt. Daß sie von den Römern geprägt ist, darüber sind sich alle einig, die Ruinen sprechen eine deutliche Sprache. Aber da gibt es diese Büste eines nachdenklichen Jünglings, die in Volubilis gefunden wurde und heute im Museum von Rabat zu besichtigen ist. Manche Forscher vermuten, daß es sich um Juba II. handelt, den Schwiegersohn der Kleopatra.

Dieser romantische Jüngling war der Sohn von Juba I., der auf der Flucht vor Julius Caesar den Tod gefunden hatte. Das war nach der Schlacht von Thapsus (Sousse im heutigen Tunesien), und das Knäblein wurde auch in Caesars Triumphzug in Rom mitgeführt. Später kümmerte sich Oktavian um seine Erziehung, und in dessen Haus – er war ja inzwischen Kaiser Augustus geworden – lernte Juba die Tochter Kleopatras kennen. Die beiden gefangenen afrikanischen Königskinder, die in Rom eine »klassische« Erziehung in Lateinisch und Griechisch über sich ergehen lassen mußten, verliebten sich ineinander und heirateten. Juba wurde Roms loyaler Herr über jenen Teil Westafrikas, deren Hauptstadt Volubilis war. Übrigens zeigte er sich der sorgfältigen Erziehung im Hause des Oktavian würdig. Plinius stützt sich auf ihn, wenn er über Afrika schreibt, und meint, »daß er berühmter war durch seine Gelehrsamkeit als durch sein Herrscheramt«.

Die Blütezeit von Volubilis begann unter Septimius Severus, im ersten Viertel des 3. Jahrhunderts. Später errichtete Caracalla den Triumphbogen, doch bereits unter Kaiser Probus (276–281) setzte der Niedergang ein. Das war die Zeit, da das römische Imperium zusehends den Zusammenhalt verlor. Nach dem Rückzug der Römer hielten sich während einiger Zeit christianisierte Berberstämme in Volubilis auf, die dann durch Idris I. zum Islam bekehrt wurden und den Namen der Stadt in Oualila änderten. Noch später wurde der Ort zugunsten von Moulay Idris aufgegeben. Das Erdbeben von 1755, das auch Meknes teilweise zerstörte, ließ die Ruinen von Volubilis einstürzen, bis dann in einer ersten Expedition von 1887 bis 1892 und später wieder von 1915 bis 1941 die Franzosen die Stadt zu restaurieren begannen.

Eine der Annehmlichkeiten von Volubilis liegt darin, daß man sich keiner Horden von *guides* erwehren muß. Durch die Ruinen führt ein mit Pfeilen markierter Weg, an jedem Mäuerchen und Mosaik, an jeder Säule, jedem Bogen ist fein säuberlich angeschrieben, um was es sich handelt. Es gibt in Volubilis alles, was man in einer römischen Stadt erwartet: Capitol, Forum, ein Bad, einen Triumphbogen, eine christliche Basilika, eine Prunkstraße und diverse Häuser. Von den Mosaiken gar nicht zu reden.

Für Marokko von Bedeutung ist in Volubilis eigentlich nur das Haus des Herakles, so benannt, weil auf dem dort gefundenen Mosaik die zwölf Taten des Helden dargestellt sind, darunter auch die Szene mit den Hesperiden und den goldenen Äpfeln, die ja in Tanger stattgefunden hat.

In den Ruinen von Volubilis

Eigentlich ist es weniger wichtig, nun jedes Detail der Stadt zu ergründen. Man sollte vielmehr im heißen Sonnenschein, mitten in der Ebene, seine Phantasie wandern lassen. Was mich immer wieder fasziniert, wenn ich durch römische Ruinen streife, ob auf Massada am Toten Meer oder in Afrika, ist das kolonisatorische Genie dieses Volkes oder, andersherum, sein Talent, römische Lebensweise auch auf andere Kontinente zu tragen. Schließlich ist es nicht unbedingt lebensnotwendig, in der Wüste einen Baderaum mit Heizung zu installieren. Wie die englischen Kolonialherren, die mitten im Dschungel und selbst, wenn sie allein das Dinner verzehrten, ein Dinner-Jacket trugen, legten auch die Römer größten Wert darauf, ihre Lebensart in den entferntesten Winkeln des Reiches aufrechtzuerhalten.

Marrakesch – Tradition und Touristenzauber

Marrakesch zählt rund 500 000 Einwohner; das Telefonbuch der Stadt umfaßt 25 Seiten.

Die Hälfte der Bevölkerung ist weniger als 15 Jahre alt, drei von vier Menschen sind ökonomisch abhängig. Die durchschnittliche Lebenserwartung des Marrakschi beträgt 57 Jahre. Im Schuljahr 1979/80 drückten nur 56 Prozent der Kinder die Schulbank: 77 pro Klassenzimmer, allerdings in zwei Schichten.

Wer Marrakesch sagt, denkt jedoch zuerst einmal an den Platz Djemaa el-Fna, an Artisten, Gaukler, Wahrsager – kurz, an das bunte Treiben, das die Fremden fälschlicherweise als Touristenattraktion betrachten.

Doch die Djemaa el-Fna war da, bevor es überhaupt Touristen gab, und wird vermutlich noch bestehen, wenn diese aus irgendwelchen Gründen ausbleiben sollten. Der Platz ist nämlich in erster Linie Treffpunkt der Marrakschi und weist im Laufe des Tages verschiedene Gesichter auf.

Morgens beherrscht der Markt den Platz: Gemüse, Fleisch, Stoffe und Gebrauchsgegenstände aus Plastik werden feilgeboten. Aber auch der traditionelle Medizinmann, der seine Kräuter, zu Pulver gestoßene Gazellenhörner und andere aphrodisische Extrakte aus Fröschen und Lurchen feilbietet, wartet auf dem Pflaster auf Kunden. Neben ihm bringt ein *écrivain public* in schönster arabischer Kalligraphie Liebesseufzer und Petitionen an Behörden zu Papier. Natürlich kann man sich auch das die Nacht zuvor Geträumte deuten oder aus den Handlinien die Zukunft lesen lassen. All das ist lediglich Gaffer-Attraktion für die Touristen, die ja, der arabischen Sprache unkundig, nicht kapieren, was überhaupt vorgeht.

Nachmittags wird der Platz zum Zirkus. Die Akrobaten produzieren sich, die verschiedenen Tanzgruppen machen mit mehr oder weniger Lärm auf sich aufmerksam. Die Gnaua in ihren weißen Gewändern, ursprünglich aus Guinea stammend, verrenken zu Tamburinklängen ihre Glieder, Gruppen von Berberstämmen zeigen Folklore, der Schlangenbeschwörer mit seiner Kobra darf natürlich ebensowenig fehlen wie der Affendressierer, falls man ihn überhaupt so nennen kann; die munteren Kerlchen hüpfen ziemlich undiszipliniert herum. Hauptsache, ihr Herr verdient einige Dirhams, um Nüßchen kaufen zu können.

Übrigens ist der Umgang mit Schlangen, entgegen den unter Fremden verbreiteten Legenden über ausgerissene Giftzähne, gar nicht ungefährlich. Vor wenigen Jahren ist der oberste Chef der Schlangenbeschwörer auf der Djemaa el-Fna tödlich gebissen worden, wie mir der kleine Mohammed, der den offiziellen *guides* Konkurrenz macht, im Vertrauen erzählte.

Am Nachmittag also zeigt sich die Djemaa el-Fna von ihrer attraktivsten Seite für die Touristen, die eifrig von den Terrassen umliegender Kaffeehäuser photographieren. Das kommt billiger (obschon der *thé à la menthe* doppelt soviel kostet), als auf dem Platz herumzulungern, wo man für jedes Klick der Kamera seinen Obolus an einen Akrobaten oder Affen entrichten muß.

Doch wie gesagt, Touristen sind lediglich eine willkommene zusätzliche Geldquelle, die Djemaa el-Fna ist Selbstzweck, Versammlungsplatz, Kinoersatz und traditionelle Selbstbestätigung der Bewohner von Marrakesch. Oder zumindest jenes Teils, der die Medina, die alte Stadt, bewohnt.

Abends ändert der Platz erneut sein Gesicht. Unzählige Petroleumlampen erleuchten Verpflegungsstätten: von primitiven Feuerstellen für gebratenes Fleisch, gesottene Schnecken und Würstchen bis zu eigentlichen »Restaurants« mit Klappstühlen um improvisierte Tische herum, wo ein ausgewachsenes Couscous serviert wird.

»On y va, M'sieur?« Ein Araberjunge reibt sich an mich und stellt die suggestive Frage. Noch vor einigen Jahrzehnten hätten solche nordafrikanischen Burschen dank Oscar Wilde und André Gide die Chance gehabt, in die Weltliteratur einzugehen. Heute riskieren sie, in der Kriminalstatistik aufzutauchen: 1981 wurden in Marrakesch 534 Jünglinge, jedoch nur 262 weibliche Wesen wegen Prostitution verurteilt. Auch für Literaten ist Nordafrika nicht mehr, was es einst war!

Wobei vielleicht erwähnt werden sollte, daß Marrakesch sich der literarischen Beschreibung entzieht. Sogar große Schriftsteller sind merkwürdig verklemmt und hilflos, wenn es darum geht, den Zauber dieser Stadt einzufangen. Elias Canetti, obzwar als sefardischer Jude wesensverwandt, gibt in seinen *Stimmen von Marrakesch* das wirkliche Marrakesch nicht wider.

Ein anderer Literatur-Nobelpreisträger hat es wohlweislich erst gar nicht versucht: Winston S. Churchill pinselte lediglich sein einziges, während des Zweiten Weltkriegs entstandenes Bild in Marrakesch. »I am delighted that you are really much better, and I wish I could be with you at Marrakesh. I hope you have sent for your brushes.« So lautet der dritte Abschnitt eines Telegramms von Roosevelt vom 20. Dezember 1943 an Churchill, in welchem es eigentlich um die Ernennung von Eisenhower zum Oberkommandierenden für die Invasion ging. »Ich wünschte, ich könnte mit Ihnen in Marrakesch sein« – der Stoßseufzer von Roosevelt klingt echt, er wußte, wovon er träumte. Zu Jahresbeginn hatte der Präsident nach der Konferenz von Casablanca einen Abstecher in den Süden gemacht. Lord Moran, Churchills Leibarzt berichtet: »Noch weit von Marrakesch entfernt, sahen wir am Horizont die Vorberge mit dem schneebedeckten Atlas dahinter. Und dann kamen wir in ein Haus am Rande der Stadt, das man für uns reserviert hatte. Es war die Stunde des Sonnenuntergangs. Um die wechselnden Farben auf den Schneegipfeln genießen zu können, erstieg Winston das Dach. Es war so schön, daß er verlangte, der Präsident müsse es auch sehen. Zwei seiner Diener bildeten mit übereinandergelegten Händen einen Sessel und trugen ihn so die Wendeltreppe hoch auf das Dach, wobei Roosevelts gelähmte Beine schlaff wie die Gliedmaßen einer Bauchrednerpuppe hinabhingen. Wir standen lange und betrachteten die purpurnen Berge im ständig wechselnden Licht. ›Das ist der schönste Ort in der ganzen Welt‹, murmelte der PM«.

Irgendwie konnte es sich aber der Schriftsteller in Churchill doch nicht verkneifen, und in seinem fünfbändigen Werk über den Zweiten Weltkrieg gibt er eine Beschreibung von Marrakesch, die ebenso prägnant wie pikant ist, besonders wenn man an das Thema der Bücher und die historischen Begleitumstände denkt. »My description of Marrakesh was ›the Paris of the Sahara‹ where all the caravans had come from Central Africa for centuries to be heavily taxed en route by the tribes in the mountains and afterwards swindled in the Marrakesh markets, receiving the return, which they greatly valued, of the gay life of the city, including future-tellers, snake charmers, masses of food and drink, and on the whole the largest and most elaborately organized brothels in the African continent. All these institutions were of long and ancient repute.« Immerhin erstaunlich, was für Lokalkolorit Churchill in sein Kriegstagebuch einfließen läßt. Marrakesch hat's offensichtlich in sich!

Dem britischen Kriegspremier zu Ehren wird heute so ziemlich alles im Hotel Mamounia nach Churchill benannt. Es gibt eine Churchill-Bar, und die besseren Zimmer heißen Churchill-Suiten. Das Mamounia gehört zu den weltbesten Hotels, was sicherlich für seine Gebäude und Architektur zutrifft wie übrigens für das traditionelle marokkanische Restaurant, wo Dekor, Speisen und Folklore-Darbietungen schlechthin perfekt sind. Was man nicht von allen Aspekten des Hotels sagen kann.

Ein immensener Palmenhain umgibt den Swimmingpool, die Gäste dürfen den königlichen Golfplatz etwas außerhalb der Stadt morgens benutzen – auch die GMs (Gentils membres) des Club Méditerranée. Die Nachmittage sind für seine Majestät reserviert.

Hassan II. verbringt jeweils viele Wochen im Winter in Marrakesch. Da bekanntlich in Marokko die Hauptstadt dort ist, wo sich der König gerade aufhält, ist eben alles, was im scherifischen Reich Rang und Namen hat, zu dieser Zeit in der Wüstenstadt; im »Mamounia« – aber auch im Club Méditerrannée neben der Place Djemaa el-Fna, was natürlich dem Chef du village oft Schwierigkeiten bereitet. Über Weihnachten und Neujahr ist das Dorf ohnehin mit europäischen Touristen überfüllt, aber man kann schließlich einen marokkanischen Notabeln nicht abweisen, sonst risikiert man die Zukunft des Clubs.

Diese Nachbarschaft von Place und Club schafft eine reizvolle gegenseitige kulturelle Durchdringung. Die Tanztrupps und Schlangenbeschwörer produzieren sich auch abends im Club, und die bereits erwähnten besseren Marokkaner ergötzen sich an den Attraktionen, die den Animatoren von der Zentrale in Paris für die *foule en délire*, (der clubinterne Fachausdruck für die GMs, die sich amüsieren wollen) vorfabriziert worden sind.

Zurück zum König. Er spielt in Marrakesch nicht nur Golf, sondern regiert auch wirklich. In den beiden letzten Dezemberwochen des Jahres 1983, als in Europas Hauptstädten Flaute herrschte, nahm Hassan die Beglaubigungsschreiben von einem halben Dutzend Botschaftern entgegen, verabschiedete mit landesväterlichen Worten ebenso viele marokkanische Diplomaten, die in alle Welt ausschwärmten, empfing den spanischen Außenminister, den chinesischen Ministerpräsidenten und weihte einige Moscheen in der Stadt ein. Ende Januar folgte dann noch der französische Premierminister.

Auch die übrigen Familienmitglieder wurden in Trab gehalten. Eine Prinzessin war bei einer Vernissage im »Mamounia« dabei, Kronprinz Sidi Mohammed wurde nach Sale abkommandiert, um die Moschee »Mohammedia« einzuweihen, und Seine Königliche Hoheit, der kleine Prinz Moulay Raschid eröffnete die Woche zum Thema »Jerusalem und die Palästinenserfrage«. Da es sich dabei um ein etwas komplexes Thema handelte, begleitete ihn Hadj Mohammed Bahnini, der Staatsminister, der mit der Erziehung der Prinzen und Prinzessinnen betraut ist. Auch das gibt es in Marokko. Hassan weiht seine Kinder sehr früh in die Regierungsgeschäfte ein. Bei wichtigen Anlässen, so auch beim Besuch des chinesischen Premierministers, dürfen sie hinter Papas Sessel stehen und die Reden anhören.

Nun soll man darüber nicht lächeln. Angesichts der Probleme anderer gekrönter Häupter mit ihren Sprößlingen, von der Queen bis zu den Grimaldis in Monaco, ist vielleicht ein »Ministre d'Etat et Ministre chargé de l'éducation de LL.AA.RR. les Princes et Princesses« gar keine so schlechte Idee, besonders wenn der König ebenfalls tatkräftig mithilft, statt die Prinzen in ein Internat abzuschieben.

Um bei den Prinzen zu bleiben. Hassans Bruder, der 1983 verstorbene Moulay Abdallah, hatte den Bahia-Palast mit Beschlag belegt. Was mich anfänglich ärgerte: Es ist eines der schönsten Bauwerke von Marrakesch – Bahia heißt »die Leuchtende«. Doch dann mußte ich eingestehen, daß das vermutlich auch eine Art Denkmalschutz ist. Wenigstens sorgte der Prinz für den baulichen Unterhalt. Und man kann ja immer den »kleinen Bruder« des Palais Bahia besichtigen, den »Dar Si Said«, der ein Museum für Volkskunst beherbergt.

Der Bahia-Palast ist für marokkanische Verhältnisse neueren Datums, er wurde erst gegen Ende des 19. Jahrhunderts erbaut. Bauherr war ein Wesir, der einen stark von andalusischer Architektur beeinflußten Marokkaner, Mohammed Ben Mekhi el-Mifioui, dem ein französischer Offizier namens Erckmann zur Seite stand, mit dem Bau beauftragte. Im Laufe der Jahrzehnte setzten die verschiedenen Wesire des Sultans ihren Ehrgeiz in Vergrößerungen, so daß das Palais heute eigentlich verschiedene Behausungen, Gärten und Säle umfaßt. Besonders sehenswert waren – und sind vielleicht wieder einmal – die prunkvollen Hallen, die den Beratern des Wesirs für Versammlungen dienten, sowie die Ehrenhalle und der Empfangssaal.

Übrigens ist es dem letzten Besitzer des Bahia, dem etwas größenwahnsinnigen Ba Ahmed, Großwesir des Sultans Moulay Abdel Aziz, zu verdanken, daß der Palast seit Ende des 19. Jahrhunderts ein wechselvolles Schicksal kennt. Der Sultan war nämlich mächtig eifersüchtig auf den raffgierigen Wesir.

Als Ba Ahmed starb, befahl der König kurzerhand, den Palast zu plündern.

Da das Palais de la Bahia nicht königliche Residenz war, wurde es immer wieder als Aufenthaltsort wichtigen Besuchern überlassen: Marschall Lyautey pflegte hier zu übernachten und auch einmal, als Gast von Hassan II. nach der Ermorderung ihres Gatten, Jackie Kennedy. Winston S. Churchill zog das »Mamounia« vor.

Daß das Dar Si Said dem Bahia-Palast ähnelt, ist kein Zufall, es wurde nämlich vom Bruder des postum geplünderten Ba Ahmed erbaut. Seit 1932 ist es Museum. Das sollte einen jedoch nicht daran hindern, zuerst einmal die Architektur und die Gärten zu bewundern. Das Dar Si Said ist eine ideale Einführung in die Kunst und das Handwerk insbesondere des südlichen Marokko. Teppiche, Waffen, Porzellan und Töpfereien, Holzarbeiten und Leder, alles ist systematisch nach Gegenden und Stämmen geordnet und gibt eine Übersicht über die verschiedenen Stile, Motive und Techniken.

Bummeln durch Marrakesch hat seinen besonderen Reiz, wenn man eine der dort noch vorhandenen Kutschen benutzt. Gemütlich und ohne ins Schwitzen zu kommen, kann man alle Sehenswürdigkeiten besichtigen. Vorausgesetzt natürlich, daß man dem Kutscher seine Wünsche mitteilt, und im vornherein den Preis aushandelt.

Architektonisches Wahrzeichen der Stadt, abgesehen natürlich von den Mauern, ist die Kutubiya, deren Minarett man schon von weiter Ferne erblicken kann, es ist über 70 Meter hoch. Die Moschee wurde kurz nach der Eroberung von Marrakesch von den Almohaden erbaut, das war um die Mitte des 12. Jahrhunderts.

Die Kutubiya ist eine der größten Moscheen der islamischen Welt, sie darf nicht besichtigt werden. Dafür kann man das Minarett mit seinen vergoldeten Kugeln, deren größte einen Durchmesser von zwei Metern aufweist, bewundern. Ihren Namen hat die Moschee von einer volkstümlichen Ableitung des arabischen Wortes für Buchhändler, da sich in der Nähe der

Moschee laut Leo dem Afrikaner über 100 Butiken befanden, in denen fromme Literatur feilgeboten wurde.

Natürlich besitzt Marrakesch mehrere Moscheen, die zumindest von außen besichtigt werden können. Nicht versäumen sollte man die Gräber der Saadier, wo die Herrscher, ihre Frauen, Kinder und die Konkubinen begraben liegen. Letztere müssen sich mit bedeutend bescheideneren Grabsteinen begnügen als die »Favoritinnen«. Entgegen einer landläufigen Meinung gibt es eben auch nach dem Tod Klassenunterschiede. Doch das tut dem Charme der »Tombeaux Saadiens« keinen Abbruch.

In der Medina muß man unbedingt die Medersa Ben Jussef besuchen. Aus Fes kennen wir die Struktur einer solchen Koranhochschule. Rund 900 Studenten sollen zu ihrer Blütezeit im 14. Jahrhundert hier Unterkunft gefunden haben. Hier darf man auch einen Blick in die Studentenzellen werfen.

Von besonderer Bedeutung für Marrakesch ist das Palais el-Badi, nicht nur weil die Ruinen für den Besucher höchst eindrucksvoll sind, sondern da sie auch dem jährlich im Juni stattfindenden Folklorefestival als Kulisse dienen. Der Palast wurde vom Saadiersultan Ahmed al-Mansur nach seinem Sieg in der »Schlacht der drei Könige« (1578) geplant, und zwar als momumentale Halle für Empfänge. Nichts war ihm dafür zu teuer. Der Marmor mußte aus Italien, das Gold aus dem Sudan herbeigeschafft werden. Dann aber kam der Alaouit Moulay Ismail ans Ruder und transportierte Marmor und Gold nach Meknes, um dort seinen eigenen Palast zu bauen. Der Badi zerfiel, doch noch als Ruine läßt er den einstigen Glanz ahnen. Zum Folklorefestival versammeln sich Artisten der Stämme der ganzen Umgebung, gewissermaßen eine folkloristische Supershow, neben der die Djemaa el-Fna vorübergehend verblaßt.

Mit der Droschke kann man sehr gut die Stadtmauer entlangfahren und die Tore bewundern. Nicht nur der Architektur wegen. Draußen vor dem Tor finden nämlich oft höchst pitto-

Gasse in Marrakesch

reske Aktivitäten statt, von Jahrmärkten mit Karussellen bis zu Kamel- und Eselmärkten.

Für Entspannung, auch im Sommer, sorgen die Gärten von Agdal mit ihren Obstbäumen, die Menara, ein Bassin von doppelten olympischen Maßen, umsäumt von Olivenbäumen, und »la Palmeraie«, die etwa eine halbe Autostunde von der Stadt entfernte Palmenoase.

Womit wir bei einem der wesentlichsten Voraussetzungen von Marrakesch angelangt wären. Es ist nämlich keineswegs selbstverständlich, daß diese Stadt mitten in der Wüste entstanden ist. Nur dank eines ausgeklügelten Systems von unterirdischen Wasserkanälen, den »Rhettaras«, wurden Leben und Vegetation möglich.

Die Rhettaras sind unterirdische Stollen, die das Quell- und Sickerwasser sammeln und dorthin bringen, wo man es haben will. Da diese Kanäle jedoch immer wieder durch Schlamm und Geröll verstopft werden, muß man sie reinigen. Deshalb gibt es in genau ausgeklügelten Abständen Schächte, durch die die *r'tatters*, das sind die Angehörigen einer eigentlichen Reinigungszunft, in die Stollen klettern können, um den Schlamm herauszuholen. Bei einem Flug über Marrakesch erkennt man die Löcher im Wüstenboden sehr gut. Diese Technik ist im Orient weit verbreitet, besonders im Iran unter dem Namen Kanat.

Zu einer anderen »Wasserzunft«, die ihren Ursprung in Marrakesch hat – obschon man ihren Mitgliedern auch an anderen, von Touristen besuchten Orten begegnet –, gehört der Wasserverkäufer, *ghräb*, in seinen pittoresken Gewändern, mit Lederschurz, Messingschalen und dem Ledersack, der das kostbare Naß enthält, über der Schulter. Er lungert vornehmlich auf der Djemaa el-Fna herum, sein Hauptverdienst sind die Münzen der photographierenden Touristen – nur selten sieht man noch einen Araber, der das kostbare Naß begehrt. Die Kioske mit Coca-Cola oder Fanta umsäumen ja den Platz.

Wasser gibt uns das Stichwort, um einen Blick auf die Geschichte von Marrakesch zu werfen. Wie so ziemlich überall streiten sich die Fachgelehrten über den Ursprung. Die heute akzeptierteste Version lautet, daß Abu Bakr, der wohl tüchtigste militärische Führer der Morabitun und der Begründer der Almoravidendynastie, um 1062 dort, wo heute die Stadt steht, ein befestigtes Lager errichtet hatte.

Schon im 9. Jahrhundert war ein Berberstamm des Südens, die Sanhadscha, zum Islam übergetreten; die Sanhadscha verfochten eine asketisch-kriegerische Variante. Sie errichteten allenthalben im Süden »Ribats«, eine Art befestigter Klöster, von denen man heute noch einige besichtigen kann. Mit dem Schwert verbreiteten die Morabitun, die Männer des Ribat, wie man sie nach ihren Stützpunkten nannte, ihren Islam, eroberten Sijilmassa am Shararand und wandten sich dann nach Norden, wo Abu Bakr Marrakesch gründete.

Hier muß erwähnt werden, daß Abu Bakr einige Jahre zuvor mehrere Orte im Süden erobert hatte, darunter auch das heute noch Touristen bekannte Taroudannt, wo europäische Snobs ihren Freundinnen mit einem Liebes-Weekend im Luxushotel La Gazelle d'Or zu imponieren versuchen, womöglich mit dem Privatflugzeug nach Agadir jettend. In einem anderen Städtchen, Aghmat, »eroberte« Abu Bakr auch noch gleich Zeineb, die Frau des dortigen Prinzen. Sie folgte ihm auf seinen Eroberungszügen und ließ sich mit ihm in der Festung Marrakesch nieder. Da sie, im Gegensatz zu ihrem aus der Wüste stammenden Gemahl, recht weltgewandt war, erwies sie sich als wichtige Stütze des Regimes.

Doch schon drei Jahre später mußte Abu Bakr wieder in den Süden aufbrechen, um eine Revolte niederzuschlagen. Er übergab die Herrschaft über die von ihm eroberten Gebiete seinem Vetter, Jussuf Ibn Taschfin. Leichtsinnigerweise ließ er auch Zeineb zurück. Dem Vetter gefiel die Rolle so sehr, daß er sofort daranging, eine Moschee zu bauen, womit Marrakesch ein städtisches Attribut erhielt. Die Historiker streiten sich darüber, ob er sofort, nachdem Abu Bakr weggeritten war, Zeineb heiratete oder erst später, und auch über die Beweggründe herrscht ein großes Rätselraten. Doch die Ungetreue wurde auch ihrem neuen – dritten – Gemahl eine wertvolle Hilfe. Jussuf Ibn Taschfin stellte ein beachtliches Heer auf die Beine, in dem auch christliche Söldner aus Spanien sowie Negersklaven dienten, und begann seinen Herrschaftsbereich auszudehnen.

Das Reich der Almoraviden nahm Formen an, und als schließlich der unglückliche Abu Bakr von seinen Wüstenfeldzügen zurückkehrte, mußte er zur Kenntnis nehmen, daß er sowohl von seinem Vetter als auch von seiner Frau betrogen worden war. Darauf verschwand er aus der Geschichte.

Jussuf Ibn Taschfin starb im Jahre 1106, sein Sohn Ali Ibn Jussuf übernahm die Herrschaft und erwies sich als großer Bauherr in Marrakesch, der Hauptstadt eines Reiches, das vom heutigen Algier bis an die Atlantikküste und von der Sahara, Senegal und Sudan bis zum Ebro in Spanien reichte. Ali verdankt Marrakesch auch die Rhettaras, wodurch endlich die Wasserzufuhr geregelt wurde. Unter den Almoraviden kannte Marrakesch seine erste Blütezeit.

Sie sollte nicht allzulange dauern, mit den Almoraviden ging es abwärts, und 1147 wird Marrakesch vom Almohaden Abd al-Mumin erobert und gründlich zerstört. Das war jedoch nur, um die Erinnerung an die verhaßten Almoraviden zu tilgen, denn sofort ging Abd al-Mumin daran, die Stadt neu aufzubauen. Zudem legte er sich den Titel »Fürst der Gläubigen« zu. Seine Nachfahren Abu Jakub Jussef (1163–1184) und Jakub al-Mansur (1184–1199) erwiesen sich ebenfalls als tüchtige Baumeister und verhalfen der Stadt zu ihrer zweiten Blütezeit.

Dann kamen wieder einmal Epigonen, die sich untereinander stritten, die Almohaden wurden durch die Meriniden abgelöst: 1269 fiel Marrakesch Abu Jussef Abdel Haqq wie eine reife Frucht in den Schoß. Doch schon nach zwei Jahren verlegte er die Hauptstadt nach Fes.

Das war das Ende der »großen Zeit« von Marrakesch. Die Stadt konnte sich jedoch rühmen, daß Reisende und Historiker bis in die Neuzeit Marrakesch mit Marokko gleichsetzten. Olfert Dapper beschreibt in seiner *Umbständliche und Eigentli-*

che Beschreibung von Africa Anno 1668 das Leben »um die Stadt Marock«, und Montaigne nennt einen der Herrscher von Marrakesch »roi de Maroc, en Berberie«. Erst die Franzosen schafften auch linguistische Ordnung: Seit 1912 ist Marrakesch die Stadt und »Maroc« das Königreich.

Marrakesch erlebte ab dem 14. Jahrhundert eine wechselvolle Geschichte, mal ging es aufwärts, dann setzte ein Niedergang ein, dazwischen war die Stadt Sitz des Königs oder eines Vizekönigs. Ende des 16. Jahrhunderts war eine kurze Blütezeit unter dem Saadier Abu al-Abbas al-Mansur, der in Marrakesch residierte. Die Alaouiten, das heute noch regierende Herrscherhaus, bevorzugten Fes, trotzdem sie, besonders im Winter, einige Monate in Marrakesch verbrachten und auch ihre architektonischen Spuren hinterließen.

In unserem Jahrhundert spielten sich noch einige politische Episoden in Marrakesch ab. Moulay Abdel Hafid intrigierte hier gegen seinen Bruder Moulay Abdel Aziz (1907) und machte sich an seiner Stelle zum Sultan, während der Bruder auf Reisen war. Offensichtlich hatte er die Geschichte von Abu Bakr gelesen. Abdel Hafid mußte dann den Vertrag von Fes mit den Franzosen unterzeichnen, worauf in Marrakesch Berberstämme rebellierten und erst einige Jahre später »befriedet« werden konnten, wie die Sprachregelung der Franzosen zu jener Zeit lautete.

Die Franzosen versuchten 1953 mit Hilfe der Berberstämme in und um Marrakesch gegen den die Unabhängigkeit fordernden Sultan Mohammed V. vorzugehen. Schlüsselfigur war Hadj Thami el-Glaoui, Pascha von Marrakesch, eine imponierende Gestalt, so, wie man sich einen Berberhäuptling vorstellt. Der Glaoui wurde von der französischen Administration gegen Mohammed V. aufgehetzt. Der Pascha von Marrakesch hatte ein höchst ungutes Gefühl angesichts der Entwicklung in Rabat. Er fürchtete die Folgen der Unabhängigkeit. Gemäß den Vorstellungen des Istiqlal, der Freiheitspartei, sollte Marokko ein eher zentralistisches Staatswesen mit einem echten »Makhzen«, einer effizienten Zentralregierung, werden. Das wäre natürlich das Ende der recht großen Lokalgewalt des Glaoui gewesen. Somit besaß die französische Administration einen Verbündeten, dessen Eigeninteresse mit demjenigen gewisser politischer Kreise in Paris übereinstimmte, die auf keinen Fall Marokko in die Unabhängigkeit entlassen wollten.

Der Pascha spielte seine Rolle gut. Auf einem Empfang im königlichen Palast von Rabat schleuderte er Mohammed V. haßerfüllt die Worte entgegen: »Du bist nicht mehr der Sultan von Marokko, du bist der Sultan des kommunistischen und atheistischen Istiqlal.« Der Skandal war perfekt, der Glaoui wurde des Hofes verwiesen – doch den Fehdehandschuh hatte er hingeworfen. Er ging nach Marrakesch zurück und sammelte seine Heerscharen um sich, Geld und Macht hatte er ja genug.

Während Mohammed V., zum Ärger der Franzosen, weiterhin Reden hielt, in denen er die Unabhängigkeit für sein Land forderte, blieb der Glaoui, ermuntert von den Kolonialherren, nicht untätig. Zusammen mit dem Scherifen von Kittani und mehreren Kaids des Südens und Stammeshäuptlingen des Atlas vergrößerte er seine Machtbasis. Die Franzosen unterstützten ihn, nicht zuletzt auch in der Presse, die eine regelrechte Werbekampagne startete. Das Thema war ein gefundenes Fressen für Kolonialisten: Da konnte man einen authentischen Berberpascha, der, umringt von romantischen Reiterscharen, in einem Tausendundeine-Nacht-Palast wohnte, als Verbündeten hochjubeln.

Wir können hier nicht die ganze Intrige in all ihren Details erzählen, sie soll jedoch in einigen groben Pinselstrichen dargestellt werden, weil sie so typisch ist für Marrakesch, seine Geschichte und seine Menschen.

Ein weiterer Höhepunkt wurde erreicht, als der Pascha und seine Getreuen im Palast von Marrakesch Mohammed V. feierlich die Imam-Würde absprachen, ihn also nicht mehr als geistliches Oberhaupt betrachteten. An seiner Stelle ernannten sie Moulay Arafa. Das war nun starker Tobak, im Lande

Im Palast des Pascha von Marrakesch

herrschte große Aufregung, und auch gewisse französische Dienststellen begannen sich zu fragen, ob dieser Schritt politisch klug war. Liberale Pariser Politiker und auch linksliberale Zeitungen versuchten, den Schaden zu limitieren. Doch es gab kein Zurück mehr, das Drama nahm seinen Lauf.

Ausgerechnet an einem der wichtigsten moslemischen Feiertage, am »Aid el-Khebir«, drang der französische General Guillaume, von Panzerwagen begleitet, in den Mechouar von Rabat ein. Mohammed V. wurde aus seiner Siesta aufgeschreckt – den Franzosen war wirklich nichts heilig! – und ultimativ zum Rücktritt und zum Verlassen des Landes aufgefordert. Mit einer alten DC-3 wurde der Sultan samt Hofstaat, Frauen, Kindern und Konkubinen zuerst nach Korsika verfrachtet und von dort nach Madagaskar. Moulay Arafa wurde zum Sultan von Frankreichs und des Glaouis Gnaden eingesetzt.

Das Exil auf Madagaskar erwies sich für Mohammed V. als Glücksfall, seine Popularität im Lande stieg, auch wenn im Volk nicht alle genau mitbekommen hatten, wo ihr König nun wirklich war. Als wir einmal die »Fatmah« eines Freundes fragten, wann ihr Sohn geboren wurde, lautete die hübsche Antwort: »Das war in dem Jahr, als sich Seine Majestät bei Madame Gascar aufhielt.«

Der weitere Verlauf des Dramas ist bekannt. Mohammed V. wurde aus Madagaskar zurückgeholt, Moulay Arafa ins vergoldete Exil nach Frankreich geschickt, Marokko unabhängig. Doch ein Postskriptum muß noch angefügt werden. Das Photo mit dem Mohammed V. um Verzeihung flehenden und ihm die Füße küssenden Thami el-Glaoui machte die Runde durch die Weltpresse. Nach dieser traditionellen Zeremonie zeigte sich Mohammed V. gar nicht rachsüchtig, schließlich wollte er König aller Marokkaner sein. Und der Klatsch will wissen, daß der Sultan außer sich vor Empörung war, als er erfuhr, daß eine Konkubine des Glaoui mit Unterstützung marokkanischer Funktionäre aus dem Palast in Marrakesch geflohen, dem Pascha nicht ins Exil gefolgt war, sondern – was für eine Beleidigung der geheiligten Tradition – einen anderen Mann geheiratet hatte.

Marrakesch war nun wieder voll ins scherifische Reich integriert und konnte sich endlich seiner wahren Bestimmung widmen: Hauptattraktion für Touristen zu werden.

Die Gebäude, Moscheen, Koranschulen und Gärten von Marrakesch machen die Attraktionen für Touristen aus. Für den Marrakschi sind sie, wie für die Pariser Louvre und Eiffelturm, lediglich Kulissen. Und auch die Geschichte der Stadt, so interessant und farbig sie ist, interessiert nur wenige. Schließlich haben die Bewohner mit ganz konkreten Problemen zu kämpfen.

Der laut Churchill schönste Ort der Welt (was aus der Distanz noch seine Berechtigung haben mag) muß sich mit mancherlei handfesten Problemen auseinandersetzen. In den vergangenen Jahrzehnten hat die Landflucht zur Überbevölkerung der Medina, der alten Stadt, geführt. Bis zu zehn Personen pro Zimmer sind keine Seltenheit. Nur ein Drittel aller Haushalte in Marrakesch hat eine Küche. Noch schlimmer steht es um die Badezimmer: In armen Stadtteilen, vornehmlich der Medina, verfügen 5 Prozent über diese Annehmlichkeit, im Durchschnitt sind es 14 Prozent. In der Gueliz, dem Nobelviertel, allerdings 70 Prozent.

In der Gueliz nannte man die Straßenzüge früher »europäisch« oder »französisch« – doch das ist vorüber. Zwar wohnen noch französische *cooperants* und andere Ausländer in diesem Stadtteil, der in seiner Architektur dem modernen Rabat oder Casablanca gleicht. Das Straßenbild ist faszinierend: Europäisch und traditionell gekleidete Marokkanerinnen machen »Shopping« in Geschäften, die jede einigermaßen lederwarenbewußte Europäerin in Ekstase versetzen. Denn die meisten französischen Hersteller »klassischer« Handtaschen, Koffer, Portefeuilles und Gürtel lassen ihre Produkte in Marrakesch fertigen. Wo denn sonst – das Wort Maroquinerie stammt ja schließlich aus dieser Gegend. Hier werden die für den Export von einheimischen Handwerkern aus Naturprodukten handgearbeiteten Artikel um ein Drittel billiger verkauft – nur die »Griffe« des Pariser *créateur* fehlen noch. Laut Industriestatistik macht jedoch die Lederverarbeitung nur 1,6 Prozent der Betriebe aus. Fast die Hälfte aller Erzeugnisse fällt auf Landwirtschaftsprodukte, ein Fünftel auf Textilien.

Lediglich zehn Prozent der Marrakschis wohnen in der Gueliz, dem »vornehmen« Stadtteil, wo es pro Haushalt ein Dienstmädchen gibt. Was für Marokkokenner jedoch einen deutlichen Niedergang darstellt. Vor einigen Jahrzehnten hatte eine »bessere« Familie mindestens zwei »Fatmahs« und einen Gärtner.

Die Bodenpreise sind in den letzten Jahren kräftig in die Höhe geschnellt. 1960 kostete der Quadratmeter in der Gueliz 17 Dirham, 1980 war er auf 700 geklettert! Auch in der Wüste lohnen sich Bodenspekulationen. In der Medina gingen die Preise lediglich von 47 auf 275 Dirham hinauf. Das hängt natürlich damit zusammen, daß dort die Viertel unerträglich übervölkert wurden.

Ein Bummel durch die Suks, die Märkte, bestätigt dies. Menschenmassen drängen sich, an Kreuzungen der Basargassen gibt es gefährliche Staus. Denn der Marrakschi liebt nun einmal Einkaufsbummel, auch wenn er nichts einkaufen will. Die optischen, akustischen und olfaktorischen Eindrücke genügen ihm. Und kein Verkäufer nimmt es ihm übel, wenn er die ausgestellte Ware mit Händen, Mund und Nase begutachtet – und dann weiterzieht.

Natürlich findet man in den Suks von Marrakesch so ziemlich dasselbe, wie in denen der bereits beschriebenen Königsstädte. Einzigartig ist hingegen der Suk der Wollfärber, in bunter Vielfalt hängen die Wollstränge über der Gasse zum Trocknen. Man schlendert unter einer leuchtenden Farbenpracht durch. Kein Photoband über Marokko ohne ein Bild des Wollfärber-Suks in Marrakesch!

Ganz besonders beliebt ist der Schmuckmarkt, der dicht neben der Mellah, dem traditionellen Judenviertel, liegt. Dieses wiederum schmiegt sich, gewissermaßen Schutz suchend, wie überall in Marokkos Städten an den Méchouar, den Königspalast, an. Das ist historisch auch begründet: Immer wieder beschützten die Herrscher ihre jüdischen Untertanen – zuletzt der Vater des jetzigen Königs, Mohammed V., der sich gegen die Einführung der antijüdischen Vichy-Gesetze erfolgreich gesträubt hatte. 1960 gab es in Marrakesch noch rund 13 000 Juden, jetzt sind es noch knapp 800. Im Juwelier- und Goldschmiedemarkt sind sie noch überproportional vertreten – der Präsident der jüdischen Gemeinde besitzt allerdings eine Konservenfabrik.

Abends an der Bar im Club Méditerranée (es war im Januar 1983). Einer der Notabeln der Stadt wendet sich mit einer Frage an mich: »Sie kennen doch sicher Israel recht gut? Dann können Sie mir vielleicht folgendes erklären. Da gibt es diesen Vizeministerpräsidenten David Levy, ein bedingungsloser Anhänger dieses polnischen Juden Menachem Begin. Aber David Levy ist doch *un de chez nous*! Das »einer von uns« des Mohammedaners von Marrakesch für den israelischen Minister marokkanischer Herkunft ist bezeichnend für die unkomplizierte Einstellung dem Judenstaat gegenüber, was übrigens auch die Nostalgie mancher in Frankreich und Israel lebender marokkanischer Juden für ihre alte Heimat erklärt.

Doch diese Probleme liegen dem Durchschnittsmarrakschi fern. Zuerst einmal muß er sich, wie natürlich auch die Planer, mit der durch die Landflucht verursachten Überbevölkerung der Stadt beschäftigen. In Casablanca gibt es die »Bidonvilles«, die aus Blech gebastelten Hütten. In Marrakesch heißt das Gegenstück »Douar spontanée«. Die provisorischen Behausungen am Stadtrand sind aus Lehm, dem traditionellen Material der Wüstendörfer, der Douars, gebaut. Ungeplant, eben spontan, wie der offizielle Euphemismus lautet. Man sieht kaum, wie diese Slums in absehbarer Zeit linquidiert werden können, zumal da sie sich dauernd von neuem auffüllen. Übrigens, *douar* ist das Berberwort für Dorf, das arabische Wort ist *kafr*. Was den Einfluß der Berberdialekte im tiefen Süden beweist.

Für eine gewisse Schicht wird jedoch gebaut: Die ERAC (Etablissment Régional d'Aménagement et de Construction«), eine staatliche Organisation, unternimmt löbliche Anstrengungen und hat bereits einige tausend Wohnheinheiten in einem originellen, der Wüstenarchitektur angepaßten Stil gebaut. Allerdings gilt diese Tätigkeit einer Elite, wobei auch dieser Begriff recht relativ ist. Es handelt sich um jene 5 Prozent Einwohner, die mehr als 2000 Dirham, das sind rund 700 DM, im Monat verdienen. Mit einer zehnprozentigen Anzahlung können sie Eigentumswohnungen zum Preis von 95 000 Dirham erwerben.

Die ERAC ist Symbol für die historische Konstanz von Marrakesch. Ihr Direktor ist durch einen königlichen Dahir eingesetzt worden. Denn die Stadt wurde, seit ihrer Gründung durch Abu Bakr um 1070, immer von Königen und Paschas gestaltet, bis sie später in Konkurrenz mit den anderen Königsstädten Rabat, Fes und Meknes gewissermaßen episodische Hauptstadt wurde.

Auf meine Frage, ob es ihm helfe, daß der König jedes Jahr längere Zeit in der Stadt residiere, meinte der Planungschef mit feinem Lächeln: »Natürlich schadet es nichts, wenn man an Empfängen im Palast jeweils Minister und hohe Funktionäre der Regierung trifft. Das kann manchmal Entscheidungen beschleunigen.«

Marrakesch ist eine faszinierende Stadt, die versucht, ihre jahrhundertealte Tradition mit den Problemen der Gegenwart in Einklang zu bringen. Wenn sie dabei Schwierigkeiten kennt, so hängt dies vielleicht mit der Gründung zusammen, bei der eine astrologische »Panne« passiert ist. In einem Aufsatz, »Astronomie et astrologie marocaines«, in der Zeitschrift *Hesperis* aus dem Jahre 1942 heißt es, daß einst der König mit einer Schnur den Umfang der Stadtmauern habe festlegen wollen. Die Astrologen beobachteten den Himmel; im vorausberechneten Augenblick, sobald der Mond eine bestimmte Position eingenommen hatte, wollten sie die Schnur bewegen, und so das Zeichen zum Beginn der Arbeit geben. Unglücklicherweise setzte sich jedoch ein Rabe auf die Schnur, noch bevor der Mond die richtige Stellung erreicht hatte – die Maurer machten sich an die Arbeit. So hat Marrakesch den magischen Moment, der der Stadt eine glückliche Entwicklung hätte garantieren sollen, verpaßt.

Rabat – Mauerblümchen der Königsstädte

Rabat teilt das Schicksal so mancher Hauptstädte. Weder Wirtschaftsmetropole noch Kulturzentrum ist die Stadt lediglich der Ort, wo sich die Ministerien, die nationalen Administrationen, befinden und die Botschafter ihre Residenzen und Kanzleien haben.

Man kann Rabat strenggenommen nicht einmal als den Sitz der marokkanischen Regierung bezeichnen, denn dieser ist immer dort, wo sich der König gerade aufhält – in einer der Königsstädte, aber auch mal in Casablanca. Der König präsidierte bis 1984 das Kabinett, und so mußten die Minister oft zwischen ihrem Ministerium in Rabat und dem jeweiligen Königspalast hin- und herpendeln. Wenn der König seine entlegenen Provinzen, etwa den Süden besucht, folgt ihm der gesamte Troß – dieser mittelalterliche Ausdruck paßt heute noch. Dann kann man etwa in einem Städtchen am Shararand, wo der König und sein unmittelbarer Hofstaat das einzige Hotel bewohnen, fein säuberlich aufgereihte Wohnmobile sehen. An jedem ein Täfelchen, auf dem vermerkt ist, welcher »Monsieur le Ministre« hier nächtigt.

Rabat liegt am Meer, doch in der Stadt selber spürt man nichts davon. Nirgendwo ist das Meer zu sehen, ganz im Gegensatz etwa zu Casablanca, das mit seinen Boulevards und der Corniche geradezu protzt und Badestrände, mondäne Nachtclubs und Hotels integriert hat. Wenn ein »R'bati« baden gehen will, muß er mit dem Auto kilometerweit fahren, um zu einem Strand zu gelangen.

Nur von einigen Punkten aus hat man in Rabat eine Aussicht aufs Meer, sieht, daß die Stadt am Oued Bou Regreg liegt, einem Flüßlein, das ins Meer mündet und dort einen natürlichen Hafen bildet. Und hier hat etwa im 3. Jahrhundert v. Chr.

die Geschichte Rabats ihren Anfang genommen. Antike Quellen erwähnen Sala oder Sala Colonia, einen bedeutenden Hafen in der Römerzeit. Rabat besitzt nämlich auch heute noch eine »Zwillingsstadt« namens Sale.

Im 10. Jahrhundert hatten orthodoxe Stämme, die gegen die berberischen Berghouata, Anhänger der ketzerischen islamischen Richtung der Kharidschiten, an der Mündung des Oued Bou Regreg, gegenüber von Sale, einen »Ribat« errichtet, eine Kloster-Kaserne. Daraus wurde der Name Rabat abgeleitet.

Es war jedoch Abd al-Mumin, der Almohade, der als erster Rabat in eine Stadt verwandelte. Zwar war Marrakesch seine Hauptstadt, aber für Kriegszüge war es nützlich, eine vorgeschobene Basis zu haben. Sein Enkel, Jakub al-Mansur, baute die Stadt hauptsächlich für militärische Bedürfnisse weiter aus. Doch er starb, bevor er Rabbat seinen Stempel aufdrücken konnte. Die Meriniden interessierten sich für Rabat lediglich als Begräbnisstätte.

Erst zu Beginn des 17. Jahrhunderts nahm die Stadt einen Aufschwung. Aus Spanien vertriebene Araber ließen sich hier nieder, bauten zu beiden Seiten des Bou Regreg Stadtteile, das neue Sale, wo heute die Medina von Rabat liegt, und das alte, die heutige Zwillingsstadt Sale. Die Neuankömmlinge fanden schnell eine lohnende Beschäftigung: Seeräuberei. Während einiger Jahrzehnte genoß die Stadt praktisch Autonomie. Wie so oft war die Zentralgewalt in Marokko schwach. Die Einkünfte aus der Piraterie waren recht groß, Rabat und Sale entwickelten sich.

Doch 1666 kamen die Alaouiten an die Macht und begannen, wie wir bereits wissen, ihre Herrschaft auf das ganze Land auszudehnen. Klugerweise begnügten sie sich damit, einen Wesir nach Rabat zu schicken, der dafür zu sorgen hatte, daß auch der Sultan seinen Anteil an der Beute der Piraten erhielt. Das System ähnelte dem britischen im selben Jahrhundert, als die Kapitäne von der Krone »Letters of Reprisal« und »Letters of Marque« erhielten, die sie zur Aufbringung »feindlicher« Schiffe ermächtigten. Die Piraten von Rabat beteiligten sich an jenen Seeräuberaktivitäten, die ein einträgliches Geschäft entlang der ganzen nordafrikanischen Küste waren. Doch konnte diese Art wirtschaftlicher Tätigkeit nicht langfristig durchgehalten werden. Um so weniger, als die europäischen Mächte der Piraterie an der »Barbarenküste« immer mehr das Handwerk legten.

Kein Wunder, daß es mit Rabat bald wieder abwärtsging. Die Stadt war allenfalls noch Etappe für die Alaouiten, die es vorzogen, von Fes über Rabat nach Marrakesch zu reisen. Erst als 1912 der französische Marschall Lyautey Rabat zur Hauptstadt machte, erwachte sie aus ihrem Dornröschenschlaf. Die Neustadt entstand, und die nach Rabat verpflanzten Sultane bauten den Königspalast, den Mechouar, zu seiner jetzigen Größe aus.

Rabat entwickelte sich – im Gegensatz zu den anderen Königsstädten – erst zur Zeit des französischen Protektorats. Dies hat es mit Casablanca gemeinsam, doch dort spielten wirtschaftliche Faktoren – Fabriken, Bürogebäude und der Hafen – mit, die der Stadt ihren rapiden Aufschwung gaben. In Rabat entstanden in erster Linie Gebäude der französischen Administration, ein Villenviertel und Mittelklasse-Wohnungen für Beamte. Daneben existierten die Medina und andere alte Stadtteile weiter, und in den letzten Jahren gab es auch so etwas wie sozialen Wohnungsbau.

Wer als erstes in der Neustadt landet, hat Mühe, das traditionelle Rabat zu finden. Am einfachsten ist es noch vom Boulevard Mohammed V. aus, einer der Hauptstraßen. Der aufmerksame Leser wird bereits gemerkt haben, daß es in jeder marokkanischen Stadt einen Boulevard dieses Namens gibt, neben dem Boulevard Hassan II. und der Avenue des Forces Armées Royales.

Die Avenue Mohammed V., an der sich der provisorische Sitz des Parlamentes und einige Ministerien befinden, ist die Achse, die zum Königspalast, dem Mechouar, führt. Die pittoresken Wächter vor den Eingängen in weißem Burnus – bei hochoffiziellen Anläßen sogar hoch zu Pferd – sind so ziemlich alles, was vom Palast besichtigt werden kann. Ist der König in

Rabat, so begibt er sich am Freitag in die nahegelegene Moschee und am Todestag seines Vaters zum Mausoleum, das für Mohammed V. in traditionellem Stil neben dem Hassan-Turm, dem von Jakub al-Mansur im 12. Jahrhundert erbauten Minarett, errichtet worden ist.

Diese feierlichen Zeremonien kontrastierten auf extreme Weise mit dem überlebensgroßen Photo, das bis 1971 am Eingang zum Mechouar aufgestellt war und Hassan II. in Golfkleidung zeigte. Nach dem Putschversuch von Skhirrat hielt es der Monarch für klüger, das Standbild entfernen zu lassen. Seither gibt es nur noch offizielle Photos von Hassan in Djellaba, Uniform oder formellem westlichen Anzug.

Vom Hassan-Turm genießt man auch einen Blick auf das Flüßlein Bou Regreg, so ziemlich der einzige Aussichtspunkt der Stadt. Hier steht auch das Hotel La Tour d'Hassan, das traditionsreiche Haus, das dann vom Rabat Hilton abgelöst wurde, das »irgendwo« steht – allerdings in der Nähe des Villenviertels Souissi –, so daß die Jeunesse dorée sich dort zum Cocktail treffen kann.

Neben dem Hassan-Turm befindet sich das Botschafterviertel, die amerikanische Botschaft genießt die schönste Aussicht, die französische ist natürlich in der Stadt selber, im alten Sitz des »Résident« untergebracht, wie überall in Nordafrika. Das erklärt auch, warum im Quai d'Orsay ein Posten im Maghreb so beliebt ist. Welcher Neubau kommt an den feudalen Stil einstiger Residenzen französischer Statthalter heran?

Ein eigenes Viertel in der Neustadt beherbergt die Ministerien. Und dann sollte man die Universität nicht vergessen, die sich in den vergangenen Jahren gewaltig entwickelt hat und alles aufweist, was dazu gehört: Fakultätsgebäude, Bibliotheken, Studentenwohnheime und Sportanlagen.

Einleitend wurde etwas schnöde gesagt, daß für die Meriniden Rabat lediglich Begräbnisstätte gewesen sei. Doch die »Chella«, wie dieser Garten heißt, ist ein Besuch wert. Man hat dort auch römische Ruinen ausgegraben.

Mit etwas Glück oder mit Hilfe eines Stadtplans findet man

sogar die alten Mauern; es gibt Mauerreste aus der Almohadenzeit und eine sogenannte andalusische Mauer aus jener Epoche, da die Flüchtlinge aus Spanien angekommen waren. Natürlich hat auch Rabat einige Tore aufzuweisen, doch der von Fes oder Meknes verwöhnte Tourist ist nicht sonderlich beeindruckt, nicht zuletzt, weil ein intensiver Autoverkehr die pittoreske Architektur stört.

Die Medina von Rabat kann sich nicht mit anderen Städten messen. Echtes Handwerk ist kaum mehr zu finden, dafür Butiken mit Plastikwaren, billigem Blech und Würstchenstände. Hingegen ist die Kasba der Oudaias einen Abstecher wert. Sie liegt am Stadtrand und dominiert den Bou Regreg. Hier erhob sich der Ribat, von dem die Stadt ihren Namen herleitet. Die Oudaias waren ein Stamm, der von Moulay Ismail hier angesiedelt wurde, um die Ungläubigen zu bekämpfen. Ein Bummel durch die Oudaia, deren Gäßchen und Treppen bislang der Moderne trotzen konnten, lohnt sich auch wegen der Umfassungsmauer mit ihren imposanten Toren. Das einzige Problem ist, ein Taxi zurück in die Stadt zu finden.

Etwas unterhalb der Oudaia hat die marokkanische Regierung den Versuch unternommen, das alte Handwerk vor dem Aussterben zu retten. In renovierten und teilweise neuerrichteten Gebäuden sind Kunstschmiede, Lederhandwerker und Künstler untergebracht. Ein kleines Museum ergänzt den Komplex.

Wer über genügend Zeit verfügt, sollte den Bou Regreg überqueren und die Zwillingsstadt Sale besichtigen. Hier schwebt noch ein Hauch der alten Seeräuberatmosphäre, auch wenn der einstige Hafen so versandet ist, daß er heute als populärer Badestrand dient. Die Medina von Sale – besonders der Wollmarkt – ist bedeutend romantischer und stilvoller als die in Rabat.

Rabat zählt rund eine halbe Million Einwohner, der Distrikt, die »Préfecture«, kam im Jahre 1979 auf 865 100 Bewohner. Marokko ist in Provinzen aufgeteilt, nur um die beiden größten Städte, Casablanca und Rabat, gibt es Präfekturen, die die Stadt und ihr unmittelbares Hinterland umfassen.

Neben den Ministerien und Regierungsämtern, dem Parlament, dem obersten Gerichtshof, den ausländischen diplomatischen Vertretungen und den Büros der internationalen Presseagenturen, also allen Attributen einer Hauptstadt, findet man in Rabat kaum Industrie und Großhandel. Es ist die typische Beamtenstadt mit ihrem Cocktail-Circuit, auf dem sich immer dieselben Regierungsbeamten, Diplomaten und Journalisten treffen. Eines der Hauptthemen ist natürlich der König und was so im Mechouar vor sich geht. Außer bei zeremoniellen Anlässen, wenn sie ihr Beglaubigungsschreiben überreichen oder sich verabschieden, sehen die Exzellenzen Hassan II. praktisch nie. Der König und seine Getreuen sind jedoch das Machtzentrum im Land, daher sind die Diplomaten weitgehend auf den Klatsch angewiesen, jene Brocken oder Brosamen, die marokkanische Beamte oder Minister auf Cocktails fallenlassen. Manchmal sind es gezielte Indiskretionen, ebensooft will sich ganz einfach ein kleiner Funktionär wichtig machen. Paradebeispiel dafür, wie die Diplomaten »schwimmen«, war die »Union« zwischen Marokko und Libyen im August 1984 und der »private« Geheimbesuch von François Mitterrand beim König in Ifrane. Sogar die Amerikaner, die glaubten, mit Hassan sehr gut zu stehen, waren total überrascht und wußten noch Tage danach nicht, was gespielt wurde. Die einzig wirklich gute Nachrichtenquelle ist praktisch versiegt. Als ich vor 25 Jahren erstmals als Journalist nach Rabat kam, sagte mir ein alter einheimischer Zeitungshase: »Wenn du wirklich wissen willst, was im Palast vorgeht, mußt du dich an Jüdinnen halten. Die besorgen nämlich den ganzen Kleider- und Schmuckhandel mit den ›Lallas‹, den Damen im Mechouar, und picken den zuverlässigsten Klatsch auf.« Inzwischen haben die meisten Juden Rabat verlassen.

Nicht ganz uninteressant ist auch die Aufteilung zwischen Rabat und Casablanca, was verschiedene Institutionen betrifft. Normalerweise erwartet man, daß politische Parteien ihren Sitz in der Hauptstadt haben. Nicht so in Marokko, dort ist er jeweils im Wohnort des Parteiführers. Was durchaus logisch ist, denn Parteien im scherifischen Königreich sind mehr auf Personen als auf Programme ausgerichtet.

Auch die Tageszeitungen verteilen sich ziemlich gleichmäßig auf Casablanca und Rabat, während Periodika, die ja meist mit der Wirtschaft verknüpft und deshalb in französisch geschrieben sind, mehrheitlich in Casablanca erscheinen. Arabische politische Journale werden dagegen in Rabat verlegt.

Radio und Fernsehen sind in Rabat beheimatet. Es gibt drei Radioprogramme, eines auf arabisch, das zweite französisch, und Kanal drei bringt abwechslungsweise Sendungen auf englisch, spanisch und in der Sprache beziehungsweise dem Dialekt der Berber. Das Fernsehen ist zweisprachig, arabisch und französisch, allerdings überwiegen Sendungen in der Landessprache.

Rabat beschließt den Reigen der Königsstädte. Reiseprospekte pflegen in ihrem Angebot der *villes impériales* die Stadt stiefmütterlich zu behandeln. Mehr der Vollständigkeit halber, weil sie zu den vier Königsstädten gehört, räumt man dem Mauerblümchen einige Stunden ein. Gerechterweise muß betont werden, daß Rabat zwar weniger Sehenswürdigkeiten, dafür aber wegen der geringeren Bevölkerungsdichte eine größere Lebensqualität aufweist.

Tanger – Herakles und die Zinnsoldaten

Wie so ziemlich alles am Mittelmeer beginnt auch die Geschichte von Tanger in der griechischen Mythologie: Die Stadt soll von Antaios gegründet worden sein, dem Sohn der Gaia und des Poseidon, also der Erdgöttin und dem Meeresgott. Sie wurde nach Tinga, der Gattin des Antaios, benannt, der bekanntlich von Herakles getötet wurde. Bei Tanger, am »Westgestade des großen Weltmeeres«, um die Worte von Gustav Schwabs *Sagen des klassischen Altertums* zu verwenden, gab es einen »ästereichen Baum voll goldener Äpfel«, der von den Hesperiden und dem schrecklichen Drachen Ladon bewacht wurde. Herakles gelang es – wie, darüber gibt es verschiedene Versionen –, sich der Äpfel zu bemächtigen. Einige Kilometer von Tanger entfernt kann man die »Säulen des Herakles« besichtigen. Denn der griechische Held soll auf beiden Seiten der Meerenge je eine Säule errichtet haben, gewissermaßen als Grenzpfosten der antiken Welt. Um sie zu erkennen, braucht es ebensoviel Phantasie wie für die zur Salzsäule erstarrte Frau Lots am Toten Meer, doch die »Grotten des Herakles« sind auch heute noch beliebtes Ausflugsziel für Touristen.

Erstmals erwähnt wird Tanger im »Bordbuch« des Admirals Hanno von Karthago, der im 4. Jahrhundert v. Chr. ausgedehnte Seereisen unternommen hatte. Hanno beschreibt unter anderem die kulinarischen Genüsse der Stadt, die unter Karthagos Oberherrschaft ein ziemlich selbständiges Dasein führen konnte. Allerdings sind sich die Forscher nicht darüber einig, ob Hanno in seinen Berichten nicht das erste Seemannsgarn der Antike gesponnen hat oder ob nicht das ganze griechische Manuskript *Periplus Hannonis* schlicht eine Fälschung ist.

Nach dem Fall Karthagos nahmen sich die Römer ernsthaft

dieser Stadt an, schließlich lag sie ja nicht nur im nordafrikanischen Einflußbereich, sondern auch im römisch-spanischen. Zwischendurch hatte König Bocchus I. von Mauretanien versucht, die Stadt seinem Herrschaftsgebiet einzuverleiben. Mit dem Resultat, daß wenig später auch Mauretanien unter römische Vorherrschaft geriet.

Im Jahre 705 erreichten die Araber auf ihrem Eroberungszug durch Nordafrika Tanger. Von hier aus überquerte dann Tariq die Straße von Gibraltar (711), die nach ihm benannt ist. Das Wort Gibraltar ist vom arabischen Djebel al-Tariq abgeleitet, dem Berg des Tariq. Pikantes Detail: Tariq war ein Berber, wie ja auch Saladin, der große Einiger der arabischen Nation, ein Kurde war.

Und damit begann die eigentliche Geschichte Tangers, die zwei Konstanten aufweist: Begehrlichkeit fremder Mächte wegen der günstigen strategischen Lage, Auseinandersetzungen zwischen Bevölkerungsgruppen der Region, die sich um die Herrschaft über die Stadt stritten.

Die Berber hatten sich zwar recht schnell mit der Religion der arabischen Invasoren abgefunden. Doch die Abgaben, die sie den neuen Herren entrichten mußten, behagten ihnen keineswegs. Sie rebellierten und eroberten die Stadt. Das war einer der ersten Berberaufstände im Rifgebirge, das sich von Tanger bis zur heutigen algerischen Grenze hinzieht. Der in Europa bekannteste fand noch in den zwanziger Jahren statt, als Abdel Krim den Spaniern und Franzosen zu schaffen machte. Aus jener Zeit stammt übrigens die falsche Bezeichnung »Rifkabylen«, die sich in deutschsprachigen Schulbüchern und Lexika eingenistet hat. Die Kabylen sind ein Berberstamm in Algerien, der auch nach der Unabhängigkeit der Zentralregierung in Algier immer wieder zusetzte. Im Rifgebirge gibt es keine Kabylen, sondern andere Stämme. Auch die marokkanische Regierung hatte nach Erlangung der Unabhängigkeit periodisch Probleme mit den Berbern des Rif.

Doch zurück nach Tanger. Trotz aller politischen Wechselfälle entwickelte sich die Stadt dank ihres maritimen Handelsverkehrs mit Spanien, Frankreich und Italien. Barcelona, Marseille, Genua und Venedig waren die wichtigsten Häfen, in denen Schiffe aus Tanger anlegten und Häute, Teppiche, Getreide und Zucker exportierten. Die verschiedenen arabischen Dynastien, Idrisiden und Omaijaden, Almoraviden und Hafsiden bis hin zu den Meriniden, stritten sich um Tanger, nahmen die Stadt in ihren Besitz, zerstörten, bauten und trieben Handel.

Im 15. Jahrhundert begann eine weitere Etappe in der Geschichte der Stadt. Die europäischen Staaten warfen begehrliche Blicke auf die Säulen des Herakles. Zuerst versuchten die Portugiesen ihr Glück, das war 1437, doch erst 1471 gelang es ihnen, Tanger zu erobern.

Im Jahre 1661 wurde Tanger eine wahrhaft königliche Mitgift. Katharina von Braganza heiratete Charles II. von England, und die Stadt kam unter britische Herrschaft. Doch der Monarch hatte keine Freude daran, der Handelsverkehr entwickelte sich nicht wie gewünscht, und auch das Parlament zeigte wenig Lust, Gelder für die Verteidigung Tangers zu bewilligen, insbesondere als 1678 Moulay Ismail die Stadt belagerte. Charles ließ 1684 seine Truppen abziehen, Tanger fiel unter arabische Herrschaft und »verschwand« bis ins 19. Jahrhundert aus der »großen Geschichte«.

»Wiederentdeckt« wurde Tanger 1832, als Louis Philippe einen Botschafter nach Marokko schickte, in dessen Gefolge auch der Maler Eugène Delacroix war. Und 1844 bombardierten die Franzosen die Stadt, und der Prinz de Joinville schleifte die Befestigungen. Es kam noch zu weiteren Scharmützeln in der zweiten Hälfte des 19. Jahrhunderts, die Franzosen hatten sich inzwischen Algerien einverleibt, die Spanier die Enklaven Ceuta und Melilla, und gegenüber saßen die Engländer in Gibraltar. Zwischendurch schickte man wieder Botschafter nach Tanger, die sich gegenseitig auszustechen versuchten und für ihren Herrscher Privilegien wirtschaftlicher Natur erlangen wollten. Diese Rivalitäten spielten sich jedoch unter den traditionellen Kolonialmächten ab, fast unter Freunden. Doch am

31. März 1905 geschah etwas, das Europa in helle Aufregung versetzte: Kaiser Wilhelm II. ankerte mit seiner Jacht »Hohenzollern« im Hafen von Tanger. Damit entstand jenes Problem, das in älteren Geschichtsbüchern und Lexika als die »Marokkofrage« bezeichnet wurde.

Sechs Jahre später wiederholte der Kaiser denselben Coup, als er das Kanonenboot »Panther« nach Agadir schickte, was als der »Panthersprung« in die Geschichte einging und zu den Vorgeplänkeln des Ersten Weltkrieges gehörte.

Durch Wilhelms »Anmaßung« vor Tanger aufgeschreckt, beriefen die europäischen Mächte eine Konferenz ins spanische Algeciras ein und verteilten mehr oder weniger redlich untereinander Privilegien in Marokko. Damit wurde auch die Grundlage für die spätere Verwaltung von Tanger gelegt. Im Jahre 1912 errichtete Frankreich sein Protektorat, und im selben Jahr erhielt Spanien seine eigene »Zone« im Norden des Landes, dem Rifgebirge. Für Tanger begann eine neue Epoche 1923, als die Stadt einer internationalen Verwaltung unterstellt wurde. Die Stadt gehörte zwar zum Königreich Marokko, das französisches Protektorat war, doch die eigentlichen Machtbefugnisse lagen bei einer 27köpfigen Kommission: neben neun Marokkanern (davon sechs Moslems und drei Juden) gehörten ihr Vertreter Englands, Frankreichs, Spaniens, Belgiens, Portugals und der Niederlande an. 1928 gestattete man auch den Italienern, in dieser Behörde Einsitz zu nehmen. Damit übten jene Mächte, mit denen Tanger schon im frühen Mittelalter einen regen Handelsverkehr gepflegt hatte, die Regierungsgewalt in der Stadt aus. Dank des Freihafens nahm das Wirtschaftsleben der Stadt einen unerhörten Aufschwung, dem dann der Zweite Weltkrieg ein Ende setzte. Nach der französischen Niederlage von 1940 besetzte Spanien Tanger, 1945 mußte es die Stadt wieder räumen, die dann 1956 dem in die Unabhängigkeit entlassenen Marokko zurückgeben wurde.

Wer mit dem Auto nach Marokko fährt, sieht Tanger schon vom Meer aus weiß am Abhang der Berge liegen. Fährt man von der Fähre herunter und verläßt den Hafen, verspürt man sofort den abbröckelnden Glanz einstiger Größe. An den Mauern der Häuser sind da und dort noch – Grabsteinen gleich – verwitterte Marmorplatten zu sehen: »Compagnies de bateaux à vapeur«, Indochina, Suez und Ostasien kann man entziffern, Namen von diesem oder jenem *comptoir* und Läden, in denen allerlei Schiffahrtsgerät feilgeboten wurde. Man bedauert, nicht früher in Tanger gewesen zu sein, zu jener Zeit, als es noch ein richtiges Hafenviertel gab, mit Bars, Bordellen und Schlägereien, internationalen Intrigen und den Eskapaden einer Haute volée, für die ja Tanger die erste Begegnung mit Afrika war. Auf dem Hügel, im vornehmen Stadtteil La Montagne, kann man noch verlassene und verlotterte Prunkvillen aus der Zeit sehen, da es für europäische Millionäre chic war, in Tanger zu wohnen. In der Bucht von Tanger, in Malabata, wo ein großer Touristikkomplex entsteht, liegt, mitten im Club Méditerranée, die Villa Harris; dort wohnte Frank Harris, jene etwas dubiose literarische Gestalt aus dem »Freundeskreis« von Oscar Wilde.

Nur ein Schiff lag im Hafen, als ich im Juli 1984 wieder einmal Tanger besuchte, die Fähre, die Touristen aus Spanien herüberbringt. Denn längst spielt sich der Handelsverkehr über die Wirtschaftsmetropole Casablanca ab. Der Hafen von Tanger rangiert heute an sechster Stelle der marokkanischen Häfen.

Auch auf der Hauptachse der neuen Stadt, den Boulevards Mohammed V. und Pasteur, ahnt man beim Betrachten der Häuserfassaden noch etwas vom einstigen Leben Tangers, wo sich heute rund 200 000 Bewohner schlecht und recht durchschlagen. Es gibt zwar etwas leichte Industrie, und in den letzten Jahren ist der Tourismus stark entwickelt worden. Die Avenue des Forces Armées Royales, die vom Hafen die Küste entlang führt, war vor fünfzehn Jahren ein kleiner Strandboulevard mit wenigen zweitrangigen Hotels. Heute reihen sich moderne (und dementsprechend architektonisch langweilige und monotone) Hotelkästen aneinander, am Strand wimmelt es von kleinen Restaurants für die Badenden.

Weitaus reizvoller ist der Touristikkomplex in der Bucht von

Malabata, wo Erstklaßhotels, Bungalowsiedlungen und Campingplätze gebaut worden sind. Ein Jachthafen ist ebenfalls geplant.

Tanger besitzt auch eine Medina und Kasba, wenngleich sie sich nicht mit jenen der Königsstädte messen lassen. In Tanger heißt der Markt, der sonst überall im Orient Suk genannt wird, »Socco«. Auch die Straßenbezeichnungen sind noch auf spanisch angeschrieben. Manchem Bewohner von Tanger kommt Spanisch geläufiger über die Lippen als Französisch, und es erinnert einen daran, wie eng verknüpft mit Spanien das Schicksal dieser Stadt gewesen ist.

Es gibt den großen und den kleinen Socco. Der große ist weitgehend der traditionelle Marktplatz, während der kleine Socco eigentlich eine »Piazza« ist, mit Straßencafés und Butiken. Beim Flanieren durch die Medina stößt man immer wieder auf Stadtmauern; zur Meerseite hin gibt es da und dort noch alte Kanonen, die in erster Linie dazu dienten, im Hafen einfahrende Schiffe zu begrüßen. Und natürlich darf, wie überall in Marokkos Städten, der Dar el-Makhzen nicht fehlen, der Königspalast. Die einstige Küche des Palastes beherbergt ein kleines Museum. Es gibt eindrucksvollere Paläste in Marokko.

Ganz zufällig entdeckte ich bei meinem letzten Besuch eine Sehenswürdigkeit, die in den mir bekannten Reiseführern nicht aufgeführt ist: Das Forbes-Museum für militärische Miniaturen. Es ist im Palais Mendoub untergebracht, der einstigen Residenz des Vertreters des Sultans in der Zeit, als die internationale Kommission in Tanger die Herrschaft ausübte.

Eines Tages in den siebziger Jahren kam Malcolm Forbes, Besitzer des prestigereichen *Forbes Magazine* in den Vereinigten Staaten, auf die Idee, eine arabische Ausgabe zu produzieren. Er sicherte sich das Palais Mendoub – die Marokkaner sind recht großzügig im Überlassen von Villen und Palais an zahlungskräftige Ausländer.

Doch später hatte Malcolm Forbes eine bessere Verwendung für das Palais Mendoub. Forbes besitzt nämlich die angeblich größte Sammlung von Zinnsoldaten der Welt, so behauptet wenigstens der Museumswärter im Palais Mendoub. Ob sie größer ist als jene im Blenheim Palace, wo der junge Winston Churchill mit Armeen von Zinnsoldaten spielte und seine strategischen Talente entdeckte, war nicht abzuklären.

Jedenfalls durfte im August 1978 Kronprinz Sidi Mohammed – welch' herrliche Mission für einen 16jährigen Jüngling! – auf Befehl seines königlichen Vaters das »Forbes-Museum für Zinnsoldaten« einweihen.

Es beherbergt nicht nur Zinnsoldaten und neuere Nachbildungen aus Plastik. Ganze Schlachten, von der Antike bis zum Zweiten Weltkrieg, sind rekonstruiert worden. Und natürlich – schließlich hat Mr. Forbes von Hassan auch einen Orden erhalten – fehlt auch die Darstellung des »Grünen Marsches« in die Westsahara nicht, mit dem Hassan den Krieg mit der Polisario begann. Für Historiker interessant ist auch die Sammlung von Plakaten und Zeitungen aus der Periode der beiden Weltkriege, Modelle von Kriegsschiffen und Waffen.

Der Reiz des Palais Mendoub liegt in der totalen Inkongruenz zwischen der Architektur, den herrlichen Gärten und traditionellen Räumen mit den Keramikwänden und Stuckdecken und den Zinnsoldaten.

Das Forbes-Museum ist in gewisser Weise symbolisch für die Geschichte von Tanger, die in der griechischen Mythologie mit dem Superhelden Herakles begann, dann klassischer Zankapfel der historischen europäischen Mächte war, Brennpunkt der Rivalitäten zwischen europäischen Kolonialmächten, Etappe auf dem Weg zum Ersten Weltkrieg. Von der wirtschaftlichen Blütezeit Tangers zeugen noch einige Inschriften auf Häusern am Hafen, von der kriegerischen Glorie die Säulen des Herakles und die Zinnsoldaten des Mr. Forbes.

Mittelmeerküste und Rifgebirge

Die Mittelmeerküste Marokkos war ein ausgesprochener Spätzünder, was den Massentourismus betrifft. Erst gegen Ende der sechziger Jahre ging man daran, das Potential dieser Gegend zu nutzen.

Winston S. Churchill hatte wesentlich zur Verankerung eines Vorurteils über Marokko beigetragen. Seit jene Photos des greisen Staatsmannes in den Gärten des »Mamounia« von Marrakesch die Runde durch die Weltpresse gemacht hatten, war jedermann davon überzeugt: Nach Marokko geht man im Winter.

Natürlich geht man – falls man unter »man« ältere Angehörige des Jet-Sets versteht – immer noch im Dezember nach Südmarokko, wenngleich inzwischen auch Touristikorganisationen, der Club Méditerranée und europäische Reisebüros, für eine »Demokratisierung« gesorgt haben und Charterflüge mit Gruppenreisenden in den Süden dirigieren.

Doch offensichtlich hatte Sir Winston auch auf Jahre Doktrin und Denken der marokkanischen Touristikplaner beeinflußt. Eine kleine Anzahl »Renommiertouristen« im »Mamounia« oder im Palais Jamai von Fes, eine Millionärswitwe oder ein Filmstar, die sich in Tanger oder Marrakesch eine Prunkvilla kauften oder bauten, schienen die Marokkaner dem modernen Massentourismus vorzuziehen. Deshalb verfügte während langer Zeit das Land zwar über einige erstklassige Luxushotels, doch die Infrastruktur fehlte, um sonnenhungrige Europäer in größeren Mengen unterzubringen.

Während die tunesische Küste bereits in den sechziger Jahren beliebtes Ferienziel war, nahm man Marokkos Mittelmeerküste kaum zur Kenntnis. Was angesichts der Diskrepanz zwischen den schon damals überfüllten Stränden in Spanien und Marokkos touristisch unterentwickelter und dementsprechend leerer Mittelmeerküste um so erstaunlicher war. Europäische Touristen fuhren in rauhen Mengen mit Autos oder Wohnmobilen nach Südspanien – mit den Fährschiffen hätten sie von Malaga aus in knapp fünf Stunden und recht komfortabel die marokkanische Küste erreichen können. Gab es vielleicht eine psychologische Barriere, die europäische Automobilisten daran hinderte, »nach Afrika« überzusetzen?

Marokkaner verbrachten seit jeher Sommerferien in Tanger und umliegenden – damals noch bescheidenen – Badeorten, denn das Klima hebt sich wohltuend vom Rest des Landes ab. In den siebziger Jahren hat sich alles gründlich geändert: Die Marokkaner entdeckten den Massentourismus und holten schnell nach, was sie vorher versäumt hatten. Rund 1 650 000 Touristen besuchten 1982 das Land, womit der bisherige maghrebinische Spitzenreiter, Tunesien, geschlagen wurde, der es nur auf 1 350 000 brachte, obschon im Vorjahr noch über zwei Millionen Touristen in Tunesien waren. Doch die dortigen Hoteliers hatten sich auf ihren Lorbeeren auszuruhen begonnen, die Qualität sank, und vor allem hatten sie es versäumt, für ein anspruchsvoller werdendes Publikum, das neben Strand, Sonne und Meer auch noch Unterhaltung suchte, zusätzliche Attraktionen bereitzustellen.

Marokkos Mittelmeerküste erstreckt sich von Ceuta bis Nador, einige Dutzend Kilometer vor der algerischen Grenze. Der besondere Reiz dieser Gegend liegt in der Abwechslung, die Strand und Rifgebirge bieten. Auf dem Grat des Rif entlang führt die Bergstraße durch malerische Dörfer bis Algerien. Vom Badestrand aus erreicht man in wenigen Stunden die Marktflecken Chechauen und Ketama, die auf 1600 Meter Höhe liegen.

Ceuta ist, wie auch das weiter östlich gelegene Melilla, eine spanische Enklave. Das Hafenstädtchen hatte bereits in der Antike und unter verschiedenen marokkanischen Dynastien beträchtliche wirtschaftliche Bedeutung besessen, als es im Jahre 1415 vom portugiesischen König Johann I. erobert wurde. Als dann in der zweiten Hälfte des 16. Jahrhunderts Portugal mit Spanien vereint wurde, geriet auch Ceuta unter die Herrschaft von Madrid (1580). Vergeblich versuchten Moulay Ismail und auch Moulay Jazid die Stadt zu erobern. Ceuta und Melilla waren die Basen, von denen aus Spanien seine Einflußgebiete in Marokko vergrößerte, was dann zur »spanischen Zone« des Protektorats führte, nachdem sich gegen Ende des 19. Jahrhunderts die europäischen Großmächte um das scherifische Reich gestritten hatten. Im Jahre 1913 machten die Spanier Tetuan zur Hauptstadt ihrer Zone. Doch während diese Stadt zusammen mit der spanischen Zone nach der Erlangung der Unabhängigkeit 1956 an Marokko zurückfiel, blieben Ceuta und Melilla weiterhin Enklaven.

Die beiden Städtchen weisen sowohl hinsichtlich der Bevölkerung als auch vom Stadtbild einen typisch spanischen Charakter auf. Sie leben davon, daß sie zollfreie Häfen sind, ein Hinterland besitzen sie nicht. Ceuta zählt rund 65 000 Einwohner, dazu kommt eine spanische Garnison von 13 000 Mann. In Melilla ist, seit Algerien unabhängig geworden ist, die Bevölkerung auf knapp 60 000 zurückgegangen. In der Kolonialzeit hatte der Hafen der Wirtschaft jenseits der Grenze gedient. In Ceuta hingegen haben 1984 rund 10 000 Frachter geankert und sich mit zollfreiem Proviant und anderen Waren eingedeckt. Und 2,5 Millionen spanische Touristen kamen im selben Jahr mit der Fähre nach Ceuta, um zollfrei einzukaufen. Seit der Öffnung der Grenze zwischen Spanien und Gibraltar fürchtet die Enklave jedoch um ihre Geschäfte. Die Spanier unternehmen große Anstrengungen, um die »Hispanidad« von Ceuta zu erhalten. Es arbeiten zwar rund 15 000 Marokkaner im Städtchen, doch ist ihnen der Kauf von Grundbesitz untersagt.

Periodisch kommen Ceuta und Melilla in die Schlagzeilen, wenn Hassan II. wieder einmal seine Ansprüche auf die beiden »Kolonien« anmeldet, was von Spanien stets mit vehementen Protesten quittiert wird. Da Spanien selber auf Gibraltar Anspruch erhebt, befindet es sich in einer etwas peinlichen Situation! Vorläufig bleiben die beiden Städtchen, was sie seit

Jahrzehnten sind: charmante Anachronismen, wobei allerdings Ceuta eine potentielle strategische Bedeutung zukommt, da es an der Meerenge von Gibraltar, ziemlich genau gegenüber dem von den Briten beherrschten Felsen liegt.

Entlang der Küstenstraße, die von Ceuta gegen Tetuan führt, haben die Marokkaner Touristikkomplexe errichtet, Smir, Restinga, M'diq und Cabo Negro, wo sich auch einer der schönsten Clubs Méditerranée, Yasmina, befindet. Unterhalb von Tetuan liegt Martil, das – wie auch Cabo Negro – von einheimischen Touristen frequentiert wird. Über die ganze Hügelkette verstreut liegen Villen reicher Marokkaner. Nicht wenige unter ihnen sollen ihr Vermögen mit blühendem Schmuggel via Ceuta gemacht haben – wie mir einmal ein Taxifahrer erzählte.

Tetuan wurde 1305 von dem Merinidensproß Abu Tabit gegründet, gewissermaßen als Konkurrenz zu Ceuta. Bald wurde die Stadt ein bekanntes Piratennest, bis sie 1399 von Heinrich III. von Kastilien erobert und völlig zerstört wurde. Erst zu Beginn des 16. Jahrhunderts siedelten sich aus Spanien vertriebene Araber und Juden hier an und bauten die Stadt wieder auf. Schnell wurde sie zu einem wichtigen Handelsplatz, wobei die Juden eine führende Rolle spielten. Beide Religionsgemeinschaften lebten in bestem Einvernehmen, hatten sie doch das gleiche Flüchtlingsschicksal erlebt.

Bis 1772 hatten auch europäische Handelsmächte ihre Vertreter und Konsuln in Tetuan, doch in diesem Jahr wurden den Christen der Aufenthalt in der Stadt untersagt, sie zogen sich nach Tanger zurück. Das war der Anfang der »diplomatischen Karriere« mancher Juden in Tetuan, die von den europäischen Staaten zu ihren Konsularagenten ernannt wurden. Zwischen 1808 und 1913, dem Beginn der spanischen Oberhoheit, mußten die Juden in der »Juderia«, dem Getto, leben.

Wie in Tanger finden sich auch in Tetuan überall Spuren der spanischen Zeit, Architektur und Inschriften auf Gebäuden erinnern an die einstigen Herren. Der wichtigste Platz der Stadt ist zwar heute nach Hassan II. benannt, doch sein Stil ist typisch spanisch, und auch das Generalkonsulat dieses Landes, der frühere Sitz des Gouverneurs, könnte auf der Iberischen Halbinsel stehen.

Die Rifküste weist noch einen zweiten Ferienstrand auf, die Bucht von Al Hoceima. In den letzten Jahren hat sie sich als Ferienparadies so gut entwickelt, daß man sogar einen eigenen Flugplatz baute. Der Weg von Tetuan hierher führt über das Rifgebirge, dort hat man Gelegenheit, an Markttagen die Berberfrauen in ihren bunten Kleidern und den runden, mit Zotteln behängten Strohhüten ihre Ware anpreisen zu sehen. Chechaouen ist ein administrativer Hauptort mit einer Bevölkerung von 18 000 Einwohnern, auch der Weg von Tetuan über Meknes nach Fes, eine beliebte Achse von Autotouristen, führt durch den Flecken. Das sollte aber kein Grund sein, nicht das weiter östlich gelegene Ketama zu besuchen. Inmitten einer echten Gebirgslandschaft, wo Zedernwälder mit Weiden abwechseln, liegen die schönsten Jagdgründe Marokkos für Wildschweine, Hasen und andere Beute. Und auf 1600 Meter Höhe kommt man auch im Sommer nicht ins Schwitzen.

Casablanca – weißes Kind des Kolonialismus

In der Bar des Hyatt-Regency-Hotels hängen Photos von Humphrey Bogart und Ingrid Bergmann sowie Originalplakate von *Casablanca*. Das ist das einzige, was der Film mit der Stadt gemeinsam hat. Er wurde ja in Hollywood-Kulissen, ohne jeglichen Bezug zu Casablanca gedreht und hat dennoch mehr als alle Touristikprospekte zum geheimnisvollen Nimbus dieser Stadt beigetragen.

Auch der Flugplatz ähnelt nicht dem des Films, wo auf der schäbigen Landepiste Bogey und Claude Rains dem *Anfang einer langen Freundschaft* entgegenschritten. Der 1980 eingeweihte Flughafen »Casablanca – Mohammed V.« kann sich durchaus neben europäischen sehen lassen.

Wenn es eine Stadt in Marokko gibt, die architektonisch kaum nordafrikanisches Lokalkolorit aufweist, so ist es Casablanca. Was auch nicht erstaunlich ist: Casablanca ist das Kind von Marschall Lyautey und dem französischen Kolonialismus. Zu Beginn dieses Jahrhunderts zählte die Stadt 20000 Einwohner, heute über zwei Millionen.

Casa – wie man sie überall nennt – ist eine Stadt der Kontraste. Ein Drittel der städtischen Bevölkerung Marokkos lebt in Casablanca. Nirgendwo in Marokko (auch nicht in vielen Städten Europas) finden sich so luxuriöse Villen wie in Anfa, dem Stadtteil der Reichen. Aber auch die Bidonvilles, die Elendsviertel, übersteigen das landesübliche Maß. Geschäftsstraßen mit vielstöckigen Bürogebäuden, Luxushotels und Boulevards mit Luxuswohnungen liegen dicht neben Stadtvierteln, wo sich vielköpfige Familien auf engstem Wohnraum zusammenpressen müssen. Ein marokkanischer Journalist meinte einmal nicht ganz zu Unrecht, daß Casa »gleichzeitig Kalifornien und Kalkutta« sei. Wohl werden für die Bewohner der Bidonvilles

Wohnviertel gebaut, doch der ständige Zuzug aus den ländlichen Regionen füllt die Slums wieder auf. Es fehlt an Hunderttausenden von Wohneinheiten in dieser Stadt, kein Wunder, daß hier immer wieder Unruhen ausbrechen, die Slumbewohner und Arbeitslosen auf die Straße gehen.

Die Stadt hat ihren Anfang nach der arabischen Invasion genommen, als der uns bereits aus Rabat bekannte häretische Berberstamm der Berghouata einen kleinen Flecken, Anfa genannt, gründete, der dann allerdings vom Almohadensultan Abd al-Mumin erobert und zerstört wurde. Doch der Hafen blieb bestehen, und der Ort wurde wieder aufgebaut. Genau wie in Rabat diente er den Piraten als Stützpunkt, bis deren Unwesen im 15. und 16. Jahrhundert den Portugiesen zu bunt wurde. Sie eroberten 1575 den Ort, bauten Befestigungen und nannten ihn Casa Branca. Sie blieben rund 200 Jahre Herr über diesen Stützpunkt, obschon er von den umliegenden Stämmen immer wieder angegriffen wurde. Das Erdbeben von 1755 und die kriegerischen Auseinandersetzungen veranlaßten jedoch die Portugiesen, den Hafen aufzugeben.

Der Alaouitensultan Mohammed Ibn Abdallah nimmt rund 15 Jahre später die Stadt unter seine Fittiche, arabisiert ihren Namen in Dar el-Beida und erlaubt spanischen Kaufleuten die Niederlassung. Diese übersetzten den Ortsnamen in Casablanca, zusammen mit dem arabischen Dar el-Baida, weißes Haus, die bis heute gültige Bezeichnung.

Im 19. Jahrhundert lebte die Stadt gemächlich vor sich hin, englische und französische Kaufleute ließen sich nieder und sorgten für einen kleineren Handelsverkehr mit Europa. Alles nicht sehr aufregend, da das Städtchen nur über einen winzigen Hafen verfügte. Die Franzosen erkannten jedoch bald die handelsstrategische Bedeutung des Ortes und erhielten 1906 vom Sultan die Erlaubnis, ein Pier zu bauen. Im Jahre 1907 kam es jedoch zu Unruhen der einheimischen Bevölkerung, neun französische Arbeiter wurden getötet und das Konsulat belagert, was

in jener idyllischen Zeit für eine militärische Intervention vollauf genügte.

Das war nur das Vorspiel. Nach dem Vertrag von Fes im Jahre 1912 machte sich der französische Generalresident, Marschall Lyautey, sofort daran, die Stadt und den Hafen auszubauen. Ein 310 Meter langer Pier wurde errichtet und damit die Grundlage für die rasante Entwicklung des Güter- und Personenverkehrs gelegt. Heute ist Casablanca der zweitgrößte Hafen Afrikas, nach Durban in Südafrika. 25 Millionen Tonnen Güter werden jährlich umgeschlagen, 5000 Arbeiter sind hier beschäftigt. Hauptexportprodukt ist Phosphat, dessen Preis auf dem Weltmarkt allerdings in den letzten Jahren stark zurückgegangen ist, was zusammen mit der Dürre und dem Saharakrieg für Marokkos wirtschaftliche Schwierigkeiten verantwortlich ist.

Casablanca weist eine Arbeitslosenquote von rund 15 Prozent auf, wobei aus den Statistiken nicht klar hervorgeht, inwieweit die Bidonvilles, die Slums, einbezogen sind. Die Stadt beherbergt beinahe 80 Prozent der modernen Industrie Marokkos, und so ziemlich alle Finanzgesellschaften und Banken haben hier ihren Sitz. Nur die Staatsbank, die »Banque du Maroc«, und die staatliche Entwicklungsbank, die »Banque Nationale pour le Developpement Economique«, sind in Rabat.

Im »kalifornischen« Teil von Casablanca, in Anfa, steht eine Villa, die eine gewisse Rolle im Zweiten Weltkrieg und für die Geschichte Marokkos gespielt hat. Hier hat im Januar 1943 die Konferenz von Casablanca stattgefunden, auf der Roosevelt und Churchill über die Invasionspläne gesprochen und eher beiläufig auch die Formel »unconditional surrender«, bedingungslose Kapitulation, erfanden. Sie ist, was ihre Auswirkungen auf den deutschen Widerstand (im doppelten Sinne des Wortes) angeht, unter Historikern recht umstritten.

Jene Villa in Anfa war aber auch Schauplatz eines Abendessens, das historische Auswirkungen zeitigen sollte, wobei sich die Teilnehmer dessen gar nicht bewußt waren, zumindest nicht die Europäer und Amerikaner. Die Höflichkeit verlangte es, daß der amerikanische Präsident und der britische Kriegspremier dem Sultan von Marokko ihre Aufwartung machten, schließlich befanden sie sich auf seinem Territorium. Und so saßen Roosevelt, Churchill und ihr Gefolge eines Abends mit Mohammed V. beim festlichen Diner, als der Präsident dem König seine Vorstellungen über die Nachkriegsordnung entwickelte; sie waren höchst antikolonialistisch. Mohammed V. lauschte gebannt, während Churchill und der ebenfalls anwesende französische General Noguès unruhig auf ihren Stühlen rutschten und brennend gern das Thema gewechselt hätten. Doch Roosevelt ließ sich nicht beirren. Auch wenn verschiedene Versionen über dieses Abendessen zirkulieren, fest steht, daß es für Mohammed und dessen zwölfjährigen Sohn Hassan ein Schlüsselerlebnis war. Eine neue Perspektive hatte sich geöffnet, die Weltmacht Amerika war plötzlich am politischen Horizont aufgetaucht.

Jedenfalls haben sowohl Mohammed V. wie auch sein Sohn später immer wieder auf die für sie psychologisch und politisch wichtige Begegnung mit Roosevelt in Anfa hingewiesen. Hier liegt vermutlich auch die wesentliche Wurzel für die proamerikanische Politik Marokkos.

Seither hat sich Anfa weiter entwickelt. Reiche Marokkaner aus allen Teilen des Landes bauten Villen, ebenso Mitglieder der Königsfamilie und saudische Prinzen. Und im Gegensatz zu Fes, wird hier Reichtum zur Schau gestellt, findet ein lebhaftes gesellschaftliches Leben mit Empfängen und Swimmingpool-Partys statt. Die Bewohner von Anfa sind auch in ihrer Einstellung und psychologischen Grundhaltung eher »kalifornisch«. Als ich kürzlich einmal in Anfa ein Weekend bei einem befreundeten Ehepaar verbrachte, das eine Villa mit mindestens zehn Zimmern bewohnt, wozu noch Swimmingpool und Dienstbotenquartiere gehören, kam ich als gewissenhaft recherchierender Publizist auch auf die Lebensmittelpreise zu sprechen. Schnell stellte sich heraus, daß diese knapp die Hälfte der europäischen ausmachten, worauf mir die Hausfrau sagte: »Das heißt gar nichts, du solltest in Betracht ziehen, daß ich ja für meinen Mann und mich jeweils für sechs Personen einkaufen muß, für die zwei ›Fatmahs‹, den Gärtner und den Chauffeur! Somit ist das Leben teurer als bei euch in der Schweiz.« Vor dieser umwerfenden großbürgerlichen Logik blieb mir nichts anderes übrig, als zu kapitulieren.

Ebenso großbürgerlich und versnobt geht es an den Strandboulevards und der Corniche zu: Private Strandclubs, die einen jährlichen Mitgliedsbeitrag von einigen tausend Mark erheben, Luxushotels und Nachtlokale zuhauf, dazwischen auch mal die Villa eines reichen Saudi. In der Ferne erblickt man Bidonvilles, dorthin führt nur eine bessere Piste, die vierspurige Straße hört plötzlich dort auf, wo »das Volk« an einem Uferstreifen badet. Natürlich ohne Strandeinrichtungen wie Dusche oder Restaurants.

In Casablanca finden die Reichen, ganz besonders auch die Touristen aus den Golfstaaten, neben den Stränden noch alle anderen lebensnotwendigen Amüsements: Golfplätze, Anlagen für Pferderennen und Polo, Sportplätze und einschlägige Vergnügungslokale mit glutäugigen Schönen, die auf Petrodollars erpicht sind. Filme allerdings schaut »man« sich zu Hause auf Video an, wie mir in Anfa gesagt wurde. Die Kinos seien dermaßen mit »Volk« überfüllt und schmutzig, daß man sich nicht mehr hineinwagen könne. In der Tat finden sich – auch in anderen Städten – überraschend viele Geschäfte, manchmal sogar nur kleine Kioske, in denen eine große Auswahl an Kassetten angeboten wird.

Eingepfercht zwischen dem Hafen und der Place Mohammed V., dem modernsten Zentrum der Stadt mit seinen Hochbauten, liegt die »alte« Medina und erinnert daran, daß man sich ja in einer nordafrikanischen Stadt befindet. Sie heißt alt, weil es auch die neue Medina oder »Medina des Habous« gibt, die zu Beginn des Jahrhunderts ebenfalls beim Hafen erbaut wurde, um die schlimmsten Slums zu sanieren. Es ist ein hübsches – wenn auch, mangels Patina, ein etwas künstliches – Stadtviertel mit Handwerkern, Butiken und sogar Eseln.

Mitten in der Stadt steht die Kathedrale Notre Dame de Lourdes, ein riesiger Betonklotz. Am Sonntag um 11 Uhr und 19.30 Uhr wird hier die Messe gelesen. Notre Dame und zwei andere Kirchen, davon eine protestantische, erinnern daran, daß Marokko ein für arabische Verhältnisse erstaunlich tolerantes Land ist. Nur Missionstätigkeiten sind strikt untersagt und werden streng geahndet. Auch der Sitz des Oberrabbiners von Marokko ist in Casablanca.

Die Autobahn von Casa nach Rabat (die einzige im Land) führt durch das Industriegebiet; hier stehen Auto-Montagewerke, Zuckerraffinerien, Konservenfabriken, Zementfabriken und Leichtmetall verarbeitende Industrie. Neben den Fabriken wurden Wohnungen für die Arbeiter errichtet – das sind die Glückspilze, die nicht in den Slums hausen müssen.

Nur wenige Kilometer entfernt liegt Mohammedia, der Petroleumhafen Marokkos, wo sich auch die größte Raffinierie des Landes befindet. Der kleine Hafen erfüllt jedoch die für Casa so typische Doppelfunktion: Er weist auch ein Casino auf, wo die Reichen bei Baccarat, Roulette und Black Jack ihr Geld verlieren können.

Casablanca wird oft zutreffend als die wirtschaftliche »Lunge« des Scherifenreiches bezeichnet. Die Lunge ist aber ein für Bakterien und Viren höchst anfälliges Organ – das gilt auch für politische und revolutionäre Krankheitserreger!

Von der Atlantikküste zur Sahara

Am 29. Februar 1960, dreizehn Minuten vor Mitternacht, bebte die Erde in Agadir: 15 000 Bewohner fanden den Tod, vier Fünftel der Stadt wurden zerstört.

Seit dem »Panthersprung« im Juli 1911, als die deutsche Fregatte »Panther« vor dem Hafen von Agadir auftauchte und für Aufregung in Europa sorgte, hatte man kaum mehr etwas von der Stadt gehört. Es bedurfte der Katastrophe und der spontanen Hilfsbereitschaft in vielen europäischen Staaten, um wieder auf Agadir aufmerksam zu machen. Schon vier Tage nach dem Erdbeben erklärte Mohammed V. feierlich: »Wenn das Schicksal die Zerstörung Agadirs beschlossen hat, so hängt sein Wiederaufbau von unserem Glauben und unserem Willen ab.« Diese Worte des Sultans sind auf einer Mauer der Stadt eingemeißelt. Agadir wurde wieder aufgebaut, und zwar nach einem klaren Konzept: Tourismus und Industrie sind säuberlich getrennt, was Vor- und Nachteile hat. Die meisten Europäer kennen Agadir nur als Badetouristen. Hotels, Strand und einschlägige Vergnügungsetablissements befinden sich in gebührender Distanz von der eigentlichen Stadt. Wie aus jedem Reiseprospekt ersichtlich, gehört Agadir heute zu den Dauerbrennern des Massentourismus, auch wenn der Atlantik kühler ist als das Mittelmeer. Dafür entschädigt, besonders im Winter, das von der Wüste beeinflußte Klima, Agadir liegt südlich von Marrakesch!

Im Gegensatz zu den meisten anderen Orten in Marokko beginnt die Geschichte von Agadir erst im frühen 16. Jahrhundert mit den Entdeckungsfahrten der Portugiesen nach Indien. Im Jahre 1505 errichteten sie eine kleine Befestigung und nann-

Nomaden ziehen durch die Sahara

ten sie Santa Cruz de Cap de Gue. 1513 wurde der König von Portugal auf die strategische Bedeutung aufmerksam, kaufte den Ort und ernannte einen Gouverneur, Francisco de Castro. Doch schon kurze Zeit darauf, 1541, erobert der Saadiersultan Mohammed es-Scheich den kleinen Hafen, der bald zu einem wichtigen Zentrum für den Handel mit Europa wird. Zuckerrohr, Häute und Oliven werden nach Europa verschifft.

Die Prosperität währte nicht lange, und wie so oft in Marokko war ein Wechsel der Dynastie daran schuld. Der Alaouitensultan Mohammed Ibn Abdallah, ernstlich erbost über Agadir, das sich gegen ihn aufgelehnt hatte, baute 1760 kurzerhand weiter nördlich den Hafen Essaouira und schloß den von Agadir für den Handelsverkehr. Fortan war der neue Hafen der Stützpunkt für die königlich-marokkanischen Seeräuber, Agadir verkümmerte und tauchte eigentlich erst dank Wilhelm II. wieder in der Geschichte auf.

Um bei Wilhelm II. zu bleiben. In Essaouira, hausten im 16. und 17. Jahrhundert die Portugiesen, die den Ort Mogador nannten. Der Name wurde auch in der Franzosenzeit beibehalten, bis dann 1956 die arabische Bezeichnung wieder eingeführt wurde. Essaouira bedeutet nichts anderes als »die schön Skizzierte«. Denn Mohammed Ibn Abdallah hatte 1760 den französischen Architekten Théodore Cornut mit der Planung beauftragt. So entstand die erste marokkanische Stadt, die Straßen und Gassen in rechtem Winkel zueinander aufweist; bekanntlich eine Seltenheit im Orient. Einzig Beer Scheba in der israelischen Negevwüste, das vor dem Ersten Weltkrieg von einem deutschen Armeeingenieur geplant worden war, es war die Zeit der großen Freundschaft zwischen Wilhelm II. und dem Türkensultan – Bagdad-Bahn! –, besitzt ebenfalls rechtwinklige Gassen.

Im Gegensatz zu Agadir kennt Mogador eine Geschichte, die bis in die Antike zurückreicht. Unter Juba II., dem wir bereits in Volubilis begegnet sind, gab es auf den der Stadt vorgelagerten Inseln eine Purpurmanufaktur – sie heißen noch heute Purpurinseln. Später benutzten die Portugiesen den Hafen als Etappe auf dem Weg nach Indien. Doch die eigentliche Geschichte von

Mogador-Essaouira, das besonders durch seine Hafenbefestigungen besticht, begann mit Mohammed Ibn Abdallah. Der Sultan verlangte von den bekanntesten jüdischen Kaufmannsfamilien Marokkos, daß sie ihre Söhne in die neue Hafenstadt schickten; zehn von ihnen verlieh er den Titel eines »königlichen Kaufmannes«. Das war der Beginn einer wirtschaftlichen Blütezeit für die Stadt und ihre jüdische Gemeinschaft. Die Juden rüsteten Schiffe aus und entwickelten den Handelsverkehr mit England und Amerika. Sie lebten sogar unter der moslemischen Bevölkerung, erst 1808 wurde eine Mellah, ein Judenviertel, gebaut, wenngleich Privilegierte weiterhin in den alten Stadtvierteln verbleiben durften. Mit der wirtschaftlichen Entwicklung ging auch eine intellektuelle Blüte einher. In der zweiten Hälfte des 19. Jahrhunderts setzte der Niedergang ein, nicht zuletzt weil 1844 der Hafen von den Franzosen bombardiert und anschließend von Berberstämmen der Gegend angegriffen wurde. Die Mellah von Mogador war bald übervölkert und verelendet, ein Schicksal, das die Juden mit dem Rest der Stadt teilten. Heute zählt Essaouira knapp 40 000 Einwohner; Marokkaner verbringen hier Ferien, europäische Touristen benutzen das Städtchen als Etappe auf dem Weg in die Sahara (wenn sie nicht von Agadir aufbrechen), und im Oktober findet ein Festival mit Tanztruppen, Theater und Folklore statt.

Auf zwei Hauptachsen kann man von der Atlantikküste zur Sahara vorstoßen. Die erste führt von Essaouira nach Marrakesch, von dort durch die rotbraune Wüste und über den 2260 Meter hohen Tizi-N'tichka-Paß nach Ouarzazate. Auf der zweiten Strecke erreicht man von Agadir aus zuerst Taroudannt, das die Almoraviden auf ihrem Eroberungszug noch vor der Gründung Marrakeschs eingenommen hatten. Die Straße führt dann weiter ebenfalls nach Ouarzazate. Neben seiner Funktion als Verwaltungssitz für die umliegenden Gegenden ist Ouarzazate die »Drehscheibe« des Wüstentourismus. Hier können Abenteuerlustige nach Ausflügen übernachten und eine dringend benötigte Dusche genießen, in der Wüste keine Selbstverständlichkeit. Beliebtestes Ausflugsziel sind die wild-romantischen

Todra-Schluchten; hier wurden Szenen des Filmes *Lawrence of Arabia* gedreht.

Die Gegend ist reich an Sehenswürdigkeiten; inmitten einer unverdorbenen Natur liegen Marabut-Gräber und Kasbas. Weiter nach Osten führt dann die Straße, zu den beiden Städtchen Rissani und Erfoud. In Rissani liegen die Ahnen der Alaouitendynastie begraben; von hier aus waren sie aufgebrochen, um ein Reich zu erobern.

Wer Abwechslung sucht und nicht an die Atlantikküste zurückfahren will, kann nach Norden, zum Hohen Atlas aufbrechen und über das Städtchen Midelt Fes erreichen; eine reizvolle, abwechslungsreiche Route, wo man vom schneebedeckten Djebel Ayaschi (3737 m) über Zedernwälder und Wüste auf wenigen hundert Kilometern alles findet. Die Achse Fes–Midelt–Erfoud ist eine beliebte, weil weniger ermüdende Variante, um den »tiefen Süden« zu erleben.

Mohammed V. – Vater der Unabhängigkeit

Bei Nationalhelden der Dritten Welt, aber auch in unseren Breitengraden weisen Biographen gerne darauf hin, daß sie von Geburt an für ihr Schicksal prädestiniert gewesen seien oder mindestens eine wegweisende Ausbildung genossen hätten.

Bei Sidi Mohammed Ibn Jussef, dem eigentlichen Vater und Symbol der marokkanischen Unabhängigkeit, war alles ganz anders. Er wurde im Jahre 1910 im königlichen Palast von Fes geboren, als dritter Sohn von Moulay Jussef, des Bruders von Sultan Moulay Hafid. Nichts deutete darauf hin, daß er einmal eine historische Rolle spielen sollte, auch nicht, als sein Vater Moulay Hafis ablöste. Schließlich gab es zwei ältere Brüder, Hassan und Idris. Mohammed Ibn Jussef verbrachte eine unglückliche Jugend, der schwächliche und kränkliche Knabe wurde von einem algerischen Erzieher, Si Mammeri, in den Palästen von Meknes und Fes aufgezogen. Ab und zu geruhte sein königlicher Vater, ihn zu sehen und – seltener noch – an offiziellen Zeremonien teilnehmen zu lassen. 1926 wird er sogar auf eine Reise nach Frankreich mitgenommen. Doch kurz darauf ist er wieder allein.

Mit 16 Jahren darf er eine Cousine heiraten, erstmals in seinem Leben ist er glücklich. Die Intrige eines Höflings, der ihn beim Sultan beschuldigt, er habe mit dem Verkauf einiger Teppiche aus dem Palast sein Taschengeld aufbessern wollen, führt zu schwerwiegenden Sanktionen. Sein Vater belegt ihn mit Hausarrest im Palast von Meknes, obendrein wird er von seiner geliebten jungen Frau getrennt.

Ein Jahr später stirbt Moulay Jussef. Und nun wollten die Franzosen einen besonders klugen Schachzug tun. Sie erinnerten sich daran, daß nach der Tradition der Alaouiten nicht unbedingt der älteste Sohn den Thron besteigen muß, sondern daß irgendein legitimer Sprößling dafür in Frage kommen kann. Marschall Lyautey war inzwischen als Statthalter abgelöst worden, und sein Nachfolger, Théodore Steeg, wollte nach und nach die Kolonialverwaltung an die Stelle der Monarchie setzen. Was lag näher, als einen kränklichen und, wie man glaubte, unbedeutenden jungen Prinzen auf den Alaouitenthron zu hieven?

Mit geschickten Manipulationen brachten die Franzosen die Ulema, die Korangelehrten, die den Sultan, der ja gleichzeitig religiöses Oberhaupt ist, küren müssen, dazu, den 17jährigen Mohammed Ibn Jussef zu wählen. Und am 18. November 1927 erschienen die würdigen Herren im Palast von Rabat und teilten dem Jüngling mit, daß er nun Sultan sei. Laut Hofklatsch soll seine erste Frage gewesen sein: »Gibt man mir jetzt meine Frau zurück?«

Die französische Kolonialverwaltung glaubte ihr Spiel gewonnen. Der schüchterne Jüngling wußte wirklich nicht, was er mit der neuen Würde anfangen sollte. Zwar war wieder Si Mammeri an seiner Seite, der den Titel eines Kämmerers erhalten hatte, doch dessen Erziehung hatte ihn kaum für die neue Rolle vorbereitet.

Am Freitag durfte er hoch zu Roß, unter einem Schirm, zur Moschee reiten und dort das Gebet verrichten, manchmal wagte er sich auch unter das Volk, das ihn mit reservierter Neugierde betrachtete. Die französische Verwaltung ließ ihn höchst demonstrativ links liegen. Immerhin wurde er 1928 vom Staatspräsidenten Gaston Doumergue im Elysee-Palast empfangen. Daneben spielte er Tennis, lernte Auto fahren und versuchte, soweit ihn die Franzosen ließen, sich über die politischen Geschehnisse zu orientieren.

Machtbefugnisse hatte der junge Monarch kaum. Gemäß dem Vertrag von Fes kommandierten die Franzosen Armee und Polizei, die Finanzen und Außenpolitik unterstanden ihnen ebenfalls. Immerhin sah die recht ungleiche »Gewaltenteilung« vor, daß dem Sultan gesetzgeberische Kompetenzen zustanden. Doch das beschränkte sich darauf, daß Mohammed V. die ihm von den Franzosen vorgelegten Gesetze unterschreiben

»durfte«. Er konnte sich auch weigern, und das war das einzige Mittel, mit dem er manchmal versuchte, seinen Willen durchzusetzen.

Und gerade ein solches Gesetz, ein königlicher Dahir, wurde zum ersten Stolperstein auf dem Weg zur politischen Reife des Monarchen und auf Marokkos Marsch zur Unabhängigkeit. Am 16. Mai 1930 unterschrieb der nichtsahnende Mohammed einen ihm von den Franzosen unterbreiteten Gesetzestext, der den Berbern eine eigene Gerichtsbarkeit, jenseits des koranischen Rechts, sowie eine stärkere Berücksichtigung ihres Volkstums einräumen sollte. Damit vollzogen die Franzosen eine politische Kehrtwendung; noch kurz zuvor hatten sie die aufständischen Berberstämme im Atlas- und im Rifgebirge (gemeinsam mit den Spaniern) niedergemetzelt. Einige besonders schlaue Köpfe in der französischen Administration, die sich für eminente Marokkokenner hielten, wollten die historischen Zwiste zwischen den Berbern und Arabern nach dem bewährten System des *divide et impera* schüren.

Die Aufregung im Land war gewaltig, insbesondere natürlich in den strenggläubigen moslemischen Kreisen an der Karaouine-Universität in Fes. Und dort gab es einen jungen Studenten namens Allal el-Fassi, der bald zum Führer der rebellischen Unabhängigkeitsbewegung werden sollte. Es gelang Mohammeds ergebenen Höflingen, der Bevölkerung klarzumachen, daß der Sultan aus Unkenntnis gehandelt habe und im Grunde von den Franzosen hereingelegt worden sei. Allal el-Fassi mußte auf Anordnung der Franzosen zeitweilig das Land verlassen. Zuvor traf er sich jedoch mit dem Sultan, der ihm seine Unterstützung versprach. Fortan war Mohammed V. Symbol der Befreiungsbewegung, auch wenn er später immer wieder gezwungen war zu lavieren. Schließlich mußte er auf die französische Administration, die wirkliche Macht im Staat, Rücksicht nehmen.

Aus den Emotionen von 1930 über den Berber-Dahir kristallisierte sich bis 1934 das »Marokkanische Aktionskomitee« heraus, das mit einem Manifest und Forderungskatalog an die Franzosen hervortrat. Darin waren zwar Traditionalismus, Sozialismus verschiedenster Couleur, Panarabismus und vorläufig noch diffuses Streben nach Demokratie zu einem unentwirrbaren Knäuel vermischt – doch in der Ablehnung der Protektoratsverwaltung und der Forderung nach größerer Autonomie waren sich alle einig.

Recht schnell erhielt das Aktionskomitee auch die Unterstützung linker Kreise in Frankreich, wo bereits im Mai 1933 die erste Nummer der Zeitschrift *Al-Maghrib* herausgegeben wurde. In Fes erschien im selben Jahr das Blättchen *L'Action du peuple*, das natürlich prompt von den Protektoratsbehörden verboten wurde, um dann 1937 unter dem Titel *Hebdomadaire de l'Action Nationale Marocaine* wieder zu erscheinen. Doch damals war in Paris die linke Volksfront-Regierung am Ruder.

1934 war das Geburtsjahr der eigentlichen marokkanischen Nationalbewegung, aus der dann 1943 die Unabhängigkeitspartei, der »Istiqlal«, hervorging, die lange Jahre die Politik des Landes dominieren sollte. Die Franzosen nahmen die Forderungen der Nationalisten nicht zur Kenntnis. Allerdings geschah 1934 etwas, was sie hellhörig werden ließ: Die Stadt Fes bereitete Mohammed V. einen begeisterten Empfang, und die Menge rief enthusiastisch: »Yahia el-Malik«, es lebe der König. Nicht nur war die Panne des Berber-Dahir vergessen, sondern der Titel, den das Volk Mohammed zurief, beinhaltete ein Programm, beinahe schon eine Revolution. Jetzt wurde nicht mehr der altertümliche Titel »Sultan«, sondern »el-Malik« mit einem modernen Staat verknüpft. Erst 1957, nach Erlangung der Unabhängigkeit, nahm der Herrscher von Marokko offiziell den Titel »el-Malik« an.

In der zweiten Hälfte der dreißiger Jahre begannen die französischen Statthalter, Mohammed V. ernst zu nehmen. Aus dem Jüngling war ein Mann geworden, der nach und nach sein Metier lernte, zusehends Kontakt zum Volk fand und zum Landesvater wurde. Dann kam der Zweite Weltkrieg. Beim Ausbruch der Feindseligkeiten versicherten sowohl der Sultan wie auch die Istiqlal-Partei die Franzosen ihrer Loyalität und Unterstützung; der schnelle Zusammenbruch Frankreichs war für die Marokkaner ein Schock. Mohammed bewies in dieser Epoche erstmals echte staatsmännische Qualitäten. Er weigerte sich, die gemischte Waffenstillstandskommission aus Vertretern der Achse und des Vichy-Regimes zu empfangen und widersetzte sich den antijüdischen Gesetzen der Franzosen. Nach der Befreiung Marokkos durch die Amerikaner und die Ablösung der Vichy-Regierung durch die Gaullisten leisteten die marokkanischen Soldaten einen großen Beitrag bei der Invasion Europas. Die entscheidende Begegnung Mohammes V. mit Roosevelt in Casablanca ist bereits an anderer Stelle erwähnt; im Jahre 1943 machte Mohammed V. auch die Bekanntschaft von Charles de Gaulle, dem es inzwischen gelungen war, den von den Amerikanern unterstützten General Giraud auszuschalten.

Doch die Hoffnungen, die der Sieg der Allierten, das Gespräch mit Roosevelt und auch gewisse Andeutungen von de Gaulle geweckt hatten, erwiesen sich bald als trügerisch. Die Vierte Republik wollte an ihrem kolonialen Besitzstand festhalten. Da nützte es Mohammed V. wenig, daß er noch 1945 in Paris feierlich von de Gaulle mit dem Orden eines »Compagnon de la Libération« ausgezeichnet worden war und freundliche Worte über künftige Verhandlungen bezüglich der Zukunft Marokkos mit auf den Weg bekam. Allal el-Fassi, Führer des Istiqlal, war inzwischen aus dem Exil in Gabun, wohin ihn die Franzosen noch vor dem Krieg verbannt hatten, freigelassen worden. Doch schon bald zog sich de Gaulle, angewidert vom Parteienhader der Vierten Republik, aus der offiziellen Politik zurück, und in der Kolonialadministration machten sich wieder alte Bestrebungen bemerkbar. Die Colons fürchteten um ihre Privilegien, kolonialistische Wirtschaftsinteressen überwogen allfällige reformerische Tendenzen, die aufgekeimt waren.

Mohammed V. spürte, was das Volk von ihm erwartete. Immer resoluter verlangte er größere Freiheit für sein Land und wurde dabei vom französischen Residenten, Eirik Labonne, persönlicher Freund des Sultans seit langen Jahren und einer der edelsten und faszinierendsten »Kolonialisten« aus Paris, unterstützt. Das rief sofort die Reaktionäre in der französischen

Hauptstadt auf den Plan, die Labonnes Absetzung erwirkten. An seiner Stelle schickte man den Marschall Juin; das Verhängnis nahm seinen Lauf.

Immer lauter wurden im Land die Rufe nach Unabhängigkeit, periodisch kam es zu Demonstrationen und Zwischenfällen, und der Symbolwert Mohammeds wurde zunehmend stärker, besonders seit sich der Istiqlal für eine konstitutionelle Monarchie einsetzte. 1947 schockierte der Sultan die Franzosen, als er in einer Rede in Tanger, die wie eine Bombe einschlug, die Unabhängigkeit forderte. Die Regierung von Paris und die französische Kolonialverwaltung gingen zum Gegenangriff über. Istiqlal-Politiker wurden verhaftet und exiliert, der Pascha von Marrakesch mit seinen Berberstämmen gegen Mohammed aufgehetzt. Im August 1953 schickten die Franzosen den Sultan samt Hofstaat nach Madagaskar und setzten einen entfernten Vetter, Mohammed Ben Arafa, als ihre Marionette auf den Thron.

Zwar lebte Mohammed auf Madagaskar recht behaglich, doch für sein Volk war er zum Märtyrer geworden. Das Land kam nicht zur Ruhe, niemand (außer natürlich den Franzosen), nahm Ben Arafa zur Kenntnis, marokkanische Freiheitskämpfer griffen französische Militäranlagen an, Paris antwortete mit blutigen Gegenmaßnahmen. Im Jahre 1955 erkannten Ben Arafa und die Franzosen, daß sie das Spiel verloren hatten. Ende 1955 warf Ben Arafa das Handtuch und setzte sich nach Tanger ab, Mohammed wurde nach Frankreich zurückgeflogen, wo am 6. November 1955 in La Celle – St.-Cloud mit einer feierlichen Vertragsunterzeichnung der Weg für Marokkos Unabhängigkeit freigegeben wurde. Zwei Wochen später kehrte Mohammed V. unter dem Jubel seines Volkes nach Rabat zurück und ernannte kurz darauf seine erste Regierung, in der die alten Kämpfer des Istiqlal ihren Ehrenplatz hatten. Am 2. März 1956 war die Protektoratszeit zu Ende, die Unabhängigkeit trat offiziell in Kraft. Auch Francos Spanien zog bald nach und verzichtete auf seine Territorien in Marokko, mit Ausnahme der Enklaven von Ceuta und Melilla – Spanisch-Sahara stellte ein anderes Problem dar, das auch heute noch die Nordafrikaner beschäftigt. 1956 verlor auch Tanger seinen »internationalen« Status und wurde marokkanisch.

Nun war das Königreich zwar unabhängig, doch schnell merkte Mohammed V., daß die Entkolonisierung keine einfache Sache war. Als erstes verließen die französischen Verwaltungsbeamten das Land, rund 8000 der einstmals 25 000 innerhalb von zwei Jahren. Die französische Bevölkerung schrumpfte bis 1960, innerhalb knapp vier Jahren, von 400 000 auf 150 000. Nicht alle waren Colons, Großgrundbesitzer, die Mehrheit bestand aus qualifizierten Facharbeitern und Angestellten. Auch die Juden begannen, das Land zu verlassen, nicht zuletzt, weil der Istiqlal panarabische Töne anschlug. Die traditionell wohlwollende Haltung des Königs beruhigte nicht mehr. Obendrein war Seine Majestät verschnupft, weil die Juden seinem Appell, beim Aufbau des neuen Marokko mitzuhelfen, nicht nachkamen; sie wollten nicht unter die Räder des israelisch-arabischen Zusammenpralles kommen. Dabei hätte der König die Juden dringend gebraucht. Rund 250 000 marokkanische Juden wanderten nach Israel aus, Zehntausende nach Frankreich und Kanada.

Mohammed V. schuf ein echtes Mehrparteienregime, allerdings behielt der König die Vormacht im Staate. Doch schon 1959 entstand die »Volksbewegung«, das »Mouvement Populaire«, das die Landbevölkerung repräsentierte, sowie die »Nationale Volksunion«, die zusammen mit den Gewerkschaften linksorientiert war. Insgesamt war es ein für arabische Staaten einzigartiges Experiment. Der König, der gleichzeitig auch religiöses Oberhaupt, *commandeur des croyants* ist, ließ Parlament und Regierung ein erstaunliches Maß an Kompetenzen und Freiheit, was sich auch in der Pressevielfalt des Landes äußerte. Eine Kommission arbeitete sogar an einem neuen Verfassungsentwurf, der bis 1962 hätte fertiggestellt werden sollen, um das Land näher an eine konstitutionelle Monarchie heranzuführen. Doch am 26. Februar 1961 starb Mohammed V. während einer harmlosen Operation. Ein neues Kapitel in Marokkos Geschichte begann.

Hassan II. – El-Malik von Allahs Gnaden

Der 9. Juli ist in Marokko der »Tag der Jugend«. Überall im scherifischen Reich finden Festlichkeiten statt, wird die Jugend als die Zukunft des Landes gefeiert. Der 9. Juli ist der Geburtstag des Königs. Doch dieser ist inzwischen 56 Jahre, Hassan II. wurde 1929 geboren. Da aber Mohammed V. vor Jahrzehnten dekretiert hatte, was damals noch eine symbolische Berechtigung besaß, hält man an der Tradition des Jugendfestivals fest.

Mohammed V. hatte aus seinen Erfahrungen gelernt, er ließ seinem Sohn eine gründliche Ausbildung angedeihen, in der sich Tradition und Moderne vermischten. Der König scheute nicht davor zurück, Hassan eine Tracht Prügel mit der Reitpeitsche oder einem Gürtel zu verabreichen, wenn ihm dies notwendig erschien. 1942 richtete er im königlichen Palast eine Mittelschule, das »Collège Impérial« ein, wo der junge Prinz mit sorgfältig ausgesuchten Altersgenossen aus guten Familien auf das Abitur vorbereitet wurde. Parallel zur schulischen Ausbildung ließ Mohammed V. seinen Sohn konsequent an allen wichtigen Anlässen teilnehmen und besprach seine politischen Sorgen mit ihm. Knapp dreizehn Jahre zählte Hassan, als er jenem denkwürdigen Abendessen mit Roosevelt und Churchill in Casablanca beiwohnte.

Hassan wuchs also in verschiedenen Welten auf. Im Palast herrschte die alte Tradition vor, dort wurde er auch in Religion und islamisches Recht eingeführt. Hier fand er als Kind und als Jüngling bei seiner Mutter die seelische Geborgenheit. Die Bedeutung der Palast-Schule sollte aber für die intellektuelle Entwicklung des Prinzen und die künftige Gestaltung des politischen Systems in Marokko nicht unterschätzt werden. Denn im Gegensatz zu seinem Vater, der abgeschlossen von der Welt aufwuchs, hatte Hassan Kontakte mit Altersgenossen aus den verschiedensten Schichten und kulturellen Strömungen. Wenn von »guten Familien« die Rede war, bedeutet dies nicht etwa »Adlige« im europäischen Sinn, denn so etwas gibt es in Marokko nicht. Damit sind die alten Familien gemeint, die bereits früher eine Rolle am Hof, im politischen und wirtschaftlichen Leben des Landes gespielt hatten. Im Collège Impérial wurden Freundschaften geschlossen, die teilweise heute noch andauern; dieses *old boys network*, wie es im angelsächsischen Bereich gepflegt wird, wo man entsprechend der *school tie*, der Krawatte aus Oxford, Cambridge oder einer Militärakademie, sofort Kontakt findet, gibt es in abgewandelter Form auch in Marokko. Ahmed Osman, einstiger Premierminister und heute Staatsminister ohne Portefeuille und Parteipräsident des »Rassemblement National des Indépendents« ist ein Beispiel dafür. Hassan II. verheiratate in den sechziger Jahren den alten Schulkameraden mit seiner Schwester! Einige Jahre später kam die Prinzessin bei einem Autounfall ums Leben.

Es war nicht leicht für Hassan, zwischen seiner Abstammung vom Propheten, königlicher Geburt, »demokratischer« Erziehung, politischen Funktionen an der Seite seines Vaters und den natürlichen Neigungen eines heranwachsenden Jünglings, der sich auch amüsieren wollte, das Gleichgewicht zu bewahren.

Den Sommer verbrachte die königliche Familie im Palast von Ifran. Wenige hundert Meter unterhalb befindet sich das Hotel Balima, dem man allerdings schon in den sechziger Jahren den einstigen Glanz nicht mehr ansah. Heute ist es aus Sicherheitsgründen geschlossen. Denn von den Fenstern aus hatte man die Fassade des königlichen Palastes direkt in der Schußlinie! In den fünfziger Jahren jedoch war das Balima der Aufenthaltsort der Minister und hohen Beamten, die sich stets in der Nähe des Königs aufhalten mußten. Da diese mit ihren Familien im Hotel wohnten, pflegte Hassan »inkognito« dort aufzukreuzen, um sich in der Gesellschaft ihrer Kinder von den Strapazen des Hoflebens zu erholen. Es war eine reizvolle Komödie, denn jedermann kannte natürlich den Prinzen, aber hielt sich an die Spielregeln, ihn nicht zu erkennen. Wehe jedoch den Töchtern des Hoteliers, wenn sie sich in der Hitze eines Pingpongspieles vergaßen und in Führung gingen! Dann zeigte sich der »Inkognito«-Jüngling stocksauer und zog beleidigt ab. Seine »Volksverbundenheit« hatte Grenzen. Gewisse Charakterzüge Hassans zeigten sich also schon damals.

Etwas später geriet der junge Prinz in eine Pubertätskrise; die Verlockungen der Umwelt und die Tatsache, daß Mädchen, darunter auch manche europäische Starlets, dem durch die königliche Abstammung verstärkten Sex-Appeal erlagen, wirkten sich auf die schulischen Leistungen aus. Der gestrenge Vater versuchte, dem *dolce vita* seines Sprößlings einen Riegel vorzuschieben. Er redete ihm ins Gewissen. Ähnliches wiederholte sich während Hassans Studienzeit, insbesondere nach der Rückkehr aus dem Exil in Madagaskar, als Marokko unabhängig wurde. Damals füllte der Prinz fast ebensooft die Klatschspalten der Regenbogenpresse wie Jahrzehnte später königliche Sprößlinge Europas.

Offensichtlich hatte Hassan einen gewissen »Nachholbedarf« nach dem eher langweiligen Leben in Antsirabe auf der tristen Insel Madagaskar. Dort hat Hassan übrigens erstmals auch seine positiven Eigenschaften gezeigt und ist seinem Vater eine moralische Stütze, praktische Hilfe als Sekretär und Übersetzer ins Französische (das Mohammed V. nur mangelhaft beherrschte) gewesen. Am Freitag predigte Mohammed V. vor den Moslems in Madagaskar, der Prinz half ihm, die frommen Ansprachen zu übersetzen. Und natürlich war Hassan immer zugegen, wenn Abgesandte aus Paris eintrafen, um über eine Rückkehr des Sultans zu verhandeln, nachdem sich das Experiment mit dem Gegensultan Ben Arafa als Fiasko erwiesen hatte.

Im März 1956, also kurz nach Erlangung der Unabhängigkeit, wurde Hassan Generalstabschef der Armee und konnte beweisen, daß er dem Playboy-Stadium entwachsen war. Das Heer war ein Sammelsurium von Kriegsveteranen aus dem Zweiten Weltkrieg und Stammeskriegern aus der Zeit des Unabhängigkeitskampfes mit den verschiedensten Loyalitäten. Dem jungen Kronprinzen gelang es, aus diesem heterogenen Haufen ein

Instrument zu schmieden, das ihm später politische Dienste erwiesen hat. In jener Zeit begann auch seine Freundschaft zu Mohammed Oufkir, der später sein engster Vertrauter und gefährlichster Verräter wurde. Hassan stellte mithin seine Fähigkeiten unter Beweis, was 1960 von seinem Vater mit der Stellung eines Vizeministerpräsidenten und Verteidigungsministers honoriert wurde – Ministerpräsident war natürlich Mohammed V. Bereits am 9. Juli 1957, an seinem 28. Geburtstag, war Hassan feierlich als Kronprinz eingesetzt worden.

Nach einigen internen politischen Wirren hatte Mohammed V. persönlich die Leitung der Regierung übernommen. Sowohl Istiqlal, die eher rechtsstehende Unabhängigkeitspartei, wie auch die linke UNFP (Union Nationale des Forces Populaires) hatten sich zusammengetan, um die Macht des Königs zu beschränken. Die heutigen Probleme Marokkos gehen somit auf jene Jahre zurück, denn im Spannungsfeld zwischen der Macht des Palastes und den gewählten Parteien spielt sich in diesem Land alles ab. Dabei besteht des Königs politisches Spiel darin, durch ihm ergebene Persönlichkeiten Parteien gründen zu lassen.

Als dann 1961 Mohammed V. starb, wurde Hassan gleichzeitig König und Premierminister, keine geringe Machtfülle für einen 31jährigen. Am 7. Dezember 1962 wurde eine neue Verfassung in einem Referendum angenommen, die eine Art konstitutioneller Monarchie und ein Minimum an Gewaltentrennung zwischen König, Parlament und Regierung einführen sollte. Doch die neue Regierungsform hielt nicht allzu lange. Bereits 1963 wurden die Istiqlal-Vertreter aus der Regierung entfernt, und bei kurz darauf erfolgten Parlamentswahlen ging auch die UNFP in die Opposition. Die königstreue FDIC (Front pour la Défense des Institutions Constitutionelles) erlangte jedoch keine klare Mehrheit. Diese etwas unsichere politische Situation dauerte längere Zeit an, im Juli 1963 wurden sogar die UNFP-Führer verhaftet, wie schon zuvor einige Istiqlal-Politiker, denen man Korruption vorwarf. Klugerweise zog sich der König aus der Schußlinie zurück und verzichtete auf den Posten des Regierungschefs. Er begnügte sich damit, ihm ergebene FDIC-Mannen am Ruder zu lassen.

Marokkos Innenpolitik glich in jenen Jahren der der französischen Vierten Republik. Parteienhader, Instabilität und auch erhebliche wirtschaftliche Schwierigkeiten sowie soziale Unrast kennzeichneten die Lage. Dazu gesellten sich außenpolitische Probleme, ein Grenzkrieg mit Algerien um die erdölreiche Gegend bei Tindouf, der allerdings schnell durch ein Vermittlungsverfahren der Organisation für Afrikanische Einheit beigelegt wurde.

Im Juni 1965 hatte Hassan (zum ersten, aber nicht zum letzten Mal) von der parlamentarischen Monarchie genug. Er löste das Parlament auf, »ein parlamentarisches System, das nur zu sterilen Diskussionen geführt hat . . .« Man glaubte Charles de Gaulle zu hören, der ja politisches Vorbild des Monarchen war. Zuvor hatte Hassan einen besonders diabolischen Schachzug getan, er ließ drei Tage die Parlamentsdebatten live im Radio übertragen. Das Volk war von seinen Vertretern nicht sonderlich beeindruckt und stimmte den Maßnahmen des Königs enthusiastisch zu.

Hassan hatte auch eine verfassungsmäßige »Anleihe« bei de Gaulle aufgenommen, als er in die Verfassung von 1962 den Artikel 35 einfügte, der dem König das Recht einräumt, das Parlament aufzulösen und selbst die Regierungsgeschäfte zu übernehmen, wenn es die Lage erforderte. Bis 1967 sollte Hassan wieder Regierungschef bleiben.

Im Oktober 1965 geschah dann die Ben-Barka-Affäre; der oppositionelle marokkanische Linkspolitiker wurde am hellichten Tag vor der Brasserie Lipp auf dem Boulevard Saint-Germain in Paris entführt. Ben Barka wurde in einer Villa in einem Vorort von Paris tot aufgefunden, seine Häscher hatten ihn vermutlich gefoltert. Die Franzosen bezichtigten des Königs engsten Vertrauten, General Oufkir, der sich zur selben Zeit in Paris aufhielt, das Verbrechen begangen zu haben. Auch einige »subal-

Hassan II. während seiner ersten Rede als Monarch

terne« französische Geheimdienstleute und mehrere zwielichtige Gestalten aus dem »Milieu« waren daran beteiligt.

Die Ben-Barka-Affäre hat damals die Gemüter erregt, sie wurde nie völlig aufgeklärt. Für die Linke war absolut klar, daß Hassan und Oufkir hinter dem Verbrechen standen. Auch Charles de Gaulle übernahm diese Version. Doch zu viele Fragen blieben offen, darunter die wichtigste: Ben Barka war zwar zu einem Held der Linken geworden, insbesondere auch der europäischen, doch in seiner Heimat war er längst diskreditiert, seit er sich im Grenzkonflikt mit Algerien auf die Seite des Feindes geschlagen hatte. In Marokko überwiegen nationalistische Überlegungen innenpolitische Feindschaften – auch für die Linksparteien war Ben Barka zu einer Hypothek geworden, was ihn für den König ungefährlich gemacht hatte. Die Ben-Barka-Affäre belastete auf Jahre die Beziehungen zwischen Marokko und Frankreich und vor allem das persönliche Verhältnis Hassans zu de Gaulle.

Bereits in jenen sechziger Jahren war die innenpolitische Problematik Marokkos vorgezeichnet, die sich später noch verschärft hat. Denn die Kontraste dieses Landes spiegeln sich in seinem politischen System wieder. Die Bevölkerung in den ländlichen Gebieten und in den Gebirgsregionen ist traditionsverhaftet und unterentwickelt, aber dem Herrscherhaus der Alaouiten treu ergeben. Vom modernen Parlamentarismus haben diese Araber und Berber keine Ahnung. Sie mögen wohl dieser oder jener »Königspartei« ihre Stimme geben, was jedoch einzig in der beinahe mittelalterlichen Loyalität der Stämme und Dörfer für den König gründet.

Während also diese ländlichen Marokkaner noch tief in einer »archaischen« Herrschaftsform verwurzelt sind – der König ist ja auch ihr religiöses Oberhaupt –, sind die Intellektuellen und Bourgeois von Rabat, Casablanca und Fes sowie natürlich das Proletariat in den Bidonvilles der Städte für moderne Regierungsformen »anfällig«, die Arbeiter obendrein für jegliche Form von Demagogie. Die parteipolitisch aktiven und lautstarken Elemente, die für ein parlamentarisches Experiment überhaupt in Frage kommen, rekrutieren sich in den Städten, sind aber nur eine Minderheit der Gesamtbevölkerung.

Hassan hat seit Jahrzehnten die Quadratur des Zirkels versucht, seinem Land mit dieser heterogenen Bevölkerung eine funktionsfähige parlamentarische Monarchie zu geben, die disparaten Elemente der marokkanischen politischen Strukturen unter einen Hut oder besser: seine Krone zu bringen.

Ein zusätzlicher Grund für die innenpolitische Problematik Marokkos liegt in der Persönlichkeit des Monarchen. Durchdrungen vom Charisma des Herrschers von Allahs Gnaden ist er gleichzeitig ehrlich und aufrichtig bemüht, seinem Land eine moderne parlamentarische Grundlage zu geben. Obendrein ist Hassan seiner Natur nach »Gaullist« und verliert schnell die Geduld mit Parteien. Politisches Wollen, nämlich der Wunsch nach einem modernen Staatswesen, und sein durch Generationen von königlichen Ahnen konditioniertes Temperament liegen in ständigem Widerstreit und bewirken ein Zwittergebilde: eine halb absolutistische, halb parlamentarische Monarchie.

Man könnte den marokkanischen Zwiespalt auch folgendermaßen ausdrücken: Seine getreuesten Gefolgsleute dienen ihm aus Gründen, die jenseits des Parlamentarismus liegen. Die anderen, die für das von Hassan gewählte System eintreten, möchten den König, wie die gekrönten Häupter Europas, in einen harmlosen konstitutionellen Winkel abschieben.

Marokkos politisches System ist in der Tat für ausländische Beobachter schwer zu ergründen. Viele halten es für einen Anachronismus. Man wirft dem König absolutistische Methoden vor, doch Hassan läßt seinem Volk mehr Freiheiten als die meisten »progressiven« Diktatoren der Dritten Welt. Mißglückt ihm ein parlamentarisches Experiment, hat er in unseren Breitengraden eine schlechte Presse. Man vergißt jedoch, daß Marokko einer der ganz wenigen Staaten der Dritten Welt mit einem Mehrparteiensystem ist. Konfisziert er einmal eine Zeitung, ist in unserem Blätterwald der Teufel los, dabei gibt es im scherifischen Reich eine größere Pressevielfalt und ein breiteres Meinungsspektrum als in den meisten anderen nichtwestlichen

Staaten. Obschon der König auch *commandeur des croyants* ist – Marokko ist keine Theokratie, und Andersgläubige genießen absolute Religionsfreiheit. Hassan ist Oberbefehlshaber der Armee, ernennt Generäle und setzt sie ab – doch das Land ist keine Militärdiktatur. Der König benutzt die Armee als Machtinstrument. Es ist erstaunlich, wie Marokko in den westlichen Medien mit sehr viel strengeren Maßstäben gemessen wird als andere Länder; in dieser Hinsicht gleicht es Israel.

Vor Jahren hatte ich einmal die einzigartige Gelegenheit, den König einige Tage lang auf einer seiner periodischen Reisen in die Provinzen zu begleiten und auf diese Weise direkten Einblick in das Funktionieren dieser Monarchie zu gewinnen. Wir starteten in Ifrane, es war Sommer.

Die bunt uniformierte Palastwache steht unbeweglich in der Morgensonne, während die Chauffeure vergeblich versuchen, aus allen Richtungen anfahrende Autos in eine Reihe zu bringen. Der Vorhof des königlichen Schlosses gleicht einem europäischen Boulevard zur Stoßzeit, wenn wegen einer Strompanne die Ampeln ausfallen.

Ein weißes Cabriolet fährt vor – Diskussionen und Schreie verstummen. Minister und Offiziere eilen herbei: el-Malik, der König. Mit herrischer Gebärde gibt er einige Befehle und verschwindet im Schloß. Daraufhin – o Wunder Allahs – kommt Ordnung in die Wagenkolonne, Nummern werden an die Scheiben geklebt, die Autos hintereinander aufgestellt, und mit einer leichten Verspätung beginnt die Reise in die Südprovinzen.

Staatsgedanke und -philosophie hinter diesen Tourneen haben etwas Mittelalterliches, auch wenn die Durchführung modern ist. So muß Karl der Große die entlegenen Teile seines Reiches besucht haben, um an Ort und Stelle nach dem Rechten zu sehen. »Des Königs Troß« – ein längst vergessener Begriff aus der Geschichtsstunde geht mir durch den Kopf, während Hassans Autokolonne gen Süden fährt. An der Spitze die Motorradfahrer, dahinter der König in seinem Cabriolet, anschließend die Wagen der Minister und des Hofstaates, Funkwagen, Ambulanzen und Wagen mit Gepäck. Nicht nur »le Palais«, die Hofminister, die eigentliche Regierung also, auch die meisten Kabinettsmitglieder folgen dem König. Marokko wird drei Wochen lang per Radio, Telex oder Verbindungsflugzeug regiert. Rabat ist ausgestorben.

Mit über hundert Stundenkilometer rast die Wagenkolonne den Mittleren Atlas hinunter, während Helikopter ständig über der Autoschlange schweben. Am Horizont der schneebedeckte Djebel Ayaschi, am Straßenrand, begeistert »Yahia el-Malik« rufend, die bunte Schar der Dorfbewohner. Hirten blicken von den Hügeln herab, und einige Esel galoppieren erschreckt bergauf.

Frühstückshalt in Midelt. Bunte Zelte in Reih und Glied, das prächtigste, abseits von den anderen, für König und Hof. Hassan zieht sich zurück, während auf den Teppichen vor dem Zelt Tänzerinnen Ihre Majestät unterhalten. Ab und zu eilt ein Höfling herbei und zitiert einen Minister. Die andern machen sich's inzwischen bequem, essen Honiggebäck und trinken Tee, scherzen und umarmen zufällig im Gefolge entdeckte alte Freunde.

Vor den Zelten hat sich das Volk aufgestellt. Aus der ganzen Umgebung ist es herbeigeströmt – zu Fuß, zu Pferd, zu Esel, Kinder auf den Rücken ihrer Mütter, Frauen hinter ihren Männern auf Pferden sitzend –, um den König zu sehen.

Der König hat sein Frühstück beendet und tritt aus seinem Zelt. Tosender Beifall umrauscht ihn, als er sich in sein Auto schwingt und stehend die Huldigung seiner Untertanen entgegennimmt. Nur wer Generationen von Königen unter seinen Ahnen aufweist, nur wer die tiefe Überzeugung besitzt, von Allahs Gnaden zu regieren, kann mit dieser natürlichen Arroganz huldvoll dem Volk zuwinken. Welch ein Kontrast zu den Anbiederungsversuchen von Politikern auf Stimmenfang oder der Illustrierten-Popularität europäischer Könige und Königinnen. Kein Wunder, daß manchen Marokkos Monarchie als Anachronismus erscheint.

Und so fährt Hassan durch das Land. Ab und zu hält er an, setzt sich hinter das Steuerrad eines Jeeps, um auf einem Hügel ein Projekt zu inspizieren. Minister und Offiziere keuchen zu

Fuß hinterher. Hassan läßt sich Pläne zeigen, Modelle vorführen, kritisiert, lobt, gibt Anweisungen und Ratschläge und notiert sich die Namen jener Beamten und Ingenieure, die bei nächster Gelegenheit einen Orden erhalten werden. Und schon geht's weiter – schließlich will er ja 2500 Kilometer in drei Wochen zurücklegen.

Hassans Popularität ist offensichtlich, spontan und unorganisiert. Wer die immer wieder von lokalen Parteibonzen der Einheitspartei angefachten skandierenden Sprechchöre kennt, die in den Präsidialregimes Afrikas an der Tagesordnung sind, kann vom Fehlen organisierter Volksbegeisterung nur überrascht sein. Offensichtlich ist es niemandem in den Sinn gekommen, vor Hassans Ankunft Fahnen zu verteilen, und so hängen an vielen Balkonen und Hofmauern nur Teppiche und bunte Tücher. Die Triumphbögen sind zumeist aus Palmwedeln improvisiert, und jeder brüllt Hochrufe, wenn es ihm gerade paßt.

Nur einmal während der Reise werden die Offiziere der königlichen Garde, mit denen ich ein beinahe kameradschaftliches Verhältnis bekommen habe, nervös. Wir sind im Wüstenstädtchen Rissani, dem Geburtsort der Dynastie der Alaouiten, wo der König die Gräber seiner Ahnen besucht. Plötzlich kommen einige Kleinbusse angefahren. In jedem Fahrzeug sitzen ein halbes Dutzend gleich gekleideter und verschleierter Frauen – Harem, Witwen des Vaters und ihr Hofstaat.

»Nicht photographieren«, rufen die Offiziere. Gehorsam schließe ich die »Rollei«, doch das Geräusch des zuklappenden Deckels wird mir zum Verhängnis. »Sie haben doch geknipst«, herrscht mich ein Offizier an. Vergeblich versuche ich ihm zu erklären, daß es nur der Sucher der Kamera war. Wenn es um des Königs Harem geht, verstehen die Marokkaner keinen Spaß. Mein Film wird konfisziert.

Der Zwischenfall ist bezeichnend. Hassans Privatleben ist tabu, und auch der einstige Playboy hält sich an die Familientradition. Aus politischen Gründen erkor er seine Gemahlin unter den Töchtern einflußreicher Berberchefs, und er weiß nur zu gut, daß ein wichtiges Element seines politischen Einflusses und seines Charismas davon abhängt. Er muß die Rolle des traditionellen Königs ohne Abweichungen spielen, die überwältigende Mehrheit des Landes erwartet dies von ihm.

Um noch einmal kurz auf das Wüstenstädtchen Rissani, die Wiege der Alaouitendynastie, zurückzukommen. Vielleicht liegt hier auch eine Triebfeder für Hassans Westsahara-Politik: Die sentimentale Verhaftung mit dieser Wüstengegend, aus der seine Ahnen aufgebrochen waren, um ein Reich und eine Dynastie zu gründen.

Ich konnte den König nicht während seiner ganzen dreiwöchigen Tournee begleiten, sondern mußte wieder zurück nach Rabat, vom Sahararand ein nicht ganz leichtes Unterfangen. Ein jovialer Oberst aus des Königs Troß bot mir an, in seiner »Beechcraft« zurückzufliegen. Er müsse wegen eines Polo-Matches in die Hauptstadt zurück. Ich nahm natürlich dankend an, wir flogen zwei Stunden, plauderten über alles und nichts, bewunderten Marokko von oben, wie es im Zeitalter der Düsenriesen nur noch aus einem Kleinflugzeug möglich ist. In Rabat angekommen, lud er mich zum Polo-Turnier ein. Wirklich ein reizender Mensch, dieser Colonel Medbouh, dachte ich, als wir uns verabschiedeten. Fünf Jahre später sollten sich unsere Wege wieder kreuzen. Im Sommerpalästchen des Königs in Skhirrat an der Atlantikküste fand im Juli 1971 ein Umsturzversuch statt. Der König feierte gerade mit Hunderten von Gästen ein Fest, als 1400 Kadetten das Haus stürmten. Rund 100 Menschen wurden getötet, der König entkam dank seiner Kaltblütigkeit (oder war es *baraka*, das schicksalhafte Glück?). Der Anführer der Rebellen war kein anderer als mein jovialer Oberst Medbouh. Ich wurde vom Schweizer Fernsehen nach Rabat geschickt, um über die Hintergründe des Putsches zu berichten. Medbouh wurde kurz darauf standrechtlich erschossen.

Skhirrat war ein Schock für Hassan, und er machte sich daran, die Armee wieder in die Hand zu bekommen. Größte Hilfe leistete ihm dabei der starke Mann des Regimes, General Oufkir, mit dem sich der König seit seiner Jugend eng verbunden fühlte.

Nach Skhirrat war die Macht des Generals womöglich noch gewachsen. Im Juli 1972 verbrachte der Monarch einige Ferienwochen in Frankreich. Auf dem Rückweg machte er eine kurze Zwischenlandung in Barcelona, um mit dem spanischen Außenminister zu essen. Dann flog die königliche Boeing 727 weiter mit Kurs auf Rabat. Doch über Tetuan erschienen plötzlich vier Jagdflugzeuge der marokkanischen Luftwaffe und eröffneten das Feuer. Das Flugzeug wurde stark beschädigt, zwei der drei Motoren fielen aus. An Bord gab es Verletzte. Auch diesmal bewies Hassan seine *baraka*. Kaltblütig setzte er sich auf den Sitz des Funkers und nahm mit den Angreifern Kontakt auf. Der König sei tot, vermeldete er, jetzt dürfe man doch nicht auch noch unschuldige Leben opfern. Die Jäger drehten ab, die Boeing landete mit einem Motor in Rabat. Der »Kopf« der Rebellion soll Oufkir gewesen sein. Vom König mit den Beweisen konfrontiert, habe er sich im Palast von Rabat eine Kugel in den Kopf geschossen.

Hassan war Ende 1972 auf einem politischen Tief angelangt, seine Freunde waren offensichtlich zu Verrätern geworden, mit der parlamentarischen Monarchie klappte es auch nicht so recht, die Wirtschaftslage verschlechterte sich zusehends, man gab eigentlich nicht mehr viel auf sein politisches Überleben.

Der König ging nun daran, systematisch sein Prestige aufzupolieren. Im März 1973 wurde ein Teil der Wirtschaft »marokkanisiert«, ausländischer Landbesitz konfisziert. Das war in Marokko populär, doch die Franzosen, denen die Ländereien gehörten, waren verschnupft. Es kam zu einer Abkühlung der Beziehungen zu Paris, die seit der Ben-Barka-Affäre ohnehin belastet waren. Im Oktober desselben Jahres unternahm Hassan auch einen Versuch, sich mit den revolutionären Arabern besserzustellen: Er entsandte im Jom-Kippur-Krieg Armeeinheiten nach Ägypten und auf die Golanhöhen.

Innenpolitisch profitierte Hassan von einer außenpolitischen Krise: Der Konflikt mit Spanien über die Zukunft der Westsahara spitzte sich zu. Alle Marokkaner sind der Ansicht, dieses Territorium rechtens zu beanspruchen. Die Vereinten Nationen jedoch und auch der Internationale Gerichtshof in Den Haag tendierten eher für das Selbstbestimmungsrecht der dortigen Bevölkerung. Im Grunde weiß niemand so recht, wie viele »Sahraouis« es überhaupt gibt. Der König machte auch einige innenpolitische Gesten und entließ inhaftierte Politiker der Oppositionsparteien aus den Gefängnissen.

Im Oktober 1975 unternahm der König einen weiteren Schachzug: den »Grünen Marsch« in die von Spanien gerade freigegebene Westsahara. 350 000 unbewaffnete Männer marschierten südwärts. Am 9. November hielt Hassan, der sich auch zeitweilig an die Spitze der Marschierer gesetzt hatte, an. Am 14. November wurde in Madrid ein Vertrag zwischen Spanien, Marokko und Mauretanien unterzeichnet, in dem sich Spanien zum Rückzug seiner Truppen aus der Sahara verpflichtete und das Territorium einer gemeinsamen marokkanisch-mauretanischen Verwaltung übergab.

Das war nun nicht nach dem Geschmack der Algerier, die am 27. Februar 1976 die »Sahraoui-Arabische Demokratische Republik« (SADR) ins Leben riefen und deren Guerillatruppen ausbildeten und bewaffneten. Damit waren Marokko und Algerien wieder einmal auf Kollisionskurs angelangt, denn Algier geht es ja weniger um die Sahraouis, als darum, einen Zugang zum Atlantik zu erhalten und Marokko in die Zange zu nehmen. Darüber jedoch mehr im Schlußartikel über die Aussichten eines Vereinigten Maghreb. Für den Moment hatte jedoch der »Grüne Marsch« das Volk in Enthusiasmus versetzt, Hassan bekam populären Rückenwind.

Später allerdings sollte sich der Krieg in der Sahara für Marokkos Wirtschaft verheerend auswirken, auch wenn Saudi-Arabien und die USA Hassan mit Dollars unter die Arme griffen. Doch die Dürre, die das Königreich seit den späten siebziger Jahren heimsuchte, verschäfte die wirtschaftlichen Schwierigkeiten noch mehr. Auch mit der »Demokratisierung« wollte es nicht so recht klappen, Wahlen wurden angesetzt, dann wieder verschoben. Jedesmal, wenn Subsidien gekürzt wurden, kam es zu Unruhen. Die schwersten, im Januar 1984, sind noch in

Erinnerung. Studenten gingen wegen erhöhter Studiengelder, das Volk wegen zu hoher Nahrungsmittelpreise auf die Straße. Genau wie Bourguiba in Tunis, wo es ebenfalls zu »Brotunruhen« gekommen war, mußte auch Hassan in einer Fernsehansprache die Preiserhöhungen rückgängig machen.

Im Jahre 1984 kam es aber auch zu einer Konsolidierung: Erstmals seit langem wurden Parlamentswahlen durchgeführt, die zu keinerlei Beanstandungen Anlaß gaben. Sogar die Linksparteien mußten zugeben, daß alles mehr oder weniger mit rechten Dingen zugegangen sei, obschon die Linke, deren Hauptvertreter die USFP (Union Socialiste des Forces Populaires) von Abderahim Bouabid ist, erst an dritter Stelle kam. Die zwei größten Fraktionen sind »Königsparteien«, die »Union Constitutionelle« (UC), des früheren Ministerpräsidenten Maati Bouabid und das »Rassemblement National des Indépendants« (RNI), die Partei von Ahmed Osman. Wir können hier nicht alle Resultate aufzählen, in Marokko gibt es augenblicklich 14 (!) politische Parteien, ein Unikum in einem Land der Dritten Welt.

Die Gewinne der Linken gingen weitgehend auf Kosten des Istiqlal, der unaufhaltsam an Terrain verliert. Und so hat Marokko seit Anfang 1984 ein mehr oder weniger repräsentatives Parlament und eine Regierung, die einigermaßen die Kräfteverhältnisse widerspiegelt. Hassan ist in seinen Bestrebungen, eine parlamentarische Monarchie zu schaffen, einen Schritt weitergekommen. Das heißt natürlich nicht, daß er an Macht verloren hätte: Nach wie vor ist »le Palais« der Ort, wo die wichtigen Entscheidungen getroffen werden. Der König bleibt eben auf seine Weise der zentrale Faktor, um den sich alles dreht, und zwar nicht wegen eines Polizeiapparates, der zwar existiert und mit Gegnern nicht eben zimperlich umgeht, sondern aus der monarchischen Mystik heraus. Ein Journalist, der politisch das Heu keineswegs auf der gleichen Bühne wie Hassan hat, meinte einmal: »Wenn morgen der König die Republik ausrufen würde und als Präsident kandidierte, bekäme er ohne den geringsten Wahlbetrug 99 Prozent der Stimmen.

Doch da er gerissen ist, würde er einen kleineren Prozentsatz veröffentlichen, damit niemand behaupten könne, er habe gemogelt.«

Dies trifft weitgehend die marokkanische Realität. Die Faszination des Königs ist unbestreitbar, und zwar auf alle Kreise. Abderrahim Bouabid, seit Jahrzehnten einer der wichtigsten Führer der Linken, ist ein Beweis dafür. Ich habe diesen klugen und von keinem Korruptionsvorwurf je befleckten (was in Marokko etwas heißen will) Rechtsanwalt vor über zwei Jahrzehnten kennengelernt. Er war nie besonders milde mit dem König, saß zwischendurch auch im Gefängnis, doch nach den Wahlen von 1984 machte er in der Übergangsregierung mit. Im Saharakonflikt steht der Sozialist in nationalistischem Eifer keinem seiner Landsleute nach.

Abdallah Laraoui ist einer der führenden Intellektuellen und Historiker Marokkos. Seine Bücher *L'Idéologie arabe contemporaine*, *La crise des intellectuels arabes* und *L'Histoire du Maghreb* gehören schon beinahe zu den Klassikern. Laroui steht links, kritisiert den König und das marokkanische Regime schonungslos. Er ist mit der Tochter eines ehemaligen Ministers verheiratet, die aus einer der traditionsreichsten Familien von Fes stammt. Laraoui wurde als Universitätslehrer kaltgestellt, man hatte Angst vor seinen »subversiven« Ansichten. Noch im Sommer 1984 verbrachten wir zwei Abende in angeregtem Gespräch – er war nicht subversiv (wenigstens nicht aus meiner Sicht), sondern von einer kalten analytischen Logik, die vor dem Regime nicht haltmacht, aber ebenso scharf mit gewissen linksideologischen Strömungen ins Gericht ging. Ein Intellektueller, der sich als Beobachter seiner historischen und sozialen Umwelt fühlt. Wie verblüfft war ich, als im Herbst desselben Jahres eine Zeitung berichtete, Laraoui sei im Auftrag des Königs durch die Hauptstädte Europas gereist, um dort die Hintergründe der Union zwischen Marokko und Libyen zu erklären. Auch das ist typisch für dieses Land: Der König ruft, der oppositionelle Intellektuelle kommt – und kann sich der Faszination von Hassan nicht entziehen.

Um noch ein marokkanisches Paradox zu erwähnen: In den Wahlen von 1984 wurde auch ein Jude, Jo Ohanna, ins Parlament gewählt. Und zwar, wie er betonte, »nicht als Vertreter der jüdischen Gemeinschaft, sondern ganz einfach als Abgeordneter, der Jude ist«. Was die ganze Sache noch viel erstaunlicher macht, ist die Tatsache, daß Jo Ohanna, der zwar Geschäftsmann ist, zu den Gründungsmitgliedern der sozialistischen Partei gehörte, ein enger Freund von Mehdi Ben Barka war und bereits zweimal wegen »staatsfeindlicher Umtriebe« im Gefängnis gesessen hatte. Hassan hat ihn erst im August 1984 begnadigt. Vermutlich als Dank dafür kandidierte der ehemalige Linke auf der Liste einer der Königsparteien, der »Union Constitutionelle«.

Marokko ist das einzige arabische Land mit einem jüdischen Parlamentsabgeordneten. Und der Vorsitzende der jüdischen Gemeinschaft ist vom König mit dem höchsten Orden dekoriert worden – als Jude. Aber auch zu Israel hat Hassan eine Beziehung, die sich von anderen arabischen Staaten unterscheidet. Spätestens seit Mosche Dayans *Die Mission meines Lebens* erschienen ist, weiß auch eine breitere Öffentlichkeit um die Rolle, die Hassan beim Zustandekommen des ägyptisch-israelischen Friedens gespielt hat. Die Vorverhandlungen fanden unter seiner Ägide statt, Mosche Dayan traf sich insgesamt dreimal mit dem König und Vertretern von Sadat in Marokko.

Schon Jahre zuvor hatte Hassan sich für einen Verhandlungsfrieden in Nahen Osten eingesetzt und den Zorn rabiater Araber auf sich gezogen. In einem Interview erklärte er sogar, daß »jüdisches Genie sich mit arabischen Petrodollars zusammentun sollte, um den Nahen Osten zum Blühen zu bringen«. Im Mai 1984 erregten sich die Araber erneut, als der König ein weiteres Zeichen setzte. Zum Jahreskongreß der marokkanischen jüdischen Gemeinschaften in Rabat wurde eine israelische Delegation von 35 Mitgliedern, darunter mehrere Parlamentsabgeordnete, eingeladen. Auch die Spitze des Jüdischen Weltkongresses war zugegen. Und im Rabat-Hilton gab Kronprinz Sidi Mohammed zu ihren Ehren ein festliches Bankett, an dem auch mehrere

Kabinettsmitglieder teilnahmen. Die Syrer und andere radikale Araber liefen natürlich Sturm, doch heißt es, daß Hassan zuvor Rückendeckung bei Saudi-Arabien und Jordanien eingeholt habe.

Der Kongreß hatte ursprünglich in Fes stattfinden sollen, doch Hassan sah darin eine zu große Provokation der arabischen Staaten. Schließlich ist der König Vorsitzender des Komitees »Al Quods« zur Befreiung Jerusalems, das seinen Sitz in Fes hat. Damit wurde aber ebenfalls ein Zeichen gesetzt, das die Israeli hoffentlich verstanden haben: Auch für einen Hassan ist der Gedanke unerträglich, daß die Omar-Moschee und Al-Aksa unter israelischer Souveränität sind. Schließlich fühlt er sich seinem Urahn, dem Propheten Mohammed, verpflichtet.

Offensichtlich ist Hassan jedoch, durch den Erfolg bei der Vorbereitung der Reise Sadats nach Jerusalem ermutigt, bereit, weitere Initiativen im Nahen Osten zu ergreifen. Für 1985 war zum 850. Geburtstag von Moses Maimonides (1135–1204), dem jüdischen Universalgelehrten, der gleicherweise in jüdischer und arabischer Kultur verhaftet war und in Spanien, Marokko und Ägypten gelebt hatte, in Fes ein internationales Kolloquium geplant. Die Idee war ursprünglich vom ehemaligen Generalsekretär des Jüdischen Weltkongresses, Gerhart M. Riegner, der UNESCO unterbreitet worden, die zusammen mit den Staaten, in denen Maimonides gelebt und gewirkt hat, ebenfalls aktiv werden will. Noch bevor der etwas schwerfällige Apparat der UNESCO sich in Bewegung setzte, hatte der marokkanische Staatsminister Moulay Ahmed Alaoui anläßlich der Konferenz von Rabat die Idee aufgegriffen und Juden und Araber aufgerufen, eine »Vereinigung der Söhne Abrahams« zu gründen und den Dialog zwischen den beiden Religionsgemeinschaften zu fördern. Und da Moulay Ahmed Alaoui ein Verwandter von Hassan ist, darf man annehmen, daß der König dieser Idee positiv gegenübersteht. Solche symbolische Gesten dürfen in Marokko nie unterschätzt werden. Ebensowenig wie die Äußerung Hassans in einem Rundfunkinterview, daß, wenn Khomeinis Form der wahre Islam sei, es besser wäre, Atheist zu sein. Ein deutliches Wort für einen Abkömmling des Propheten und *commandeur des croyants.*

1984 war somit ein Jahr der Konsolidierung für Marokko und dessen Herrscher. Innenpolitisch war wieder Ruhe eingekehrt, mit der Wirtschaft ging es etwas aufwärts; Hassan hatte bewiesen, daß er auch noch nach 33 Jahren Herrschaft die Zügel fest in der Hand hält. Aus dem einstigen Playboy ist ein echter Landesvater geworden, ein ungemein kluger, willensstarker, verwöhnter, von sich eingenommener, keine Kritik duldender Herrscher, eine Mischung von Papst und de Gaulle.

Mittelalterliches Gottesgnadentum und marokkanische Tradition vermischen sich mit moderner Technokratie und westlicher Zivilisation – eine mehr oder weniger gelungene Synthese, die auch für die marokkanische Oberschicht gilt.

Hassans Regime birgt aber auch potentielle Gefahren. Bislang hat seine *baraka,* das schicksalhafte Glück, gehalten, doch ist das keine Garantie dafür, daß nicht einmal ein Attentat glücken könnte. Abgesehen von dieser dramatischen Gefahr, gibt es profanere politische Risiken. Der König ist zu direkt in die Politik involviert, die Regierung ist ihm gegenüber – und nicht dem Parlament – verantwortlich. Somit trägt er in letzter Instanz immer die Verantwortung. »Und wenn's mal nicht regnet, ist auch der König schuld«, meinte bitter-ironisch einer seiner Getreuen. Vorläufig ist die Gefahr nicht akut, denn gerade im Volk herrscht noch die sprichwörtliche Ansicht vor, wann immer etwas schiefgegangen ist: »Der König hat sicher nichts davon gewußt, seine Minister waren ganz einfach nicht auf der Höhe.« Wie lange diese Einstellung sich hält, ist eine andere Frage.

Der 56jährige Monarch hat fünf Kinder. Kronprinz Mohammed ist 22 Jahre alt und wird auf die Nachfolge vorbereitet. Er hat zwei jüngere Schwestern, Asmaa und Hasnaa, und einen Bruder, den kleinen Prinz Moulay Raschid. Die ältere Schwester von Mohammed, Prinzessin Lalla Meriem, hat im November 1984 in Fes einen Bankier geheiratet, der momentan in den Vereinigten Staaten arbeitet. Also einen ganz modernen jungen

Mann. Doch die Hochzeit zeigte wieder einmal die marokkanische Verknüpfung mit der alten Tradition. Tagelang wurde in Fes gefeiert, denn zusammen mit seiner Tochter zelebrierte Hassan die Trauung von 250 Paaren, die aus allen Teilen des Landes und allen sozialen Schichten stammten. Die Prinzessin und die anderen Bräute unterzogen sich allen traditionellen Zeremonien, ließen ihre Hände mit Henna rot färben, tanzten nach den alten Hochzeitsrhythmen, ließen sich von den »Negaffates«, den traditionellen Heiratsvermittlerinnen, die in der Folklore eine große Rolle gespielt hatten und allen Alkoven-Klatsch kennen, betreuen, in die Prunkkaftane kleiden, frisieren und schminken. Orchester spielten, Folkloregruppen tanzten, die größte Reiterfantasia seit dem Besuch der englischen Queen wurde abgehalten, und zum Schluß defilierten 5000 junge Leute aus dem ganzen Land vor den jungen Paaren, um ihnen unter dem stolzen Blick des Braut- und Landesvaters Hassan Glück zu wünschen. Das Spektakel wurde natürlich vom Fernsehen übertragen. Das Volk war begeistert, und Hassan hatte einmal mehr sein psychologisches Geschick bewiesen. Er wird es auch in Zukunft benötigen.

Mohammed Oufkir – des Königs General und Teufel

Auf den vorangegangenen Seiten war öfter von General Oufkir die Rede gewesen, der bis zu seinem mysteriösen »Selbstmord« nach dem ebenso geheimnisumwitterten Flugzeugattentat auf Hassan II. vom August 1972 während anderthalb Jahrzehnten eine führende Rolle in Marokkos Politik gespielt hat. Deshalb sei diese Persönlichkeit näher beschrieben, ist sie doch in mehrfacher Hinsicht exemplarisch für die marokkanische Politik, deren Drahtzieher und Methoden.

Von Mohammed Oufkirs Tod lagen widersprüchliche Meldungen vor, fest stand lediglich, daß ihm eine Buhmann-Rolle postum auf den Leib geschrieben wurde. König und Minister ließen prompt durchblicken, daß er der eigentliche Verantwortliche für die verschiedensten Übeltaten des Regimes gewesen sei.

Oufkirs Rolle ist nur auf dem Hintergrund der marokkanischen Monarchie verständlich, dieser einmaligen Mischung von Tradition und Moderne. Man muß ganz einfach gesehen haben, wie Hassan mit den Fingern schnippte, um einen Minister herbeizurufen. Kein europäischer Kellner würde reagieren, wenn ihn ein Gast auf diese Weise bestellte. Doch auch ein Oufkir eilte herbei und küßte die Hände des Monarchen.

Diese Monarchie, abgekapselt vom Volk, war Oufkirs Welt, die Intrigen und Machtkämpfe jenseits der »offiziellen« Politik das Parkett, auf dem er sich bewegte, Hassan, Abkömmling des Propheten, sein Herrscher. Sowenig Marokkos Königtum in europäische Schablonen zu pressen ist, so falsch wäre es, Oufkir in unsere Kategorien einordnen zu wollen. Das wurde mir eindrucksvoll bewußt, als ich ihn einmal im Süden, an der Saharagrenze, traf, der Heimat der königlichen Dynastie wie auch Oufkirs. Hier wurde diese typisch marokkanische Verbindung zweier Welten klar. Die schwarze Djellaba, lässig um seinen

Körper drapiert, lag er mit der Grazie eines Panthers im Zelt des Kaid von Erfoud – sein Vater war Kaid des in der Nähe gelegenen Fleckens Boudenib gewesen. Mit derselben Selbstverständlichkeit hatte er am Vortag im Palast von Ifrane, der Sommerresidenz des Königs, die elegante Generalsuniform getragen oder mich bei einem früheren Besuch in seiner Villa in Rabat im europäischen Maßanzug empfangen. Denn Oufkir, wie so viele Marokkaner, war ohne die geringsten Komplexe ein Mensch beider Welten, der traditionellen und der europäisch-französischen. Von »Selbstentfremdung«, von der *aliénation*, diesem Modewort der Dekolonisation, hatte er offensichtlich nie etwas gehört. Ein hageres, braungebranntes Berbergesicht von merkwürdiger Asymmetrie. Die eng beieinanderliegenden Augen gaben ihm etwas unvertraut Verschlagenes – trug er deshalb so oft die Sonnenbrille? Aus einem anderen Blickwinkel wiederum hatte sein Profil beinahe edle und sensible Züge.

Oufkir war zuerst einmal Offizier. Benjamin seiner Promotion, war er mit Auszeichnungen aus der französischen Militärakademie von Meknes hervorgegangen. Freiwilliger in Italien im Zweiten Weltkrieg, dann in Indochina, wo er bewies, daß er es an Hinterhältigkeit und List sogar mit den Vietminh aufnehmen konnte. Die Soldaten vergötterten ihn nicht nur wegen seiner Bravourstücke, besonders wurde seine Fürsorge und Anteilnahme für den gewöhnlichen Soldaten hervorgehoben. Er war der geborene Truppenführer, bei dem sich der Instinkt des Wüstensohnes mit der französischen Ausbildung verband.

Der Oberkommandierende in Indochina, Boyer de la Tour, zum Generalresidenten in Marokko ernannt, nahm ihn als Adjutant mit. Oufkir spielte eine wichtige Rolle bei der Rückkehr von Mohammed V. aus dem Exil in Madagaskar; damit begann seine Karriere am Hof. Er avancierte und wurde bald zum Vertrauten des damaligen Kronprinzen Moulay Hassan.

Die weiteren Etappen, die ihn zum starken Mann neben dem Thron werden ließen, sind bereits bekannt. Sein Charakterbild profilierte sich, besonders nachdem sich im Gefolge der Ben-Barka-Affäre die Weltpresse für ihn zu interessieren begann:

Chef der Sicherheitskräfte, persönlich an hochnotpeinlichen Verhören von Regimegegnern teilnehmend oder einem Rifrebellen, der eine Handgranate gegen Hassans Helikopter werfen will, die Kehle durchschneidend. Oufkir hat die Unruhen von Casablanca, 1965, blutig niedergeschlagen; seit jenem Jahr war er der erste Vertraute des Königs, für den er stets die »schmutzige« Arbeit durchführte. Nach dem Putsch von Skhirrat wurde er Armeeminister und Generalstabschef. Er war gefürchtet, unpopulär und ein echter Wüstensohn; großzügig gegenüber Freunden, grausam und verschlagen gegen die eigenen oder seines Königs Feinde.

Er verfügte über keine politische Hausmacht, besaß nur wenige Freunde. Sogar seine Stammesgenossen, die Berber, massakrierte er rücksichtslos, wenn es sein König oder die Staatsraison verlangte, ebenso wie er seine ehemaligen Kameraden aus der Militärakademie oder den Offiziersmessen hinrichtete. Er galt als der treue Gefolgsmann seines Monarchen, der ihm Kompetenzen und Macht delegierte. In einer sybaritischen Gesellschaft, wie sie die marokkanische Oberschicht und auch Teile des Hofes darstellen, erschien er beinahe als Asket, der sein Leben dem Dienst an der Monarchie gewidmet hatte.

Es liegt jedoch in der Natur des Herrscher-Paladin-Verhältnisses, daß beide durch ihre Taten und Geheimnisse aneinandergekettet werden. Je mehr Hassan Oufkir brauchte, desto stärker wurde des Generals Einfluß auf den Monarchen. Wer des Königs Charakter kennt, weiß, wie sehr ihm eine solche Situation zuwider sein mußte.

Nach Oufkirs Tod hieß es, er habe versucht, den König aus der Welt zu schaffen und sich selber zum Regenten neben dem damals noch minderjährigen Kronprinzen aufzuschwingen. Aus dem Getreuesten der Getreuen wurde der perfide Verräter. Die Anklage entsprach durchaus der komplexen Persönlichkeit Oufkirs. Sollte er wirklich hinter dem Attentat auf Hassan gestanden haben, stellt sich die Frage nach den Motiven: Hybris, Machthunger oder echter Patriotismus, die Einsicht etwa, daß das Regime sich unfähig zeigte, aus den eingefahrenen Gleisen herauszukommen? Es hieß damals, der General, lange Zeit Buhmann Nummer eins der marokkanischen Linken, habe in den Monaten vor seinem Tod Kontakte zu Teilen dieser Kreise geknüpft, die plötzlich ihr Oufkir-Bild revidiert hätten.

Er besaß den Orden der französischen Légion d'honneur, das Croix de guerre, zwölf Ehrenmeldungen – und war von einem Pariser Gericht wegen der Ben-Barka-Affäre zu lebenslänglichem Gefängnis verurteilt worden. Sein König gab ihm die höchste Machtfülle im Staat – und bezichtigte ihn dann, seinen Tod geplant zu haben. Alle Missetaten des Regimes wurden ihm in die Schuhe geschoben.

Oufkir wurde auf dem Friedhof seines Heimatortes begraben, ohne Gebete, wie es die moslemische Tradition für Selbstmörder fordert. Seine Familie soll jedoch die Uniform besitzen, die beweise, daß die Einschüsse von hinten kamen. Trotz der offiziellen Version und allen Indizien – die Spekulationen blieben wach, wonach im Palast noch andere Kräfte am Werk waren, die des Königs Allmacht beschränken wollten und die Gelegenheit am Schopfe ergriffen, sich nach dem Flugzeugattentat Oufkirs zu entledigen. Denn dadurch wurde Hassan ernstlich geschwächt.

Oufkirs Ende war genauso geheimnisumwittert wie manche Etappen seines Lebens. Es gab Fragen, die nicht beantwortet wurden. Ja, ein Jahrzehnt später kam man auf sie zurück. Am 25. Januar 1983 wurde (so die offizielle Version) General Ahmed Dlimi, wie einst Oufkir Oberkommandierender der Armee und starker Mann des Regimes, Opfer eines Verkehrsunfalls. Er kam gerade von einer Audienz bei Hassan.

Bald zirkulierten jedoch andere Versionen. Man sprach von Explosionen, die am Unfallort gehört worden seien. Der Korrespondent von *Le Monde*, der Zweifel an der offiziellen Verlautbarung über Dlimis Tod äußerte, wurde verhaftet und erst nach persönlicher Intervention von François Mitterrand freigelassen und sofort des Landes verwiesen.

Es hieß, Dlimi habe den Saharakrieg gegen die Polisario kritisiert und Kontakte zu oppositionellen Kreisen aufgenommen.

Dlimi, als oberster General des Landes, war auch enger Vertrauter von Hassan – wie einst Oufkir. Doch die Parallelen gehen noch weiter. Dlimi war nämlich Oufkirs engster Vertrauter gewesen, was so weit ging, daß er sich während der Ben-Barka-Affäre freiwillig dem Pariser Gericht stellte, das ihn zu einer mehr oder weniger symbolischen Gefängnisstrafe verurteilte.

Bei Oufkirs Tod hat Dlimi eine undurchsichtige Rolle gespielt, die um so mysteriöser wurde, als er auf geradezu wundersame Weise vom »Selbstmord« seines ehemaligen Chefs und Freundes profitierte. Dlimi war bei jener Audienz im Palast anwesend, wo Oufkir sich auf selbstmörderische Weise in den Rücken geschossen hat!

Vielleicht wird die Zunkunft Licht in die wirklichen Vorgänge bei Oufkirs und Dlimis Tod bringen – beide Vorfälle werfen jedoch ein grelles Schlaglicht auf die marokkanische Monarchie und auf das Verhältnis Hassans zu seinen Generälen: Die Armee ist eine der wichtigsten Stützen des Regimes, vorausgesetzt, daß ihre Spitze nicht zu mächtig wird.

Algerien

Ungeliebtes Erbe des Kolonialismus

Aus der Ferne und insbesondere nachts sieht Algier immer noch aus wie zur Zeit der Franzosen. Der Hafen hat dieselben Piers und Hallen, die Häuserfassaden entlang der Boulevards, jetzt nach »Märtyrern« des Befreiungskrieges benannt, sind dieselben wie vor 25 Jahren, und wie Terrassen gestaffelt ziehen sich die Straßenzüge den Hügel hinauf, der seit November 1984, dem 30. Jahrestag des Befreiungskrieges, von einem kolossalen Monument dominiert wird. Es symbolisiert eine Flamme und beherbergt eine Krypta, eines Tages soll es einen ganzen Komplex von Ausstellungsräumen, Versammlungslokalen, ein Militärmuseum, Theater, Kinos und Restaurants umfassen. Eine kanadische Baufirma hat diese Gedächtnisstätte gerade noch rechtzeitig für die Feierlichkeiten des 1. November 1984 fertiggestellt.

Sobald man jedoch in die Stadt hineinfährt, werden die Unterschiede zu früher deutlich: Algier ist übervölkert, schmutzig, die Fassaden der im Kolonialstil erbauten Häuser bröckeln ab, die Straßen sind chronisch von Autos verstopft. Von einer halben Million im Jahre 1961 ist die Zahl der Einwohner jetzt auf drei Millionen hinaufgeschnellt, doch die Infrastruktur ist dieselbe geblieben, somit ungenügend. In den meisten Stadtteilen hapert es mit der Wasserversorgung, der öffentliche Verkehr ist total überfordert, an Taxiständen stehen Schlangen, Wartezeiten bis zu einer Stunde sind keine Ausnahme.

Das einstige »Aletti«, seit 1984 in »Es-Safir« umgetauft, das aus der Franzosenzeit bekannte Luxushotel, hat lediglich die fünf Sterne behalten, ansonsten ist es recht heruntergekommen. Höher als bis zum dritten Stock kommt das heiße Wasser nicht, und als ich endlich ein tiefergelegenes Zimmer erhielt, fehlte der Stöpsel für die Badewanne. In keinem der Zimmer, die ich zugeteilt bekam, funktionierten die Fensterläden, selbst die Fenster konnten nicht geschlossen werden, es fehlte ganz einfach immer ein Stück des Schlosses. Doch für die Übernachtung bezahlte ich ebensoviel wie einige Monate zuvor im »Cumberland« an der Marble Arch in London! Für ein lieblos zubereitetes und nur mit dem Minimum garniertes Couscous, von einem schlechtgelaunten Kellner hingeschmettert, verlangt man in einem sogenannten »guten« Restaurant mit etwas Wein 70 bis 80 Mark. Das hängt mit dem völlig irrealen Wechselkurs für den algerischen Dinar zusammen. Kein Wunder, daß in den Hotels keine Touristen anzutreffen sind, nur Geschäftsleute und Parteibonzen. Doch von der Wirtschaft und dem Tourismus ist später noch die Rede, hier ging es lediglich darum, den ersten Eindruck nach der Ankunft zu schildern.

Dieselben Impressionen wie Algier bieten andere einstige Prunkstücke des französischen Kolonialismus. Oran oder Ouahran, wie es jetzt heißt, Constantine, mit jetzigem Namen Qazentina, sind vielleicht nicht ganz so dramatisch übervölkert, zeigen aber dieselben Zerfallserscheinungen. Zwar gibt es allenthalben neuerrichtete Gebäude, in Constantine sogar eine vom brasilianischen Architekten Oscar Niemeyer gebaute imposante Universität, aber das hilft nicht über den deprimierenden Eindruck hinweg, daß in den vergangenen zwanzig Jahren ein Erbe des Kolonialismus verschleudert worden ist, das mit einer anderen Wirtschaftspolitik und Ideologie sinnvoller hätte verwendet werden können.

Die Tragödie Algeriens liegt darin, daß man den Teufel mit dem Beelzebub ausgetrieben hat, mit einem importierten und schlecht verdauten Sozialismus die Sünden des Kolonialismus zu korrigieren versuchte. Eine völlig verfehlte Agrarpolitik führte zum Exodus der Landbevölkerung und zur Überfüllung der Städte. Lediglich die Einnahmen aus Erdöl- und Erdgasexporten haben bisher die Katastrophe verhindert, doch wissen

Basaltformation im Hoggargebirge

alle, daß spätestens um die Jahrtausendwende diese Ressourcen erschöpft sein werden.

Man kann Algeriens heutige Situation nicht verstehen, ohne einen Blick auf die Geschichte zu werfen. Im Gegensatz zu Marokko und Tunesien, die den französischen Kolonialismus nur in kürzerer und »milderer« Form gekannt haben, deren Städte – man denke an die Königsstädte in Marokko, aber auch an Tunis, Kairuan, Sfax und Gabes – weitgehend der eigenen Kultur entsprossen sind, haben die Franzosen während 130 Jahren dem Land ihren urbanen Stempel aufgedrückt.

Nach Erlangung der Unabhängigkeit im Jahre 1962 verließen über eine Million Franzosen das Land, die Städte leerten sich. In Oran gingen alle 300 000 Einwohner, die Stadt war praktisch tot, bis sie sich von neuem mit Menschen füllte – sie zählt heute über 600 000 Einwohner –, die jedoch zu den von den Franzosen errichteten Häusern und Gebäuden keine innere Beziehung haben. Diese Inkongruenz wird in Oran auf dem Platz des 1. November deutlich. Früher hieß er Place Foch, nach dem französischen Marschall. Er wird vom einstigen, 1888 in bestem Kolonialstil erbauten Rathaus beherrscht, dessen Treppe zwei Löwen zieren; auf der anderen Seite steht das Theater (im Fin-de-Siècle-Stil), und im rechten Winkel dazu liegt der Park, wo einst der *cercle militaire*, eine Art Offizierscasino, war. In der Mitte des Platzes erhebt sich eine Statue von Abdel Kader, sie ersetzt allegorische Figuren, die *la France* und *la Gloire* versinnbildlicht hatten.

Natürlich genügt es nicht, die nach französischen Marschällen und Generälen benannten Avenuen umzutaufen, um der neuen Bevölkerung eine innere Beziehung zu den Städten zu geben. Dies erklärt, warum die Algerier ein solch zwiespältiges Verhältnis zu diesem »Erbe« des Kolonialismus haben und, abgesehen von einigen nationalen Prestigebauten, so wenig für dessen Erhaltung tun. Neben dem verheerenden »sozialistischen« Wirtschaftssystem wirken somit psychologische Faktoren – »Bürgerstolz« konnte sich da nicht entwickeln. Und sogar die herumstreunenden Katzen sind ein »Erbe« des Kolonialismus.

In Tunesien haben diese Tiere noch die anmutige Eleganz der Bastet, der ägyptischen Katzengöttin, in Algerien haben die von den Französinnen mitgebrachten »Minous«, die Boulevard-Miezen, ihre Spuren hinterlassen.

»Nous avons revendiqué le passé«, meinte Mohammed Yazid, den ich in Algier besuchte, als ich ihn nach der wichtigsten Errungenschaft der vergangenen zwanzig Jahren fragte. »Wir haben unsere Vergangenheit als unser Eigentum in Anspruch genommen«, der Satz klingt schön, wie es sich ja für den einstigen Informationsminister der algerischen Exilregierung geziemt, der uns in Tunis, an der Rue des Entrepreneurs, dem Sitz der GPRA, den Befreiungskampf so klug und eindrucksvoll »verkauft« hatte. Doch diese Vergangenheit sind Abdel Kader und die »Märtyrer« des Befreiungskrieges, allenfalls noch Jugurtha – aber nicht die von den Franzosen erbauten Städte.

Mohammed Yazid empfing mich am Sitz der Einheitspartei, die sinnigerweise im ehemaligen »Palais du Gouvernement« untergebracht ist. Heute gehört der algerische Staat im eigentlichen Sinne des Wortes der Partei. Yazid hat noch Ehrenposten im Parteiapparat und kümmert sich um Freundschaftsligen mit Staaten der Dritten Welt. Ich hatte das Gespräch mit ihm erbeten, um eine Bilanz zu ziehen. Schließlich waren wir Journalisten in Tunis, die bei der GPRA akkreditiert waren, emotional im Algerienkrieg involviert gewesen, der die Gemüter der Linken und Liberalen damals ebenso bewegte wie später der Vietnamkrieg.

Es ist erstaunlich und zugleich deprimierend festzustellen, wie alle politischen Bewegungen, die in den letzten Jahrzehnten die öffentliche Meinung aufgewühlt hatten, zu großen Enttäuschungen wurden. Sind Linke und Liberale instinktlos und naiv? Werden sie geschickt manipuliert, gehört es ganz einfach zu einer vermeintlichen »antikapitalistischen« und »antiimperialistischen« Grundhaltung, daß man blindlings und kritiklos die Klischees von »Befreiungsorganisationen« übernimmt? Sicherlich kommt noch der *tiers-mondisme* dazu, die Dritte-Welt-Romantik, die verlangt, daß man sich dauernd ob der Sünden des weißen Mannes auf die Brust schlägt.

Zieht man jedoch eine Bilanz der politischen Anliegen, die vom »anwaltschaftlichen Journalismus« der vergangenen Jahrzehnte hochgejubelt worden sind und Hunderttausende von Demonstranten auf die Straßen gebracht haben, so fällt diese höchst traurig aus. Vietnamesen und Kambodschaner sind heute kaum glücklicher als unter den Regimes, gegen die man in den USA und Europa demonstriert hatte, und kaum ein einstiger Schahgegner, der auf dem Ku'damm in Berlin demonstriert hatte, würde sich im »Gottesstaat« der Ayatollahs wohl fühlen.

Dasselbe läßt sich in und um Algerien feststellen. In unseren Medien ist es merkwürdig still geworden um dieses Land, als kämen sich alle jene, die damals für den algerischen Befreiungskrieg mit ihrer Feder auf die Barrikaden gegangen sind, irgendwie betrogen vor.

Nehmen wir Mohammed Yazid: Er war es, der uns damals mit großem Erfolg glauben ließ, daß das neue Algerien ein demokratischer, laizistischer Staat werde, in dem Moslems, Christen und Juden friedlich zusammenleben würden. Algerien wurde ein rabiater panarabischer und moslemischer Staat, die Franzosen, Christen und Juden mußten abreisen. Ich weiß nicht, ob Yazid damals wirklich geglaubt hatte, was er uns auftischte. Vermutlich nicht, denn im Laufe unseres Gespräches, als wir uns darüber unterhielten, was wir so in den vergangenen Jahren gemacht haben, erwähnte er auch ganz unvermittelt seine Arbeit für die Palästinenser.

Das war zwar für mich nichts Neues, erstaunte mich aber, weil diese Periode in Yazids Leben nicht an die große Glocke gehängt worden ist. Sogar Historiker, die sich mit der Geschichte der PLO befaßten, zeigten sich erstaunt, als ich sie schon vor Jahren auf die Rolle von Yazid aufmerksam gemacht hatte. Denn Yazid war als algerischer Botschafter in Beirut so etwas wie der Public-Relations-Mentor von Yassir Arafat geworden. Er hat den Palästinensern sein »Erfolgsrezept« verkauft: Statt ihre dumme und unfruchtbare Parole »die Juden ins Meer werfen« zu strapazieren, sollten sie doch lieber vom laizistischen, pluralistischen und demokratischen Palästina sprechen, das sie dereinst anstelle des rassistischen zionistischen Gebildes errichten möchten und in dem Araber und Juden friedlich miteinander leben würden. Schließlich habe diese Masche seinerzeit beim algerischen Befreiungskrieg sich als höchst erfolgreich erwiesen, die europäische und amerikanische liberale Presse sei darauf hereingefallen. Und wirklich änderte die PLO-Propaganda dank Yazid Stoßrichtung und Argumentation und erzielte damit gelegentliche Erfolge. Yazid jedenfalls denkt mit Befriedigung und Stolz an diese Phase seines Lebens zurück.

Doch zurück nach Algerien. Es dürfte hinlänglich klargeworden sein, daß dieses Land ein Sonderfall unter den Kolonien und Protektoraten gewesen ist – weil es nämlich gar keine Kolonie war, sondern seit 1848 integraler Teil des französischen Mutterlandes, mit Departements, einer nach französischem Muster aufgebauten Verwaltung und vor allem einer rund eine Million starken kolonialen Bevölkerung, die zum Teil bereits in zweiter und dritter Generation im Lande lebte.

Diese *présence française* verkörperten nicht nur die Colons, die auf ihren Gütern arabische Arbeiter beschäftigten, sondern in den sich rapide entwickelnden Städten gab es bald alles, was dazu gehört: Kaufleute und Beamte, Ärzte und Handwerker, kurz, die ganze Sozialstruktur. Aber – sie existierte neben den *indigènes*, der einheimischen Bevölkerung, die allenfalls noch in der Kasba, in Algier im Bab el-Oued und in den Dörfern und Marktflecken der ländlichen Gegenden lebten.

Die Eroberung Algeriens verlief anfänglich nicht ganz reibungslos. Zwar hatte ein französisches Expeditionskorps 1830 schnell die Armee des Dey geschlagen, der das Land fluchtartig verließ. Doch dann gab es in Frankreich innenpolitische Wirren, die Juli-Revolution stürzte Karl X., und Louis Philippe stand dem algerischen Abenteuer etwas hilflos gegenüber. Inzwischen hatten sich auch die Berber und andere Stämme, unterstützt von religiösen Führern, den Marabuts, wieder erhoben. Bekanntester Kriegsheld war Abdel Kader, der im Rifgebirge den Franzosen bis 1847 zu schaffen machte. Und für die Identitätssuche der algerischen Frau ist auch heute noch Lalla Fatima wichtig, die in der Kabylei einen recht erfolgreichen Kleinkrieg gegen die Franzosen führte. Anläßlich der Feierlichkeiten zum 1. November 1984 tauchte ihr Bild zusammen mit dem Abdel Kaders so ziemlich auf allen verfügbaren Mauern in den Städten auf. In Algier auf den Hafenquais, in Oran war es die Fassade der städtischen Kunstschule und auch eine große Wand auf dem Platz des 1. November. Der Stil hat sich nicht verändert, seit ich 1961 in Boumediennes Hauptquartier im tunesischen Gardhimaou diese Proben des sozialistischen Realismus mit einem Hauch von nordafrikanischer Romantik gesehen hatte.

Die Franzosen trachteten mit allen Mitteln, das Land zu »befrieden«; nicht weniger als 18 Generäle in ebenso vielen Jahren lösten sich ab, bis dann 1848 Algerien fest in französischer Hand war. Erst 1857 war der letzte Widerstand der Kabylen endgültig gebrochen. Der Krieg hatte Algerien große Verwüstungen gebracht und enorme Menschenopfer gekostet, ganze Landstriche waren zerstört. Auf beiden Seiten wurde mit großer Grausamkeit gekämpft, ein Vorgeschmack dessen, was sich hundert Jahre später wiederholen sollte.

Dieser Kampf war also das »Erbe«, das laut Mohammed Yazid wieder in Anspruch genommen wurde, was dazwischen lag, der Kolonialismus, wurde als »Erbe« ausgeschlagen.

Als der Widerstand endgültig gebrochen war, begann eine Kolonisierung, die in der Kolonialgeschichte ein Unikum darstellt. Mit dem steigenden Zustrom von Kolonisten, die nicht alle Franzosen waren, auch Korsen, Malteser, Spanier, Italiener und sogar Zyprioten suchten hier ihr Glück, begann die französische Administration mit der systematischen Enteignung der fruchtbaren Ländereien, die zu günstigen Bedigungen den Colons überlassen wurden. Zuerst bemächtigten sie sich der Landstriche entlang der Küsten, dann drangen sie immer weiter landeinwärts vor. Die arabischen Bauern wurden vertrieben, die einheimische Landwirtschaft ruiniert. Französische Großgrundbesitzer führten moderne Methoden ein, die Algerien zu einem wichtigen Exportland für Agrarprodukte, insbesondere auch Wein, machten.

Nach dem Ersten Weltkrieg setzte eine wichtige gegenläufige Entwicklung ein, die Ferhat Abbas in *L'Indépendance confisquée*, seiner Abrechnung mit den Machthabern, darstellt. Algerische Soldaten, die in der französischen Armee kämpften, Arbeiter, die in Fabriken Soldaten ersetzten – es waren 150 000 –, sparten sich Francs und Sous vom Munde ab und schickten Geld an ihre Familien in Algerien, die damit Scholle um Scholle Land kauften und eine neue arabische, wenngleich bescheidene, Landwirtschaft entwickelten. Sehr zum Mißvergnügen der französischen Colons.

Ferhat Abbas bringt eine interessante Statistik: 1954 besaßen 3 Prozent der Colons Güter mit weniger als 10 Hektar Land, 5 Prozent zwischen 10 und 50 Hektar, 16 Prozent 50 bis 100 Hektar – und 76 Prozent der französischen Güter waren größer als 100 Hektar. Demgegenüber besaßen 76 Prozent der einheimischen Bauern weniger als 5 Hektar, 16 Prozent zwischen 5 und 10 Hektar bebaubaren Landes. Es hatte sich somit eine Schicht von arabischen Kleinbauern entwickelt, die auch im Befreiungskampf eine Rolle spielte, weil sie das »Meer« war, in dem ja – laut Mao Tse-tung – die Revolutionäre wie Fische herumschwimmen müssen.

Die von Algeriens neuen Herren aufgezwungene sozialistische Agrarreform habe – immer laut Ferhat Abbas – dazu geführt, daß diese Fellachen ein zweites Mal ihr Land, das sie unter großen Opfern zurückgekauft hatten, verloren und in Massen das städtische Proletariat vergrößerten. Algeriens Bauern waren also im Laufe eines Jahrhunderts zweimal enteignet worden, zuerst vom französischen Kolonialismus, dann vom algerischen Sozialismus. Dieses doppelte Trauma wird vermutlich noch schwerwiegende Folgen für die algerische Innenpolitik zeitigen, wirtschaftlich hat es sich bereits verheerend ausgewirkt. Seit 1979 versucht allerdings der neue Präsident Chadli Benjedid, die gröbsten Fehler der jüngsten Vergangenheit zu korrigieren.

Franzosen und Araber lebten zur Kolonialzeit in zwei verschiedenen Welten, die einheimische Bevölkerung wurde völlig vernachlässigt. Im Gegensatz etwa zu den Engländern verspürten die Franzosen kaum *the white man's burden*, eine Verpflichtung, etwas für die *indigènes* zu tun, ihnen die Segnungen der westlichen Zivilisation zu vermitteln. Zwar regte sich periodisch so etwas wie ein schlechtes Gewissen, Napoleon III. wollte die Stämme vor dem Zugriff der Siedler auf ihre Ländereien beschützen, ja sogar den Moslems ermöglichen, die französische Staatsbürgerschaft zu erwerben. Das paßte natürlich den Colons gar nicht ins Konzept. Glücklicherweise sorgten aber die Preußen 1871 dafür, daß der Kaiser seine Pläne nicht in die Tat umsetzen konnte.

Natürlich war den Franzosen klar, daß man nicht gleichzeitig der einheimischen Bevölkerung eine angemessene Erziehung vermitteln und sie politisch darniederhalten konnte. Somit entschlossen sie sich für das letztere. In den rund hundert Jahren der Kolonisation wurde herzlich wenig für das Schulwesen getan. Allerdings müssen wir uns hier vor der von den Algeriern praktizierten Glorifizierung der Vergangenheit hüten. In einem vom Informationsministerium 1982 publizierten Prachtband *20 années de réalisation* werden geradezu schwärmerische Töne über das Schulwesen ums Jahr 1830, also vor der französischen Invasion, angeschlagen. Es habe ein Erziehungsnetz von hoher Qualität gegeben, die Schulen hätten der gesamten Bevölkerung offengestanden, die gewissermaßen von der Wiege bis zur Bahre gelernt habe. In jeder Moschee hätte es Medresen, Koranschulen, gegeben, und da in jedem Stadtviertel eine Moschee gestanden habe, hätte praktisch die gesamte Bevölkerung am Erziehungsprozeß Anteil gehabt. All das sei dann von den Kolonialbehörden zerstört worden. Das gewiß unverdächtige *Lexikon der arabischen Welt* spricht dagegen von »primitiven und veralteten Koranschulen« und zitiert eine zeitgenössische Beschreibung: »Ein mit Strohmatten bedeckter Boden im Erdgeschoß eines dem Verfall nahen Gebäudes; die Kinder mit ihren Schreibtafeln auf den Knien dicht beieinander kauernd; der Lehrer auf einem niederen Podium, der mit einem Rohrstab in dem ohrenbetäubenden Lärm der Klasse ein Minimum an Disziplin aufrechtzuerhalten versucht.« Also auch hier wieder der beinahe pathetische Versuch der Algerier, ihr vorkoloniales »Erbe« zu glorifizieren.

Gleichwohl unternahmen die Franzosen wenig, um den Bildungsstand der Araber und Berber zu heben. Als Napoleon III. fand, man müsse etwas tun, gab es für drei Millionen Einheimische nicht einmal 40 Grundschulen im Land! In den fünfziger Jahren unseres Jahrhunderts besuchten etwa 10 Prozent der *indigènes* eine Volksschule. In französischen Lycées, wo man dem Lehrplan der Metropole folgte, bereiteten sich nur 6500 von insgesamt 32 000 Moslems auf das Baccalauréat, das Abitur, vor. An der Universität von Algier, die damals 5000 Studenten zählte, betrug der Anteil der Moslems 10 Prozent. Natürlich waren an den Schulen, Gymnasien und Universitäten die Moslems einem intensiven Prozeß der »Selbstentfremdung« ausgesetzt, rezitierten »Nos pères, les Gaulois« oder lernten, wie mir Mahmoud Bouayed, der Direktor der algerischen Nationalbibliothek, lächelnd erzählte: »Wir haben 1830 Algerien erobert!« Um dann die Frage anzufügen: »Wollen Sie wissen, wie ich Direktor der Bibliothek geworden bin? 1962 war ich ganz einfach der einzige Mann im ganzen Land, der eine Ausbildung als Bibliothekar hatte!«

Im Laufe der Zeit entstand dennoch eine dünne Schicht Algerier, die mit europäischer Kultur und Erziehung Bekanntschaft gemacht hatten. Man nannte sie »Evolués«, was die Franzosen sicherlich als Ehrentitel verstanden, der für einen auch nur einigermaßen selbstbewußten Algerier allerdings mit einem leichten Hauch von Herablassung verbunden war. Immerhin war es der Ansatz für eine Bourgeoisie, die dann später eine politische Rolle spielen sollte. Zudem wurde auch einigen Algeriern im französischen Parlament Sitz und Stimme eingeräumt, zumeist waren es jedoch »Beni oui, oui«, wie Colons und algerische Nationalisten sie gleicherweise verächtlich nannten, Jasager des Kolonialregimes, die mit Beginn des Befreiungskrieges schnell von den Ereignissen überrollt wurden.

In den zwei Jahrzehnten vor der Unabhängigkeit studierten

auch etwa 1000 Algerier an Universitäten in Frankreich. Jene, die sich im Quartier Latin für Che Guevara begeisterten und für Frantz Fanon schwärmten – diesen Arzt aus Martinique, der in jenen Jahren dank seines Buchs *Die Verdammten dieser Erde* der Chefideologe für die Befreiung der Dritten Welt war –, wurden später die ideologische und politische Elite der Revolution. Glücklicherweise gab es auch noch einige Technokraten, die dann die schlimmsten Übertreibungen des neuen Regimes etwas korrigieren konnten. Es ist jedoch kein Zufall, daß der Platz vor dem Parteigebäude in Algier nach Fanon benannt ist und eine der Hauptstraßen nach Guevara.

Das wohl umstrittenste »Erbe« Algeriens ist seine zwiespältige, um nicht zu sagen verklemmte Einstellung zur französischen Sprache. Zwar hatte die Kolonialverwaltung schon 1947 die »Gleichstellung« des Arabischen dekretiert, doch in der Praxis blieb alles beim alten. Lediglich in den drei »Lycées Franco-Musulmanes« von Algier, Constantine und Tlemcen genossen ein halbes Hundert Schüler eine echte zweisprachige Ausbildung. Auch hatten die Korangelehrten, die Ulema, heroische Anstrengungen unternommen, um die Koranschulen zu modernisieren. Doch am Ende der Kolonialzeit stand man vor der traurigen Tatsache, daß die Mehrheit der Algerier arabische Analphabeten waren, ein schlechtes Französisch sprachen, aber nur etwa 10 Prozent diese Sprache auch lesen und schreiben konnten.

Die Regierung des unabhängigen Algerien war 1962 mit einer sprachlichen Wüste konfrontiert, die 130 Jahre französische Herrschaft hinterlassen hatte. Die Franzosen, Rückgrat der Administration, waren abgereist, wie sollte man da das Land in den Griff bekommen. Daß man sofort ein überzogenes sozialistisches Regime mit einer überbordenden zentralistischen Administration einführte, machte die Sache nicht besser. Die Bürokratie des französischen Mutterlandes war nie ein Muster an Effizienz gewesen; wenn ihr Modell nun von den Algeriern übernommen und dank der Hilfe sozialistischer Bruderstaaten mit zusätzlicher »Planung« befrachtet wurde und das Ganze von einem mangelhaft ausgebildeten Heer von Beamten, von denen die einen schlechtes Französisch, die anderen lückenhaftes Arabisch sprachen und schrieben, betrieben wurde, kann man sich das Resultat leicht vorstellen.

Psychologisch noch viel verheerender wirkte sich der »Sprachenkrieg« aus. Es ist durchaus verständlich, daß man Arabisch forcieren wollte. Die eigene Sprache ist Teil des nationalen Selbstbewußtseins. Französisch blieb dennoch eine Notwendigkeit, nicht nur weil der Großteil der Bevölkerung es sprach, sondern auch aus praktisch-wirtschaftlichen Erwägungen heraus.

Das Problem liegt in der ambivalenten Einstellung zum Französischen. Es ist einerseits die verhaßte Sprache der einstigen Kolonisatoren, gleichzeitig jedoch unerläßliches Vehikel für ein Kulturleben, das einen Austausch zumindest mit den »Genossen« der Dritten Welt sucht. Viele Algerier haben an französischen Universitäten studiert und eine echte Beziehung zur französischen Kultur bekommen. Dennoch haben sie ein schlechtes Gewissen wegen der antikolonialistischen ideologischen Verhaftung.

Während Marokkaner und Tunesier gewissermaßen in beiden Kulturen wurzeln und ein ungebrochenes Verhältnis zur eigenen arabischen Vergangenheit haben, nahtlos von einer in die andere übergehen, können die Algerier ihre ambivalente Haltung nicht überwinden. Die angestammte Kultur war von den Franzosen recht eigentlich zerstört worden, man muß sie sich erst wieder aneignen, und die Sprache derer, die diese Vernichtung bewirkt haben, ist das Französische, ohne das man aber nicht auskommen kann.

Das führt zu Identitätskrisen, aber auch zu grotesken Auswüchsen. In Algier sind seit geraumer Zeit die französischen »Untertitel« der Straßentafeln ausradiert – sogar Einheimische haben jetzt Mühe, sich in der Stadt zurechtzufinden. Es sei der Entscheid eines übereifrigen Parteifunktionärs gewesen, die Regierung sei darüber erbost, sagte man mir in Algier. Unternommen wurde allerdings nichts, um den früheren Zustand wiederherzustellen. Zudem ist es gar nicht klar, ob der Mann von der Parteilinie abgewichen ist, denn kaum ein öffentliches Gebäude ist – wie in den anderen Maghrebstaaten üblich – auch französisch beschriftet.

All das ist der Hintergrund, auf dem sich das algerische Drama abgespielt hat, das Erbe, das das neue Algerien übernahm. Einhundertdreißig Jahre Kolonialismus hatten zur Zerstörung alter Sozialstrukturen, des Kulturlebens und auch des Sprachraumes geführt.

Blutiger Weg zur Unabhängigkeit

Die Revolution begann um Mitternacht. Am 1. November 1954 griffen bewaffnete Gruppen der CRUA (Comité Révolutionaire d'Unité et d'Action), des »Revolutionären Ausschusses für Einheit und Aktion«, auf dem gesamten Staatsgebiet französische Objekte an, Polizeiposten, elektrische Transformatoren, Autobusse, Kasernen. Die Aktionen jener Nacht hatten jedoch in erster Linie Symbolwert, besonders erfolgreich waren sie nicht. Mangelnde Koordination unter den verschiedenen Gruppen führte zu Pannen, die geplante Sabotage der französischen Kommunikationsmittel mißlang. Die Franzosen konnten ihre verschiedenen Einheiten rechtzeitig warnen, der Überraschungseffekt blieb aus. Das Hauptziel, an Waffenlager der Armee heranzukommen, scheiterte völlig.

Doch als Fanal hatte jener 1. November eine große Wirkung, um so mehr, als am selben Tag der CRUA durch Flugblätter im ganzen Lande die Gründung des »Front de Libération Nationale« (FLN), der Nationalen Befreiungsfront, und der »Armée de Libération Nationale« (ALN), der Nationalen Befreiungsarmee, bekanntgab. Damit waren die Strukturen für den Kampf auf politischer und militärischer Ebene geschaffen, auch wenn diese später nicht immer ganz reibungslos funktionieren sollten. Kern der ALN war die OS, die »Organisation Spéciale«, die bereits 1947 von Ahmed Ben Bella, Mohammed Boudiaf und Hussein Ait Ahmed gegründet worden war. Anlaß waren Unruhen, die am 1. Mai 1945 anläßlich von Siegesfeiern in Algier und Oran ausgebrochen waren und am 8. Mai in Setif zu blutigen Zusammenstößen zwischen Algeriern, Siedlern und Fallschirmtruppen führten. Nach Ausschreitungen gegen »Pieds noirs« und der Brandschatzung von Farmen der Colons massakrierten die Legionäre die *indigènes*, brandschatzten und bombardierten ihre

Dörfer. Wie immer schwankte die Zahl der Opfer: die Franzosen sprachen von 6000 bis 8000, ausländische Journalisten bezifferten sie auf 20 000. Im Mai 1945 wurde somit die Grundlage für den 1. November 1954 gelegt. Die Brutalität der Franzosen, insbesondere auch gegen die einheimische Landbevölkerung, wurde nicht mehr vergessen. Fortan konnten die algerischen Freiheitskämpfer darauf zählen, daß sie im »Bled«, in den ländlichen Gegenden, Unterschlupf und Hilfe finden würden.

Die OS war eine Kaderorganisation, die im ganzen Land ausgewählte Mitglieder rekrutierte, Waffenlager anlegte, eine gewisse militärische Hierarchie schuf, bis sie 1950 von den Franzosen zerschlagen wurde. Ben Bella flüchtete nach Kairo, andere Führer gingen in den Untergrund. Erst im März 1954 fanden sich die »Neun historischen Führer der Revolution«, wie sie genannt wurden, wieder zusammen und gründeten die CRUA. Dieser »Neuner-Gotha« der Revolution, der dann nach der Unabhängigkeit das Schicksal der zehn kleinen Negerlein erlitt, umfaßte folgende Persönlichkeiten: Mohammed Khider, Hussein Ait Ahmed, Ahmed Ben Bella, Mohammed Boudiaf, Rabah Bitat, Belkassem Krim, Mustafa Ben Boulaid, Mourad Didouche und Mohammed Larbi.

Das Flugblatt, das die Gründung des FLN bekanntgab, nannte auch das Ziel der Revolution: Schaffung eines souveränen, demokratischen und sozialen Staates auf der Basis islamischer Prinzipien, doch mit Garantie aller bürgerlichen Rechte ohne Unterschied der Rasse und Religion. Auch wurde den Franzosen die volle Wahrung ihrer kulturellen und wirtschaftlichen Interessen zugesichert. Recht schnell schlossen sich andere Gruppierungen dem FLN an, darunter die »Demokratische Union des Algerischen Manifestes« von Ferhat Abbas. Dieser hatte kurz nach Ende des Zweiten Weltkrieges *Le Manifeste du Peuple Algérien* verfaßt, das nicht zuletzt an die in Algerien gelandeten Amerikaner gerichtet war und vorläufig eine Art Föderation zwischen Frankreich und Algerien propagiert hatte. Auch die Vereinigung der Ulema, der moslemischen Geistlichen, schloß sich dem FLN an, was natürlich von großer Bedeutung war. Die

Ulema hatten sich schon zu Beginn der dreißiger Jahre in den Dienst der nationalen Sache gestellt und ihr eine zusätzliche Dimension, die religiöse, gegeben. Bedeutendster Vertreter war Scheik el-Madani, dessen Devise »L'Islam est notre religion, l'Algérie est notre patrie, l'arabe notre langue« auch heute noch immer wieder zitiert wird. Die Gewerkschaften und die verschiedenen Berufsverbände stießen ebenfalls zum FLN. Nur die Kommunisten und die Bewegung von Messali Hadj blieben gezwungermaßen im Abseits. Messali Hadj war so etwas wie der Altmeister der algerischen Unabhängigkeitskämpfer. Bereits 1924 hatte er als Student in Paris eine nationalistische Zeitung gegründet, zuerst mit Unterstützung der Kommunisten, mit denen er sich jedoch bald überwarf. In den fünfziger Jahren entstand aus den Ideen von Messali Hadj das »Mouvement National Algérien« (MNA), die Algerische Nationale Bewegung, die jedoch auf Konkurrenz- und Kollisionskurs mit dem FLN geriet und bei den Friedensverhandlungen mit den Franzosen ausgeschlossen wurde.

Nächste Etappe im algerischen Unabhängigkeitskrieg war ein geradezu selbstmörderischer Angriff der »Fellagha«, wie sie von den Franzosen genannt wurden, nach einem arabischen Wort, das etwa soviel wie »Bandit« bedeutet. Sich selber bezeichneten die Algerier als »Moujaheddin«, also Kämpfer für den Heiligen Krieg. Auch heute noch heißt das Parteiorgan Algeriens *El-Moujahid*. In der Gegend um Constantine griffen am 20. und 21. August 1955 von der lokalen Bevölkerung unterstützte Moujaheddin 36 Großfarmen der Franzosen an. Die Angreifer verloren dabei 1273 Kämpfer; 123 Farmer und Landarbeiter, darunter 71 Europäer, starben. Das Echo war ungeheuerlich und führte – was der FLN natürlich beabsichtigt hatte – zur endgültigen Spaltung zwischen Moslems und Europäern.

Parallel dazu konnte der FLN internationale Erfolge einheimsen. In den Vereinten Nationen gewann der algerische Freiheitskampf zusehends Sympathien. Die arabischen Staaten, angeführt von Ägyptens Gamal Abdel Nasser, ließen den FLN diplomatische Schützenhilfe und natürlich Waffen- und Geldlieferungen zukommen. Das sollte am 29. Oktober 1956 zum französisch-englisch-israelischen Suezabenteuer führen. Die Engländer waren über Nasser erbost, weil er den Suezkanal verstaatlicht hatte, die Franzosen wegen seiner Unterstützung des FLN, und die Israeli wollten die von Ägypten verhängte Blockade des Golfes von Akaba brechen und den Guerillaaktionen gegen Südisrael vom ägyptisch besetzten Gaza-Streifen ein Ende setzen. Lediglich die Israeli erreichten ihr Ziel, auch wenn sie sich vom Suezkanal und Gaza-Streifen zurückziehen mußten. Fortan wachte die UNO über die Schiffahrt im Golf von Akaba und an den Waffenstillstandslinien mit Ägypten, bis zu Nassers Abenteuer, das mit seiner Niederlage im Sechstagekrieg endete. Für die Franzosen und Engländer, die sich unter amerikanischem Druck ohne Erfolg aus Ägypten zurückziehen mußten, war das Suezabenteuer eine schmähliche Episode und das Ende ihres Einflusses im Nahen Osten. Für die Juden Algeriens bedeutete die *collusion* Israels mit Frankreich auch kein gutes Omen für die Zukunft.

Knapp zwei Monate zuvor war mit dem Soummamtal-Kongreß ein Meilenstein in der algerischen Revolution gesetzt worden. Rund 250 Vertreter von FLN und ALN hatten sich insgeheim und unter der Nase der Franzosen getroffen, um Strukturen und Programme festzulegen. Darin gibt es auch einen Abschnitt im Kapitel, das der Suche nach Verbündeten gewidmet ist, über *la minorité juive*, die jüdische Minderheit. Zwar wird zu Beginn der Ausführungen etwas resigniert festgestellt, daß die Vertreter der algerisch-jüdischen Gemeinschaft kürzlich an einer Tagung des Jüdischen Weltkongresses in London ihre Anhänglichkeit an die französische Staatsbürgerschaft betont und »sich damit über ihre algerischen Mitbürger gestellt« hätten. Dabei hätten dieselben Juden nach der Befreiung, dank moslemischer Notablen und Abgeordneter in Algerien, schnell ihre bürgerlichen Rechte wiedererlangt, trotz der Feindschaft der noch vom Vichy-Regime eingesetzten örtlichen Verwaltung. Auch wurde das »Schweigen des Oberrabbiners von Algier« bedauert, der sich, »im Gegensatz zum Erzbischof«, nie gegen die Methoden der Kolonialverwaltung gewandt habe. Und etwas voreilig wird gesagt, daß der israelisch-arabische Konflikt keinen Einfluß auf die Beziehungen zwischen Moslems und Juden gehabt habe. Doch das war noch vor der »Suezexpedition«. Und der Kernsatz der Plattform vom Soummamtal lautete: Die algerische Revolution verdient das Vertrauen der jüdischen Minderheit und wird dieser ihren Teil am Glück im unabhängigen Algerien garantieren.

Auf dem Soummamtal-Kongreß wurden weitere Strukturen geschaffen und die Basis der »Neun historischen Führer« verbreitert, aber auch gleichzeitig der Keim für die späteren selbstzerfleischenden Konflikte in der algerischen Führung gelegt. Um Verrat und Pannen zu vermeiden – schließlich fand der Kongreß im von den Franzosen besetzten Land statt –, sollte erst im letzten Moment Zeitpunkt und Ort der Versammlung bekanntgegeben werden. Daher erfuhr Ben Bella, der in Kairo im Exil saß, erst davon, als alles schon vorüber war. Er war natürlich wütend und sollte seinen Genossen nie verzeihen. Der Kongreß beschloß die Schaffung eines »Conseil National de la Révolution Algérienne« (CNRA), eines Nationalen Rates der Revolution, der die militärischen und politischen Optionen ausarbeiten sollte. Natürlich nach dem Prinzip der »kollektiven Führung«, einem Glaubenssatz, der immer dann mit Inbrunst zitiert wurde, wenn sich die Führer wieder einmal zerstritten hatten.

Aber auch auf französischer Seite herrschte nicht gerade Einigkeit. Die verschiedenen Strömungen, liberale Politiker und kolonialistische »Ultras«, lieferten sich erbitterte Kämpfe und Intrigen, nicht nur in Algerien selber, sondern ebenso in den Regierungszentren von Paris. Nachdem auf einem Parteitag das Prinzip einer Verhandlungslösung akzeptiert worden war, versuchten die Sozialisten unter Guy Mollet im Jahre 1956 mit dem FLN Kontakt aufzunehmen. Man bat Tunesiens Habib Bourguiba und Mohammed V. von Marokko um Unterstützung. In Rom und Belgrad fanden erste Gespräche statt, die später in Rabat und Tunis hätten weitergeführt werden sollen. Guy Mollet sicherte den in Kairo lebenden FLN-Führern sicheres Geleit beim Überfliegen algerischen Territoriums zu. Doch am 22. Oktober 1956 wurde auf Befehl von Mollets Staatssekretär Max Lejeune ein Privatflugzeug von Mohammed V., das Ben Bella und seine Gefährten nach Tunis zu einem Treffen mit Bourguiba und dem Sultan bringen sollte, in Algerien zur Landung gezwungen. Ben Bella, Boudiaf, Ait Ahmed, Lasraf und Khider wurden gefangengenommen und in ein französisches Gefängnis gebracht. Mit diesem Geniestreich brachten die Franzosen auch Mohammed V. gegen sich auf.

In Europa und in den Vereinten Nationen war die Empörung gewaltig; sie wurde durch die eine Woche später ausgelöste Suezintervention der Franzosen und Engländer noch verstärkt. Die Teilnahme der Israeli an dieser »Expedition« machte natürlich alle schönen Worte der Soummamtal-Konferenz über den Anteil der Juden »am Glück im unabhängigen Algerien« zunichte. Zwar hatten die Israeli ihre eigenen nationalen Ziele verfolgt – Sicherheit ihrer Südgrenze –, doch für die Algerier waren sie die Verbündeten der Franzosen gewesen, die Nasser zu Fall bringen wollten, weil er die Hauptstütze des FLN gewesen war.

Algerien war, was die Beziehungen zwischen Juden und Moslems betraf, somit ein Sonderfall im Maghreb. Die Franzosen hatten einst die Juden zu vollwertigen Bürgern und die Moslems zu Kolonisierten gemacht. Während des algerischen Unabhängigkeitskrieges wollten viele Juden ihre Solidarität mit den Moslems unter Beweis stellen und kamen mit den Ultras und den französischen Colons auf Kollisionskurs. Die Mehrheit der Juden war regierungskonform auf seiten der Franzosen, und zu guter Letzt kam das Suezabenteuer, das das Verhältnis zwischen den beiden Volksgruppen endgültig zerstörte.

Im Jahre 1957 spitzte sich in Algerien die Lage dramatisch zu. In Algier explodierten Bomben, die Franzosen beschlossen, hart durchzugreifen. General Massu erhielt den Befehl, mit 8000 Fallschirmjägern den FLN zu liquidieren. Rücksichtslos gingen seine »Paras« gegen die einheimische Bevölkerung vor, ob sie nun wirklich dem FLN angehörten oder nicht. Häuser wurden zerstört, Araber kurzerhand erschossen, auch Frauen und Kinder gehörten zu den Opfern. Das war *la bataille d'Alger*, die Schlacht um Algier, wie sie genannt wurde; sie dauerte vom Januar bis September. Es gelang Massu auch wirklich, die Strukturen des FLN zu zerschlagen, doch war es ein Pyrrhussieg. Einerseits wurde die gesamte moslemische Bevölkerung gegen die Franzosen aufgebracht, zum anderen entstand im Mutterland eine Bewegung, die bereits ein Jahr später zur größten innenpolitischen Krise Frankreichs und zum Ende der Vierten Republik führte. Die Berichte aus Algerien über die Ausschreitungen von Massus Truppen, über Folterungen und Zerstörungen bewirkten einen Umschwung der öffentlichen Meinung. Wie die Amerikaner einige Jahre später im Vietnamkrieg mußten die französischen Politiker und Militärs erfahren, daß man keinen Krieg ohne Unterstützung durch die eigene Bevölkerung und die Massenmedien führen kann.

Trotz der Zerschlagung des FLN in Algier konnte er in den ländlichen Gegenden weiterhin aktiv sein. Das führte zum »logischen« nächsten Schritt der Franzosen: Hunderttausende von Bauern wurden »umgruppiert«, in Lager verfrachtet. Diese Politik wurde in den folgenden Jahren konsequent weitergeführt, so daß 1961 über anderthalb Millionen Menschen in Lagern lebten, an die 130 000 flüchteten ins benachbarte Tunesien. Die Landwirtschaft zerfiel völlig, nicht zuletzt weil auch große Teile des Landes als »Militärzonen« (Zones de contrôle militaire renforcé) deklariert wurden.

Neben den Kämpfen im Innern des Landes gab es die Armee-Einheiten der ALN, die im benachbarten Marokko und Tunesien stationiert waren, insbesondere die Truppen von Houari Boumedienne in Tunesien. Sie unternahmen periodisch Angriffe auf französische Positionen, die mit Gegenangriffen beantwortet wurden. Anfang 1958 bombardierten die Franzosen das tunesische Dorf Sakiet Sidi Youssef, wo es Dutzende von Opfern gab. Die französische Armee errichtete entlang der Grenze zwischen Algerien und Tunesien eine Befestigungslinie und schränkte damit die Möglichkeiten von Boumedienne erheblich ein.

Es gab jedoch noch einen anderen Grund für die französische Verstimmung mit den Tunesiern. In Tunis war nämlich der Sitz der im September 1958 gegründeten algerischen Exilregierung, der GPRA, des »Gouvernement Provisoire de la République Algérienne«, die zusehends internationale Anerkennung fand. Ursprünglich war sie in Kairo ins Leben gerufen worden, doch schon bald verlegte sie ihren Standort näher an die künftige Heimat. Der GPRA gehörten die »Neun« an, von denen allerdings fünf in französischen Kerkern waren, sowie Kommandanten des FLN in Algerien. Ihr erster Präsident war Ferhat Abbas, der jedoch bald als zu *bourgeois* eingestuft und durch Jussuf Ben Khedda ersetzt wurde.

Insbesondere auf internationalem Gebiet konnte die GPRA Erfolge erzielen. Bereits 1957 hatte ein amerikanischer Senator namens John F. Kennedy verlangt, daß sich die USA für eine Lösung einsetze, die die »unabhängige Persönlichkeit Algeriens« respektiere. In den Vereinten Nationen waren Emissäre der GPRA aktiv wie natürlich auch in europäischen Linkskreisen.

Und dann kam das für Frankreich so unheilvolle Jahr 1958. Am 13. Mai besetzten europäische Demonstranten, angeführt von Ultras und Armeeführern, das Regierungsgebäude. Die schwächlichen Regierungen in Paris hatten nämlich Tendenzen gezeigt, den Forderungen der öffentlichen Meinung nach Beendigung des Krieges nachzukommen, obendrein war der amerikanische Druck gestiegen. In Algier wurde ein »Comité du Salut Publique« ausgerufen; an seiner Spitze stand General Massu, der einen Appell an General de Gaulle richtete. Am 14. Mai erließ der französische Staatspräsident René Coty einen pathetischen Aufruf an die Armee, sich wieder unter die Autorität der Regierung zu stellen. In einer Pressekonferenz am 15. Mai ließ de Gaulle die Katze aus dem Sack und erklärte sich »bereit, Verantwortung für die Republik zu übernehmen«. Danach reiste er wieder auf seinen Landsitz. De Gaulles Erklärung wurde in

Algier stürmisch bejubelt, Frankreich befand sich in einer Staatskrise, die Politiker lavierten, bis dann am 1. Juni 1958 die Nationalversammlung der Einsetzung de Gaulles als Ministerpräsident zustimmte und dieser drei Tage später nach Algerien fuhr, wo er höchst zweideutige Worte äußerte. Die »Pieds noirs« legten sie nach ihren Hoffnungen aus und waren restlos begeistert.

Über den 13. Mai und de Gaulle sind viele Bücher geschrieben worden, haben endlose Debatten stattgefunden. Im Mittelpunkt stand die Frage, ob der General die Algerienkrise als Mittel zur Machtübernahme benutzt, die Ultras manipuliert habe, jedoch zu jenem Zeitpunkt bereits ganz präzise Vorstellungen über seine Algerienpolitik gehabt habe. Vermutlich wird die ganze Wahrheit erst später ergründet werden. Am 21. Dezember 1958 wurde de Gaulle Präsident der Fünften Republik, deren neue Verfassung am 28. September in einem Referendum angenommen worden war. Frankreich konnte sich anschicken, das Algerienproblem zu lösen.

Das ging keineswegs reibungslos vor sich. Bald entdeckten die Ultras, daß ihre Vorstellungen nicht mit denen de Gaulles übereinstimmten, insbesondere, als er während einer Inspektionsreise bei der Armee in Algerien – die Franzosen gebrauchen dafür die Ausdruck »Tournée des popotes« – am 16. September 1959 erstmals das ominöse Wort *autodétermination*, Selbstbestimmung, fallenließ. Das öffnete manchen die Augen. »L'Algérie de papa est morte«, hieß es nun resigniert, Papas Algerien ist tot. Im Januar 1960 kam es deshalb sogar zum »Aufstand der Barrikaden«, der jedoch schnell zusammenbrach, weil die Armee den Colons keine Unterstützung zuteil werden ließ. Danach fanden Kontaktnahmen und Verhandlungen zwischen Franzosen und Algeriern in Melun und Evian statt. In Algerien selber kam es zu Meutereien der Armee unter Führung von Generalen, eine Untergrundorganisation der französischen Ultras, die OAS (Organisation de l'Armée Secrète), verübte in Algerien und im Mutterland Terroranschläge, bis dann am 18. März 1962 das Abkommen von Evian unterzeichnet wurde, das einen Waffenstillstand und Übergangsregelungen für die algerische Unabhängigkeit vorsah. Das Vertragswerk räumte Franzosen und Algeriern die gleichen Rechte ein, den Algeriern stand die Wahl zwischen französischer und algerischer Staatsbürgerschaft frei. Eine »Provisorische Exekutive« sollte die Verwaltung übernehmen und eine Volksabstimmung über das Vertragswerk von Evian organisieren. Natürlich wurde es von den Algeriern am 1. Juli 1962 mit überwältigender Mehrheit angenommen. Am 3. Juli proklamierte de Gaulle feierlich Algeriens Unabhängigkeit, die politische Selbstzerfleischung des FLN konnte beginnen. Doch zuvor sollten wir noch einen Blick auf jenen Mann werfen, der seit Jahren auf die Unabhängigkeit gewartet hatte.

Gardhimaou – Boumediennes Startlöcher der Revolution

Geographisch gesehen müßte dieses Kapitel im Tunesienteil des Buches stehen, es spielt nämlich in jenem Staat, doch geschichtlich gehört es zu Algerien. Zweihundert Kilometer liegen zwischen der Rue des Entrepreneurs in Tunis, wo das politische Büro und das Informationsministerium der Provisorischen Regierung Algeriens (GPRA) ihren Sitz hatten, und dem Grenzort Gardhimaou, wo sich das Hauptquartier der ALN, der Algerischen Nationalen Befreiungsarmee, befand.

»Diplomaten« und »Soldaten« trennte nicht nur eine geographische Distanz – sie stellten zwei verschiedene Welten dar. Schon damals fragten wir uns, ob es sich um politische Differenzen zwischen dem politischen und dem militärischen Arm der algerischen Revolution handelte oder lediglich um psychologische Unterschiede und perspektivische Verschiebungen, die sich aus den verschiedenen Aufgaben ergaben. Damals – das war zwischen 1961 und 1962, als die in Tunis stationierten Journalisten ab und zu dem Hauptquartier von Houari Boumedienne einen Besuch abstatten durften. Der asketische Oberst und spätere Präsident Algeriens war damals Generalstabschef der ALN und mußte zusehen, wie die Maquisards der algerischen »Wilayas«, der Militärzonen, kämpften, während er und seine Armee die Gastfreundschaft der Tunesier genießen mußten.

Die Grenze war durch die mit Stacheldraht und Minenfeldern gesicherte »Challe-Linie« (benannt nach dem französischen General) hermetisch abgeschlossen. Boumedienne blieb jedoch nicht untätig und schmiedete sorgfältig sein Instrument. Während die Politiker in Evian Friedensverhandlungen mit Frankreich führten und die Regierung des unabhängigen Algerien vorbereiteten, schuf sich Boumedienne seine Hausmacht, eine durch und durch politisierte Armee, die keinen Pulverdampf sah und auch den Siegestaumel nicht kannte, sich dafür aber an Ideologien berauschte. Denn – so stand es überall auf Spruchbändern in Gardhimaou – »L'indépendance n'est qu'une étape, la révolution est notre but« (Die Unabhängigkeit ist nur eine Etappe, die Revolution ist unser Ziel).

Nun, wir werden Houari Boumedienne und seiner Revolution später noch begegnen, damals in Gardhimaou hatte ich erstmals Gelegenheit, mich hautnah mit der algerischen Revolution auseinanderzusetzen, die wir Journalisten nur aus den Propagandaparolen der Rue des Entrepreneurs kannten.

Das tunesisch-algerische Grenzgebiet war in jenen Jahren ein merkwürdiges Kondominium, wo sich die tunesische Verwaltung und die ALN überschnitten, rivalisierten und sich auch gegenseitig mißtrauisch auf die Finger schauten. Etwa fünfzig Kilometer vor Gardhimaou wartete ein Motorradfahrer der ALN, um uns ins Hauptquartier von Boumedienne zu geleiten. Wir rasten auf einer schnurgeraden Straße in Richtung algerische Grenze, durchfuhren Dörfer und Siedlungen, bis wir vor einem Gebäudekomplex mit Wall und Wachtposten haltmachten: dem Hauptquartier. Das Tor wurde von einem Soldaten mit umgehängtem Maschinengewehr geöffnet, und wir gelangten in einen großen, von einstöckigen Gebäuden umgebenen Hof. Soldaten spielten Fußball, andere bereiteten sich zum Fassen des Mittagessens vor. Unsere Journalistengruppe wurde in eine Art Klubraum geführt: »Commissariat politique« stand über der Tür – was bereits einiges über die ideologische Ausrichtung dieser Armee aussagte.

Offiziere der ALN begrüßten uns. Keiner trug Rangabzeichen, und nur widerwillig gaben sie ihre Namen bekannt. Nach den üblichen Präliminarien, Tee und Kaffee, unverbindliche Höflichkeiten, bemühten wir uns um näheren Kontakt. Sofort wurde klar, daß sie alle eine gründliche politische Schulung, um nicht zu sagen Indoktrination, hinter sich hatten. »Die ALN ist eine politisch-militärische Organisation – wir sind politisch-militärische Revolutionäre«, das war das Leitmotiv, das immer wieder auftauchte. An den Wänden hingen Parolen, im Speisesaal der Soldaten fanden sich dieselben Schlagzeilen, und die Hofmauern waren ebenfalls damit dekoriert. Augenfällig war der soziologische und physiognomische Unterschied zwischen Soldaten und Offizieren. Die Soldaten waren Bauerntypen, bei den Offizieren, mit denen wir zu Mittag aßen (die revolutionäre Volksarmee hatte trotz allem zwei verschiedene Kantinen!), traf man die Intellektuellen, die Lehrer und ehemaligen Studenten.

»Was hat euch zur ALN geführt«, war natürlich die erste Frage, die man einem jungen Offizier stellte. Tahar, ein 33jähriger Lehrer aus Oran, gab mir die Antwort: »Die Bauern hatten Hunger, und die Mittelklasse war in ihrem Stolz und in ihrer Menschenwürde getroffen. Das ist alles ganz einfach. Man geht mit den kleinen Franzosen in die Schule, ist ihr *copain*, unterscheidet sich in nichts von den anderen Kameraden. Später sucht man einen Beruf, möchte sich durchsetzen, Karriere machen, und plötzlich kommt es einem zum Bewußtsein, daß man einer anderen Kategorie Mensch angehört. Die ehemaligen Schulkameraden, die Franzosen, machen Karriere, und der Moslem wird überall gebremst.«

Seit sieben Jahren war Tahar damals in der ALN, also praktisch seit Anbeginn. Er saß in einem Korbsessel unter einem Bild, das einer seiner Kameraden gemalt hatte: Es zeigte einen Moujaheddin, einen Soldaten der ALN, zusammen mit algerischen Bauern um ein Lagerfeuer. Das war eine Schlüsselszene der Selbstdarstellung, die auch immer wieder in Propagandabroschüren der Rue des Entrepreneurs auftauchte: die ALN als Volksarmee und Erzieherin der Bauern. In der Tat hat sie während des Befreiungskampfes die Bevölkerung im Bled, in den Dörfern, indoktriniert und auch unterrichtet, *encadré* war hier das offizielle Wort dafür. Und auch in den moslemischen Vierteln von Algier oder Oran konnte sie die Bewohner wirksam organisieren.

Ich fragte unseren algerischen Verbindungsoffizier, ob ich nicht, statt ins Grenzgebiet zu fahren und militärische Einrichtungen zu besichtigen, ein Interview mit einem höheren Offizier machen könne. Wie nicht anders zu erwarten, stieß ich zunächst auf beträchtliches Mißtrauen. Was ich denn wissen wolle, ob ich die Fragen nicht schriftlich einreichen könne? Geduldig schrieb ich einige Fragen auf einen Zettel. Dann geschah lange Zeit nichts, und ich gab schon alle Hoffnung auf, als plötzlich ein Offizier auftauchte, der von einem politischen Kommissar begleitet war. Der Anfang war nicht gerade verheißungsvoll. Meine Fragen seien zu vage, er könne nur auf ganz präzise Fragen antworten, sagte der Offizier. Ich wollte nämlich wissen, welche politische Rolle die Armee zu spielen gedenke. Wir setzten uns, der Politkommissar verschwand. Der Offizier betrachtete mich, ich studierte ihn, wir schlürften Kaffee. Er war eine faszinierende Gestalt, so müssen gewisse römische Volkstribunen ausgesehen haben. Man spürte eine tiefe Volksverbundenheit und die Schlauheit des Bauern, daneben eine gründliche politische Schulung, Kenntnis der Geschichte Algeriens – und vor allem harten Realismus und eisernen Willen.

Es wurde ein äußerst interessanter Nachmittag, an dem ich einiges über die algerische Befreiungsorganisation erfuhr, was nicht in den offiziellen Selbstdarstellungen stand. Denn nach einer Viertelstunde war das Eis gebrochen, und mit Erstaunen stellten wir plötzlich fest, daß wir praktisch drei Stunden *à bâtons rompus* (vom Hundersten ins Tausendste kommend) über das Algerienproblem gesprochen hatten.

»Das ist das erste Mal, daß ich einem Journalisten soviel Zeit widme; Sie haben Glück, ich hatte nicht viel Arbeit heute.« Der Mann, mit dem ich sprach, war Commandant Slimane, Kaid Ahmed, einer der legendären Führer des ALN und einer der »starken Männer« um Boumedienne in Gardhimaou. Nach der Unabhängigkeit spielte er eine große Rolle in Algerien, bis er sich – wie so viele – mit Staatspräsident Boumedienne überwarf und dann unter mysteriösen Umständen den Tod fand.

»L'indépendance n'est qu'une étape . . .«, auch im Büro von Slimane hing diese Parole. Ich deutete darauf und fragte: »Die Revolution ist unser Ziel, was aber, *mon commandant*, ist das Ziel der Revolution?«

Slimane lehnte sich zurück. »Nun, die Revolution – *un boule-*

versement total et absolu . . .« Das sagte mir nun gar nichts. »Sie geben mir hier ganz einfach eine Definition des Begriffes Revolution, aber keine Erklärung eurer Ziele.« Darauf begann er aufzuzählen: Agrarreform, Beseitigung der Slums, Kampf gegen Analphabetentum, gerechte Verteilung des Sozialproduktes . . . Ich bohrte weiter. Agrarreform, dieser Bürgerschreck, war erstes und wohl wichtigstes Ziel. »Wie wollt ihr die Reform durchführen? Es gibt ja verschiedene Varianten, von Kolchosen bis Genossenschaftsdörfern.« Die Antwort war nicht sehr präzise: »Wir wollen alle Maßnahmen durchführen, die geeignet sind, das Los der Bauern zu verbessern. Wir wollen nicht gefallen, sondern den Hunger stillen.« Dieser Satz war ganz offensichtlich an die Adresse gewisser westlicher Kreise gerichtet, die bei dem Wort Agrarreform automatisch an China, Fidel Castro und Kolchosen denken.

»Es ist uns egal, was andere darüber denken mögen, wir haben nur ein Interesse, das der algerischen Familie, der *cellule familiale*, im Auge.« Nun war ich wirklich verblüfft und froh, mich nicht mit dem *bouleversement total et absolu* zufriedengegeben zu haben. Denn das Stichwort *cellule familiale*, das Slimane so ganz automatisch, jenseits der üblichen Schlagwörter herausgeschlüpft war, ist höchst aufschlußreich. Die »Familie als Keimzelle des Staates« . . . das hätte sogar vom Vorsitzenden des deutschen Bauernverbandes oder von Franz Josef Strauß stammen oder in einem Bericht des schweizerischen Bundesrates über »Maßnahmen zum Schutze des Bauernstandes« stehen können.

Das war eigentlich der Augenblick, wo ich zum erstenmal stutzig wurde und mich fragte, ob nicht hinter der revolutionären Rhetorik der Algerier ein harter traditioneller, um nicht zu sagen, traditionalistischer moslemischer Kern steckte. Hatten wir uns nicht ganz einfach vom revolutionären Gerede in der Rue des Entrepreneurs und von den Selbstdarstellungsphrasen und Artikeln in der europäischen Linkspresse ins Bockshorn jagen lassen?

Erst viel später, nachdem Boumedienne sein Schicksal vollendet hatte, Staatspräsident geworden und nach längerem Leiden gestorben war, durfte man anfangen, die Ideologie der algerischen Revolution etwas genauer unter die Lupe zu nehmen, schließlich machten es ja die Algerier selber. Und mit fast zwei Jahrzehnten Verspätung stellte man fest, daß es sich bei der algerischen Revolution um ein buntes Tuch handelte, das aus von Kuba bis Peking importierten Fetzen zusammengeschneidert war und die widersprüchlichsten Interpretationen ermöglichte. Alle Farbnuancen waren vorhanden, keine war entscheidend. Ideologie war in erster Linie Mittel zum Zweck, um die Armee ins politische Gefüge des Staates einzubauen und mit ihr die Macht zu übernehmen.

Als dann 1965 Boumedienne mit einem militärischen Staatsstreich die Macht an sich gerissen und Ahmed Ben Bella entthront hatte, begann das große Rätselraten um diesen merkwürdigen Mann. Hinter Boumedienne stünden die Russen, die Chinesen, das französische Großkapital, er sei gleichzeitig ein tiefreligiöser Moslem, Marxist und Bewunderer Castros. Man suchte verzweifelt nach »Drahtziehern« jenes Coups. Kaum einer erwog damals die Möglichkeit, daß der Oberst ganz einfach eine Marionette ohne Fäden war, daß diese in seiner Natur verknüpft waren und sein Ego an ihnen zerrte. Immer wieder tauchten die Adjektive »mysteriös«, »verschlossen«, »asketisch« auf – gleichzeitig suchte man nach ideologischen Hintergründen.

Man rätselte also damals viel in Boumedienne hinein, statt sich auf das Wesentliche seines Charakters zu beschränken: Er war ein physisch kränklicher, von neurotischem Ehrgeiz besessener und verzehrter Politoffizier. Und das Entscheidende geschah damals in Gardhimaou! Dort und in jenen Jahren entwickelte er den Minderwertigkeitskomplex, der dann überkompensiert werden mußte. Während die anderen in den Wilayas von Algerien kämpften oder in Evian mit den Franzosen verhandelten, saß er in seinen Baracken im tunesischen Grenzgebiet. Obendrein mußte er sich dort bewußt geworden sein, daß er mit seinem Gesicht nie der »Liebling des Volkes« werden würde, kein umjubelter Volkstribun wie etwa Ben Bella. Blieb also nur der Militärputsch, auf den er sich in Gardhimaou systematisch vorbereitete.

Wir haben vorgegriffen und sollten zu unserem Gespräch mit Commandant Slimane zurückkehren. Das Gespräch drehte sich um das künftige Algerien. »Wir waren einstmals ein wohlorganisierter, blühender Staat, bevor die Franzosen kamen, wir hatten genug zu essen, Schulen, eine eigene blühende Kultur. Die Franzosen wollten diese absichtlich zerstören, verboten die arabische Kultur, entfremdeten uns ihr. Wir kämpften – denken Sie an Abdel Kader.«

An der Wand hing ein großes Porträt dieses algerischen Nationalhelden. »Ist das kein Beweis, daß wir zu etwas fähig sind? Fünfzehn Jahre lang machte der den Franzosen zu schaffen, fünfzehn Jahre! Und Jugurtha, der Numidierkönig, war auch ein Algerier – eine harte Nuß für die Römer ...«

Es war faszinierend, wie damals bereits an den künftigen algerischen Nationalmythen gebastelt wurde, um dafür zu sorgen, daß die kleinen Algerier nicht mehr, ihrer eigenen Kultur entfremdet, in den Schulbüchern lesen mußten: »Nos pères les Gaulois, vêtus de peaux de bêtes, vivaient de la chasse« (Unsere gallischen Vorfahren kleideten sich in Felle und lebten von der Jagd). Viele Nordafrikaner, ob Moslems oder Juden, die zur Franzosenzeit in die Schule gingen, können sich noch an diesen absurden, wenn auch durchaus gallisch-logischen Text erinnern. Jetzt dürfen sich die Algerier wenigstens mit Jughurta identifizieren – falls sie nicht inzwischen angefangen haben, Asterix-Bücher zu lesen.

Noch bevor Algerien am 30. Mai 1962 unabhängig wurde, begann die Heimschaffung der rund 120 000 Flüchtlinge, die sich im Verlauf des siebenjährigen Krieges nach Tunesien geflüchtet hatten. Es handelte sich in erster Linie um Bauernfamilien aus den Grenzdörfern, jenem Streifen entlang der tunesischen Grenze, wo sich immer wieder Kampfhandlungen zwischen der französischen Armee und Einheiten der ALN abgespielt hatten.

In Tunesien lebten die Flüchtlinge in Lehmhütten, Zelten und Höhlen und fristeten ein klägliches Dasein. Das Hochkommissariat der Vereinten Nationen hatte ab 1957 geholfen, das schwere Los dieser unglücklichen Opfer des Algerienkrieges etwas zu mildern.

Sofort nach Unterzeichnung der Verträge von Evian begann man, sich um die Rückführung der Flüchtlinge zu kümmern. So einfach die Aufgabe geographisch gesehen war, so kompliziert gestaltete sie sich in politisch-praktischer Hinsicht, wie wir uns an Ort und Stelle vergewissern konnten. Zwar handelte es sich lediglich darum, diese Menschen von der einen Seite der Grenze auf die andere zu bringen. Doch diese Grenze war keine gewöhnliche Grenze. Zuerst einmal war sie politische Grenze zwischen Tunesien und Algerien. Dies bedeutete, das die tunesischen Behörden und der Zoll das Sagen hatten. Die Grenze lag aber in einer Zone, in der die ALN stationiert war, die die Flüchtlinge in ihren Lagern und Behausungen kontrolliert, indoktriniert und befehligt hatte. Die ALN unterstand – wenigstens de jure – der GPRA, der Provisorischen Algerischen Regierung in Tunis, die Partner Frankreichs im Evian-Abkommen war. Die ALN jedoch betrachtete das Grenzgebiet als eigentliches Frontgebiet und verhielt sich dementsprechend, wenn internationale Organisationen dort etwas unternehmen wollten. Die Tunesier wiederum wollten die ALN, die sich ja schließlich auf ihrem Staatsgebiet breitgemacht hatte, kontrollieren.

Auf der algerischen Seite war es nicht viel einfacher. Zuerst kam die bereits erwähnte Challe-Linie. Hier herrschten die Militärs, die, wie die ALN auf der anderen Seite, die Gegend als Frontgebiet betrachteten und ihre Vorsichtsmaßnahmen treffen wollten. Dann gab es den französischen Hochkommissar in Algerien und – aufgrund der Verträge von Evian – eine Provisorische Exekutive auf dem Rocher Noir, also gewissermaßen zwei Regierungsgewalten. Überdies war Algerien von der ALN in Wilayas, Militärbezirke, mit eher eigenmächtigen Obersten eingeteilt. Und die OAS, die französische Untergrundorganisation, hatte ebenfalls ihre Fäden oder vielmehr ihre Stolperdrähte gespannt, die sich durch das ganze Land und quer durch die Armee-Einheiten zogen. Das transporttechnisch relativ einfache

Problem, eine bestimmte Anzahl von Menschen von einer Seite der Grenze auf die andere zu befördern, gestaltete sich daher überaus kompliziert und gab einen Vorgeschmack dessen, was Algerien nach der Unabhängigkeit erwartete.

Die Aufgabe, sich in diesem Wirrwarr von überschneidenden und sich bekämpfenden Gewalten zurechtzufinden, fiel dem Hochkommissariat der Vereinten Nationen für die Flüchtlinge zu. Eine Dreierkommission, bestehend aus Vertretern des französischen Hochkommissars in Algerien, der Provisorischen Exekutive (in der der FLN vertreten war) und des UN-Flüchtlingskommissariats, hatte die Pläne für die Heimschaffung ausgearbeitet. Es war eine höchst delikate diplomatische Arbeit: Die mißtrauischen, erhitzten Gemüter auf beiden Seiten waren nicht leicht zur Vernunft zu bringen. Acht Übergangsorte, von Tabarka an der Mittelmeerküste bis Nefta im südlichen Zipfel Tunesiens, wurden eingerichtet. Subkommissionen, in denen auch Vertreter des Roten Kreuzes, des Algerischen Roten Halbmondes und der verschiedenen beteiligten lokalen Behörden saßen, hatten die Details für jede Passierstelle ausgearbeitet.

Die Operation begann in Haidra in Zentraltunesien. Am frühen Morgen waren die Flüchtlinge aus ihren Lagern aufgebrochen und nach dem tunesischen Grenzdorf gebracht worden. Hier erhielten sie ihre Ausweise und verbrachten die Nacht in einem Zeltlager. Als wir Journalisten in Haidra ankamen, wurden die Heimkehrer gerade auf Lastwagen und in Autobusse geladen, worauf sich die Kolonne in Richtung auf die algerische Grenze in Bewegung setzte. Zuerst passierten wir einen Posten der tunesischen Armee. Dann wimmelte es nur so von ALN-Soldaten, und plötzlich machten wir vor einem großen Stacheldrahtverhau halt: der Challe-Linie. Auf der anderen Seite Kepis, Panzer, Soldaten und Zelte. Der Stacheldraht sah recht unheimlich aus – zwischen den Drähten überall Isolatoren von Hochspannungsleitungen.

Wegen eines Übermittlungsfehlers verzögerte sich der weitere Verlauf der Operation. Doch dann war es soweit, der Grenzübertritt begann. Eigentlich war es der zweite, denn wir befanden uns bereits sieben Kilometer weit in Algerien. Frauen und Kinder kamen zuerst. Sie wurden von Rotkreuzhelferinnen vom Algerischen Halbmond und vom Kanadischen Roten Kreuz durch den Stacheldraht geleitet. Französische Soldaten verteilten Wasser und Brot, Sanitäter kümmerten sich in einem Zelt um Erschöpfte und Kranke. Danach folgten die Männer, die Familienoberhäupter, jeder zeigte den Franzosen seinen Ausweis.

Die ganze Operation vollzog sich in großer Stille, die Atmosphäre war beinahe gedrückt. Wer erwartet hatte, daß die Algerier nun auf dem Heimatboden in ein Freudengeschrei ausbrechen und die Erde küssen würden, sah sich getäuscht. Die Ungewißheit lastete auf den Menschen. Ihre Dörfer waren zu 90 Prozent zerstört, sie wußten, was ihnen bevorstand: Zelte auf den Ruinen und UNO-Almosen bis zur nächsten Ernte.

Die Flüchtlinge bestiegen wieder die Lastwagen und Busse, ein kurzer Befehl erschallte, die Kolonne setzte sich westwärts in Bewegung. Wir Journalisten kehrten nach Tunis zurück, durstig, verstaubt und auch enttäuscht. Wohl hatten wir, wie man so schön sagt, einen »historischen Tag« miterlebt – aber ein merkwürdiges Unbehagen blieb zurück. Ich saß im Bus und dachte an diese Frauen, Kinder und Greise, die nun wieder in Zelten hausen und von internationaler Wohltätigkeit leben mußten. Denn es sollte noch geraume Zeit dauern, bis die Dörfer wieder aufgebaut und die Söhne und jungen Männer aus der Befreiungsarmee zurückgekehrt sein würden. Damals erhielten wir einen Vorgeschmack der großen Aufgabe, die dem unabhängigen Algerien bevorstand.

Die Revolution fraß ihre Kinder: Innenpolitik

Noch bevor Algerien am 3. Juli 1962 unabhängig wurde, begannen die Bruderzwiste. Sofort nach Unterzeichnung der Evian-Verträge waren Ahmed Ben Bella und seine vier »historischen« Kampfgenossen aus der französischen Gefangenschaft befreit worden. In der Zelle hatte Ben Bella genügend Zeit gehabt, um seine Ressentiments gegen die FLN-Führungsspitze von Tunis zu nähren. Von kollektiver Führung hielt er ohnehin nicht viel.

Im Juni trat der Nationale Revolutionsrat (CNRA) in Tripolis zusammen, Ben Bella ging sofort zur Attacke gegen Jussuf Ben Khedda, den Präsidenten der Exilregierung (GPRA), über. Ben Khedda war ihm zu »zentralistisch« gewesen. Ferhat Abbas war bereits 1961 aus diesem Führungsgremium ausgeschlossen worden, weil er als zu *bourgeois* galt. Doch ging es nicht nur um Personen. Ben Bella hatte während seiner Gefangenschaft eine programmatische Politik für das unabhängige Algerien ausgearbeitet: Agrarreform mit umfassender Landverteilung, sozialistische Bauerngenossenschaften, Nationalisierung von Wirtschaft und Industrie. Gegen den Willen Ben Kheddas wurde das »Programm von Tripolis« vom Revolutionsrat angenommen.

Am 3. Juli flog die algerische Exilregierung nach Algier, um neben der im Abkommen von Evian vorgesehenen Provisorischen Exekutive die Macht zu übernehmen. Ben Khedda, der bei seiner Ankunft begeistert begrüßt worden war, versuchte das Land in den Griff zu bekommen. Da er dazu die Armee brauchte, setzte er zuerst einmal Houari Boumedienne ab, an dessen Loyalität er zweifelte. Ben Bella war, statt mit den anderen Revolutionsführern nach Algier zu gehen, nach Marokko geflogen. Er solidarisierte sich mit dem abgehalfterten Boumedienne und baute zusammen mit ihm in Tlemcen, nahe der marokkanischen Grenze, ein »Politisches Büro« auf, dessen Aufgabe darin bestehen sollte, »das Schicksal Algeriens in die Hand zu nehmen«. Nun gab es schon zwei Machtzentren im Land. Ben Khedda, der neben seiner ideologischen, auf Kuba ausgerichteten Sturheit dennoch immer ein Mann des Kompromisses und der kollektiven Führung gewesen war, versuchte mit Ben Bella und Boumedienne zu verhandeln. Das wiederum mißfiel der sogenannten Gruppe von Tizi Ouzou. Diese bestand aus zwei anderen »historischen Führern«, Belkassem Krim und Boudiaf. Beide wandten sich vehement gegen den »Staatsstreich der ALN«.

Bezeichnenderweise ist Tizi Ouzou ein Zentrum der Berber, es sollte später wieder eine Rolle bei den Berberunruhen spielen. Dieser erste Machtkampf im unabhängigen Algerien endete mit einem (vorläufigen) Kompromiß, ein erweitertes Politisches Büro wurde am 2. August gebildet.

Während sich die Führung raufte, herrschten im Land anarchische Zustände. Zuerst gab es die Periode der Abrechnung mit echten oder vermeintlichen Kollaborateuren, Tausende von »Harkis«, jene arabischen Hilfstruppen der Franzosen, und andere »profranzösische« Moslems wurden umgebracht. Rund 1800 Europäer »verschwanden«, was bald zum Exodus der europäischen Bevölkerung führte. Schießereien zwischen rivalisierenden Gruppen waren in Algier an der Tagesordnung, in anderen Städten kam es zu Kämpfen zwischen ALN-Einheiten, die während des Unabhängigkeitskrieges in Tunesien und Marokko waren, und den Kämpfern, die im Land operiert hatten. Am 10. September führte Boumedienne seinen »Marsch auf Algier« durch, mit seinem in Gardhimaou geschmiedeten Instrument verhalf er Ben Bella zum Sieg.

Am 23. September proklamierte die Nationalversammlung die »République Algérienne Démocratique et Populaire« und wählte Ben Bella zum ersten Regierungschef, der sofort seine Regierung bildete. In ihr saßen fünf Offiziere, darunter natürlich Boumedienne, der fortan eine Schlüsselrolle spielte. Mitglieder der ehemaligen Exilregierung fehlten völlig. Schnell ging Ben Bella daran, die anderen Parteien auszuschalten – der Weg zum Einparteienstaat sowjetischer Prägung wurde geöffnet, die

Gewerkschaften und Berufsorganisationen der Partei unterstellt. Schon im Jahr darauf unternahm Ben Bella den nächsten Schritt: Im April 1963 wurde er Generalsekretär der Partei, ließ eine Verfassung mit einem Präsidialregime durch ein Referendum absegnen und wurde Staatspräsident. Obendrein erhielt er den Titel eines Oberbefehlshabers der Armee. Doch dieser Posten war nicht ganz so sicher, wie man zwei Jahre später feststellen konnte – denn der eigentliche Herrscher über die Armee war Boumedienne.

Eigentlich hätte Algeriens Führungsspitze besser daran getan, sich um das Land zu kümmern, statt ihre Machtkämpfe auszutragen. Neunzig Prozent der europäischen Bevölkerung, das war die gesamte administrative, unternehmerische, technische und industrielle Elite, hatten das Land verlassen, mit ihnen die Ärzte, Lehrer und Landwirtschaftsspezialisten. Fabriken standen still, Farmen lagen brach, die Verwaltung existierte praktisch nicht mehr, 70 Prozent der Algerier waren arbeitslos. Obendrein hatten die radikalen französischen Ultras der Terrororganisation OAS Telefonzentralen, Elektrizitätswerke und Archive der Administration in die Luft gesprengt. Ende 1962 wurden Notstandsprojekte ausgearbeitet, die dank großer französischer Finanzhilfe die ärgste Not etwas linderten. Gleichzeitig jedoch fand die verhängnisvolle Weichenstellung in der Wirtschaftspolitik statt; Arbeiterkomitees wurden eingesetzt, um die französischen Manager zu ersetzen. *Autogestion* (kollektive Selbstverwaltung) wurde zum magischen Wort für Algeriens Weg zum Sozialismus.

Wegen der politischen Streitigkeiten konnte erst im April 1964 ein Parteikongreß des FLN stattfinden. Dort wurde ein 16seitiges Parteiprogramm unterbreitet, das von marxistischen »Analysen« und Phrasen nur so strotzte. Die neue Organisation des FLN als Elitepartei, der alle Organe des Staates unterstellt sind, zeigte Parallelen zur kommunistischen Staatsform. Auch wenn auf dem Kongreß unter dem Druck der religiösen Elemente etwas islamisches Wasser in den marxistischen Wein gegossen wurde – das revolutionäre Gebräu war dadurch nicht weniger rot geworden! Wobei aber Rot nicht unbedingt das Kreml-Rot war (trotz Übernahme vieler Elemente der sowjetischen Staatsstrukturen), sondern ganz einfach als symbolische Farbe für jene Ideologie verstanden werden sollte, die sich die »revolutionären« Führer der Entwicklungsländer aus sozialrevolutionären und reformerischen Ideen zusammenklitterten.

Denn Ben Bella war kein Ideologe und auch kein Intellektueller. Er war vielmehr ein charismatischer Führer, der einzige in Algerien, der von den ländlichen Massen und dem städtischen Proletariat als »Patron« anerkannt wurde. Im Volk verwurzelt, wußte er instinktiv, was es wollte. Darin unterschied er sich von manchen ehemaligen Führern der GPRA, die zumeist sozial freischwebende, laizistisch-marxistische Intellektuelle oder Pseudointellektuelle waren – was vermutlich die Begeisterung der europäischen Linkskreise für die algerische Revolution erklärt. Die Persönlichkeit Ben Bellas kann nur auf diesem Hintergrund verstanden werden. Für ihn war Ideologie nie Selbstzweck, sondern nur Mittel zum Zweck, zur Aktion. Ben Bella schrie in seiner ersten Regierungserklärung in die Welt hinaus: Wir sind Araber! Damit hatte er die Stimmung im Volk richtig erkannt, eine Grundwelle, die später immer stärker wurde.

Daneben war Ben Bella natürlich ein ausgezeichneter Taktiker, das hatte er während seiner Machtübernahme und auch bei der Kabylenkrise im Jahre 1963 bewiesen, als er geschickt die verschiedenen Gruppen gegeneinander ausspielte, sie für eigene Zwecke gebrauchte, ohne jedoch von ihnen abhängig zu werden.

An jenem entscheidenden Parteikongreß, der Ben Bellas totale Herrschaft bekräftigte, gab sich auch Boumedienne, damals Verteidigungsminister, erstaunlich manierlich. In einer äußerst botmäßigen Rede erklärte der asketische Vize des algerischen Staates, daß sich die Armee selbstverständlich der Partei unterstelle. Ein Jahr später sollte er putschen und die Macht an sich reißen! Ben Bellas damaliger »Hofideologe«, Mohammed Harbi, sein Berater und Chefredakteur von *Révolution Africaine* mußte Haare lassen. Harbi war Marxist, sowohl in Methode wie im Vokabular, und geriet als Hauptverfasser des Parteiprogramms unter schwersten Beschuß von seiten der antikommunistischen, traditionell-islamischen Kreise.

Im Sommer 1964 hatte Ben Bella also den Gipfel der Macht erklommen, war in den vordersten Rang der »revolutionären« Staatsmänner der Dritten Welt vorgestoßen und hatte seinen Platz neben Nasser, Fidel Castro, Ahmed Sukarno und Sekou Touré auf der Weltbühne eingenommen. Ein langer Weg hatte den damals 45jährigen durch die französische Armee im Zweiten Weltkrieg (er wurde von de Gaulle in Italien dekoriert), durch französische Gefängnisse, Hungerstreiks, über Intrigen und einen nur knapp verhinderten Bürgerkrieg zur Herrschaft über Algerien geführt.

Und er genoß seine Rolle! Je schwieriger die wirtschaftliche Lage seines Landes wurde, desto revolutionärer gebärdete er sich nach außen, träumte von der »revolutionären Ausstrahlung« Algeriens. Obgleich er auf Nikita Chruschtschows Thesen von der friedlichen Koexistenz und des Gewaltverzichtes eingeschwenkt war – schließlich hatte er kurz zuvor auf dem Roten Platz an der Maiparade als Ehrengast teilgenommen und war Leninpreisträger –, tönte er eher »chinesisch«, wenn er vom Kampf gegen Imperialismus und Neokolonialismus und der Befreiung unterdrückter Völker sprach.

Ben Bella war kein reiner Kommunist. Mit seiner »revolutionären« Rhetorik mag er dem Ostblock zwar ab und zu Handlangerdienste in Gremien der Dritten Welt geleistet haben, er gehörte zum linken Flügel der Blockfreien, doch seine tatsächliche Manövrierfähigkeit war durch die geographische, wirtschaftliche und ethnische Realität Algeriens beträchtlich eingeschränkt. Die Wirtschaft seines Landes hing von Frankreichs Hilfe, amerikanischem Getreide und dem eigenen Export in die EG-Länder ab. Im Maghreb saß der Revolutionär Ben Bella zwischen dem pragmatischen Reformer Habib Bourguiba, von dessen fester Stellung und Popularität er sich anläßlich der Biserta-Feiern 1963 überzeugen konnte, und Hassan II. von Marokko, dessen Machtstellung er nach dem algerisch-marokkanischen Grenzkrieg ebenfalls anerkennen mußte. Doch die

Rivalität mit Marokko sollte zu einer der Konstanten der algerischen Außenpolitik werden und führte dann zum Konflikt um das ehemalige Spanisch-Westafrika, das Algerien durch die von ihm geschaffene und vorgeschobene Polisario in Besitz nehmen wollte, um einen Zugang zum Atlantik zu erhalten und Marokko in die Zange zu nehmen.

Schon bald nach dem entscheidenden Parteikongreß vom April 1964 kam es zu einer weiteren innenpolitischen Krise. Anlaß oder Vorwand war die »Rebellion« eines Obersten Chaabani, Prokonsul des Saharadistriktes und in seinem Territorium angeblich unumschränkter Herrscher mit Tausenden loyaler und gut bewaffneter Soldaten. Doch um Chaabanis Macht scheint es nicht besonders gut bestellt gewesen zu sein, er wurde von der Bevölkerung denunziert und dann von Boumediennes Soldaten während der Siesta in einem Palmenhain aufgestöbert. Ben Bella benutzte geschickt diesen gescheiterten Putsch – wenn es überhaupt einer war –, um nun endgültig mit seinen Rivalen abzurechnen. Die Gegner hatten keine Chance, denn die Zwangsallianz von Ben Bellas Charisma und Boumediennes Armee, die Tatsache, daß das Volk von den Bruderzwisten endgültig genug hatte und Ruhe wollte, erwiesen sich als Kombination von Kräften und Umständen, die nicht zu schlagen war.

Die Liste der Verhafteten, unter Hausarrest Gestellten oder aus der Partei Ausgeschlossenen las sich wie ein *Who's Who* der algerischen Befreiungsfront. Die »Neun historischen Führer« hatten nun das Schicksal der zehn kleinen Negerlein erlitten. Ferhat Abbas, ehemaliger GPRA-Präsident, Fares, einstmals Chef der provisorischen Exekutive, Rabah Bitat, Boudiaf, Khider, kurz alle, die jemals mit Ben Bella nicht einverstanden gewesen waren, wurden proskribiert – von den Bürgerlich-Liberalen, die ihre Bedenken gegen die Wirtschaftspolitik angemeldet hatten, über die islamo-arabischen Fanatiker, denen Ben Bella zu »marxistisch-leninistisch« geworden war, bis zu einem ehemaligen Zellengenossen in Frankreichs Gefängnissen, dem er zu »faschistisch« war. Dies bedeutete, daß nicht nur die offenen Rebellen wie Chaabani oder Ait Ahmed, der Berber, der ins Maquis ging, sondern alle, auch jene, die »parlamentarisch« oder publizistisch ihre Mißbilligung über diesen oder jenen Aspekt des Regimes hatten laut werden lassen, rücksichtslos verfolgt wurden.

Noch ein Jahr zuvor hatte Ben Bella von einer »Revolution ohne Gefängnisse« geschwärmt, jetzt errichtete er eine Diktatur. Fatalerweise glaubte er, eine politische Ordnung und einen funktionierenden Staat aufzubauen, indem er Parlament, Gewerkschaften und Berufsorganisationen der Partei unterstellte und diese zu seinem und Boumediennes Anhängsel machte. Die Partei wurde Elitepartei und nicht Massenpartei, wie es Khider vorgeschwebt hatte. Damit wurden aber sämtliche Sicherheitsventile zum Ausgleich des innenpolitischen Überdruckes beseitigt. Im Einheitslisten-Einparteien-Parlament, in den Parteiversammlungen auf allen Ebenen wurde politische Opposition unmöglich. In Algeriens Einheitspartei – und das gilt bis auf den heutigen Tag – unterscheidet man zwischen Diskussionen auf praktischer, niedriger Ebene, wo ganz konkrete Mißstände etwa in einem Dorf oder einer selbstverwalteten Produktionsgemeinschaft diskutiert werden können oder ein »Bürokrat« angeprangert werden darf, und der politischen Kritik von Männern wie Abbas oder Fares. Als ich mich im Januar 1985 in Algier aufhielt, widmete *El-Moujahid*, das Parteiorgan, ganze Seiten samt Photos den Warteschlangen vor Verteilungsstellen für Gasflaschen, dem Fehlen dieses oder jenes Produktes in den Geschäften. Ansonsten war die Zeitung angefüllt mit revolutionären Phrasen und der Verherrlichung der algerischen Außenpolitik. Insofern gleicht das Regime dem sowjetischen, wo man ja auch über Probleme des täglichen Lebens schreiben, aber nie von der politischen Linie abweichen darf.

Um bei der algerischen Presse zu bleiben: In *el – djeich*, dem Organ der »Armée Nationale Populaire«, fand ich ein ganzseitiges Inserat, in dem die jungen Algerier auf die Karrieren aufmerksam gemacht wurden, die ihnen das »Commissariat Politique« offeriert: Journalist, Kameramann, politischer Kommissar, Szenarist, Toningenieur und so weiter. In Algerien gibt es nur die Parteipresse der Einheitspartei, und die journalistische Ausbildung wird durch das Politische Kommissariat besorgt! Das ist das System, das Ben Bella damals eingeführt hatte. Man kann sich leicht vorstellen, welchen Informationswert diese Zeitungen und Zeitschriften haben, wie unerträglich langweilig sie sind. Allerdings verstehen Kenner unter Diplomaten und Journalisten – genau wie in Moskau – zwischen den Zeilen zu lesen, Schwerpunkte zu interpretieren und zu spekulieren. Verglichen mit den beiden anderen Maghrebstaaten ist Algerien eine journalistische Wüste, nur *Humanité*, das Organ der französischen KP, liegt in allen Kiosken auf. *Jeune Afrique*, so ziemlich die beste Wochenzeitung, die sich mit dem Maghreb befaßt, ist seit Jahren in Algerien verboten – in Tunesien ist dies lediglich ab und zu für einige Wochen der Fall.

Ben Bella hatte also 1964 die Opposition völlig ausgeschaltet, zusammen mit Boumedienne hielt er das Land fest im Griff. Alle »konterrevolutionären« Elemente saßen im Gefängnis oder am Genfer See (wo Khider einige Jahre später für einen Wirbel um den »Kriegsschatz« des FLN sorgen sollte, den die Regierung von Algier wieder aus Schweizer Banken holen wollte). Ben Bella hatte zwar eine Diktatur errichtet, politische »Stabilität« erreicht, doch die wirtschaftlichen Probleme des Landes blieben bestehen.

Am 19. Juni 1965 schlug endlich die Stunde für Houari Boumedienne. Die Machtübernahme, für die er in Gardhimaou sein Instrument, die Armee, geschmiedet hatte, und auf die er mit raffinierter taktischer Geduld gewartet hatte, wurde in einem unblutigen Staatsstreich vollzogen. Pikanterweise erfolgte der Putsch am Vorabend der zweiten afro-asiatischen Konferenz, die in Algier stattfinden sollte und auf der sich Ben Bella als Protagonist der Dritten Welt aufspielen wollte. Für dieses Ereignis hatte er eigens ein Konferenzzentrum bauen lassen.

Ben Bella wurde verhaftet und später am Sahararand unter Hausarrest gestellt, wo er bis 1980, als ihn Boumediennes Nachfolger, Chadli Benjedid, nach Frankreich ausreisen ließ, verblieb. Der neue Präsident verhaftete Anhänger Ben Bellas, entließ aber gleichzeitig 1500 politische Häftlinge aus den Kerkern Algeriens.

Boumedienne besaß klare Vorstellungen, wie er nun das Land beherrschen wollte. Seine Ideen hatte er teils bei Mao Tse-tung und bei Che Guevara entlehnt. Die Armee sollte wie in China das Volk »einrahmen« – *encadrer* wurde das Modewort der neuen Armeebosse. Bei Che hatte er aufgeschnappt, daß die Armee die »revolutionäre Gewalt« verkörpere und das »Gewissen der Nation« sei. Als erstes setzte Boumedienne einen »Revolutionsrat« ein, doch sogar noch zehn Tage nach dem Putsch fehlten Angaben über die Zusammensetzung dieser mysteriösen Körperschaft. Dann mußte er darangehen, die Freunde in der Dritten Welt, die mit allergrößtem Mißtrauen die Machtübernahme durch die Armee betrachteten, davon zu überzeugen, daß die Putschisten auch wirklich die »Träger der revolutionären Gewalt« waren.

Innenpolitisch wurde das neue Regime gleichfalls mit Reserve betrachtet. Die Kabylen, deren Widerstand Ben Bella mit Hilfe von Boumediennes Armee gebrochen hatte, blickten mit Mißtrauen auf die neuen Herren in Algier, die sie noch in allerschlechtester Erinnerung hatten. In Oran und Umgebung kam es zu Demonstrationen gegen Boumedienne, denn dort liegt der Geburtsort Ben Bellas, Marnia. Aber auch Arbeiter und Studenten in den großen Städten gingen auf die Straße. Unter ihnen hatten zu Ben Bellas Zeiten linksextreme und kryptokommunistische Intellektuelle nachhaltig gewirkt, besonders jene französischen, die der Volksmund »Pieds rouges« nannte, Rotfüße, im Gegensatz zu den einstigen französischen Colons, den »Pieds noirs«. Boumedienne gelang es jedoch bald, seine Macht zu konsolidieren und einen zentralistisch regierten Staat zu errichten. Oberste politische Autorität war der Revolutionsrat, dem hauptsächlich loyale Offiziere angehörten. Am 1. Juli 1965 wurde eine neue Regierung gebildet, in der Boumedienne das Amt des Ministerpräsidenten und des Verteidigungsministers innehatte.

In den folgenden Jahren vereinte Boumedienne immer mehr Macht in seiner Person. Er schuf zwar regionale und kommunale

Versammlungen, doch hingen diese in einem solchen Maße von der Zentralregierung, also der Partei und dem Revolutionsrat ab, daß von einer echten Regionalisierung nicht die Rede sein konnte. Daneben gab es schüchterne Versuche, effizientere Kader heranzubilden, auch wurde wieder einmal eine Agrarreform durchgeführt. Nur die gestiegene Erdöl- und Erdgasproduktion und die Vervielfachung der Erdölpreise verhinderten in den siebziger Jahren die wirtschaftliche Katastrophe. Denn der staatliche Zentralismus brachte – außer einigen schlüsselfertig gekauften Prestigeprojekten, die weit unter ihrer Kapazität arbeiteten – keinen Fortschritt in der Industrialisierung, und die sozialistische Agrarpolitik sorgte für die Abwanderung der Bevölkerung in die Städte.

Außenpolitisch blieb Boumedienne weitgehend auf Ben Bellas Linie: antiimperialistischer Aktivismus und revolutionäre Solidarität. Als Anwar es-Sadat nach Jerusalem fuhr und später die Verträge von Camp David und den israelisch-ägyptischen Friedensvertrag in Washington unterzeichnete, brach Algerien die diplomatischen Beziehungen zu Kairo ab. Es war jedoch Boumediennes Pech, daß in den siebziger Jahren die Romantik der Dritten Welt zu verblassen begann, Bandung lag weit zurück. Dafür begann er ein neues Abenteuer mit Marokko, als Spanien 1975 beschloß, die Westsahara Mauretanien und Marokko zu überlassen. Wieder einmal kamen die beiden Maghrebstaaten Algerien und Marokko auf Kollisionskurs, der bis heute andauert. Als ich Mohammed Yazid die Frage stellte, warum denn ausgerechnet die dortigen Sahraouis das Recht auf Selbstbestimmung haben sollten, es gebe doch auch am Sahararand von Algerien, Tunesien und Libyen Angehörige dieser Stämme, meinte er: »Bei uns haben sie die Unabhängigkeit eben nicht gefordert.« Das war natürlich eine leicht demagogische Erklärung, denn die Polisario ist ja nur Vorwand für Algerien, um gegen den Rivalen Marokko vorzugehen.

Im Jahre 1976 fühlte sich Boumedienne stark genug, dem Land eine neue (und noch stärker auf seine Person zugeschnittene) Verfassung zu geben. Im April wurde die Nationalcharta mit Pauken und Fanfaren in der Presse publiziert, man gestattete sogar eine öffentliche Diskussion darüber. Anschließend wurde die »Charte Nationale« in einem Referendum mit 98,5 Prozent angenommen. Das war nun die neue Verfassung Algeriens, in der die »irreversible Option« des Sozialismus und das Prinzip des Einparteienstaates festgeschrieben wurden. Als Konzession an die Gläubigen wurde verankert, daß der Islam die Staatsreligion ist. Dem FLN wurden weitgehende Vollmachten eingeräumt, die Partei ist auf allen Stufen bis hinunter zum Stadtviertel vertreten und stellt eine Parallelstruktur zur Administration dar. Und um ganz sicherzugehen, ließ sich Boumedienne mit 99 Prozent der Stimmen zum Staatspräsidenten wählen.

Algerien lebte nun gewissermaßen unter einer Doppeldiktatur von Partei und Armee. Neben seinen Regierungsämtern war Boumedienne auch Chef der Nachrichtendienste und der Sicherheitspolizei. Doch allzulange konnte er sich seiner Machtfülle nicht erfreuen. Im November 1978 erkrankte er und starb am 27. Dezember.

Rabah Bitat, der Präsident der Nationalversammlung, übernahm die Interimsregierung, und im Januar 1979 fand ein Parteikongreß des FLN statt, auf dem Oberst Chadli Benjedid, Kommandant der Militärregion von Oran, zum neuen Präsidenten gewählt wurde. Gleichzeitig wurden auch die Strukturen der Partei geändert: Fortan sollte ein Zentralkomitee des FLN oberste Instanz im Lande sein, der Generalsekretär der Partei automatisch Staatspräsident, der Revolutionsrat wurde abgeschafft. Und so lautet denn der offizielle Titel von Chadli jeweils in der algerischen Presse etwas umständlich: Président Chadli Benjedid, Président de la République, Secrétaire général du Parti du FLN. Die Wahl des neuen Präsidenten glich eher den Vorgängen im Kreml, nach dem Tod eines Staatsoberhauptes als einem demokratischen Akt. Die verschiedenen Machtclans im Land, in erster Linie hohe Offiziere, die Militärregionen kommandieren und über Truppen verfügen, sodann noch einige alte Machtzentren aus der Partei entschieden in geheimstem Konklave über die Kandidatur, die dann von den anderen Parteigremien akzeptiert wurde. Chadli war ein offensichtlicher Kompromißkandidat zwischen Abdelasis Bouteflika, dem langjährigen und dauerhaften Außenminister unter Boumedienne, und Mohammed Salah Yahiaoui, dem Boß der Partei-Administration, der als Radikaler galt. Ein neues Kapitel in der bewegten Geschichte Algeriens begann.

Algerien unter Chadli Benjedid

Chadlis neuer Stil wurde in Algerien mit Aufatmen begrüßt. Der soignierte weißhaarige Offizier, der nun Zivilkleider trug, wich zwar nicht sofort und radikal von der Politik seines Vorgängers ab, doch ließ er zuerst einmal erkennen, daß er nicht die Macht im Staate monopolisieren wollte – oder vielleicht auch nicht konnte, weil er von gewissen Gruppen abhing. Er verzichtete darauf, auch Ministerpräsident zu sein, und setzte 1979 eine entsprechende Verfassungsänderung durch; die Amtszeit des Präsidenten wurde von sechs auf fünf Jahre herabgesetzt. Hinter Chadlis ruhiger Art verbarg sich jedoch eine erhebliche Willensstärke. So entließ er Bouteflika, der 15 Jahre lang Außenminister gewesen war, er säuberte die Administration und sogar die Partei von korrupten Elementen. Die völlig überraschte Welt erfuhr nun von Journalisten, die bislang brav geschwiegen hatten, daß es in Algerien Millionäre gab, Ministerialbeamte und Parteifunktionäre, die Vermögen gescheffelt hatten. Rund ein halbes Tausend Funktionäre wurden von Chadli der Korruption, Unterschlagung und Wirtschaftssabotage bezichtigt, verhaftet und vor Gericht gestellt.

Natürlich geschah dieser Säuberungsprozeß nicht über Nacht, sondern dauerte mehrere Jahre. Auch heute noch lernt man in Algerien, daß ohne *piston*, gute Beziehungen und Bakschisch, eben nichts geht, weder Importgenehmigungen noch die Zuteilung einer Wohnung. Der Schwarzhandel blüht, und im Hotel bietet der Liftboy zwischen zwei Stockwerken algerische Dinars zum schwarzen Wechselkurs an. Da Algerien immer noch ein Polizeistaat mit einem ausgeklügelten Spitzelsystem ist, tut man gut daran, auf solche Angebote nicht einzugehen. Trotzdem läßt sich der Witz des kleinen Mannes auf der Straße nicht unterkriegen. Als Chadli Ende 1984 in einer programmatischen Rede vor dem Zentralkomitee des FLN das Volk mit der Devise »Travail et rigueur« (Arbeit und Strenge) zu motivieren versuchte, sprach man prompt von »Travail à la rigueur«, was ungefähr mit »allenfalls« oder »wenn's unbedingt sein muß, wird gearbeitet« übersetzt werden kann. Angesichts der allgegenwärtigen Korruption unterschied der Volksmund schon seit geraumer Zeit zwischen »Algé-rois« und »Algé-riens«; ein Algérois ist ein Bewohner von Algier, ein Algérien ein Algerier. Und *roi* ist bekanntlich König, *rien* bedeutet nichts. Zwischen »Königen« und »Habenichtsen« teilt sich die Bevölkerung, wobei es noch eine Zwischenschicht gibt, die ihr kümmerliches Einkommen auf dem Schwarzmarkt aufbessern kann, und jene, die als Gastarbeiter in Frankreich Ersparnisse sammeln konnten, um eine Wohnung zu ergattern.

Flughafen Genf, Januar 1985: In der Wartehalle steht eine gutgekleidete Dame, in der einen Hand die modische Reisetasche einer bekannten Markenfirma, in der anderen, in Papier eingewickelt, den Auspufftopf eines Autos. Das war ein erster Vorgeschmack von der algerischen Mangelwirtschaft, wo dank »zentralistischer Planung« im Land selbst immer etwas anderes fehlt. Bei der Ankunft in Algerien wurde ein weiteres wirtschaftliches Phänomen deutlich: Die Zollabfertigung nahm unendlich viel Zeit in Anspruch, weil alle algerischen Reisenden mit Gepäck, Körben und Kartons beladen waren, in denen sich allerlei Gebrauchsgegenstände und Lebensmittel befanden.

Des Rätsels Lösung: Angesichts der erratischen und mangelhaften Versorgung hat sich ein kleiner Grenzverkehr eingespielt. Das ist das Verdienst von Chadli. Seit er eingesehen hat, daß die staatlichen Strukturen, die er geerbt hat, nicht so schnell umgekrempelt werden können, gestattet er Privatleuten die Einfuhr von Waren bis zu einer bestimmten Höchstgrenze. Somit hat sich ein »kleinkapitalistischer Sektor« entwickelt. Die Dame mit dem Auspufftopf gehörte ganz offensichtlich zu den »Algérois«, doch das Volk am Flugplatz ist Teil des neuen Privatsektors. Ganze Familien legen ihre letzten Dinars zusammen, damit ein vertrauenswürdiges Mitglied nach Marseille fliegen und dort einkaufen kann. Die zurückgebrachten Waren sind teils für den Eigengebrauch, zum größten Teil jedoch für den Schwarzmarkt bestimmt, wo sie das Vielfache des Gestehungspreises bringen. Beliebt ist dieser Kleinimport mit Verwandten, die in Frankreich arbeiten. Da es sich bei den völlig irren Wechselkursen nicht lohnt, Geld zu überweisen, wird es in Waren umgesetzt und im kleinen Grenzverkehr nach Hause gebracht. Inzwischen hat er ein beträchtliches Ausmaß erreicht; er spielt auch psychologisch eine große Rolle, da er dem kleinen Mann einen zusätzlichen Verdienst und die Versorgung mit Waren, die im Lande nicht aufzutreiben sind, ermöglicht. Dieses Beispiel zeigt das behutsame Vorgehen von Chadli: An den geheiligten Strukturen des Sozialismus seiner Vorgänger und der mächtigen Partei will und kann er nicht rütteln, aber kleine Vergünstigungen, als Sicherheitsventil für die steigende Unzufriedenheit, werden eingeführt.

Algeriens Problematik besteht in seiner Demographie. Das Land weist eine der höchsten Zuwachsraten der Bevölkerung auf: 65 Prozent der Algerier sind unter zwanzig Jahre alt. Sie haben weder die Franzosenzeit noch den Kampf um die Unabhängigkeit erlebt und stehen dem ganzen revolutionären Brimborium der Älteren recht verständnislos gegenüber. Daran haben auch alle Bemühungen der Regierenden, mit den Feiern vom 1. November 1984, zum 30. Jahrestag des Befreiungskampfes, Emotionen wachzurufen, wenig geändert.

Es fällt auf, wie viele Jugendliche in Algeriens Städten tagsüber und ganz besonders abends gelangweilt auf den Straßen herumlungern. Sie erliegen langsam einer Erwartungsneurose, hoffen auf ein besseres Leben und wissen vielleicht schon im Innern, daß dies nicht so bald kommen wird, allen Parolen der Partei zum Trotz. Die Kluft zwischen dieser Jugend und den Regierenden scheint sich zu vergrößern. Denn noch immer – trotz Chadlis Antikorruptionsmaßnahmen – gibt es in Algerien eine »Nomenklatura« im sowjetischen Sinn, eine Kaste von Privilegierten: ehemalige Freiheitskämpfer und solche, die es gewesen sein wollen, Offiziere, Parteifunktionäre, »Manager«

von Staatsbetrieben und auch einige Selbständige wie Ärzte und Advokaten. Die Parteigünstlinge – zu den beliebtesten Pfründen gehören auch diplomatische Posten im Ausland – genießen alle Vorteile: von Villen in Hydra, im vornehmen Vorort Algiers, über Autos und Dienstboten. »In Algier gibt es mehr große Mercedes als etwa in München«, meinte ein Deutscher, der seit Jahren im Lande lebt. Jeder Vertreter einer ausländischen Firma bestätigt, daß ohne Bestechungsgelder an Funktionäre der Administration kein Auftrag erteilt wird. Auf niedriger Ebene weiß jeder Algerier, daß er ohne Beziehungen und damit verbundenen Gegenleistungen nichts erreichen kann.

Verglichen mit der »traditionellen« Korruption in den beiden anderen Maghrebstaaten Tunesien und Marokko, wo es einfach zur alten Kultur gehört, immer schon so war, stellt Algerien einen Sonderfall dar. Einmal wegen der totalen Inkongruenz zur seit Jahrzehnten geübten revolutionären Rhetorik – »pur et dur« (rein und hart) wurde immer wieder gepredigt –, zum anderen, weil die Korruption von Staats und Partei wegen institutionalisiert ist und keine traditionelle und folkloristische Komponente aufweist. Die Jugend beginnt, die Hohlheit der revolutionären Phrasen, das Auseinanderklaffen von Schein und Sein, zu durchschauen.

Es gibt Beobachter, die Algerien eine gewisse Parallele zur Entwicklung des Schah-Regimes im Iran voraussagen. Dort war es das »imperiale« Herscherhaus, das sich vom Volk entfernte, hier ist es eine Klasse von »sozialistischen« Partei- und Militärbonzen, zu der das Volk auf immer größere Distanz geht. Noch ist es nicht soweit, und Chadli Benjedid könnte die historische Chance haben, diese Entwicklung zu verhindern. Vorausgesetzt natürlich, daß die Machtclans in Partei und Armee ihn nicht vorzeitig kaltstellen, wenn er allzu schroff ihre Privilegien beschneidet.

Inzwischen geht das eher trostlose Leben in Algerien weiter. Die Städte sind überfüllt, die Wohndichte ist unerträglich, die Versorgungslage mit Lebensmitteln klappt oft nicht. Es ist in der Tat frappierend, einen Markt in Marokko oder Tunesien mit einem in Algerien zu vergleichen: Dort sitzen stolze Bauern hinter ihren liebevoll ausgelegten Gemüsen, Früchten, Eiern – in Algerien sieht man auf den Märkten mürrische Verkäufer vor einigen lieblos hingeworfenen, zumeist bereits leicht angefaulten Produkten. Ferhat Abbas erklärt in seinem *L'Indépendance confisquée* die Gründe für das Fiasko der Landwirtschaftspolitik: Man könne eben Bauern nicht in Funktionäre umwandeln. Für ein Kilo Bohnen erhält, laut Abbas, der Produzent einen Dinar, auf dem Markt werden sie für 10 Dinars angeboten. Wo bleibt die Differenz, da es ja offiziell keine »Zwischenhändler« gibt, lautet seine rhetorische Frage. Natürlich in den Händen der verschiedenen Parteifunktionäre, die die »Agrarreform« managen. »Die Qualität der Produkte ist gesunken, schöne Früchte und gutes Gemüse sind rar geworden auf den Märkten. Manchmal sind Grundnahrungsmittel überhaupt verschwunden. Man muß Schlange stehen, um bedient zu werden, falls man nicht auf dem schwarzen Markt kauft oder zu den »Großen« des Regimes gehört, denen man die Ware ins Haus liefert.« Als ich kurz vor meiner Algerienreise im Januar 1985 diese Sätze bei Ferhat Abbas las, war ich skeptisch und hielt sie für die Übertreibung eines verbitterten Regimegegners. Auf den Märkten Algeriens wurde ich eines Besseren belehrt.

Die Statistiken sprechen eine deutliche Sprache, in allen Produktionssektoren fällt Algerien gegenüber seinen Nachbarn im Maghreb deutlich ab. Sogar das 15mal kleinere Tunesien, das nur ein Viertel der algerischen Bevölkerung aufweist, erwirtschaftet einen größeren landwirtschaftlichen Ertrag. Kurz, die nicht »sozialisierten« Bauern Marokkos und Tunesiens produzieren einfach bedeutend mehr. Algerien wird, was die Ernährung seiner explodierenden Bevölkerung betrifft, zunehmend vom Ausland abhängig. Auf dem Land läßt sich feststellen, wie verheerend sich die Agrarreform ausgewirkt hat. Wer durch die Dörfer fährt, sieht schnell die Unterschiede zu Marokko und Tunesien. Dort ist zumeist auch das kleinste Bauernhaus, und wenn es nur aus Lehm ist, weiß gepinselt, von einem liebevoll bestellten Gärtchen umgeben. Algeriens Bauern, zu »Funktionären« der Partei degradiert, die ihr kümmerliches Gehalt ganz unabhängig davon erhalten, ob sie nun produzieren oder nicht, verspüren nicht den geringsten Besitzerstolz; es fehlt der materielle Anreiz, mehr anzubauen, Methoden zu verbessern. Hier lag vermutlich eine der tragischen Fehleinschätzungen der marxistischen Ideologen Algeriens. Der nordafrikanische Bauer ist wie die Bauern auf der ganzen Welt ein Individualist und kein Funktionär. Das haben die Russen und auch die Chinesen inzwischen eingesehen. Es war Algeriens Unglück, daß seine marxistischen Gründerväter die kommunistische Agrarpolitik kopieren wollten, als man bereits in den Ländern, die als Vorbild dienten, davon abkam. Man kann eigentlich nur gespannt darauf warten, ob Chadli die Lehren aus den Fehlern seiner Vorgänger ziehen wird.

Symbol für die verkrampften »revolutionären« Weichenstellungen ist der Freitag als gesetzlicher Ruhetag, eine Regelung, die nach der Unabhängigkeit aus antikolonialistischem Trotz eingeführt wurde. Somit ist Donnerstag und Freitag »Weekend« in Algerien, was bedeutet, daß für geschäftliche und administrative Kontakte mit Europa (und auch den anderen Maghrebstaaten) nur drei Tage übrigbleiben! Wie sich dies auf die Produktivität auswirkt, kann man sich leicht ausmalen.

Der Tourismus, wichtige Einnahmequelle von Tunesien und Marokko, wurde in Algerien vernachlässigt. Auch das hat mit Ideologie zu tun und ist nicht etwa darauf zurückzuführen, daß dieses Land weniger Sehenswürdigkeiten aufzuweisen hätte als die anderen Maghrebstaaten. Der Mittelmeerstrand ist derselbe, und die Ruinenstädte der Römer, Timgad, Dschemila, Hippo Regius und Tipasa, können sich durchaus mit Volubilis in Marokko und Dougga in Tunesien messen. Wie man jedoch aus der einschlägigen Linksliteratur unserer Breitengrade weiß, verderben westliche Touristen bekanntlich die guten Sitten der Einheimischen, Fremdenverkehr korrumpiert. Auch Algeriens Planer glaubten lange Zeit an diese Theorie. Dazu kam eine

Reste der Antike: Tempel des Septimus Severus

psychologische Verkrampfung: Es widerspricht der *dignité nationale*, der nationalen Würde, ein so unterwürfiges Metier wie das eines Hotelportiers oder Kellners auszuüben und vielleicht sogar einem ehemaligen Kolonisten ein Couscous servieren zu müssen.

Deshalb spielt Algerien als Touristenland eine geringe Rolle. Außer »Sahara-Trekking« in der Wüstengegend für Sportliche, die bereit sind, für zehn Tage Strapazen auch noch bis zu 6000 Mark auszugeben, bietet Algerien in den Reiseprospekten kaum etwas. Die Städte – abgesehen davon, daß sie das ungeliebte Erbe des Kolonalismus sind und praktisch keine für Touristen geeigneten Hotels aufweisen (vom Wechselkurs ganz zu schweigen) – laden wenig zum gemütlichen Flanieren ein. Der *Guide Bleu*, Frankreichs reputiertester *Baedecker*, der sich wacker Mühe gibt, das Land durch eine rosige Brille zu beschreiben, meint resigniert: »Das Nachtleben in Algier ist, gelinde ausgedrückt, reduziert und verteilt sich auf die Restaurants, Kinos und einige Cafés, die bis 21 Uhr offen sind. Die wenigen Nachtclubs sind kaum empfehlenswert.«

So findet man in den Hotels der Städte lediglich Geschäftsreisende, die sich langweilen, und Gäste der Partei aus Bruderstaaten der Dritten Welt. Dazu kommt ein spezifisch algerisch-sozialistisches Phänomen. Reservierungen per Telefon oder Telex werden meist gar nicht zur Kenntnis genommen oder mit der Begründung abgelehnt, man sei belegt. Wenn der Reisende jedoch an der Rezeption auftaucht, ist immer ein Zimmer verfügbar. Als ich einen Abstecher nach Oran und Constantine machte und im »Aletti« ein Zimmer für meine Rückkehr reservieren wollte, hieß es, man sei total ausgebucht. Ich versuchte trotzdem mein Glück – und man brachte mich unter. Am anderen Morgen stellte ich fest, daß das Hotel praktisch leer war. Des Rätsels Lösung: Dank des sozialistischen Systems, nach dem Direktion und Personal ihr mageres Gehalt bekommen, ob das Hotel läuft oder nicht, hat natürlich niemand ein Interesse an Gästen. Die machen ja nur Arbeit! Dementsprechend ist auch der Service, sogar in sogenannten Luxushotels.

Außer einigen Thermalstationen, wo die an sich gut konzipierten Hotelgebäude lieblos unterhalten werden, und einigen, von der »Nomenklatura« benutzten Badeorten gibt es in Algerien lediglich Pläne für den Ausbau des Tourismus. Da dieser neben allenfalls schlüsselfertig gekauften Hotelkomplexen vor allem ausgebildetes Personal verlangt, wird es noch lange dauern, bis Algerien den Anschluß an die beiden anderen Maghrebstaaten finden wird, obschon die geographischen und klimatischen Bedingungen erfüllt wären. Denn die wesentlichste Voraussetzung wäre natürlich eine Änderung der ideologischen Einstellung zum Phänomen des Massentourismus.

Chadli Benjedid hat eine gewaltige Aufgabe vor sich. Algerien wurde vom französischen Kolonialismus nicht gerade glimpflich behandelt, seine traditionellen Strukturen waren zerstört, als es die Unabhängigkeit erkämpft hatte. Diesen Ruinen wurde ein halbverdauter Marxismus übergestülpt, wobei allerdings, ohne daß es die neuen Machthaber recht zur Kenntnis nahmen, der Islam stärker präsent ist, als sie dies je für möglich hielten. Mit diesen Widersprüchen, falschen Weichenstellungen und Sackgassen muß sich Chadli auseinandersetzen. Und die Gnadenfrist, die Erdgas und Petroleum gewährt haben, sie machen 98 Prozent der algerischen Ausfuhren aus, läuft in wenigen Jahren ab. Spätestens zur Jahrtausendwende wird sich das Schicksal dieses Landes entscheiden.

Tunesien

Tunis – provinzieller Charme seit Dido

Tunis, wo ich fast vier Jahre gelebt habe, war für mich ein Schlüsselerlebnis, mein Weltbild kam dort ins Wanken. Das erklärt, warum ich zu dieser Stadt eine sehr gefühlsbetonte Beziehung habe. Natürlich kann sich Tunis nicht mit den marokkanischen Königsstädten vergleichen, aber es hat provinziellen Charme und eine bewegte Historie.

Als ich im Juli 1961 auf dem Flugplatz von El Auouina in einer alten DC-4 landete, in ein Taxi stieg und bei der Ausfahrt ein Straßenschild mit der Aufschrift »Carthage« erblickte, konnte ich mich, der einstige Literargymnasiast mit Griechisch- und Lateinabitur, eines merkwürdigen Gefühls nicht erwehren. Hannibal *ante portas*, der Alpenübergang mit den Elefanten – hier also hatte es begonnen.

Tags darauf saß ich auf dem Hügel neben der Kathedrale und blickte auf den punischen Hafen hinunter oder, besser gesagt, auf das, was davon übriggeblieben ist. Denn die Römer hatten ganze Arbeit geleistet, als sie endlich die Stadt, die ihnen im Mittelmeer, in Sizilien und Spanien Konkurrentin war, zerstörten und mit dem Pflug über die geschleiften Mauern gingen.

Damals merkte ich, wie schief eigentlich das Geschichtsbild war, das uns die noch tief in einer wilhelminischen Tradition der Antike steckenden Lehrer beigebracht hatten. Wie hatten wir um die sogenannte abendländische Kultur gezittert, als Hannibal vor den Toren Roms stand: Der finstere Punier bedrohte die hehren Gestalten des Römischen Reiches. Genauso übrigens wie bei der damals gängigen Vorstellung, daß Spartakus, als er den Sklavenaufstand organisierte, das Abendland in tödliche Gefahr brachte.

Es wäre beinahe Hochverrat gewesen (oder zumindest als Impertinenz mit einer schlechten Zensur quittiert worden), in

Karthago eine legitime Konkurrentin Roms oder in Spartakus einen Sozialrevolutionär zu erblicken. Wenig ist von der einstigen Hafenstadt zu sehen, doch es genügt, um neue Perspektiven zu vermitteln.

Nicht einmal die römische Kolonie Africa mit ihrer Hauptstadt Utica wurde auf dem Gymnasium mit Tunesien in Verbindung gebracht. Plötzlich jedoch stand ich im Bardo-Museum in Tunis vor den berühmten Mosaiken »Vergil und die Musen« oder »Odysseus und die Sirenen«, die in unseren Schulbüchern natürlich abgebildet waren, ohne daß wir zur Kenntnis genommen hätten, wo sie sich befinden. Damals hingen die beiden Mosaike irgendwo unter vielen anderen im Museum, heute hat man Vergil einen Sonderplatz eingeräumt, etwa wie der Mona Lisa im Louvre.

Um meinen Lehrern Gerechtigkeit widerfahren zu lassen: Unsere klassische Erziehung hat sich zur Zeit des Zweiten Weltkrieges abgespielt. Nordafrika, das waren Rommel und das Afrika-Korps, Montgomery und die achte Armee. Man war weit entfernt vom klassischen Altertum. Allerdings hatten wir einen Geographielehrer, einen sympathischen, etwas schrulligen Junggesellen, der mit zwei Dackeln irgendwo im Zürcher Oberland lebte und vor dem Krieg jede freie Minute in Marokko verbracht hatte. »Guggenheim, eines Tages wirst du herausfinden, daß ein Kulturmensch nur am Mittelmeer glücklich sein kann!« Wie oft habe ich in den vergangenen Jahrzehnten an diese »Prophezeiung« denken müssen.

Doch zurück nach Tunis. Die Stadt gleicht bei der Ankunft eher einem französischen Provinzstädtchen in der Provence. Vom Hafen führt ein beidseitig von Bäumen gesäumter Boulevard zur Medina. Der untere Abschnitt heißt heute Avenue Bourguiba. Früher hieß der Boulevard Jules Ferry, nach dem französischen Ministerpräsidenten zur Zeit, als Tunesien Protektorat wurde. Erstaunlicherweise hat man dem oberen Teil den Namen Avenue de France gelassen, ja sogar das Tor zur Medina, zur alten Stadt, heißt Porte de France. Um der nationalen Würde, der *dignité nationale*, diesem Schlüsselwort von Habib

Bourguiba, Genüge zu tun, hat man den Platz vor der französischen Botschaft, die einst Sitz des »Résident« war, in Place de l'Idépendance umgetauft. Auf der anderen Seite des Platzes steht die Kathedrale; sie ist »verstaatlicht« worden.

Tunis ist, was Straßennamen anbelangt, wohl eine der weltoffensten und tolerantesten Städte Nordafrikas. Quer zur Hauptachse Bourguiba-France befindet sich eine Rue Charles de Gaulle dicht neben einer nach Gamal Abdel Nasser benannten Straße. Eine Geschäftsstraße heißt Avenue de Paris, sie führt in die Avenue de Carthage, die Karthager waren ja nicht zuletzt ein Händlervolk. Bourguiba hat auch einen seiner ideologischen Ziehväter nicht vergessen, den Sozialisten Jean Jaurès, und Clemenceau wird ebenso wie Atatürk, Gandhi, Garibaldi und Pierre de Coubertin mit einer Straße geehrt.

Natürlich fehlen die Helden und Märtyrer des Unabhängigkeitskampfes nicht. Doch die Toleranz des Bourguibaismus, sein auffallender Mangel an patriotischer, antikolonialistischer Verkrampftheit, spiegelt sich in den Straßennamen wider. Nur während der Biserta-Krise war das Schild der Avenue Charles de Gaulle mit einem roten Kreuz durchgestrichen. Von Bourguiba stammt ja der für einen Führer der Dritten Welt so erstaunlich selbstkritische Satz: »Nicht weil wir kolonisiert waren, sind wir unterentwickelt, sondern weil wir unterentwickelt waren, wurden wir kolonisiert.«

Tunis ist älter als Karthago; doch die eigentliche Geschichte der Stadt begann erst mit der arabischen Invasion. Immerhin muß erwähnt werden, daß Tunis in frühchristlicher Zeit eine Rolle gespielt hat und, wie bereits erwähnt, Sitz eines Erzbischofs war.

Im 9. Jahrhundert wurde die Stadt – nach Kairuan – die zweitwichtigste von Tunesien, und im Jahre 894 verlegte der Aghlabidenherrscher Ibrahim II. seinen Regierungssitz dorthin. Unter der Dynastie der Hafsiden erlebte Tunis seinen größten Aufschwung und entwickelte sich zu einem der bedeutendsten Handelszentren Nordafrikas. Das sollte der Stadt jedoch zum Verhängnis werden, denn 1534 eroberten die Türken Tunis. Ein

Jahr später kreuzte Karl V. dort auf und nahm die Stadt unter spanische Oberhoheit. 1569 versuchte der Pascha von Algier sein Glück, wurde aber 1573 von Don Juan d'Austria, dem Vizekönig von Sizilien und Neapel, vertrieben. Doch bereits ein Jahr später waren die Türken wieder da und übten die – wenn auch oft nur nominelle – Oberhoheit über Tunesien bis 1920 aus, als das Osmanische Reich endgültig unterging.

Tunesien war ein türkisches »Wilayet«, eine Provinz. Eine Janitscharentruppe half dem Pascha, die Macht auszuüben. Militärisch ging es in erster Linie darum, sich gegen die christlichen Mächte im Mittelmeer zu behaupten, und die einheimische Bevölkerung zu kontrollieren.

Mit der Zeit jedoch machte sich Widerstand bemerkbar, konnten die einheimischen Eliten sich gegen die Türken vermehrt durchsetzen. Der türkische Dey, wie der Pascha genannt wurde, sah sich ab dem 17. Jahrhundert mit anderen lokalen Herrschern, Beys, konfrontiert, die zwar den Türken Lippendienste leisteten, aber ihre eigene Hausmacht aufbauten. Das waren insbesondere die Muradiden, deren hervorragendster Bey, Hammuda Pascha gewissermaßen direkt unter der Nase des Dey im Bardo-Palast hofhielt. In jenem Jahrhundert gab es also eine doppelte Herrschaft, der Dey mit seinen Janitscharen, der das Land mit Steuern aussaugte, und der Bey, der so etwas wie ein »Landesvater« war. Dieser Zustand dauerte, bis im Jahre 1705 Husain Ibn Ali die Herrschaft an sich riß und die Dynastie der Husainiden begründete. Zuerst kannte Tunesien eine gewisse Blüte unter den neuen Herren, doch schon bald wurde das Land in kriegerische Auseinandersetzungen mit Algerien verstrickt. Im Jahre 1756 wurde Tunis gar von algerischen Truppen erobert und geplündert. Für ein halbes Jahrhundert geriet Tunis unter die Oberherrschaft des Dey von Algier. Doch unter Hammuda Bey (1782–1814) kannte Tunesien wieder Ruhe und Prosperität. In jene Epoche fällt auch der Beginn fruchtbarer wirtschaftlicher Beziehungen zu Frankreich.

Im 19. Jahrhundert ging es mit Tunesien wieder abwärts, besonders im wirtschaftlichen Bereich, obschon unter dem tüchtigen Khéréddine einige Reformen durchgeführt wurden. Doch angesichts der zerrütteten Wirtschaft witterten die europäischen Kolonialmächte ihre Chance. Die Italiener hatten begehrliche Blicke auf das Land geworfen, doch die Franzosen besaßen den Vorteil, bereits in Algerien zu sein. Sie überschritten 1881 die Grenzen und erzwangen den Vertrag von Bardo, der am 12. Mai unterschrieben wurde.

Tunesien war nun französisches Protektorat, nomineller Oberherr war immer noch der Türkensultan, und der Bey von Tunis blieb »Landesvater«, der aber vom Generalresidenten gegängelt wurde. Obendrein entwickelte sich schnell eine »parallele« französische Administration. Und ab 1895 begann der Zuzug von französischen Colons, die dank einer neuen Gesetzgebung zu günstigen Bedingungen Land erwerben durften.

Ende des 19. Jahrhunderts setzte die urbane Entwicklung von Tunis ein, die der Stadt ihr heutiges Antlitz gab. Jenseits der Porte de France entstand die Neustadt. Übrigens hieß dieses Tor zuvor Bab el-Bahr, Tor des Meeres, denn von hier aus gelangte man zum Hafen.

Wie zu Beginn erwähnt, besaß das Tunis der sechziger Jahre den Reiz einer französischen Provinzstadt. Straßencafés entlang den großen Boulevards, wo man im Sonnenschein seinen Kaffee schlürfen konnte, Freunde traf, die Menschen betrachtete und am späten Nachmittag auch einen echten tunesischen Aperitif, mit allem was dazu gehört, zu sich nahm. Die kleinen arabischen Schuhputzer lungerten herum, auf den damals noch nicht mit Autos verstopften Straßen hatten von der Stadtverwaltung angestellte Parkwächter auf die Wagen aufzupassen. Gegen ein geringes »Bakschisch« wuschen sie auch die Scheiben.

Tunis wies damals wirklich noch den ganzen Charme einer Provinzstadt auf, man traf in den Restaurants zumeist zur selben Zeit dieselben Leute. Und einmal die Woche sah man die »Madame« ihre Bordell-Mädchen zur Arztvisite begleiten, die Gruppe glich einem Pensionat auf Schulreise. Im Zentrum der Avenue Hahib Bourguiba steht das Colisée, ein großes Geschäftshaus mit einem Restaurant im Innenhof und einer

Galerie mit Geschäften, etwa so, wie man es auch auf den Champs Elysées in Paris, wenn auch luxuriöser, antrifft. Das Colisée war damals »chic«, die Geschäfte gehörten zumeist Juden, die Luxusartikel aus Frankreich importierten. In den sechziger Jahren verließen sie das Land, nicht etwa wegen Verfolgungen, sondern weil mit der einsetzenden Sozialisierungspolitik und den Nationalisierungen dem freien Handel der Todesstoß versetzt wurde. Was – objektiv gesehen – ganz einfach angesichts der stark negativen Handelsbilanz eine Notwendigkeit war.

Heute steht das Colisée zwar immer noch, doch im Café des Innenhofes sitzen nicht mehr Geschäftsleute beim Apéro, sondern es wimmelt von »Volk«, wobei die große Zahl tunesischer Männer, die Bier trinken, auffällt. Auf der gegenüberliegenden Seite der Avenue Bourguiba befindet sich immer noch das »Café de Paris«, einst Treffpunkt der Jeunesse dorée, wenn sie nicht am Meer war. Es hat seine Fassade recht gut bewahrt, auch wenn es drin etwas lauter als früher zugeht.

Mit den Juden verließen damals auch die Franzosen und Italiener das Land, was zu einer sozialen Umschichtung in Tunis führte. Während die Franzosen und auch die reicheren Juden eine verwestlichte Oberschicht darstellten, standen die Italiener eine Stufe tiefer. Sie waren Handwerker, Elektriker und Installateure. Den Abzug der jüdischen Händler und französischen Colons konnte Tunis leichter verschmerzen als den Exodus der Italiener. Plötzlich funktionierten keine Fahrstühle mehr, und wer einen defekten Wasserhahn hatte, suchte vergeblich nach einem Spezialisten. Gleiches galt für die Autowerkstätten.

Weniger gut wurde auch die Abwanderung der jüdischen Ärzte verkraftet, auf Jahre hinaus fehlten Spezialisten. Der Exodus der Juden in den sechziger Jahren bedeutete das Ende einer jahrtausendealten Geschichte. Als Tunesien die Unabhängigkeit erlangte, lebten rund 120 000 Juden im Land, davon fast 70 Prozent in Tunis; heute sind es noch wenige Tausende, rund 40 000 emigrierten nach Israel, ebenso viele nach Frankreich, der Rest nach Kanada.

An der Avenue de Paris liegt ein hübscher Park, er wurde 1958 auf dem ehemaligen jüdischen Viertel, der »Hara«, und dem Friedhof angelegt. Fromme Juden, insbesondere die Angehörigen des Priesterstammes Cohen, durchschreiten nie die Parkanlagen, es ist ihnen ja verboten, einen Friedhof zu betreten.

Zwischen Karthago, wo der Überlieferung nach die ersten Juden ankamen (und natürlich der Insel Dscherba, wo Juden zur Zeit des ersten Tempels siedelten), und dem Park an der Avenue de Paris spannt sich der Bogen. Wie überall in Nordafrika ist es eine wechselvolle Geschichte zwischen Prosperität und Verfolgung. Natürlich sollten auch die innerjüdischen Querelen nicht vergessen werden, denn wie vielerorts in der Diaspora gab es auch hier verschiedene Gruppen, die nichts miteinander zu tun haben und nicht einmal auf dem gleichen Friedhof begraben sein wollten.

Da waren zuerst einmal die »Einheimischen«, jene, die seit jeher in Tunesien gelebt haben, sie nannte man die »Touansa«. Als Karl V. Tunis eroberte, massakrierte er auch viele Juden. Im 17. Jahrhundert gab es blühende jüdische Gemeinschaften in Livorno, Kaufleute aus dieser Stadt ließen sich in Tunis nieder. Sie wurden »Grana« genannt, nach dem arabischen Namen von Livorno, »Gorna«.

Selber nannten sie sich »la nation livornese ebrea en Tunes« und fühlten sich ihren einheimischen Glaubensgenossen überlegen. Sie errichteten eigene Synagogen und Gemeindeinstitutionen und natürlich einen Friedhof. Das war um 1710 und sollte bis 1899 dauern, als es den tunesischen Behörden zu kompliziert wurde, zwei jüdische Gemeinschaften zu haben. Man zwang sie, einen gemeinsamen Oberrabbiner zu ernennen und sich zu einer Gemeinde zusammenzuschließen. Doch de facto lebten die beiden Gemeinschaften nebeneinander und schikanierten sich gegenseitig.

Das verhinderte jedoch nicht, daß auch in Tunis Zentren jüdischer Gelehrsamkeit entstanden, Juden im wirtschaftlichen und auch diplomatischen Leben eine gewisse Rolle spielten. Im Jahre 1699 schickte der Bey Judah Cohen als Botschafter nach

Holland, und 1713 entsandte er einen Juden aus Biserta nach Sizilien, um über Fischereirechte zu verhandeln. Auch in Manufaktur und Handwerk spielten Tunesiens Juden periodisch eine bedeutsame Rolle.

Die große Mehrheit der Juden lebte jedoch unter kümmerlichen Bedingungen als Dhimmi, geschützte Untertanen des Bey, in den Judenvierteln, den »Hara«. Schon im Jahre 1878 errichtete die »Alliance Israélite Universelle«, eine französische philanthropische jüdische Organisation, ihre ersten Schulen in Tunesien. Das Protektorat brachte den Juden zusätzliche Chancen. Zumindest in den größeren Städten setzten die Juden auf die französische Karte, das war ihre einzige Möglichkeit, aus dem inferioren Status, zu dem sie das islamische Recht verdammte, auszubrechen. Ab 1910 durften sie auch die französische Staatsbürgerschaft erwerben. Bis 1956 waren an die 20 000 tunesische Juden französische Staatsbürger.

Während der Besetzung Tunesiens durch das Afrika-Korps, die von November 1942 bis zum 7. Mai 1943 gedauert hat, wurden rund 4000 Juden in Arbeitslager im Süden verschickt, wo sie für Rommel Befestigungen bauen mußten, einige gar in Vernichtungslager nach Europa deportiert. Nach bewährter Manier errichteten die Deutschen in Tunis einen »Judenrat«, raubten die jüdischen Gemeinden aus (in Dscherba mußten die Juden 40 Kilogramm Gold abliefern), und die Große Synagoge an der Avenue de Paris wurde, wie auch die Gotteshäuser von Sfax und Sousse, als Stall verwendet.

Nach der Unabhängigkeit Tunesiens setzte ein Tunesifizierungsprozeß ein, 1957 und 1958 wurden die jüdischen Gemeinden praktisch aufgelöst. Bourguiba hat, das liegt nicht in seiner Natur, keine Gewaltmaßnahmen ergriffen, administrative Dekrete genügten. Zwar genossen die Juden weiterhin mehr oder weniger gleiche Rechte, doch ihre religiöse und kulturelle Eigenständigkeit konnten sie immer weniger pflegen. Die »Arabisierung« der Schulen und der Verwaltung taten den Rest.

Tunesisches Mädchen in traditioneller Kleidung

Um ihren Kindern eine französische Mittelschulbildung zu ermöglichen, mußten die Juden nach Frankreich auswandern, jüdische Anwälte konnten vor Gerichten nicht mehr auftreten, da sich nun alles auf Arabisch abspielte.

Man kann den Tunesiern keinen Vorwurf machen, nach den Jahren des Protektorats wollten sie ihre eigene Identität wiederfinden. Und mit den Franzosen und Italienern mußten auch die Juden das Land verlassen. Eine der ältesten Diasporagemeinden verschwand.

Tritt man durch die Porte de France, so umfängt einen sofort der Reiz der Medina, der alten traditionellen Stadt mit ihren Suks. Sie ist jedoch weniger gedrängt, weniger lärmerfüllt als etwa die von Fes oder Marrakesch. Das hängt mit dem tunesischen Volkscharakter zusammen. Der Tunesier ist gewissermaßen weniger Araber und mehr Mittelmeermensch.

Ein maghrebinisches Sprichwort sagt: Der Marokkaner ist ein Löwe, der Algerier ein Krieger und der Tunesier eine Frau. Das ist, wie alle Sprichwörter über nationale Stereotypen, übertrieben, beinhaltet aber doch ein Körnchen Wahrheit, wie man in der Medina feststellen kann. Eine junge Marokkanerin sagte mir einmal in Tunis: »Weißt du, bei mir zu Hause fühlte ich immer ein leichtes Unbehagen, wenn ich, besonders nachts, allein auf der Straße einem Mann begegnet bin. Tunesische Männer schauen jedoch wie leicht bekümmerte Familienväter aus, die sich um ihre Kinder Sorgen machen.« Das war vor 25 Jahren. Inzwischen ist der Tourismus am Volkscharakter, insbesondere dem der Jünglinge, nicht spurlos vorbeigegangen. Zu viele blonde europäische Mädchen in den Badeorten und an den Stätten touristischer Sehenswürdigkeiten zeigen sich orientalischem Charme zugänglich. Und der junge Nordafrikaner weiß noch nicht so recht zwischen echter Ablehnung und kokettem Spiel zu unterscheiden. Das kann manchmal zu Mißverständnissen führen.

Symbol für die »Sanftheit« des tunesischen Mannes ist das wohlriechende Jasminbukett, das er entweder hinters Ohr gesteckt hat oder mit dem er zwischen den Fingern spielt. Nirgendwo im Maghreb – obschon es überall Jasmin gibt – findet sich dieser Brauch. Kleine Jungen streifen durch die Suks und Restaurants und bieten die selbstgebastelten kleinen weißen Buketts an.

Das erste Teilstück der Rue Jamaa ez-Zeitouna, das von der Porte de France zur Großen Moschee, eben der Jamaa ez-Zeitouna, der Olivenmoschee, führt, ist noch ganz auf Touristen eingestellt. Wer sich nicht im »Office National de l'Artisanat« an der Avenue de France, der nationalen Organisation, die sich um die Erhaltung des traditionellen Handwerks bemüht, eingedeckt hat, kann es hier in einer pittoreskeren Atmosphäre tun. Im staatlichen Laden ist er zwar sicher, nicht übers Ohr gehauen zu werden – hier gibt es Festpreise –, aber er kann auch nicht feilschen, was ja den ganzen Reiz in einem Suk ausmacht.

Die Große Moschee geht auf den Omaijadengouverneur Obaid Allah Ibn el-Habbab zurück, der sie 732 erbaute. Aghlabiden und Türken bauten sie weiter aus, das Minarett stammt aus dem Jahre 1894. Restauriert wurde sie zwischen 1962 und 1964. Im Gegensatz zu den meisten Moscheen in Nordafrika kann sie morgens besichtigt werden.

Die Medina von Tunis verfügt über alle Suks, die man gemeinhin in Nordafrika erwartet, vom Suk el-Attarin, wo Gewürze und Parfüms feilgeboten werden, bis zu den Handwerkern, die Kupfer, Metall und Leder verarbeiten. Nicht zu vergessen die Marktgasse, wo auf Tischen in wildem Durcheinander Stoffe herumliegen. Die Medina von Tunis führt hinauf zum einstigen Regierungssitz, dem Dar el-Bey, wo sich auch heute noch der Amtssitz des Ministerpräsidenten und das Außenministerium befinden. Und natürlich können kleinere Moscheen, Medresen und Grabstätten besichtigt werden. Doch im Gegensatz etwa zu Kairuan, Marrakesch oder Fes durchstreifen die Touristen im Eilzugtempo die Medina, Tunis ist eine Pflichtübung, was eigentlich schade ist. In Tunis übernachteten – im Verhältnis zum ganzen Land – im Jahre 1962 53 Prozent der Touristen, 1981 waren es nur noch 8,4 Prozent. Tunis ist, allen Annehmlichkeiten zum Trotz, kein Ferienort.

Heute zählt die Stadt über eine halbe Million Einwohner, die Straßen sind mit Autos zugestopft, und zwar das ganze Jahr. Vor zwei Jahrzehnten noch war Tunis im Sommer leer, in den Ämtern und Büros arbeitete man am Nachmittag kaum, sondern war am Meer. Es war einfacher, einen Staatssekretär oder Regierungsbeamten am Strand zu finden, als in seinem Büro. Am 15. August, Mariä Himmelfahrt, erfolgte die offizielle *rentrée*, die Stadt füllte sich wieder. Und nach diesem Termin ging »man« auch nicht mehr baden.

In den Außenbezirken finden sich leichte Industrie und die Betriebsamkeit der Handwerker. Die einzige Universität des Landes ist in Tunis, sie hat rund 30000 Studenten. In Tunis erscheinen auch die Zeitungen, Periodika und Bücher. Im Gegensatz etwa zu Marokko, wo neben der Hauptstadt Rabat die Wirtschaftsmetropole Casablanca tonangebend ist. Das Fernsehen sendet natürlich in Arabisch, doch werden auch französische und italienische Sendungen über eine Relaisstation übernommen.

Dennoch ist Tunis eine Stadt mit einer gewissen Lebensqualität. Der Park des Belvedère, ein grüner Hügel von hundert Hektar mit einem kleinen Zoo, der Koubba, einem reizenden Pavillon mit Kuppel und Stukkaturen, bietet den Einwohnern mitten in der Stadt Erholung, im Sommer ist er eine herrlich kühle Oase. Im Belvedère steht auch die Villa, wo Bourguibas erste Frau nach der Scheidung den Rest ihres Lebens verbrachte. Zusammen mit der Scheidungsurkunde überreichte ihr Bourguiba das Großkreuz des Ordens der Befreiung, »l'Ordre de la Libération«. Das war sicherlich eine wohlgemeinte Geste, hat aber im Land ein doppelsinniges Lächeln provoziert.

Jenseits des Belvedère, wo einst »Ghourbis«, Slums, waren, steht heute, umgeben von Villen höherer Beamter und reicher Tunesier, das Hilton-Hotel. Doch in Tunis lebt man nur im Frühjahr, Herbst und Winter – den Sommer verbringt man traditionellerweise in den Vororten der Bucht, auch wenn inzwischen die Bürostunden der Behörden und Botschaften länger geworden sind als noch vor zwanzig Jahren.

Zuerst muß La Goulette erwähnt werden, das zwar ein eigenständiges kleines Städtchen ist, jedoch insofern zu Tunis gehört, als es auf der anderen Seite der Hafenbucht liegt. Der Hafen heißt denn auch offiziell Tunis–La Goulette. Wenn in den historischen Bemerkungen die Rede davon war, daß Tunis immer wieder erobert worden sei, so fanden diese Eroberungen jeweils zuerst in La Goulette statt, hier kreuzten die fremden Kriegsflotten auf.

Man spürt in La Goulette etwas vom Hauch der Geschichte. Teile der spanisch-türkischen Mauern sind noch erhalten. Das Städtchen zählt rund 25 000 Einwohner und diente seit Jahrzehnten den ärmeren Gruppen der Bevölkerung als Sommerfrische, wo man eine kleine Wohnung oder ein Zimmer mietete. Manche kamen einfach mit dem TGM-Bähnchen (TGM heißt Tunis-Goulette-Marsa) an freien Tagen an den Strand. Abends aß man draußen auf dem Platz einen *poisson complet*, einen gegrillten Fisch mit Beilagen.

Kleine Sträßchen zwischen den Häuserreihen führen zum Strand. Noch zu Beginn der sechziger Jahre, also vor dem Exodus der Europäer und Juden, waren die *plages* fein säuberlich getrennt. Es gab eine, wo die Juden badeten, wenige Meter davon entfernt, aber deutlich abgegrenzt, eine für die Italiener. Verwechslungen waren nicht möglich, auch wenn sich die braungebrannten Bikini-Mädchen glichen: Die einen hatten ein Kreuz, die anderen den David-Stern um den Hals hängen. Heute ist La Goulette ganz arabisch, aber immer noch populär.

Die »besseren« Tunesier haben ihre Sommerwohnungen und Villen weiter entfernt in der Bucht. Nach La Goulette durchfährt man ein Villenviertel nach dem anderen, Kram, Salambo, Carthage und La Marsa. Jeder Ort hat seine *plage* mit den dazugehörigen Einrichtungen wie Umkleidekabinen, Duschen, Restaurants.

La Marsa, das heute stark urbanisiert ist (natürlich mit Villen und Sommerwohnungen), war bereits für die Beys der bevorzugte Aufenthaltsort während der heißen Monate. Und auch der französische Botschafter wohnt im Sommer in der einstigen kolonialen »Résidence générale«, einem reizenden maurischen Palais, wo früher die stilvollsten Empfänge stattfanden. Pardon, das Adjektiv hätte »brillant« heißen müssen. So war nämlich damals die offizielle, von der Protokollabteilung des Außenministeriums vorgeschriebene Sprachregelung der einheimischen Presse. Das ging so weit, daß einmal eine Zeitung ihren Lesern mitteilte, daß irgendein Monsieur l'Ambassadeur am nächsten Donnerstag »une brillante réception« geben werde! Nun, beim französischen Botschafter in La Marsa waren sie wirklich brillant, sogar die arabischen Diener trugen noch die alten Livreen aus der Türkenzeit, Pluderhosen und gestickte Jäckchen.

La Marsa ist sogar in die Literaturgeschichte eingegangen, wenn auch nur indirekt. Beim englischen Konsul lernte Gustave Flaubert 1858 eine Mademoiselle Nelly Rosenberg kennen, die dort Gesellschaftsdame war. Die schöne Jüdin inspirierte ihn zur punischen Prinzessin Salambo. Flaubert hielt sich damals in La Marsa auf, das nur wenige Minuten von Karthago entfernt liegt, um sich mit Lokalkolorit für seinen Roman vertraut zu machen.

Zur »Einstimmung« auf Karthago steigt man am besten auf den Hügel, auf dem die Kathedrale von St. Louis (dem unglücklichen Kreuzfahrer, der hier starb) steht. Ihr offizieller Name ist heute »Ex-Cathedrale«. Hier erhält man einen Überblick, vor allem über das runde Hafenbecken, wo einst die gefürchtete Handels- und Kriegsflotte, 250 Schiffe an der Zahl, ihre Basis hatte. Das Museum neben der Kathedrale spart man sich besser auf und besucht es erst nach einem Spaziergang durch die Ruinen, die einen ganz besonderen Reiz besitzen. Sie sind zugleich Strandpromenade und archäologisches Museum. Was die Römer in jenem Frühjahr 146 nicht kaputtgemacht oder weggeschleppt haben, kann man anschließend, fein säuberlich etikettiert, im »Musée national« besichtigen.

Zwar wußte man immer, daß hier Karthago war, doch erst im Jahre 1857 unternahm der französische Archäologe Ch. Beule Ausgrabungen. Flaubert war damals auch in Tunesien und hat zugeschaut. Man fand jedoch nur römische Überreste. Erst 1887 entdeckte der Dominikanerpater Alfred Delattre die ersten punischen Ruinen von »Qart Hadascht«, der neuen Stadt, wie die Phönizier sie genannt haben. »Qart« – Stadt – hat dieselbe sprachliche Wurzel wie das aramäische »Karta« der ultrareligiösen Fanatiker in Jerusalem, der Neturei Karta, der Hüter der Stadt. Und auf Hebräisch heißt »neu« immer noch *chadasch*.

Karthago war nie eine besonders imponierende Ruinenstadt, etwa wie Volubilis in Marokko, Dougga oder Bulla Regia in Tunesien. Schon bevor im Jahre 1974 ein internationales Archäologenteam unter der Ägide der UNESCO gründlich gegraben und auch restauriert hat, konnte man stundenlang am Strand zwischen Ruinen bummeln. Da waren vor allem die römischen Bäder, die zwischen 145 und 165 von Antoninus Pius erbaut wurden und die an die Caracalla-Thermen in Rom erinnern. Ein korinthisches Kapitell lag am Boden und gab eine Vorstellung von den Dimensionen: Es ist 1,80 Meter groß und wiegt 4 Tonnen. Die Ruinen erstrecken sich etwa 200 Meter entlang dem Sandstrand, und man kann sich leicht die fröhliche Atmosphäre vorstellen, die hier einst geherrscht haben muß. Da gab es Badeanstalten für Männer und Frauen, Bassins mit kaltem Wasser, Versammlungshallen, Läden und Spazierwege.

Doch außer den Hafenanlagen gab es schon damals noch andere Überreste aus punischer Zeit. Man schlenderte unter den Bäumen der etwas verwilderten Parkanlagen, alles war sonnig, friedlich und ruhig. Doch plötzlich überkam einen ein merkwürdiges, unheimliches Gefühl. Teilweise von Sträuchern verdeckt, erblickte man kleine steinerne Kästchen und dann eine halbverwitterte Stele mit dem Zeichen der Göttin Tanith, Schutzpatronin der Stadt, Herrin des Mondes und Göttin der Fruchtbarkeit. Und die steinernen Schachteln entpuppten sich als die Kindergräber. Hier wurden die Erstgeborenen dem Gott Baal Amon, dem punischen »Vetter« des biblischen Moloch geopfert, Zehntausende an der Zahl. Flaubert hat die grausige Szene in *Salambo* meisterhaft beschrieben: »Hamilkar, im roten Mantel der Priester des Moloch, hielt sich neben Baal aufrecht vor der großen Zehe des rechten Fußes ... Jedesmal, wenn ein Kind gepackt wurde, breiteten die Molochpriester die Hände über ihm aus, um es mit den Sünden des Volkes zu belasten und riefen: ›Das sind keine Menschen, das sind Rinder, und die Menge rundum wiederholte: Rinder, Rinder. Die Gläubigen schrien: Iß, oh Herr ... Kaum am Rande der Öffnung angelangt, verschwanden die Opfer wie Wassertropfen auf einer rotglühenden Platte, und eine weiße Rauchwolke stieg aus dem roten Schlund auf.«

Die Archäologen nannten den Opferort in Karthago »Tophet«, nach der Stätte des Moloch im Jerusalemer Hinnomtal, über das der Prophet Jeremia sagte: »Sie haben die Höhe des Tophet im Tal Ben-Hinnom gebaut, um ihre Söhne und Töchter zu verbrennen, was ich ihnen niemals geboten habe und was mir nie in den Sinn gekommen ist. Darum, siehe, es werden Tage kommen, spricht der Herr, da wird man nicht mehr ›Tophet‹ und ›Tal Ben-Hinnom‹ sagen, sondern ›Mordtal‹.« Und in der Bergpredigt sagt Jesus über die Ehebrecher: »Wenn dich aber dein rechtes Auge zur Sünde verführt, so reiß es aus und wirf es von dir; denn es ist besser für dich, daß eins deiner Glieder verlorengeht und nicht dein ganzer Leib in die Hölle geworfen wird« (Matthäus 5,28). Was aber die deutsche Übersetzung als Hölle bezeichnet, heißt im griechischen Text *geenna* – denn bereits zu Lebzeiten Jesu hatte das Tal im Südwesten Jerusalems eine religiöse Dimension erhalten. Und der Islam nennt die Hölle *dschehennem,* was nichts anderes ist als die arabische Form von Gehinnom. Man benutzt so oft das Wort Kulturkreis – hier hat sich wirklich ein Kreis geschlossen, der Jerusalem, Karthago, Juden, Phönizier, Christen und Araber wenigstens in ihren Vorstellungen über die Hölle vereint.

Amerikanische Archäologen haben das »Tophet« von Karthago, teilweise durch Grabungen unter Wasser, freigelegt, während eine deutsche Equipe der Stadtmauer nachgegangen ist. Die Fachgelehrten wissen nun besser Bescheid, den Laien zeigt sich Karthago mehr oder weniger, wie es schon vorher war, nur besser »aufgeräumt«. An den Wegen, die durch das Gelände führen, sind sogar Abfallkübel aufgestellt.

Karthago wurde der Überlieferung nach im Jahre 814 v. Chr. von Dido, Prinzessin von Tyros, dem heutigen Sur im Libanon, gegründet. Auf der Flucht vor ihrem Bruder Pygmalion erreichte sie die Gegend von Karthago und bat die Einwohner um soviel Land, wie mit einer Stierhaut umspannt werden könne. Dieser bescheidene Wunsch wurde ihr gewährt. Die kluge Dido schnitt die Haut in schmale Streifen und erhielt ein genügend großes Gelände, um eine Burg, »Byrsa«, zu errichten, dort, wo heute die Ex-Kathedrale steht. Vergil berichtet in der Aeneis über Dido, die den Aeneas gastfreundlich aufnimmt: »Die Fürstin vor allem, fasset Mitleid und zärtliche Milde für die Teukrer.« Es blieb bekanntlich nicht beim Mitleid, bald verliebte sich Dido in Aeneas, doch dieser mußte auf Geheiß Jupiters weiterreisen, und die Prinzessin gab sich den Tod. Es gibt zwar noch eine andere Version beim griechischen Geschichtsschreiber Timaios von Tauromenion. Dido habe sich umgebracht, um den Nachstellungen des Königs Jarbas zu entgehen.

Da jedoch niemand mehr Timaios liest, bleibt Karthago mit Vergils Aeneis verknüpft. Zudem ist es auch unerheblich, warum sich Dido den Tod gegeben hat, viel bedeutsamer ist die Tatsache, daß Karthago ungefähr um 814 v. Chr. herum ein »Ableger« der Phönizier wurde, die sich zunehmendem Druck der Assyrer ausgesetzt sahen. Und was macht ein Seefahrervolk, wenn es zu Lande bedrängt wird? Es weicht aufs Meer aus, was die Phönizier auch mit der Gründung von Karthago taten. Schnell entwickelten die Punier, wie die »neuen« Phönizier genannt wurden, ihren Handelsverkehr im Mittelmeer, errichteten Stützpunkte nicht nur in Nordafrika bis zu den Syrten, auch auf Sardinien, den Balearen und Sizilien. Sie boten den Einheimischen Schutz gegen die Griechen, weiteten ihre Handelsbeziehungen aus und wurden bald eine politische Macht im Mittelmeer. Allerdings kam es zu einem Rückschlag, bei Himera schlugen die Griechen (480) die Karthager, doch schon unternahmen punische Seeleute wieder Erkundungsfahrten, sogar bis nach England im Norden und Guinea im afrikanischen Süden.

Etwas viel Wichtigeres geschah damals noch: Aus den ursprünglichen Händlern, die lediglich einen maritimen Stützpunkt benötigten, wurden mit der Zeit »Kolonisten«. Die Karthager weiteten ihren Einfluß auf das Hinterland aus und unterjochten die einheimische Bevölkerung. Sie stellten große Söldnerheere auf und konsolidierten ihre Macht im Mittelmeer. Zuerst stießen sie auf den Widerstand der Griechen, ein Jahrhundert lang dauerten die Kämpfe zwischen den beiden Mächten, ohne daß eine Entscheidung gefallen wäre.

Nach dem Tod Alexanders des Großen gewannen die Karthager die Oberhand im Mittelmeer, doch es sollte nicht lange dauern, bis sie auf einen neuen Feind stießen, die Römer. Im Jahre 264 v. Chr. entreißen diese den Karthagern Messina und später ganz Sizilien, daraufhin noch Sardinien. Rom hatte klar erkannt, daß es nur mit einer modernen Kriegsmarine seine Ambitionen im *mare nostrum* erfüllen könnte. In jene Zeit fiel daher der Bau der gefürchteten *penteren*, der Fünfdecker. Der 1. Punische Krieg dauerte von 264 bis 241 und endete mit einem Sieg der Römer.

Die Karthager gaben sich jedoch nicht geschlagen. Unter Hamilkar eroberten sie Spanien (236), Hasdrubal gründete dort Cartagena (229), wurde aber bald darauf ermordet (221). Nun übernahm Hamilkars Sohn, Hannibal, das Kommando in Spanien und eroberte Sagunt. Das war der Beginn des 2. Punischen Krieges, Hannibal überquerte mit seinen Elefanten die Pyrenäen und Alpen (218) und versetzte den Römern eine Reihe von Niederlagen, die noch heute jeden Gymnasiasten mit Schaudern erfüllen: am Trasimenischen See und bei Cannae. Damit war Hannibal *ante portas*. Doch Rom wollte nicht verhandeln, Hannibal überwinterte mit seinen Truppen in Capua.

Die Römer eröffneten einen neuen Kriegschauplatz in Spanien, zuerst ohne Erfolg, bis es dann dem jungen Publius Cornelius Scipio, dem der Oberbefehl übertragen wurde, gelang,

Cartagena in einem Überraschungsangriff zu erobern. Dennoch vermochte Hasdrubal seinem Bruder Hannibal in Italien zu Hilfe zu kommen. Doch er fiel in der Schlacht von Metaurus. Hannibal beherrschte zwar Unteritalien, geriet jedoch zusehends unter Druck, nicht zuletzt, weil die herrschende Klasse in Karthago, der der Feldherr zu populär und mächtig geworden war, ihm die gewünschte Hilfe versagte. Der junge Scipio, der inzwischen eine neue Taktik ausgearbeitet hatte, mit der die römischen Kohorten dem Ansturm der Elefanten ausweichen konnten, setzte im Jahre 204 nach Afrika über. Hannibal wurde zurückgerufen und mit der Verteidigung Karthagos betraut. Doch im Jahre 202 wurde er von Scipio bei Zama besiegt. Karthago mußte Spanien an Rom abtreten und eine große Kriegsentschädigung bezahlen. Die Hegemonie im Mittelmeer fiel an Rom.

Hannibal wurde zwar Herrscher über das besiegte Karthago, doch einige Jahre später suchte er Zuflucht in Syrien. Im Todesjahr von Scipio Africanus gab er sich selbst den Tod. Doch der Schrecken des *Hannibal ante portas* saß den Römern in den Knochen. Die Macht Karthagos war zwar gebrochen, doch die Erfahrungen der Punischen Kriege bestimmten weiterhin Roms Außenpolitik. Und da war dieser etwas schrullige alte Herr in Rom, M. Porcius Cato Censorius, der die höchsten Ämter bekleidet hatte und als rüstiger 80jähriger Greis noch die Tochter seines ehemaligen Sekretärs heiratete. Cato hielt altrömische Tugenden hoch, kämpfte gegen griechische kulturelle Einflüsse und schloß alle seine Reden mit »Carthago delenda est«. Die heutige zitierte Form »ceterum censeo, Carthaginem esse delendam« stammt aus nachantiker Zeit. Cato ging offensichtlich mit seinem *ceterum censeo* den Römern dermaßen auf die Nerven, daß sie ihm nachgaben, den 3. Punischen Krieg begannen und im Jahre 146 Karthago zerstörten und dem Erdboden gleichmachten. Der Historiker Polybios, Freund des römischen Feldherrn Publius Scipio Aemilianus, nicht zu verwechseln mit dem Scipio des 2. Punischen Krieges, war mit dabei und hat Tränen vergossen.

Es sollte 2131 Jahre dauern, bis Rom und Karthago einen formellen Friedensvertrag unterzeichneten. Die hübsche Idee stammt von Chadli Klibi, dem Generalsekretär der Arabischen Liga und Bürgermeister des Villenvorortes Carthage bei Tunis, wo für den Bau mancher Häuser die Ruinen Karthagos geplündert worden sind. Klibi war auch einmal tunesischer Erziehungsminister gewesen und wußte somit, was er der Geschichte seines Städtchens schuldig ist. Udo Vetere, der Bürgermeister von Rom, stimmte sofort zu, und am 5. Februar 1985 wurde der punisch-römische Friedensvertrag in Carthage im Beisein von Premierminister Mohammed Mzali und der Präsidentengattin Wassila Bourguiba feierlich unterzeichnet.

Obschon im Jahre 122 Gaius Gracchus in Karthago wieder eine Kolonie aufzubauen versuchte – schließlich ist Geographie stärker als Geschichte, und die strategische Lage, die bereits den Phöniziern in die Augen gestochen hatte, blieb auch den Römern nicht verborgen –, sollte es noch bis zum Jahre 44 dauern, bis Julius Caesar mit dem Bau eines »neuen« Karthago begann. Augustus Oktavian führte das Werk zu Ende. Karthago wurde Hauptstadt der römischen Provinz und spielte im frühen Christentum eine Rolle. Dann machte Geiserich die Stadt zum Zentrum seines Vandalenreiches (439), und 534 kreuzte Belisarius auf und vereinnahmte Karthago für Byzanz. Im Jahre 692 kamen die Araber, die Stadt verschwand aus der nordafrikanischen Geschichte, bis dann die Archäologen kamen und zähneknirschend feststellen mußten, wie sehr die Ruinen des alten Karthago für den Bau der umliegenden Dörfer und Villen, aber auch für das alte Tunis, geplündert worden sind.

Immerhin wurde nicht alles weggetragen, so daß im alten römischen Theater die Festivals von Karthago in stilvollem Rahmen abgehalten werden können. Zumeist sind es Folkloredarbietungen aus arabischen Ländern, aber auch der Ostblock ist gebührend vertreten und Musikanten aus China und Indien. Alternierend finden in Karthago internationale Filmfestivals statt.

Wie bereits gesagt, sollte man erst nach einem Spaziergang

durch die Ruinen von Karthago das Museum bei der Ex-Kathedrale besichtigen. Dasselbe gilt für das Bardo-Museum in Tunis, sein offizieller Name ist »Musée national du Bardo«. Es ist das bedeutendste Museum Nordafrikas, und keine europäische Sammlung kann sich, was römische Mosaiken betrifft, mit ihm messen.

Ursprünglich war der Bardo ein Konglomerat von Palästen des Bey und bis zum französischen Protektorat Regierungssitz. Man muß es den Franzosen lassen, sie waren kulturbewußt: Bereits im zweiten Jahr ihrer Herrschaft über Tunesien, am 7. November 1882, gründeten sie per Dekret das Museum, das dann 1888 in einem der Paläste des Bardo eingeweiht wurde. In einem anderen, ebenso stilvollen Palast tritt die tunesische Nationalversammlung, das Parlament, zusammen.

Im Laufe der Jahrzehnte wurde im Bardo so ziemlich alles zusammengetragen, was die Archäologen und Historiker in Tunesien fanden. Insofern ist das Bardo-Museum ein Unikum: Es gibt kaum ein Land in der Dritten Welt, das seine antiken Funde im eigenen Museum zeigen kann – für die schönsten ägyptischen, griechischen und mesopotamischen Funde muß man ins British Museum, die Berliner Museen oder den Louvre gehen!

Darum ist es schade, daß Tunis von den Touristen links liegen gelassen wird. Denn allein der Bardo würde einen Aufenthalt von mindestens einem Tag rechtfertigen. In seinen nach Epochen geordneten Sälen gewinnt der Besucher einen Überblick über Punier, Römer, Frühchristen, Byzanz und die verschiedenen arabischen Perioden.

Fein säuberlich sind von den verschiedensten Ausgrabungsorten Tunesiens die Funde zusammengetragen und ausgestellt. Hier liegt eigentlich die einzige Kritik, die man am Bardo üben könnte: Man hat beinahe zu gründlich die Orte »geplündert« und Statuen, Stelen, Mosaike und Gräber ins Museum gebracht. Das erklärt den oft etwas »nackten« Eindruck von Ruinen. Aber vermutlich war es die einzige Möglichkeit, die Funde vor Dieben und Touristen in Sicherheit zu bringen. Mit

Fotos wird versucht, eine ganzheitliche Atmosphäre um die Exponate zu schaffen, manchmal gelingt es sogar. Dem ernsthaft an Geschichte Interessierten bleibt nichts anderes übrig, als die Fundorte und das Bardo-Museum zu besuchen. Es lohnt sich.

Berühmtester Ort an der Bucht von Tunis ist Sidi Bou Said. Zwanzig Kilometer von der Stadt entfernt liegt dieses tunesische Saint-Tropez, Quartier Latin oder Greenwich Village – eine Mischung von echter alter Tradition, Folklore, Literaten und heute: Horden von Touristen – auf dem Cap Carthage und dominiert die Bucht.

Eine noch völlig unverfälschte Architektur, die weißen Häuser am Hang mit Aussicht aufs Meer, Pinien, Hibiskus, farbenfrohe Sträucher und Blumen, Terrassen, blaue, mit schwarzen Nägeln beschlagene Tore unter gewölbten Bögen, schmiedeeiserne Fenstergitter, bemaltes Holz, grünliche Ziegel, enge Gassen, in die sich nicht einmal ein Esel wagt – und dann natürlich das weltberühmte »Café des Nattes«, zu dem man eine Treppe hinaufsteigen muß wie zu einem Monument.

Schon André Gide und Georges Bernanos hatten den Reiz des Ortes entdeckt, doch die magische Anziehungskraft von »Sidi Bou« oder ganz einfach »Sidi«, wie Eingeweihte es nennen, war schon früher bekannt. Eine alte Legende will wissen, daß der heilige Ludwig IX. gar nicht in dieser Gegend gestorben ist, sondern von einem Marabut, einen moslemischen Heiligen, überredet wurde, zum Islam überzutreten und einen Doppelgänger als den gefallenen König ausgeben zu lassen. Unter dem Namen Sidi Bou Said soll er sich auf dem Kap über Karthago niedergelassen haben.

Wer Sidi Bou Said besucht, kann sich sehr gut vorstellen, warum der heilige König es vorgezogen haben könnte, hier zu leben, statt bei Karthago zu sterben. Doch die historische Wahrheit ist anders. Kurz nach der arabischen Eroberung entstand hier ein Ribat, ein befestigtes Kloster mit einem Leuchtturm. Später, zu Anfang des 13. Jahrhunderts, soll ein islamischer Mystiker mit dem komplizierten Namen Abu Said Khalafa Ben Yahia el-Temimi el-Beji hier gelebt, gelehrt und seine letzte Ruhestätte gefunden haben. Er wurde der Schutzheilige von Sidi Bou, das allerdings erst im 19. Jahrhundert seinen Namen angenommen hat. Zwischendurch eroberten auch Spanier und Türken den Ort. Und bereits im 18. Jahrhundert war es für reiche Tunesier »chic«, hier eine Sommerresidenz zu haben. Sie bauten Paläste und Villen.

Der eigentliche »Vater« des modernen Sidi Bou Said ist der französische Bankier Rodolphe d'Erlanger, der 1912 hierher kam. Er hatte eine gewisse sentimentale Beziehung zu Tunesien, weil einer seiner Vorfahren in den zwei Jahrzehnten vor dem französischen Protektorat eine – nicht ganz unumstrittene – Rolle in der Misere des tunesischen Staathaushaltes gespielt hatte. Erlanger war Teil jenes Finanzkonsortiums, das sich mit »tunesischen Anleihen« bereicherte und den Bey immer tiefer in den Staatsbankrott stürzte.

Doch wie es oft in Finanzdynastien vorkommt – der Nachfahre war an Kultur interessiert. Er kaufte ein Palais in Sidi, um dort die Sommermonate zu verbringen. Gleichzeitig setzte er aber bei den französischen Behörden durch, daß 1915 ein Dekret erlassen wurde, das Sidi Bou Said unter Denkmalschutz stellte. Fortan behielt Sidi seinen Charme und Charakter. Der musische französische Baron ging noch einen Schritt weiter: Er verfaßte das bis heute endgültige Werk über *La musique arabe*, dessen sechs Bände in Paris zwischen 1930 und 1959 erschienen sind. An anderer Stelle ist davon die Rede, wir bleiben in Sidi Bou Said.

Sidi führt, wie etwa das Quartier Latin nach dem Zweiten Weltkrieg, ein Doppelleben. Neben den »Einheimischen«, traditionellen tunesischen Großbürgerfamilien und hohen Regierungsbeamten, die hier ihre Villen und Wohnungen besitzen, leben die arrivierten Künstler und Schriftsteller sowie Diplomaten und Entwicklungshelfer, die Glück gehabt haben. Es ist nämlich gar nicht leicht, in Sidi heute eine Wohnung zu finden.

Die Abende haben die »Einheimischen« glücklicherweise

noch für sich. Sobald der letzte Touristenbus abgefahren ist, können sie wieder durch die Gassen schlendern, auf der Terrasse ihres Hauses in der Abendbrise Freundschaften pflegen und die Aussicht aufs Meer genießen. Tagsüber jedoch fahren Autobusse mit Touristen auf die seit einigen Jahren eigens dafür gebauten Parkplätze, und die Fremden nehmen das »Café des Nattes« im Sturm, um stehend, weil es auf den Strohmatten keinen Platz mehr gibt, ihren *thé à la menthe* zu schlürfen. In Tunis wird dieses Getränk mit schwarzem Tee gebraut, im Gegensatz zu Marokko, wo grüner chinesischer verwendet wird. Spezialität von Sidi ist der *thé aux pignons*, dem Pinienkerne beigefügt werden.

Wenn von »Einheimischen« die Rede ist, so muß man darunter die ständigen Bewohner von Sidi verstehen, also nicht nur Tunesier. Der Ort hat auch heute noch eine gewaltige Anziehungskraft auf Poeten, Künstler und Schriftsteller, die sich für eine gewisse Zeit hier niederlassen. Dennoch dürfen die echten Tunesier nicht vergessen werden, die allmorgendlich mit dem Auto oder dem TGM-Bähnchen zur Arbeit fahren und sich erst nach Feierabend wieder in der reizvollen Atmosphäre von Sidi erholen. Man wagt sich kaum auszudenken, was geschehen wäre, wenn der Baron d'Erlanger hier nicht sein Palais gekauft hätte. Denn es gibt manche anderen Orte in Nordafrika, die auch einmal so, wie Sidi Bou Said ausgesehen haben, und jetzt mit Hotelkästen verunstaltet sind.

Der Vollständigkeit halber muß auch noch der kleine Hotel- und Villenkomplex Gammarth erwähnt werden, der von La Marsa aus weiter nördlich am Meer liegt. Einst war hier die versnobteste *plage* von Tunis, wo die politische Elite ihre Villen hatte und sich »le tout Tunis« am Strand traf. Die Restaurants waren erstklassig, besonders was die Zubereitung von Fischen und Crevetten betraf. Jetzt ist die *plage* von Gammarth überfüllt, das »Volk« hat sie entdeckt. Man kann kaum noch schwimmen, so groß ist das Menschengewühl. Glücklicherweise ist der Strand von Raouad, einige Kilometer nördlich von Gammarth, immer noch »wild«. Wer es riskiert, kann mit seinem Auto auf der Sandpiste bis zum Meer vordringen, sein Zelt aufstellen und in totaler Ruhe und Abgeschiedenheit den Tag verbringen.

Ein Grund mehr, Tunis und seine Umgebung in den Ferienplan einzubeziehen. Wo sonst findet man diese einzigartige Kombination von Geschichte, Kultur, Atmosphäre und Sonne. Alles ist ja so nahe beieinander, an einem Tag lassen sich Karthago, der Bardo und andere Museen leicht mit einigen Stunden Meer kombinieren.

Biserta und der Norden bis zur algerischen Grenze

Biserta hat man in unseren Breitengraden erst zur Kenntnis genommen, als es wegen dieser Hafenstadt im Jahre 1961 zu einer Krise zwischen Frankreich und Tunesien gekommen war. Als Tunesien 1956 die Unabhängigkeit erlangte, war die Marinebasis »ausgeklammert« worden. Ein Jahr, nachdem die Franzosen 1881 in Tunesien einmarschiert waren, hatten sie mit dem Bau des Stützpunktes begonnen. In vorkolonialer Zeit war Biserta bereits ein bedeutender Hafen gewesen – in erster Linie für Piraten. Zur Franzosenzeit stand die Basis zwar immer etwas im Schatten des algerischen Mers-el-Kebir, wo im Juli 1940, nach der französischen Kapitulation, Churchill die dort ankernden Einheiten der französischen Marine angreifen ließ, damit sie nicht in die Hände der Achse gerieten. Biserta wurde im November 1942 von den Deutschen besetzt, doch sechs Monate später durch die Alliierten zurückerobert.

Es dauerte nur zwei Jahre, bis sich Charles de Gaulle und Habib Bourguiba nach der Biserta-Krise über die endgültige Räumung der Basis durch die Franzosen einigten, und am 15. Oktober 1963 konnte der *combattant suprême*, der Große Kämpfer, eine große Befreiungsfeier inszenieren, an der Ägyptens Gamal Abdel Nasser, Algeriens Ahmed Ben Bella und der Kronprinz von Libyen teilnahmen. Es war ein faszinierendes Schauspiel, die drei Volkstribunen auf der Tribüne zu beobachten, nicht zuletzt, weil Bourguiba – zum offensichtlichen Verdruß von Nasser und Ben Bella – die Menge, wie ein Stardirigent sein Orchester, in der Hand hatte. Nasser und Ben Bella gaben sich redlich Mühe, mit all ihren rhetorischen Fähigkeiten die Zuhörer zu begeistern, doch der zwischen ihnen sitzende Bourguiba konnte mit einer kaum sichtbaren Handbewegung den Applaus steuern. Ein erhobener Finger, und die Menge brüllte Zustimmung, die Hand abwärts gerichtet, und es wurde still. Es war imponierend und gleichzeitig eine politische Demonstration an Ben Bellas und Nassers Adresse, deren expansionistische Träume ja auch in Richtung Tunesien gingen. Bourguiba zeigte, daß er Herr im Haus war.

Seither ist es wieder ruhig geworden um Biserta, und die wenigsten Touristen verirren sich hierher, obschon sich der Weg lohnt. Zuerst durchquert man das Mejerdatal, eines der ehrgeizigsten landwirtschaftlichen Projekte Tunesiens in den fünfziger und sechziger Jahren, dann erreicht man Utique, das antike Utica, das einige sehenswerte römische Ruinen und eine punische Nekropole aufweist.

Und wer sich schon bis nach Biserta gewagt hat, sollte unbedingt die Küstenstraße entlang bis zum Hafenstädtchen Tabarka, nahe der algerischen Grenze, fahren. Es ist ein romantischer, von Eichenwäldern umgebender Fischereihafen, der bereits zur Römerzeit, bei den frühen Christen und später unter den arabischen Dynastien in ihren Auseinandersetzungen mit europäischen Mittelmeermächten eine Rolle gespielt hat. Fast hundert Jahre, bevor sie Tunesien unter ihre Herrschaft nahmen, errichteten die Franzosen hier Handelsniederlassungen und erhielten eine Konzession zur Gewinnung von Korallen. Aus dieser Quelle beziehen die Bewohner von Tabarka auch heute noch Einkünfte, abgesehen von Geflügelzucht und Eierverkauf. Im Sommer findet das Festival von Tabarka statt, das insbesondere der arabisch-moslemischen Kultur gewidmet ist und zu den anspruchsvolleren Veranstaltungen dieser Art gehört.

Berühmt ist Tarbarka jedoch wegen eines Mosaiks, das hier gefunden wurde und heute im Bardo-Museum zu sehen ist; es zeigt ein römisches Landhaus in allen Details. Im Gegensatz zu Landhäusern, die auf Fresken in Pompeji dargestellt sind und prunkvolle Säulenhallen an der Außenfassade haben, weisen diese nordafrikanischen Güter einen Innenhof auf. An das Herrenhaus sind Ställe und die Küche angebaut, Obstbäume und allerlei Geflügel umrahmen das Gebäude. Offensichtlich gehörte es einem reichen Landedelmann oder dem Gutsverwalter eines Adligen. Jedenfalls zeugt es von der prosperierenden Landwirtschaft der Römer in Nordafrika.

Der Nordwesten Tunesiens wird von Touristen höchstens wegen der römischen Ruinenstädte Dougga und Thurbubo Majus besucht, die sich durchaus mit Volubilis in Marokko sowie Timgad und Dschemila in Algerien messen können.

Dougga, bereits in der Punierzeit ein Städtchen, hat erst unter Julius Caesar eine gewisse Bedeutung erlangt. Unter Septimius Severus wurde es sogar 261 eine Kolonie. Ausgegraben und teilweise restauriert wurden die Ruinen schon gegen Ende des 19. Jahrhunderts. Dougga besitzt so ziemlich alles, was man von einer römischen Ruinenstadt erwartet, einen Juno-Tempel, ein Capitol, die Überreste eines Triumphbogens und eines Tempels der Minerva. Hauptattraktion ist ein erstaunlich gut erhaltenes Amphittheater, wo auch heute noch ein Theaterfestival unter freiem Himmel stattfindet.

Ebenso reizvoll ist das östlich von Dougga gelegene Thurbubo Majus, Marktflecken zur Römerzeit, mit all den Tempeln und Annehmlichkeiten, auf die römische Kolonisten in Afrika nicht verzichten wollten.

Zu diesen Ruinenstädten kann man auch von den traditionellen Ferienorten des Kap Bon, von Hammamet und Nabeul, aus vorstoßen, ohne den Umweg über Biserta zu machen. Es sind Tagesausflüge, die dem Baden eine zusätzliche Dimension verleihen und obendrein durch eine Kontrastlandschaft führen, in die Hügel und Berge um den Flecken Le Kef, der sogar Häuschen aufweist, die Chalets in den europäischen Bergen ähneln. Doch eine solche Abwechslung ist jenen Touristen vorbehalten, die über ein eigenes – oder gemietetes – Fahrzeug verfügen. Dieser Teil Tunesiens gehört noch nicht zum Ausflugsprogramm des organisierten Massentourismus. Das hat auch seinen Reiz!

Kap Bon, Hammamet, Nabeul

Für Veteranen des Zweiten Weltkrieges ist das Kap Bon mit Erinnerungen verknüpft: Hier ergaben sich im Mai 1943 die letzten Reste des Afrika-Korps und die italienische Division »Trieste« den Alliierten. Den Touristen ist diese Landzunge westlich von Tunis in angenehmerer Erinnerung; sie ist eines der bedeutendsten Fremdenverkehrszentren des Landes.

In jedem Reiseprospekt steht Hammamet an prominenter Stelle. Noch vor 25 Jahren war es ein verträumter romantischer Ort mit Orangenhainen, Palmen und einem herrlichen Badestrand, Überreste der alten Mauer der Medina fehlten natürlich ebensowenig wie ein Suk und eine Moschee. Zwar gab es drei kleinere Hotels, aber dorthin verirrte sich kaum ein ausländischer Tourist. Hammamet war eher Ausflugsziel der Bewohner von Tunis, die am Wochenende dort badeten.

Allerdings war das Städtchen bereits seit Jahrzehnten kultureller »Geheimtip«. In den zwanziger Jahren hatte sich nämlich Georges Sebastian, ein rumänischer Millionär, hierher verirrt und mitten in einem herrlichen Park eine Villa im Stil des Landes gebaut. Sebastian war nicht nur reich, sondern auch kulturbeflissen. Paul Klee, André Gide, Frank Lloyd Wright, Georges Bernanos und unzählige weniger berühmte Maler, Schriftsteller und Architekten gingen in der Villa Sebastian ein und aus. Hammamet gehörte mit Sidi Bou Said zu jenen Orten, wo sich echte Künstler und literarische Schickeria von den Strapazen Europas erholten und Inspirationen sammelten.

Der Zweite Weltkrieg setzte diesem munteren Treiben ein Ende, zeitweilig hatte Feldmarschall Rommel in der Villa Sebastian sein Hauptquartier. Im Jahre 1959 kaufte die tunesische Regierung die Villa und legte so den Grundstock für das »Internationale Kulturzentrum« in Hammamet. Der eigentliche

»Vater« des Zentrums war der libanesische Intellektuelle und Historiker Cecil Hourani, der in jenen Jahren Bourguibas Berater für kulturelle Angelegenheiten war. Er konnte die Gulbenkian-Stiftung für seine Idee gewinnen, die den Bau eines Freilichttheaters im Garten der Villa Sebastian finanzierte.

Es war kein Zufall, daß sich Bourguiba so schnell für Houranis Projekt begeisterte: Der *combattant suprême* hatte nämlich in seiner Jugend selber Theater gespielt, bevor er seine schauspielerischen Talente als Volkstribun einsetzte. Doch das Theater blieb ihm ein echtes Anliegen. Als Überbleibsel aus der Franzosenzeit gibt es in Tunis ein reizendes Theater, provinziell, mit Plüschsesseln. Manchmal kam eine französische Truppe auf Tournee, ab und zu wurde etwas Einheimisches, »Handgestricktes«, in Arabisch vorgeführt, oder es kam eine ägyptische Gruppe auf Besuch. Denn im Nilland hatte sich bereits seit der Jahrhundertwende ein arabisches Theater entwickelt.

Es ist keineswegs einfach, arabisches Theater zu machen. Außer im bereits erwähnten Ägypten gibt es keine arabische Theatertradition, im Gegensatz zu Europa, wo das Theater bis auf die alten Griechen, Sophokles und Euripides, zurückgeht, von den Komödiendichtern ganz zu schweigen. Erst auf dem »Rückweg« von der kulturellen Selbstentfremdung durch den Westen haben arabische Autoren angefangen, Theaterstücke zu verfassen.

Um so höher muß man die Bemühungen von Aly Ben Ayed einschätzen, der in den fünfziger und frühen sechziger Jahren nach einer Ausbildung in Frankreich das Theater in Tunis leitete.

Insbesondere adaptierte er europäische Stücke für ein tunesisches Publikum, doch das war eben noch kein echtes arabisches Theater. Als erster hat dann Habib Boulares, ein führender tunesischer Journalist, er war auch Direktor des Rundfunks, mit seinem *Mourad III.* den Durchbruch versucht. Das Stück handelt von einem tunesischen Bey, der 1702 bei einer Militärrevolte sein Leben verlor. Es wurde, nicht zuletzt wegen seiner üppigen Inszenierung, ein Erfolg. Damit hatten die Tunesier endlich ein einheimisches Theaterstück.

Bei den Übersetzungen europäischer Klassiker ins Arabische gab es Probleme, wie man bereits bei der Vorbereitung des ersten Festivals, Anfang der sechziger Jahre, merkte: In welches Arabisch sollte man Shakespeare übersetzen? Klassisches Arabisch versteht nur eine kleine intellektuelle Elite, die Umgangssprachen werden nur im betreffenden Land, allenfalls noch im Nachbarstaat verstanden. Aber man hatte ja in Hammamet den Ehrgeiz, ein »internationales« Zentrum zu sein.

Nach längeren Beratungen kam man zu dem Schluß, Shakespeare müsse von Radio Kairo ins Arabische übersetzt werden. Man befand sich in der Hochblüte des Nasserismus, als von Kairo aus der gesamte arabische Raum mit Propaganda überflutet wurde, und die Rundfunkleute Nassers hatten eine Sprache entwickelt, die von der Mehrheit der Araber verstanden wurde. Seither hat das internationale Zentrum von Hammamet seinen Stil gefunden. Natürlich sind von Jahr zu Jahr die Festivals von unterschiedlicher Qualität, doch das kommt auch bei europäischen Veranstaltungen ähnlicher Art vor! In den siebziger Jahren hatte das Zentrum mit Schwierigkeiten zu kämpfen, es drohte in jährlicher Routine zu versinken. Seit 1983 ist Ezzedin Slama Direktor, ihm steht eine internationale Beratergruppe zur Seite, die ehrgeizige Pläne für die Zukunft ausgearbeitet hat. Neben Theateraufführungen sollen vermehrt Treffen von Künstlern und Intellektuellen sowie Seminare durchgeführt werden. Doch nun zurück zum Städtchen Hammamet.

Inzwischen ist aus den bescheidenen touristischen Anfängen der frühen sechziger Jahre ein gewaltiger Touristikkomplex entstanden, der sich von Hammamet über rund zwei Dutzend Kilometer bis zum Städtchen Nabeul hinzieht: 20 000 Betten stehen zur Verfügung, ein Drittel aller Hotelzimmer von Tunesien! Von Luxusherbergen bis zu einfachen Hotels für den organisierten Massentourismus, aber auch »Appart-Hotels«, zum Teil sehr luxuriös, die insbesondere von der reichen arabischen Kundschaft aus den Golfstaaten geschätzt werden.

Viele von ihnen haben hier auch, wie in Marokko, Wohnungen gekauft oder Villen gebaut. Parallel zur Entwicklung der Hotellerie ging natürlich die Umwandlung der Städtchen Hammamet und Nabeul, die ganz auf Tourismus ausgerichtet sind, wie man in den einstmals traditionellen Suks feststellen kann.

Im Städtchen Nabeul mit seinen rund 16000 Einwohnern hat sich sogar das traditionelle Handwerk, die Töpferei, ganz auf Tourismus eingestellt. Die Tonwaren sind grün oder gelblich glasiert und gemustert. Die fremden Besucher kaufen unweigerlich die Aschenbecher mit dem praktischen Einsatz, den man hochhebt, um Asche und Zigarettenstummel verschwinden zu lassen. Aber auch Keramik für den tunesischen Hausgebrauch, insbesondere Kacheln für Mauern und Fußböden werden nach alter Manier in Nabeul hergestellt. Die Geschichte des Städtchens geht bis auf die Phönizier zurück, später wurde es das römische Neapolis und spielte als Sitz eines Bischofs eine Rolle in der frühchristlichen Geschichte.

Von Nabeul sollte man auf der Küstenstraße, die um das Kap Bon führt, nach Tunis zurückzukehren. Man fährt durch eine der fruchtbarsten Gegenden Tunesiens entlang der schönsten Strände, die noch nicht vom Massentourismus entdeckt worden sind. In Korba, das man zuerst erreicht, gibt es zwar ein Feriendorf des Club Méditerranée, aber dieses »Touristengetto« bietet ja den Einheimischen bekanntlich den besten Schutz vor fremden Horden!

Ein Sonntagsausflug ins Städtchen Kelibia lohnt sich. Zu Füßen der imposanten Festung, deren Grundmauern die Byzantiner errichtet haben, liegt der Hafen. Kelibia gehört zusammen mit Gabes, Mahdia und La Goulette zu den vier bedeutendsten Fischereizentren des Landes. Im Hafen liegen die traditionellen Boote, die »Lambaras« (abgeleitet vom spanischen Lamparo), das sind Kutter mit bis zu zwanzig Mann Besatzung. Bei Einbruch der Dunkelheit verlassen mehrere Dutzend Schiffe den Hafen und kommen im Morgengrauen, den Fang im Netz, wieder zurück. In erster Linie werden in Kelibia »blaue Fische«, wie sie die Fischer nennen, gefangen:

Sardinen, Makrelen und Sardellen. Thunfisch hingegen ist die Spezialität von Sidi Daoud, auf der anderen Seite des Kap Bon gelegen. Das Dorf ist zwar kleiner, aber ebenso romantisch und unverdorben. Der Fischfang und die lokale Konservenfabrik stehen unter der Aufsicht des »Office National de Pêche«, der staatlichen Fischereibehörde, die in Kelibia auch eine Fischereischule unterhält.

Sidi Daoud vorgelagert liegt das Inselchen Zembra, das durch seine Segelschule international bekannt geworden ist, ein Feriendorf, in dem man rund um die Uhr seemännisch gedrillt wird.

Einer der wichtigsten Orte auf Kap Bon ist Korbous. Schon die alten Römer – wer denn sonst? – hatten hier die heißen Quellen entdeckt und dem Ort den hübschen Namen Aquae Calidae Carpitanae gegeben. Das radioaktive, schwefelhaltige warme Wasser heilt allerlei Gebrechen. Die Araber hatten für Thermalbäder wenig übrig, und erst im 19. Jahrhundert wurde Korbous wiederentdeckt, und zwar durch Ahmed Bey, der sich hier ein Palästchen baute. Vor einigen Jahren wurde es zu einem Bade-Etablissement umgebaut. Dicht neben Korbous liegt Ain Oktor, wo Mineralquellen sprudeln. Hierhin kommen die Tunesier zu Trinkkuren, denn das Wasser, das auch in Flaschen abgefüllt und überall im Land verkauft wird, weist gesundheitsfördernde Eigenschaften auf, hat allerdings einen leichten Nachgeschmack, so daß es als Tafelgetränk nicht verwendet werden kann. Und da wir gerade bei der Tafel sind: Die beste Harissa, jenes scharfe Pfefferschotengewürz, das für eine gute nordafrikanische Küche unabdingbar ist, stammt vom Kap Bon.

Die Halbinsel Kap Bon liegt im Schatten des Massentourismus. Wer jedoch einmal von Tunis, Hammamet oder Nabeul aus einige romantische Ausflüge unternehmen möchte, sollte sich ein Auto mieten und das Kap durchstreifen. Es lohnt sich um so mehr, als überall an der Küste reizvolle Strände zum Baden einladen.

Sousse, Monastir, Mahdia

Von Nabeul führt die Küstenstraße am Golf von Hammamet entlang nach Sousse, der drittgrößten Stadt Tunesiens, sie ist zugleich Hafen-, Industriestadt und Fremdenverkehrszentrum. Etwa zehn Kilometer vor Sousse liegt das touristische Prestigeprojekt der Tunesier, Port-el-Kantaoui. Tunesiens berühmtester Architekt, Olivier Clement Cacoub, im Judenviertel von Tunis geboren, Träger des großen Preises von Rom, der zuerst in Tunesien und dann so ziemlich überall auf der Welt Villen gebaut hat, wurde mit der Gestaltung dieses Touristikprojekts beauftragt. Finanziert haben es die Araber der Golfstaaten.

Hotels, Villen und Wohnungen, ein Hafen für 200 Segelschiffe und Motorjachten sowie Tunesiens einziger Golfplatz, der internationalen Normen entspricht – El-Kantaoui bietet alles, was des reichen Touristen Herz begehrt. Natürlich fehlen auch Tennisplätze und Reitställe nicht. Und hatte einst Bourguiba ausländischen Grundbesitz beschlagnahmt, in diesem Touristenort sind 40 Prozent der Villen und Wohnungen für den Verkauf an Ausländer bestimmt.

Für weniger betuchte Touristen hält Sousse seine Hotels bereit; das einstige Städtchen hat am rasanten Aufschwung des tunesischen Fremdenverkehrs teilgenommen: 1956 gab es ganze 200 Betten, jetzt sind es rund 15 000. Die Stadt lebt zwar teilweise vom Tourismus, doch wird er ihr immer wieder zum Ärgernis: Die Horden fremder Besucher, die »orientalischen Zauber« suchen, haben zu gewissen Spannungen geführt. An kaum einem anderen Ort in Tunesien sind die Einwohner – in Sousse sind es 120 000 – so hautnah mit dem Fremdenverkehr konfrontiert.

Sousse kann auf eine stolze Geschichte zurückblicken. Noch vor Karthago von den Phöniziern gegründet, hatte es sich zu einer der bedeutendsten Städte des punischen Reiches entwikkelt. Unter den Römern war es als Hadrumetum bekannt. In der Nähe lag das Städtchen Thapsus, wo Julius Caesar Juba I., der sich auf die Seite des Pompejus geschlagen hatte, besiegte. Trajan kümmerte sich um die Stadt, und unter Justinian erhielt sie gar den Ehrentitel Justinianopolis. Als die Araber kamen, leistete die Stadt während zweier Monate erbitterten Widerstand. Okba Ibn Nafi schätzte dies gar nicht und zerstörte sie vollständig. Doch die Aghlabidenherrscher bauten sie wieder auf, und im 9. Jahrhundert erhielt sie wieder den alten Berbernamen »Soussa«.

Ein Blick auf die Landkarte genügt, um die handelspolitische und militärstrategische Bedeutung der Stadt am Mittelmeer zu zeigen. Es ist somit nicht verwunderlich, daß in den späteren Jahrhunderten Normannen aus Sizilien sowie Spanier und Türken die Stadt in ihren Besitz nahmen und europäische Flotten, die Jagd auf Piraten machten, periodisch vor Sousse aufkreuzten. All das ist dem Städtchen nicht eben gut bekommen. Als 1881 die Franzosen das Protektorat über Tunesien errichteten, zählte Sousse ganze 8000 Einwohner. Um so erstaunlicher ist sein seitheriger Aufstieg zur drittgrößten Stadt Tunesiens.

Die Industrie ist für tunesische Verhältnisse recht vielseitig. Schwerpunkt ist natürlich die Verarbeitung von Naturprodukten der Gegend (Oliven und Fische), daneben gibt es Textilfabriken, leichtere Metallindustrie und mechanische Werkstätten, unter denen die Montagewerke für Autos und Autobusse der »Société Tunisienne d'Industrie Automobile« (STIA) einen besonderen Platz einnehmen. Tunesiens Abkehr von der rigorosen staatlichen Planwirtschaft der sechziger Jahre unter Ahmed Ben Salah hat sich für Sousse wohltuend ausgewirkt. Damals gab es eher kümmerliche staatliche Investitionen in diesem Städtchen; seit den siebziger Jahren können private Unternehmer investieren, was zu einer beträchtlichen Kapitalspritze aus den Golfstaaten, Frankreich, Belgien, Deutschland und auch den USA geführt hat. Hingegen ist der Hafen weiterhin Stiefkind, obschon Zentraltunesien für seine wirtschaftliche

Entwicklung einen modernen Zugang zum Seeverkehr brauchte. Vorläufig geht ein Großteil der Exporte über La Goulette im Norden oder Sfax im Süden.

Sousse besitzt eine Altstadt, deren Zerfall gerade noch rechtzeitig aufgehalten werden konnte: eine Moschee aus dem 11. Jahrhundert und vor allem die Kasba und die Suks, die immer mehr zu Touristenattraktionen werden. Doch die ursprüngliche wirtschaftliche Bedeutung als Einkaufszentrum der Einheimischen büßen die Suks allmählich ein.

Bei der Erhaltung alter Architektur hat das weiter südlich an der Küstenstraße gelegene Monastir bedeutend besser abgeschnitten, was leicht erklärlich ist: Hier wurde am 3. August 1903 Habib Bourguiba geboren, und hier wird er dereinst begraben werden. Mausoleum und Moschee, die Bourguibas Namen tragen, sind bereits gebaut. Der *combattant suprême* hat sich jedoch nicht nur seine letzte Ruhestatt in Monastir gewählt. Ende der fünfziger Jahre ließ er sich am Strand von Skanes seine Sommerresidenz bauen, wohin er sich während der heißen Monate zurückzieht. Dann wird von Skanes aus regiert, fremde Staatsmänner und Diplomaten, tunesische Minister und Funktionäre kommen nach Skanes, das sich inzwischen auch zu einem Touristikzentrum entwickelt hat. Die Badenden merken nur an den vorbeifliegenden Helikoptern, daß sich politisch etwas tut. Erwähnenswert im Städtchen Monastir mit seinen 25 000 Einwohnern ist höchstens noch der Ribat, die ummauerte Klosterfestung, die 798 errichtet und in späteren Jahrhunderten zu ihrer jetzigen Größe ausgebaut wurde. Denn Monastir besaß eine strategische Bedeutung. Besonders reizvoll ist das Museum im Ribat mit seiner Manuskriptsammlung.

Die meisten Touristen kennen jedoch nur Skanes und nehmen oft nicht einmal zur Kenntnis, daß sie sich in der Nähe von Bourguibas Geburtsstadt befinden. Denn über mehrere Dutzend Kilometer feinen Sandstrandes erstreckt sich ein Ferienparadies, das in den siebziger Jahren ausgebaut worden ist.

Erfreulicherweise ist der Abstand zwischen den Hotels größer als an anderen Orten, so daß der sonnenhungrige Europäer den Strand genießen kann, ohne ständig über seinesgleichen zu stolpern. Um den Touristen etwas Kultur zu bieten, gibt es in Monastir seit einigen Jahren im Sommer ein »Festival« mit Folklore und Theater. Inzwischen hat sich Monastir auch zu einem Filmzentrum entwickelt, das Städchen und insbesondere der Ribat bilden eine herrliche Kulisse. Großspurig-ironisch nennt man es bereits das »tunesische Hollywood«.

Das weiter südlich gelegene Städtchen Mahdia ist praktisch kaum vom Tourismus berührt. Es ist einer der wichtigsten Fischereihäfen Tunesiens und weist eine unverfälschte Architektur auf. Vermutlich hat es Mahdia seinem genius loci zu verdanken, daß es im romantischen Abseits geblieben ist. Wie könnte es auch anders sein bei einem Ort, der im Jahre 921 von einem schiitischen Mahdi – daher der Name – gegründet worden ist! Im Jahre 909 waren Araber, die sich als Nachkommen von Ali und der Prophetentochter Fatima bezeichneten und gegen die in Bagdad herrschende Dynastie der Abbasiden kämpften, nach Nordafrika eingedrungen. Die Anhänger Alis waren Schiiten und besaßen schon damals recht fanatische Vorstellungen über Allah und die Welt, die sie nach ihren Ideen umwandeln wollten. Sie konnten die einheimischen Berberstämme von der Richtigkeit ihrer Religion überzeugen und mit ihnen gegen die Dynastie der Aghlabiden, die seit dem Jahre 800 über die Gegend herrschte, vorgehen.

Einer dieser Schiiten, Obeid Allah, betrachtete sich als Mahdi, als den legitimen Nachfahren von Ali, und ließ sich in Kairuan zum Kalifen ausrufen. Wenige Jahre später machte er Mahdia zu seiner Hauptstadt und begründete die Dynastie der Fatimiden. Die Opposition kharidschitischer »Ketzer« unterdrückten sie blutig, und mit starker Hand wurde das Land geknechtet und alle Gegner der schiitischen Glaubensform ausgerottet. Dennoch kannte »Ifriqiya«, wie das Reich genannt wurde, eine gewisse Blüte.

Wenn man auf strenggläubige fanatische Schiiten verweisen kann, so hat man natürlich für die Dekadenz des modernen

Tourismus nicht viel übrig, um so weniger, als das Städtchen im Laufe seiner Geschichte eher schlechte Erfahrungen mit Fremden gemacht hatte. Bereits im 11. Jahrhundert wurde es von Ägypten aus angegriffen, erobert und gebrandschatzt; daraufhin wandte es sich dem Meer zu. Fischerei und besonders auch Piraterie wurden sein Lebenszweck. Das wiederum veranlaßte europäische Herrscher, das Seeräubernest periodisch auszuräuchern. Kurz, Mahdia weist eine eher unglückliche Geschichte auf, was jedoch seinem Charme keinen Abbruch tut.

Oasen im Süden

Die erste Oase, die der Tourist gewöhnlich kennenlernt, ist Gabes: 300 000 Palmen und 30 000 Einwohner. Doch handelt es sich um einen Spezialfall: eine »Oasis maritime«, an der Kleinen Syrte gelegen, strategisch bedeutsam, Knotenpunkt des Handels seit der Antike. Bereits die Phönizier ankerten hier, später war die Oase Teil der römischen Kolonie und Stützpunkt des Berberkönigs Massinissa und – weil wir gerade beim Krieg sind – wichtiger Teil der Mareth-Linie, ursprünglich von den Franzosen als Schutz gegen das von Italien beherrschte Libyen errichtet, dann Haupthindernis beim Vormarsch der Alliierten gegen die deutschen und italienischen Truppen im Frühjahr 1943.

Das Städtchen Gabes wurde in den frühen sechziger Jahren von großen Überschwemmungen heimgesucht, die ihre Spuren hinterlassen haben. Daher fährt mancher Reisende auf dem Weg in den Süden achtlos durch die unansehnlichen Straßenzüge und denkt nicht daran haltzumachen. Wer vermutet schon hinter den Palmenhainen am Wegrand die Oase von Chenini? Im besten Fall begibt sich der uninformierte Tourist ans Meer, in eines der Strandhotels, wo man ihm bald vorschlagen wird, eine Pferdedroschke zu mieten und gemächlich durch die Oase zu bummeln.

Die Oase von Gabes besitzt den Charme aller Oasen, auch wenn ihre Datteln nicht von allerbester Qualität sein sollen, wie Spezialisten behaupten. Ihr großer Nachteil liegt jedoch in der Lage: Die Oase ist am falschen Ort, denn eine Oase am Meer weist natürlich nicht den gleichen Reiz auf wie jene, die man nach langer Fahrt durch die Wüste erreicht. Natürlich sind die Palmen genauso grün wie anderswo, aber Oasengrün nach Wüstenbraun ist eben subjektiv grüner als eine Palme am Meer.

Gabes ist hingegen der ideale Ausgangspunkt für eine systematische Oasentour, es liegt am Ostrand der Region, die die Prospekte als »Les Oasis« bezeichnen. Von Gabes führt die Straße direkt – zumindest auf der Landkarte, wie wir später sehen werden – westwärts nach Tozeur und Nefta, quer durch den Schott el-Dscherid.

Die Inschallah-Tour

Die ersten 115 Kilometer sind recht harmlos. Eine gute Straße reicht bis Kebili. Vielleicht sei hier erwähnt, daß Tunesiens Süden ein Paradies für Autofahrer ist. Wer sich nicht einer organisierten Tour anschließen will, der kann ohne weiteres einen Wagen mieten und unbeschwert herumfahren: Es gibt wenige Gegenden, die ein so ideales Verhältnis von Straßenqualität und mangelnder Verkehrsdichte aufweisen – abgesehen natürlich von den ländlichen Gegenden Marokkos. Und wer noch jung genug ist, kann einen Citroën »Mehari« mieten, das ideale Gefährt, um in der Wüste herumzugondeln. Selbst die Hüter des Gesetzes gehen im Straßenverkehr mit fremden Touristen höchst glimpflich um. Als ich einmal – und das hing mit zwei widersprüchlichen Verkehrszeichen zusammen – munter in eine Einbahnstraße fuhr, ertönte prompt die Sirene eines Polizisten auf einem schweren Motorrad. Ich hielt an. Er: »Sens unique.« Ich: »Pardon, unklare Beschilderung, ich werde sofort umkehren.« Der Polizist: »Aber nein, folgen Sie mir, ich werde Sie auf den richtigen Weg bringen.« Zum ersten (und letzten) Mal in meinem Leben fuhr ich mit Polizeieskorte verkehrt durch eine Einbahnstraße.

Doch nach dieser Abschweifung zurück zur Oasen-Rundfahrt. Das erste, was der noch schlaftrunkene Reisende, man muß ja recht früh aufstehen in der Wüste, bemerkt, ist nach einer knappen halben Stunde El-Hamma de Gabes. Für nicht ganz perfekte Arabisten: Wo immer etwas El-Hamma heißt, dort sprudelt eine heiße Quelle, die meist schon von den alten Römern benutzt wurde. Das ist auch hier der Fall.

Später erkennt man rechts von der Straße (mein Geographielehrer im Gymnasium korrigierte uns zwar immer: »In der Geographie gibt es kein Rechts, kein Links, kein Oben, kein Unten«, aber wer weiß schon auf einer Landstraßen inmitten der Wüste und vor Sonnenaufgang, wo Norden ist!) bereits den Schott el-Dscherid, bräunlich noch, da an seinem Rand das ausgetrocknete Salz mit Sand bedeckt ist.

Erste Etappe ist Kebili. Wer einmal in seiner Jugend Karl Mays *Durch die Wüste* verschlungen hat, weiß so ziemlich alles über dieses Dorf. Die Bevölkerung besteht teilweise aus Nomaden, die mit ihren Kamelen durch die Wüste ziehen und nur zur Erntezeit in den Ort zurückkehren.

Doch Kebili konditioniert den Touristen für die »Inschallah-Tour« (die Bezeichnung findet sich allerdings in keinem Reiseführer), das letzte Abenteuer, das Nordafrika noch zu bieten hat. Von hier aus führt der Weg durch den Schott el-Dscherid zu den Oasen Tozeur und Nefta. Tafeln am Dorfausgang warnen vor der Durchquerung; den Dorfpolizisten zu fragen, ob der Weg passierbar sei, hält mein Chauffeur nicht für ratsam. Die Polizei sei nämlich von Amts wegen verpflichtet abzuraten. Auch der einsame Autoklempner des Dorfes erteile nur abschlägige Antwort, denn er müßte ein eingesunkenes Fahrzeug abschleppen. Alles hängt davon ab, ob irgendwo auf dem Damm, der durch den Schott führt, ein Wassereinbruch stattgefunden hat, der die Salzkruste aufweicht und unpassierbar macht.

»Inschallah«, meint mein Fahrer und lenkt Richtung Schott. Wenn Allah es will, werden wir in knapp zwei Stunden jenseits der Salzwüste sein. Wenn nicht, bleibt uns nichts anderes übrig, als umzukehren, nach Gabes zurückzufahren und über Gafsa und Metlaoui Tozeur zu erreichen. Die Kleinigkeit von 400 Kilometern. Der Schott ist nicht gerade lebensgefährlich, die Spannung wird lediglich dadurch erzeugt, daß man nicht weiß, ob das Tagesprogramm durchgeführt werden kann.

Nach einigen kleinen Dorfoasen beginnt der eigentliche Schott: eine im Sonnenschein glitzernde weiße Ebene, die am

Horizont von blaubraunen Bergen begrenzt ist, vor der Kühlerhaube ein überhöhter Pfad von unterschiedlicher Qualität. Manchmal eine Wasserpfütze, die zu hartem Bremsen veranlaßt, man weiß nie, wie tief sie ist, ob man nicht einsinken wird.

Ein Auto kommt uns entgegen. »Inschallah«, sagt der Fahrer, »der kommt aus Tozeur, folglich ist die Piste offen.« »Inschallah«, denke auch ich, doch dann fährt mein Begleiter fort: »Allerdings will das gar nichts heißen, die Situation kann sich von Minute zu Minute ändern.«

Vor uns eine »Verkehrsstauung« mitten im Schott. Ein mit einem Eselchen beladener Lieferwagen ist im Salz neben der Piste steckengeblieben. Glücklicherweise sind einige Touristen im Landrover da und ziehen den Unglücklichen heraus. Leichtgeschürzte Mädchen knipsen eifrig, heute abend werden sie vermutlich einen schlimmen Sonnenbrand an den Schenkeln und Waden kurieren müssen. Das weiße Salz reflektiert unbarmherzig die Sonnenstrahlen.

Hier ist ein Exkurs über Kleidungsvorschriften in der Wüste am Platz. Blättert man in alten *Baedeckern* oder *Guides bleus*, so zeigt sich, wie kompliziert früher alles gewesen ist. Insbesondere Damen schienen große Mühe gehabt zu haben, eine geeignete Garderobe für Ausflüge in südliche Regionen zusammenzustellen.

Inzwischen hat sich einiges geändert: Der »Safari-« oder »Desert-Look« ist periodisch »in«, ja, ein eigentlicher Dauerbrenner der Sommersaison geworden. Und wer diesen Modetrend nicht mitmachen will, kann sich mit Jeans aus der Affäre ziehen. Noch nie war Mode so auf Oasen und Wüste eingestellt. Aber bitte – ja keine Shorts auf dem Schott el-Dscherid.

Ob man den Kopf bedecken will, hängt von der individuellen Sonnenempfindlichkeit und der Haarpracht ab. Im Zweifelsfalle ist immer Vorsicht am Platz, in der Wüste und auf einer Salzfläche unterschätzt man meistens die Intensität der Bestrahlung.

Sind bei Kleidern und Kopfbedeckung Abweichungen und

Phantasie gestattet, beim Schuhwerk gibt es keine Toleranzmarge. »Stiefel m: Die Bezeichnung des hochgeschlossenen (Männer)schuhs (mhd. stival, stivel, ahd. stival, mnd., mnieder. stevel) ist aus dem Roman entlehnt vgl. z. B. gleichbed. afrz. estivel, it. stivale und (veraltet) span. estival.« So steht's im *Etymologie-Duden.* Womit eigentlich schon alles gesagt ist: Stiefel trug man, die Herkunft des Wortes beweist es, im Sommer. Schon die alten Römer wußten, wie unangenehm heißer Wüstensand auf Fußsohlen brennt, von Schlangen, Skorpionen und stechenden, vertrockneten Pflanzen gar nicht zu reden.

Somit ist es ratsam, die Sandalen, die man im Suk erstanden hat, nur am Strand oder für abendliche Spaziergänge im Städtchen zu verwenden. Für die Wüste sind sie ungeeignet – ebenso wie Tennis- oder Turnschuhe, die höllisch heiß werden.

Doch zurück zur Inschallah-Tour. Das letzte Dutzend Kilometer läßt die Spannung noch steigen. Wir nähern uns den Oasen, und Oasen bedeuten Quellen, überlaufendes Wasser, das die Piste unpassierbar macht. Einige Lachen provozieren falschen Alarm und inbrünstige Inschallahs, einige Spritzer – und dann haben wir wieder Sand statt Salz unter den Rädern.

Zwei Stunden hat die Fahrt gedauert, in denen ich darüber nachdachte, wie diese Tour wohl auf einem Kamel ausgesehen hätte. Was wissen wir denn heute noch von Entfernungen? Was wir in Stunden zurücklegen, bedeutete früher Tagereisen. Wie haben Römer und Türken jene immensen Gebiete überhaupt administrativ in den Griff bekommen? Wie stellten es die Araber an, Nordafrika zu erobern? Auch darüber sollte man in der Wüste meditieren.

Und schon fahren wir durch El-Hamma el-Dscherid, wo – Sie haben es bereits gelernt – heiße Quellen gefaßt und für therapeutische Zwecke genutzt werden.

Traumoase Nefta

Die Oase Tozeur ist gewissermaßen Hauptstadt der Region. 13 000 Einwohner, 200 000 Palmen und die schönsten Beispiele der südlichen Architektur. Weiter im Süden sind die Häuser weiß, hier am Schott bestehen sie aus braunen, luftgetrockneten Ziegeln, die künstlerisch ornamental aufeinandergeschichtet sind. Tozeur ist ein Zentrum des Handwerks. Teppiche, Decken, ja selbst Körbe, um die Sie an europäischen Stränden jedermann beneiden wird, können auf dem Suk erstanden werden.

Doch die Krönung der Oasentour, die Traumoase Tunesiens schlechthin, ist Nefta. Hunderte von Quellen bewässern 400 000 Palmen, hier wachsen die berühmten »Deglas«, die besten Datteln des Landes.

Auf einem Hügel über der Oase steht jenes Hotel, das sehr wohl zum Mekka streßgeschädigter Manager werden könnte. Das »Sahara-Palace« ist eine Kategorie für sich, ein Unikum am Rande der Sahara. Ein vollklimatisierter Palast mit einem Swimmingpool von olympischen Maßen, kurz, Luxus neben der völligen Ruhe, dem totalen *depaysement* der Oase.

Im Winter kann es kühl werden, am besten zieht man sich im Frühling oder Herbst nach Nefta zurück. Ganz billig ist ein solcher Aufenthalt nicht, Luxus muß bezahlt werden, sogar am Rande des Schott el-Dscherid. Aber ich könnte mir keine bessere Entspannung vorstellen. Ungestört von Autos, dem Wassersystem folgend, durch die Oase flanieren, studieren, wie nach genauem Plan das kostbare Naß verteilt wird, die Pastellfarben der Wüste beim Sonnenuntergang betrachten, das wäre wirkliche Wüstentherapie. Hier, jenseits einer überbordenden Konkurrenz, gewinnt man auch neue Einsichten in das menschliche Zusammenleben.

Oasen sind subtile gesellschaftliche Organismen, in denen alles nach jahrhundertealter Tradition geregelt ist. Ohne diese Ordnung würden sie zugrunde gehen. Jeder Quadratmeter muß der Wüste abgerungen, für jede neugepflanzte Palme

Lebensraum geschaffen werden. Alles ist geregelt, die Abstände zwischen den Bäumen, was – von Gemüse bis Granatäpfeln – in den Zwischenräumen gepflanzt werden darf, wieviel Wasser jeder Bewohner für seine Palmen zugeteilt erhält. Das erfordert eine bemerkenswerte gesellschaftliche Disziplin.

In einer Oase lernt man die Bedeutung des Wassers kennen. Wer da geglaubt hat, weil er Ozeane, Seen, Flüsse – ja sogar die Niagarafälle – gesehen hat, wisse er, was Wasser sei, hat sich gründlich getäuscht. Nur wer einmal eine Oase und deren komplexes Wasserverteilungssystem studiert hat, weiß, wie sehr Wasser die Quelle allen Lebens ist.

Hoch über den Oasen am Rande des Schotts liegen die Bergoasen der Region von Gafsa. Hier ist Tunesiens Phosphatregion, insbesondere bei Metlaoui, wo plötzlich die Kamele durch eine Eisenbahn, das Gafsa-Sfax-Bähnchen, abgelöst werden, das die Phosphate – so ziemlich Tunesiens einziger Bodenschatz – zum Meer transportiert. Die Oase Gafsa war zur Römerzeit Capsa, woran noch eine alte Zisterne erinnert, in die kleine Jungen vor den Augen der Touristen springen und Münzen, die diese hineingeworfen haben, herausfischen. Die Kasba, einst stolzes Bauwerk aus der Hafsidenzeit, wurde 1943 durch Bomben schwer beschädigt. In die Weltpresse gelangte Gafsa im Januar 1980, als Agenten des libyschen Obersten Ghaddafi dort gegen Bourguiba eine Revolte anzuzetteln versuchten. Sie wurde blutig niedergeschlagen.

Auch wenn das Städtchen von Palmenhainen umgeben ist und die braunen Berge der Umgebung einen reizvollen Rahmen bieten, kann es Gafsa natürlich nicht mit Nefta oder Tozeur aufnehmen, so wenig wie die hier produzierten Datteln an die »Deglas« heranreichen.

Fährt man von Gafsa nach Gabes, schließt sich der Oasenkreis: 145 Kilometer müssen noch zurückgelegt werden, lange, um nicht zu sagen langweilige Kilometer. Falls man nicht, weil der Schott el-Dscherid trotz Inschallahs unpassierbar war, bereits auf dem Hinweg hier durchfahren mußte . . .

Kleiner Exkurs über Datteln

Wer Oasen beschreibt, sollte auch von Datteln sprechen, denn diese sind ja der Lebenszweck einer Oase.

Wie alle, die in Europa aufgewachsen sind, kannte ich zuerst nur jene in Schachteln verpackten Früchte, die man alljährlich zur Weihnachtszeit in den Läden kaufen kann. Als ich in Tunis lebte, hatten wir immer Dattelstauden zu Hause, und zum Dessert rissen wir einfach einige Früchte ab. Das waren, wenn man so sagen darf, Originaldatteln, die nichts mit jenen glänzenden, aneinanderklebenden und sirupsüßen Datteln meiner Kindheit gemein hatten.

Doch zurück zu unseren Dattelpalmen. Sie gehören zu den ältesten Kulturpflanzen, die bereits in Babylon und Assyrien verehrt wurden. Historiker der Antike, von Herodot über Xenophon bis Plinius, haben sie beschrieben. Homer hat sie in der Odyssee besungen.

Die alten Ägypter, Juden und ersten Christen gebrauchten Datteln für kultische Zwecke. Noch heute tragen am Laubhüttenfest (Sukkoth) Juden Palmwedel, den »Lulaw«, in die Synagoge, die Christen benutzen ähnlich geformte Palmenzweige am Palmsonntag. Griechen und Römer vergaben Zweige der Dattelpalme zur Siegerehrung bei Wettkämpfen.

Es waren jedoch die Araber, die die Dattelpalmen in Nordafrika, ja sogar bis nach Spanien hinein, verbreiteten. Abd er-Rahman I., der erste Omaijadenkalif von Cordoba, hat 756 mit eigener Hand dort die erste Palme gepflanzt. Die Sarazenen machten gleiches in Sizilien.

Doch was in Europa zur Geschichte gehört, ist in Nordafrika heute noch lebensnotwendige wirtschaftliche Realität. Eine Oase könnte am ehesten mit einer Aktiengesellschaft verglichen werden, wobei die Palmen die »Aktien« darstellen. Mancher Funktionär oder Politiker in Tunis, der aus dem Süden stammt, bezieht jährlich seine »Dividenden« von Palmenhainen, die ihm oder der Familie gehören.

Während einerseits durch Erbteilung die Haine in immer

kleinere Parzellen aufgeteilt werden, bemüht man sich andererseits, das »Kapital« durch stetiges Pflanzen neuer Palmen zu erhalten, wenn nicht gar zu vergrößern.

Eine Oase ist recht arbeitsintensiv. Es geht ja nicht nur darum, die Palmen zu pflegen, auch die zwischen den Palmenreihen gepflanzten Gemüsegärten müssen bearbeitet werden. Die Monate Februar und März sind den Vorbereitungsarbeiten gewidmet, dann werden die Stämme gereinigt und die verfaulten Früchte entfernt, eine Arbeit, die sich bis zur Ernte im Herbst wiederholt.

An einem Tag in der Woche wird nach einem traditionellen Verteilungssystem über ein Netz von Kanälen, das die ganze Oase durchzieht, bewässert. Dattelhaine sind langfristige Investitionen, denn erst nach 20 Jahren erreicht eine Palme ihre volle »Produktionsstärke«, die dann allerdings ein ganzes Menschenalter, im Durchschnitt 70 Jahre, anhält. Mit 100 Jahren stirbt die Palme ab.

Mehr noch: Der Mensch greift auch in den natürlichen Fortpflanzungsprozeß der Dattelpalmen ein. Eigentlich sollte der Wind die Pollen von den männlichen Palmen auf die weiblichen Bäume wehen. Doch bereits die alten Babylonier, Ägypter und Griechen wußten, daß man sich nicht allzusehr auf die Natur verlassen kann. Deshalb bindet man männliche Blütenstände in weibliche Palmen und hilft der Natur nach. Oasen sind somit eigentlich Dattel-Harems. Da eine männliche Palme bis zu 12 000 Blüten trägt, eine weibliche jedoch nur 100 bis 200 fruchtbare Zweige hat, kommen in einer Oase auf jede männliche Palme 10 bis 30 weibliche.

All das lernt man bei einem Spaziergang durch eine Oase unter kundiger Führung – und noch viel mehr. Datteln sind die Grundnahrung der Beduinen, die eine Methode entwickelt haben, um sie über Jahre hinaus eßbar zu halten: Sie trocknen die frischen Datteln, pressen sie und packen sie in Lederhäute ein. Man nennt dies Dattel- oder Wüstenbrot. Dattelkerne können gemahlen und als eine Art Ersatzkaffee verwendet werden. Dort, wo man es mit den Vorschriften des Koran nicht allzu genau nimmt, werden auch Dattelwein und Dattelschnaps erzeugt. Und schließlich – getrocknete Dattelzweige ergeben eine Lagerstätte, auf der es sich mehr oder weniger gut schlafen läßt.

Dattelhaine, so, wie wir sie heute noch antreffen, gehören zu den ältesten Anbauformen der Menschheit. In den Oasen herrscht ein gemeinschaftliches Wirtschaftssystem, gewissermaßen jenseits von Kapitalismus und Kommunismus. Jeder besitzt zwar seinen Anteil an den Palmen, der unterschiedlich groß sein kann, entsprechend seiner Arbeitsleistung und Initiative kann er auch seinen Besitz mehren, aber die Prosperität der ganzen Oase hängt von der Zusammenarbeit und Disziplin aller ab.

Das Kamel – das unbekannte Wesen

Der Welt berühmtestes »Camel« – ist ein Dromedar! Ein Kamel hat zwei Höcker, ein Dromedar nur einen. Doch bis zum heutigen Tag sind sich Zoologen nicht ganz darüber einig, ob das Camelus dromedarius Linné 1758 und das Camelus bactrianus Linné 1758 zwei verschiedene Arten sind oder nur zwei Unterarten derselben Gattung darstellen.

Fest steht jedoch, daß man in den Wüsten Nordafrikas das Dromedar antrifft. Wie jeder nach seinem ersten Besuch in einem Zoo weiß, läuft das Kamel, ob es nun zwei oder einen Höcker besitzt, im Paßgang. Es bewegt beide Beine einer Körperseite gleichzeitig, was zu einer Schaukelbewegung führt, die einen ungewohnten Reiter leicht seekrank werden läßt.

Im Gegensatz zu ihren zweihöckrigen Vettern sind Dromedare völlig domestiziert, wenn auch auf ihre Weise. In der Wüste erblickt man immer wieder größere oder kleinere Herden von Dromedaren, meist in der Nähe einer Wasserstelle oder eines kleinen Dammes, manchmal aber auch mitten in einer gottverlassenen Gegend. Kein Hirte und kein Hund sind in der Nähe, keine Einzäunung ist zu sehen, wie es bei Kühen oder Schafen der Fall wäre. Kamele werden in der Wüste ganz einfach sich selber überlassen, sie brauchen weder Stall noch Gehege.

Kamele lassen sich vielseitig einsetzen. Ihr größter Nutzen für den Menschen liegt natürlich darin, daß sie in der Wüste leben und überleben können. Ein Kamel kann seine Körpertemperatur der Umwelt anpassen und so übermäßiges Schwitzen vermeiden. Trotz seines dicken Fells – oder gerade deswegen – kann die Körpertemperatur eines Kamels bis auf 40 Grad Celsius steigen. Es kann aber auch bis zu 17 Tage ohne Wasser auskommen und dabei bis zu einem Viertel seines Körpergewichtes verlieren!

Kamele und Dromedare sollten eigentlich Monokel tragen – das würde ausgezeichnet zu ihrem hochnäsigen, versnobten Gesichtsausdruck passen. Sie schauen mit kaum verhohlener Verachtung auf die Menschen herunter. Zudem ist es schwierig – besonders für Europäer – zu wissen, was in der Seele eines Kamels vorgeht. Während man die Absichten eines schwanzwedelnden Hundes oder eines Pferdes, das die Ohren zurücklegt, leicht erkennen kann, ist es praktisch unmöglich, die wirklichen Gefühle eines Dromedars zu ergründen. Ob man einem Kamel in einem Zoo, im Zirkus oder in der Wüste begegnet, immer bleibt sein innerstes Wesen terra incognita.

Ich bin Kamelen in Persien und auch in Matmata, im Süden Tunesiens, begegnet, die ewig im Kreis gingen und eine Mühle in Betrieb hielten. Hätte man ihnen nicht die Augen verbunden, wären sie vom Schwindel erfaßt worden und umgekippt. Auf ähnliche Art benutzt man diese Tiere auch zum Dreschen; sie sind gewissermaßen die Proletarier unter den Kamelen. Eine höhere Schicht stellen die Lastkamele dar, die Getreide in Säkken aus Kamelhaar transportieren. Damit ist ein weiterer Nutzen des Kamels angesprochen. Dabei sollte man nicht nur an Kamelhaarmäntel denken, sondern gerade an das grobe Haar, aus dem die Getreidesäcke hergestellt werden.

Der Kamelpelz besteht aus zwei Sorten Haare. An der Oberfläche befindet sich das grobe Haar, das bis zu 40 Zentimeter lang werden kann, darunter liegt der Kamelflaum, aus dem das Kamelhaargarn gemacht wird.

Bei meinem letzten Besuch in Südtunesien habe ich vergeblich so ziemlich alle Suks abgeklopft, um einen Getreidesack aus Kamelhaar zu finden. Wenn man sie nämlich an den Nähten öffnet, erhält man ausgezeichnete und äußerst strapazierfähige Teppiche für Küche und Korridor. Doch man sagte mir, daß die Beduinen im Süden Säcke nur noch für den Eigengebrauch herstellen, da es sich bei der großen Geldentwertung nicht lohne, gutes Kamelhaar zu verkaufen.

Wer regelmäßig eine Sauna besucht, sollte sich unbedingt aus Kamelhaar gefertigte Hammam-Handschuhe kaufen. Ein Hammam ist das türkische Bad, und mit einem Hammam-Handschuh frottiert man sich die Haut, so daß sich die Poren öffnen. Dies nur als weiteres Beispiel dafür, wie mannigfaltig der Gebrauch von Kamelhaar ist. Allerdings sind auch Hammam-Handschuhe in letzter Zeit Mangelware geworden, man findet zumeist nur Imitationen aus Wolle.

Doch zurück zum Wüstenschiff. Zum erstenmal wird das Kamel in der Bibel erwähnt, und zwar in der charmanten Geschichte, wo Abrahams Knecht ausgeschickt wird, um eine Braut für Isaak zu suchen. »Dann nahm der Knecht zehn Kamele von den Kamelen seines Herrn und allerlei Kostbarkeiten seines Herrn mit sich und brach auf« (1. Mose 24, 10). Er traf bekanntlich die liebliche Rebekkah bei einem Brunnen.

Später fanden die Kamele auch militärisch Einsatz. Caesar erbeutete 22 solcher Tiere von Juba, dem Numidierkönig. Die letzte Generation dieser Kriegskamele sind die Vorfahren jener, die man heute in Nordafrika antrifft. Denn die schnellen Dromedare ermöglichten den Arabern die Eroberung Nordafrikas, wobei schnell natürlich heute ein relativer Begriff geworden ist. Immerhin kann ein Mehari-Dromedar bis zu 80 Kilometer pro Tag unter den schwersten Wüstenbedingungen zurücklegen. Auch heute noch bedienen sich

Armee und Polizei – von der Sahara über Arabien bis Indien – des Dromedars, vor allem bei der Schmugglerjagd.

Doch der Fortschritt läßt sich nicht aufhalten, Kamele werden zusehends durch wüstengängige Fahrzeuge ersetzt. An der Mauer der Dorfschule von Kebili, am Rande des Schott el-Dscherid, entdeckt man bereits Mofas. Der technische Fortschritt, der in unseren Regionen das Pferd verdrängt hat, wird auch die Kamele verschwinden lassen.

Sfax und El-Dschem

Am Ende der »Inschallah-Tour« wurde kurz das Eisenbähnchen Gafsa-Sfax erwähnt, das die Phosphate zum Meer befördert. Auch wenn die Hafenstadt nicht gerade zu den Touristenattraktionen gehört, sollten Sfax doch einige Seiten gewidmet werden: Es ist die zweitgrößte Stadt Tunesiens und eines der wichtigsten Industriezentren des Landes.

Auch hier führen die Spuren bis in die Antike zurück, und wie in Nordafrika nicht anders zu erwarten, wurden die Überreste von Taparura im 9. Jahrhundert zum Bau einer Kasba und der Moschee verwendet. Bereits im 10. Jahrhundert spielte die Stadt eine große Rolle im Wirtschaftsleben, und war sogar eine Zeitlang ein unabhängiger Stadtstaat.

Unter den Hafsiden entwickelte sich der Handelsverkehr bis in die Türkei und nach Ägypten, was auch unter türkischer Herrschaft andauerte. Die Stadt war Umschlagplatz für Seide aus dem Orient, und neben Hölzern aus Afrika wurden Fische und Textilien, Parfüms, Mandeln und Pistazien aus der Umgegend von Sfax exportiert. Im 18. Jahrhundert gab es sogar eine kleine europäische Kaufmannskolonie.

Eine Niederlage erlitt die Stadt im Juli 1881: Sie weigerte sich, den Vertrag von Bardo anzuerkennen, mit dem Tunesien französisches Protektorat wurde. Erst nach einem heftigen Bombardement durch die Flotte unter Admiral Girault fügte sich die Stadt in ihr Schicksal.

Damals zählte Sfax 45 000 Einwohner, heute sind es rund 250 000. Die Planer rechnen um die Jahrtausendwende mit einer halben Million. Wer etwa auf dem Weg nach Dscherba mit dem Auto durch die Stadt fährt, kann noch die alte Kasba, die Mauern mit dem aus dem frühen 13. Jahrhundert stammenden Bab Diwan und die Moschee bewundern. Die wenigsten Reisenden halten sich damit auf, denn Sfax zählt nicht zu den touristischen Sehenswürdigkeiten, und Ferien verbringt ohnehin niemand hier.

Dazu bieten sich eher die Sfax vorgelagerten Inseln Kerkenna, Chergui und Gharbi an, wo Sportangler und -taucher »alternative« Ferien verbringen können. Die Fischer flechten Körbe, mit denen sie Langusten und Crevetten fangen. Man kann auch Esel mieten und von ihrem Rücken herab die Insel besichtigen. Fast ist man versucht zu sagen: Allah sei's gedankt, es gibt einen Ort, der nicht – noch nicht? – die Touristeninvasion erleben muß.

Sfax ist somit die einzige am Meer gelegene Stadt Tunesiens, die keine *plage*, keinen Badestrand, der diesen Namen verdiente, besitzt. Industriezentrum und Ferienort lassen sich schwerlich in Einklang bringen, zumal die Wasserverschmutzung durch die Fabriken, besonders wenn sie Phosphat verarbeiten, zu groß ist.

Aber auch ein Land wie Tunesien kann nicht nur vom Tourismus leben, sondern braucht Industrie. Diese Aufgabe erfüllt Sfax. Der Hafen ist der größte im Land und wurde 1981 dank finanzieller Zuschüsse von Kuweit und der Islamischen Bank erweitert. Docks, Kühlhäuser und Reparaturwerkstätten, die den heutigen Anforderungen genügen, wurden gebaut.

Eines der wichtigsten Exportprodukte sind natürlich die Phosphate aus den Minen von Gafsa – 1983 waren es 1 884 000 Tonnen –, zum Teil werden sie in den Fabriken bereits zu Superphosphaten verarbeitet. Auch Meersalz, das in den umliegenden Salzsümpfen gewonnen wird, ist ein wichtiger Exportartikel. Und natürlich muß die Fischerei erwähnt werden. In erster Linie handelt es sich um Küstenfang, der dank der in den letzten Jahren gebauten Konservenfabriken einen neuen Aufschwung erlebt hat, 1983 wurden 2251 Tonnen Crevetten produziert, der größte Teil für den Export. Daneben werden Thunfisch, Sardellen und Tintenfische verarbeitet und nach Europa, ja sogar bis in die Vereinigten Staaten verschifft. Die einst blühende Schwammproduktion ist jedoch stark rückläufig.

Ferner erfüllt Sfax eine wichtige Funktion für das landwirtschaftliche Hinterland, das zu den wichtigsten Olivenproduzenten Tunesiens gehört, rund zwei Drittel der gesamten Landesproduktion werden hier geerntet. Im Gouvernorat von Sfax gibt es viereinhalb Millionen Olivenbäume, deren Früchte in einigen hundert Ölmühlen sowie in Konservenfabriken der Region verarbeitet werden. 97 Prozent des tunesischen Ölexportes verläßt den Hafen von Sfax. Die Gegend ist aber zugleich der Obstgarten Tunesiens: Aprikosen, Mandeln, Pfirsiche und Äpfel suchen Absatzmärkte in Europa.

Auf halbem Wege zwischen Sfax und Sousse erlebt der Reisende eine Überraschung besonderer Art. Fährt man von Sfax auf der Hauptstraße nordwärts, fällt einem schon von weitem an der schnurgeraden Straße ein merkwürdiger Fleck auf, der so gar nicht in die Ebene paßt. Beim Näherkommen entpuppt er sich als monumentales Amphitheater, an das sich kleine arabische Häuschen wie Schutz suchend anschmiegen: El-Dschem.

Zur Römerzeit hieß der Ort Thysdrus, aber bereits die Punier haben hier gelebt. Unter Hadrian (117–138) erfuhr der Ort eine sprunghafte Entwicklung, er lag ja im Zentrum des Olivenanbaugebietes, von welchem Sfax heute noch profitiert.

Das Amphitheater bot 35 000 Zuschauern Platz, was einen Begriff von der Größe der Stadt gibt, besonders wenn man bedenkt, daß es daneben ein zweites, kleineres gegeben hat und ein Stadion, in dem Wagenrennen stattfanden. Mit 148 Meter Länge, 122 Meter Breite und vor allem den 36 Metern Höhe, die man nach mühseligem Klettern über hohe Stufen in der heißen Sonne endlich erreicht, war es das sechstgrößte Stadion des Römischen Reiches. Und das mitten in der Steppe Nordafrikas.

Am Stadtrand steht heute ein kleines Museum, das die Mosaike und Statuen enthält, die nicht dem Bardo-Museum in

Tunis abgeliefert werden mußten. Früher konnte man noch in situ zwischen verfallenen Mauern der Stadt Mosaike besichtigen.

Gerade weil die Ruine so völlig unerwartet an der Straße auftaucht, von der Kontrastwirkung der mickrigen kleinen Häuser neben dem 36 Meter hohen Oval ganz zu schweigen, vermittelt das Amphitheater von El-Dschem – mehr noch als die Ruinen in Dougga oder Bulla Regia – einen Eindruck von der römischen Präsenz in Nordafrika.

Höhlen- und Gipfelbewohner

Meine erste Begegnung mit Südtunesien fand am Strand von La Marsa bei Tunis statt, wo wir im Sommer die Nachmittage und Wochenenden verbrachten. Dort gab es einen Nüsseverkäufer namens Tataouine. Er war uralt und sah verwittert wie ein hundertjähriger Olivenbaum aus. Er trug eine weiße Jebbah und einen weißen Turban, auf dem er einen Teil der Nüßchen aufbewahrte. Unermüdlich schritt er, gefolgt von einer Schar Kinder – denn Tataouine war eine Art Rattenfänger von Hameln des Badestrandes – den Strand auf und ab. Immer gut gelaunt, nahm er hin und wieder ein Kind bei der Hand und führte auf dem Sand einen Tanz auf. Er war Ehren-Babysitter und Alleinunterhalter und verkaufte jene ausgezeichneten Pistazien, die es damals in Tunis noch gab.

Tataouine wurde für mich Symbol der Berber aus dem tunesischen Süden, denn er stammte aus dem Dorf gleichen Namens, unweit der libyschen Grenze und gehörte zu jener Sorte Menschen, die sich abseits vom Trubel der Moderne menschliche Werte erhalten haben. Denn unter den harten Bedingungen des »Grand Sud«, wie jener Landesteil in den Reiseführern genannt wird, wäre ohne diese Eigenschaften das Leben unmöglich.

Tataouine war bereits tot, als ich zum erstenmal nach Tataouine kam, nur um sofort herauszufinden, warum so viele Einwohner des Südens ihr Glück im Norden versuchen. Viele Zeitungsjungen kommen aus Chenini; Ghomrassen ist die Heimat mancher Beignet-Verkäufer auf den Straßen. *Beignets* sind eine Art Brezel, die in Öl gebacken werden.

Das Leben im Süden ist hart für die Einheimischen, aber dem Touristen bietet diese Gegend pittoreske Wüsten- und Gebirgslandschaften und vor allem auch interessante Einblicke in die

Wüstenarchitektur. Nördlich von Tataouine, in Medenine, kann man die »Ghorfas« studieren, gewölbte mehrstöckige Gebäude ohne Fenster. Zu den Türen in den oberen Stockwerken gelangt man über abenteuerliche Treppen. Die Ghorfas dienten der halbnomadischen Bevölkerung als Vorratskammern und Wohnstätten.

Seit unter Bourguiba damit begonnen wurde, die Bevölkerung des Südens aus ihren teils ungesunden Hütten in menschlichere Behausungen umzusiedeln, werden die Ghorfas nur noch als Vorratskammern benutzt und als Touristenattraktionen, vor allem dort, wo sie sorgfältig restauriert und in romantische Touristenherbergen umgewandelt wurden.

Eine Ansammlung von Ghorfas wird »Ksar« genannt, ein Dorf in dem die Ernte aufbewahrt wird und das den Halbnomaden in Zeiten der Gefahr als Zuflucht dient. Solche Ksour (Pluralform von Ksar) findet man in der Ebene, besonders in der Gegend von Medenine, manchmal aber auch in den Bergen, wo sie besonders romantisch wirken.

Zum Beispiel Chenini: Aus der Ferne ist es praktisch unmöglich zu erkennen, wo der Berg aufhört und das Dorf beginnt, so nahtlos gehen beide ineinander über. In solche klassische Gipfeldörfer zogen sich die Berber vor ihren Feinden zurück. Heute ist der Tourist dankbar, wenn er nach heißen Stunden des Autofahrens und dem Erklettern des Ghorfas in der Ruine der einstigen Moschee etwas Schatten findet.

Wer durch Tunesiens Süden fährt, wird schnell merken, wie sich die Architektur dem Klima angepaßt hat. Die gewölbten Dächer halten die Häuser schön kühl. Doch das ist nichts verglichen mit den »Matmatas«, den Höhlendörfern. Das klingt für Europäer recht exotisch oder vielmehr primitiv. Unsere Vorfahren, die Höhlenbewohner in den Urzeiten unserer Geschichte, suchten in Höhlen Zuflucht vor wilden Tieren und Feinden. Die Bewohner der Matmatas tun dies aus anderen Gründen.

Nehmen wir das Dorf Matmata. Von weitem und mehr noch von oben sieht es wie eine Mondlandschaft aus: große Löcher,

Kratern gleich, auf braunem Boden. Fährt man jedoch näher heran, sieht man, daß das Loch eine Art Patio, ein runder Hof ist, um den herum sich mehrere Meter unter der Erde die Zimmer und Ställe gruppieren. Das große Loch ist das Werk von Menschenhand. Der Wohnraum ist künstlerisch mit Sahara-Motiven dekoriert. Auf den ersten Blick könnte man meinen, in irgendeinem normalen Haus zu sein, wenn die Temperatur nicht wäre: Sogar in der größten Sommerhitze der Wüste ist es in einem Matmata angenehm kühl.

Wer einmal eine angenehme Nacht im Süden verbringen will, sollte unbedingt einen Zwischenhalt in einem »Marhala« einschalten, einer Höhlenherberge, die der tunesische Touring Club in Matmata errichtet hat. Zwar gibt es keine gekachelten Badezimmer, die Betten sind eher einfach, doch gibt es eine aus Erde gestampfte Bar und einen Kühlschrank. Nichts vermittelt dermaßen das Gefühl der Wüste – außer natürlich eine im Schlafsack unter freiem Himmel verbrachte Nacht – wie ein solches Marhala unter den Höhlenbewohnern von Matmata.

Übrigens betreiben die Bewohner des Südens eine recht raffinierte Landwirtschaft, nicht etwa mit modernen Maschinen, sondern durch geschickte, auf jahrhundertealter Erfahrung beruhender Ausnutzung des spärlichen Regens, der in einer Vielzahl von flachen Erdwällen gefaßt wird.

Natürlich muß man sich vor falscher Romantisierung hüten. Dennoch: Nur wenige Kilometer von Matmata entfernt stößt man auf moderne Häuser, die von der Regierung gebaut wurden, um die »Höhlenbewohner« umzusiedeln. Nicht wenige weigerten sich jedoch, die kühlen Erdbehausungen gegen die heißen, billigen Neubauwohnungen einzutauschen.

Es ist anzunehmen, daß der Fortschritt eines Tages auch den »Grand Sud« erreichen wird. Vorläufig jedoch bietet diese Gegend dem zivilisationsmüden Touristen eine einzigartige Gelegenheit, Rhythmus und Leben der Wüste zu ergründen. Exkursionen von Dscherba aus sind besonders dankbar: Der

Kontrast zwischen der lieblichen Insel und der Einöde wird um so größer, wenn man gewahr wird, wie unbarmherzig das Leben im Landesinneren ist.

Dscherba – Odysseus' Insel des Vergessens

Die Insel der Lotophagen, auf der die Gefährten des Odysseus ihre Heimat vergaßen, nachdem sie von den Lotosblüten gekostet hatten, wird seit alters mit der Insel Dscherba identifiziert. Wer heute die mit Hotels dicht überbauten Strände besucht, genießt zwar seine Ferien, doch die Gefahren, denen Homers Helden getrotzt hatten, versteht er nicht ganz. Nichts gegen die Hotels und den Strand oder das herrliche Klima der Insel, aber solche Strände gibt es am Mittelmeer zuhauf.

Nein, der wirkliche Zauber Dscherbas liegt im Innern der Insel – vor einem Vierteljahrhundert lag er auch noch am Strand. Damals verbrachten wir unvergeßliche Campingferien auf Dscherba, nicht etwa auf einem Campingplatz, sondern allein auf weiter Flur, unter Palmen am Strand. Trinkwasser mußte herangeschleppt werden, die Autos drohten im Sand zu versinken, trotzdem war es herrlich. Man baute gerade das erste größere Hotel. Dscherba war ein ausgesprochener Spätzünder, was den Massentourismus betrifft. Doch es holte schnell auf.

Und dennoch lohnen sich auch heute noch Ferien auf Dscherba, nicht zuletzt wegen des Klimas. Der Wüste vorgelagert profitiert die Insel von der stabilen Hitze, doch das Meer mildert sie gleichzeitig. Deshalb weist Dscherba das ganze Jahr hindurch ein relativ gemäßigtes Klima auf.

Die völlig flache Insel ist 25 Kilometer lang und 22 Kilometer breit und besitzt 125 Kilometer Strand, der, Allah sei's gedankt, noch nicht überall mit Hotels überzogen ist. Trinkwasser ist rar, erst als vom Festland eine Wasserleitung gelegt wurde, konnte mit der touristischen Erschließung begonnen werden.

Töpfer bei der Arbeit

Klima und landwirtschaftliche Bedingungen haben aus Dscherba einen Sonderfall gemacht. Wer die Insel durchstreift, bemerkt sofort die zerstreut liegenden Behausungen der Bauern. Im typischen Stil der Insel gebaut, schneeweiß, mit Türmchen, liegen sie inmitten der von Kaktushecken eingesäumten Äcker. Man nennt diese Höfe »Menzel«. Meist findet man einen Ziehbrunnen, der das für die Palmen, Olivenbäume und Gemüsegärtchen nötige Wasser spendet. Auf Dscherba gibt es keine Bauerndörfer, nur Menzel. Diese Form der Landwirtschaft hängt mit dem kargen Boden zusammen und geht bis in die Antike zurück. Nirgendwo sonst in Tunesien findet man sie. Die wenigen Dörfer der Insel sind Marktflecken, die nur dem Austausch der landwirtschaftlichen und handwerklichen Produkte dienen. Auf Dscherba wird seit jeher das Handwerk gepflegt, von Schmuck bis zu Decken, Teppichen und Töpferwaren. Heute allerdings sieht man, etwa in Houmt Souk, dem Hauptort der Insel, Schilder mit der Aufschrift »Man spricht deutsch«. Dscherba hat sich dem Tourismus angepaßt und mit ihm das Handwerk. Billige Massenware hat die Oberhand gewonnen.

Guellala, das Töpferdorf, an dessen Straßenrand die Tonkrüge herumliegen, ist ein Beispiel dafür. Nach wie vor werden aus dem roten Ton der Umgebung und nach alten Mustern und Methoden die Töpfe, Krüge und »Djarras« in allen Größen gefertigt, in denen Oliven, Öl und Wasser aufbewahrt werden. Die Brennöfen sind in die Erde eingegraben, überall liegen Scherben herum, und jeden zweiten Töpfer weist ein Schild an seiner Behausung als: »le roi des potiers« aus.

Vor fast drei Jahrzehnten fand man in Dscherba bei den Goldschmieden noch echten alten Schmuck zu niedrigen Preisen. Es war die Zeit, da die Tunesierinnen, in einem Anfall von Modernismus, den Familienschmuck verkauften, um »moderne« goldene Armbänder, Pariser Massenware, zu erstehen. Heute ist das traditionelle Handwerk am Aussterben, und

Marktszene auf Dscherba

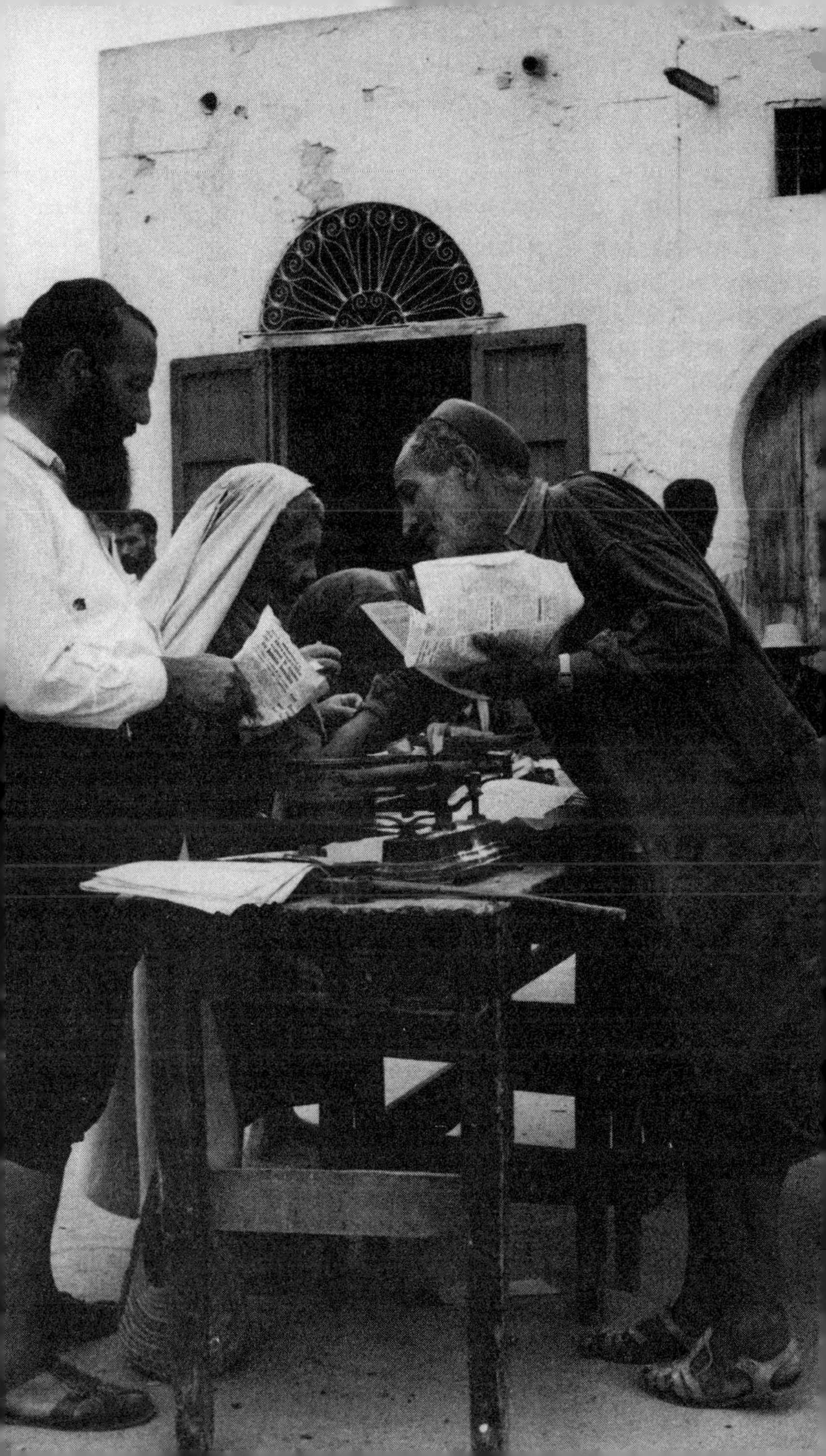

auch das »Office National de l'Artisanat«, die staatliche Organisation zur Pflege des Handwerks, hat sich auf relativ billige Produkte für Touristen verlegt. »Wo finde ich heute einen Kenner unter den Touristen, der bereit ist, den Preis für gute Ware zu bezahlen? Da produziere ich lieber billige Dinge, die ich in Massen verkaufen kann«, meinte leicht resigniert ein alter Handwerker auf Dscherba. Dasselbe gilt übrigens für die Stoffe: In Marokko und Tunesien haben die wirklich schönen, qualitativ hochwertigen gestickten Textilien eine letzte Zufluchtsstätte in der Pariser Haute Couture gefunden, während man in den Suks billige Stoffe verkauft. Die besitzen zwar das Pittoreske nordafrikanischer Folklore und verleihen manch einer jungen europäischen Touristin orientalischen Sex-Appeal, doch die wirklich guten traditionellen Produkte sieht man allenfalls noch auf offiziellen Empfängen, wenn sich Ministergattinnen und die Frauen hoher Beamter in traditionelle Gewänder hüllen.

Ein anderer, traditioneller Erwerbszweig Dscherbas ist die Fischerei, die noch mit echten alten Segelbooten ausgeübt wird. Doch auch damit ist immer weniger ein Auskommen zu finden.

Zwar hat der Tourismus etwas die wirtschaftliche Misere der Insel gemildert, doch seit alters suchen die Bewohner Dscherbas ihr Glück anderswo. Die karge Natur der Insel hat ihren Charakter geprägt, sie gelten als sparsam, wenn nicht gar geizig. Und so ist es gekommen, daß ein »Dscherbi« nicht nur ein Einheimischer der Lotophageninsel ist, sondern im Norden des Landes auch Synonym für die Lebensmittelhändler wurde. Überall findet man sie, diese symphatischen Gestalten im grauen Stoffmantel, einer Art Schürze und der roten »Chechia« auf dem Kopf. Diese *épiceries*, das französische Wort für Lebensmittelgeschäft kommt ja von *épices*, den Gewürzen, sind noch, wie sie sein sollten, meilenweit entfernt von europäischen Supermärkten, wo alles bereits hygienisch und langweilig in Zellophan verpackt ist. Da riecht es noch, wie es riechen muß, und ein echter Dscherbi verbringt praktisch den ganzen Tag und die halbe Nacht in seinem Laden oder sitzt davor. Er beschäftigt kleine Jungen aus Dscherba als Laufburschen, sie liefern die Ware mit Fahrrädern ins Haus. Neben diesen *épiciers* gibt es jedoch auch Dscherbis, die Großkaufleute in den Suks und schwerreich geworden sind. Ihre spezifischen Eigenschaften haben sie jedoch nie abgelegt.

Das hängt vielleicht auch mit der Religion zusammen. Auf Dscherba hielt sich eine Richtung des Islam, eine Sekte, die kurz nach der arabischen Invasion unter den Berbern Anhänger sammeln konnte: Es sind Kharidschiten und wollen nichts mit dem orthodoxen Islam zu tun haben.

Das religiöse Abweichlertum hat zusammen mit ihrem ausgeprägten Geschäftssinn immer wieder dazu geführt, daß aus Dscherbas Bevölkerung oppositionelle Strömungen gegen die tunesische Regierung hervorgingen, insbesondere nachdem Bourguiba in den frühen sechziger Jahren auf einen sozialistischen Kurs eingeschwenkt war.

Dscherba bietet jedoch noch eine andere pittoreske Sehenswürdigkeit: die älteste, heute noch bestehende jüdische Diasporagemeinde.

Schon im 12. Jahrhundert v. Chr. hatten phönizische Kaufleute hier ihre Niederlassungen. Zu jener Zeit bestand eine rege Handelsverbindung zwischen dem »Ableger« in Nordafrika und der Ostküste des Mittelmeeres. Als im 6. Jahrhundert v. Chr. der erste Tempel von Jerusalem zerstört wurde, kamen Juden nach Dscherba und ließen sich dort nieder. Seit über 25 Jahrhunderten leben sie, allen Invasionen und Zerstörungen zum Trotz, in den beiden Judendörfern Hara Kebira und Hara Srira ihr traditionsreiches Dasein. Römer, Byzantiner, Vandalen, Araber, Spanier, Franzosen und Rommels Afrika-Korps kamen und gingen, doch an der Lebensweise der Juden änderte sich wenig.

Noch heute erinnern sie sich an das Ereignis, das sie auf die Insel gebracht hatte, die Zerstörung des Heiligtums in Jerusalem. Jeder Jude trägt an seinen Pluderhosen ein schwarzes Trauerband, übrigens das einzige Zeichen, das ihn von den gleichgekleideten Arabern unterscheidet. An jedem neugebauten Haus läßt man einen Stein unfertig, als Erinnerung an den in Ruinen liegenden Tempel, und dem Bräutigam färbt man am Hochzeitstag die Ohrläppchen schwarz.

Die Legende erzählt, als die Juden unter dem persischen König Kyros das Recht erhielten, nach Jerusalem zurückzukehren und den Tempel wieder aufzubauen, seien auch Sendboten nach Dscherba gekommen. Doch die Juden der Insel trauten der Sache nicht und weigerten sich. Sie erklärten, der neue Tempel werde keinen Bestand haben. (Vielleicht litten sie aber ganz einfach an chronischer Lotosvergiftung!) Wie dem auch sei, die Geschichte gab ihnen recht, denn im Jahre 70 zerstörte der Römer Titus auch das zweite Heiligtum.

Als aber 1948 wieder Abgesandte kamen und vom neuerstandenen Judenstaat erzählten, da zogen Tausende von Juden von Dscherba nach Israel, wo sich heute die Mehrheit von ihnen befindet, insbesondere die Jugend. Doch in Hara Srira und Hara Kebira führen einige hundert Juden weiterhin ihr traditionelles Leben in ihren uralten Synagogen, den Butiken der Handwerker und Krämer und den von Licht und Schatten verzauberten engen Gäßchen.

Alljährlich treffen sich Juden nicht nur aus ganz Tunesien, sondern aus der ganzen Welt auf Dscherba zur Pilgerfahrt der Ghriba, der berühmtesten Synagoge der Insel. Denn Wünsche, die dort geäußert werden, erfüllen sich, Krankheiten werden geheilt, und der Bedrängte findet Rat. Es ist ein echtes Volksfest, zu dem auch der arabische Gouverneur erscheint, um die Wünsche der tunesischen Regierung zu überbringen.

Kairuan – Sprungbrett der arabischen Invasion

Inmitten der Steppe, auf der Achse, die vom Golf von Gabes nach Tunis führt, liegt Kairuan, die vierte der heiligen Städte des Islam, nach Mekka, Medina und Jerusalem (El-Kuds). Sieben Wallfahrten nach Kairuan können die Hadsch nach Mekka ersetzen.

Kairuan ist die einzige Stadt Tunesiens, die nicht auf irgendwelchen alten punischen, römischen oder byzantinischen Ruinen erbaut ist, die Stadt ist eine arabische Gründung. Im Jahre 671, also schon fünfzig Jahre nach Beginn der islamischen Zeitrechnung und vierzig Jahre nach dem Tod von Mohammed erreichte Okba Ibn Nafi mit 10 000 Reitern Tunesien. Vor ihm hatte es zwar schon größere Aufklärungsaktionen der Araber gegeben, die aber Mühe hatten, sich gegen die einheimischen Berberstämme in den Bergen und gegen die Byzantiner an der Küste zu behaupten. Die Sage will wissen, daß Okba Ibn Nafi mitten in der Steppe bei einem Wasserloch seinen Speer in den Boden stieß und hier ein Feldlager – Kairuan auf arabisch – errichten ließ. Das Wasserloch kann heute noch besichtigt werden, es ist der Brunnen Bir Barouta in der Altstadt, und ein Kamel, dem die Augen verbunden sind, geht im Kreise, um das Wasser heraufzuholen. Die Gläuben wollen wissen, daß dieser Brunnen mit dem heiligen Brunnen Zemzem in Mekka eine unterirdische Verbindung habe.

Von Kairuan aus setzte Okba Ibn Nafi seinen Vorstoß nach Westen fort, geriet jedoch bald in Schwierigkeiten. Der Berberstamm der Aruaba unter ihrem Führer Kossaila, der laut Ibn Khaldun, dem arabischen Historiker aus dem 14. Jahrhundert, ein Christ war, bereitete den Arabern bei Biskra, im heutigen Algerien, eine vernichtende Niederlage (682). Die Berber verfolgten die Invasoren bis in die Gegend von Kairuan, schlugen sie erneut und eroberten 688 das befestigte Lager. Doch Kossaila fand den Tod.

Nach einer längeren Periode der Verwirrung und Stammesfehden gelang es einer Frau, die Berber um sich zu sammeln. Die »Kahina« – arabisch für Prophetin – muß eine faszinierende Gestalt gewesen sein, mit der sich eine reichhaltige Literatur befaßt, nicht zuletzt, weil sie verschiedenen Quellen zufolge Jüdin gewesen sei und ihr Stamm zum Judentum übergetreten war.

Die Religionszugehörigkeit von Kossaila, dem Christen und der Jüdin Kahina sind bei Historikern umstritten, wie ja überhaupt über die Berberstämme jener Zeit nichts Genaues bekannt ist. Immerhin kann man sagen, daß einige unter jüdischem Einfluß, andere unter christlichem (Byzanz) gestanden haben. Fest steht auch, daß ihr Widerstand gegen die arabischen Invasoren nicht religiös bedingt war, sondern daß es ihnen darum ging, ihre traditionellen Stammesgebiete zu verteidigen.

Nach Anfangserfolgen gegen Hassan Ibn an-Numan, einem Nachfolger von Okba Ibn Nafi, fand die Kahina in einer Schlacht den Tod (698 oder 702). Damit war der Weg frei für die arabische Eroberung Nordafrikas. Hassan machte Kairuan endgültig zum Sprungbrett für die weiteren Feldzüge.

Die Blütezeit der Stadt war im 9. Jahrhundert unter der Dynastie der Aghlabiden, die sie mit Mauern umgaben, Paläste und Moscheen bauten. Kairuan war Handelszentrum, Ziel und Ausgangsort der Karawanen, der Name der Stadt ist ja etymologisch mit diesem Begriff verbunden. Durch Kairuan führte auch der Goldtransport aus dem Sudan. Die Nachfolgedynastie der Fatimiden setzte zwar die Bautätigkeit fort, doch die Hauptstadt verlegte sie nach Mahdia an der Mittelmeerküste, wenngleich Kairuan noch etwas vom alten Prestige bewahren durfte, gewissermaßen als zweite Kapitale.

Doch im Jahre 1057 ging es abwärts. Die Invasion der Beni-Hillal brachte der ganzen Region den wirtschaftlichen Niedergang, Kairuan vegetierte dahin. Als dann Tunis das Machtzentrum im Land wurde, was in arabischen Staaten immer auch mit religiösem Einfluß einhergeht, geriet Kairuan immer mehr ins politische Abseits, wenngleich es das Prestige einer heiligen Stadt bewahrte. Heute zählt die Stadt rund 55 000 Einwohner und lebt vom Teppichknüpfen und vom Tourismus.

Kairuan liegt mitten in einer landwirtschaftlich bedeutsamen Region und erfüllt die Aufgabe eines Marktzentrums. Die Ebene muß allerdings mit einem höchst kapriziösen Regenfall kämpfen: Trockenperioden wechseln mit heftigen Regengüssen, die Überschwemmungen verursachen und wertvolles Agrarland zerstören. Der nach Bourguiba benannte Staudamm soll für Abhilfe sorgen und eine regelmäßige Bewässerung sicherstellen.

Im deutschen Kulturkreis ist man durch Paul Klee auf Kairuan aufmerksam geworden, der im Jahre 1914 die Stadt zusammen mit August Macke besucht hat. Klees Skizzen und Aquarelle sind ebenso bekannt wie Mackes *Reise nach Kairuan*. Die Franzosen kennen die Stadt aus Henri de Montherlants *Histoire naturelle imaginaire*, worin er schwärmerische Töne anschlägt: »Kairouan, ville plate, entourée d'étendues immenses, un peu effrayantes, bordée d'une bave de cimetières, comme la côte, sur mer, d'une bave de déchets. Les murailles de la ville, en pisé pâle, d'un grandiose que rappelle le Maroc.« Gleichzeitig ärgerte er sich über die Touristen, die er »crétins à Kodak« nannte; aber Montherlant war schon immer ein Mekkerer.

Der »Crétin à Kodak« besucht gewöhnlich zuerst die Große Moschee, die auch Jamaa Sidi Okba genannt wird, nach dem Gründer der Stadt. Wenn früher gesagt worden ist, daß Kairuan nicht auf den Ruinen vorhergegangener Kulturen erbaut wurde, so muß diese Aussage korrigiert werden: Man hat nicht völlig auf Vorgefundenes verzichten können, sondern ganz einfach antike Säulen und Kapitelle nach Kairuan gebracht, um die Große Moschee zu bauen. Das tut ihr zwar keinen Abbruch, denn die byzantinischen Säulen aus Hadrumetum und Karthago fügen sich harmonisch in den Baustil ein.

Die grandiose Vorhalle und der Gebetssaal, den der Ungläubige nicht betreten darf, zeugen von dem Interesse, das die Herrscher über Kairuan dieser Stadt zukommen ließen. Und wer noch mehr darüber wissen will, kann das Museum der Großen Moschee besichtigen.

Zweite Hauptattraktion von Kairuan ist das »Bassin des Aghlabites«, ein Wasserreservoir, das von Abu Ibrahim Ahmed, einem Herrscher der Aghlabidendynastie im 9. Jahrhundert gebaut worden ist. Im Gegensatz zum Bassin Agdal in Meknes hat es sein ursprüngliches Dekor bewahrt. Eigentlich sind es zwei Bassins, die miteinander verbunden sind. Gespeist wurden sie von einem Aquädukt, der vom drei Dutzend Kilometer entfernten Djebel Cherichera das Wasser heranführte.

Ganz besondere Aufmerksamkeit sollte der Besucher den Mauern und Toren der Stadt zollen, die nicht nur liebevoll restauriert, sondern auch von architektonischen Überwucherungen späterer Zeiten befreit worden sind. Und, das ist wohl das Wichtigste: Kairuan ist eine der wenigen Städte in Nordafrika, deren Mauern noch die ganze Stadt umgeben, nicht einfach Überreste vergangener Epochen sind. Eine weitere Sehenswürdigkeit ist die »Moschee des Barbiers«, die keine Moschee ist und auch nichts mit einem Barbier zu tun hat. Ihr wirklicher Name ist »Zaouia de Sidi Sahab«. Hier müssen wir etwas weiter ausholen. Eine Zaouia ist der Sitz oder das »Kloster« einer religiösen Gemeinschaft, Sahab heißt Gefährte und wird zumeist auf die Mitstreiter des Propheten Mohammed bezogen. Einer von ihnen, der mit den ersten Eroberern nach Kairuan kam, hieß Abu Dhama oder Zama. Und dieser Gefährte des Propheten trug immer und überall drei Barthaare Mohammeds bei sich. Wer mit Karl May aufgewachsen ist, erinnert sich an Hadschi Halef Omar Ben Hadschi Abbul Abbas Ibn Hadschi Dawud al-Gossara, den treuen arabischen Gefährten von Kara Ben Nemsi, der »beim Barte des Propheten« schwor. Und in der Omar-Moschee in Jerusalem gibt es ein

Arabische Architektur in Kairuan

Kästchen, in dem Haare aus dem Prophentenbart aufbewahrt werden. Wegen der drei Barthaare erhielt Abu Dhama den Beinamen »Barbier«.

Die »Moschee des Barbiers« ist die Grabstätte von Abu Dhama und war zeitweise eine Koranhochschule, eine Medersa. Auch sie ist nicht ganz ohne byzantinische Säulen ausgekommen. Natürlich besitzt Kairuan eine Medina mit allen Suks, die dazu gehören, auch wenn sie architektonisch nicht besonders eindrucksvoll sind; sie sind zu oft renoviert worden.

Kairuans Bedeutung als Marktzentrum wird besonders augenfällig, wenn im Juli die »Foire régionale« stattfindet. Aus den Dörfern der gesamten Region kommen die Bauern, um sich über neue Techniken und Maschinen zu orientieren, aber auch, um wieder einmal »Stadtluft« zu atmen: Kairuan ist bunt dekoriert, die Straßencafés wimmeln von Besuchern, eine regelrechte Messeatmosphäre ergreift von der Stadt Besitz.

Daneben versucht man seit einigen Jahren ein »Festival« in Kairuan durchzuführen. Wenngleich es sich nicht mit Hammamet oder Monastir messen kann, so zieht es doch Theatergruppen aus kleineren Städten an, es gibt Filmvorführungen, Volksmusik aus verschiedenen Ländern des Nahen Ostens und auch aus Ostblockstaaten, die mit ihrer »Kulturpropaganda« in Nordafrika recht aktiv sind. Eine Volkstanzgruppe aus Polen erzielt in Kairuan natürlich einen größeren Erfolg als vor dem verwöhnten Publikum einer westlichen Metropole. Den festlichen Abschluß des Festivals bildet eine Vorführung der stadteigenen Theatergruppe.

Kairuan bietet uns Gelegenheit, einmal das tunesische Schulsystem abseits der großen Städte näher zu betrachten. Am Vorabend der Unabhängigkeit im Jahre 1956 besuchten im Gouvernorat, dessen Hauptort Kairuan ist, rund 6000 Kinder die Grundschulen, 1981 zählten sie 61257 Schüler. Die Gesamtbevölkerung des Gouvernorats beläuft sich heute auf rund 350000 Seelen, 78 Prozent der Erwerbstätigen sind in der Landwirtschaft beschäftigt. Rund 90 Prozent der Jungen und 55 Prozent der Mädchen gehen in die Schule – für entlegene ländliche Gegenden in Nordafrika eine recht beachtliche Leistung.

In 182 Grundschulen unterrichten 1452 Lehrer und Lehrerinnen knapp 40 000 Knaben und rund 20 000 Mädchen. Für die Oberstufe stehen 13 Schulen zur Verfügung, 12 284 Schüler werden in 351 Klassen von 631 Lehrern betreut. Selbst in kleineren Orten gibt es heute ein »Lycée«, auch wenn die Bedingungen noch viel zu wünschen übriglassen, die Gebäude sind zu klein, die Klassen überfüllt, es mangelt an modernem Lehrmaterial.

Auch die einzige technische Mittelschule der Region platzt aus allen Nähten und kann obendrein den Bedürfnissen nicht genügen. 2800 Jugendliche haben die Chance, hier eine mittlere technische Ausbildung zu erhalten.

Habib Bourguiba ist einer der ganz wenigen Staatsmänner der Dritten Welt, der ganz konsequent auf eine Prestigearmee verzichtet und einen großen Teil der dadurch gesparten Gelder ins Erziehungswesen gesteckt hat. Das wurde auch immer wieder lobend erwähnt. Leider hat die wirtschaftliche Entwicklung des Landes nicht Schritt gehalten – Tunesien besitzt heute die am besten geschulten Jugendarbeitslosen Nordafrikas! So ungerecht verläuft die Weltgeschichte.

Habib Bourguiba – *combattant suprême* ohne Nachfolger?

Am 29. Dezember 1983 brachen im Süden Tunesiens Unruhen aus, die schnell auch auf die Hauptstadt übergriffen. Das Volk rebellierte gegen drastische Preiserhöhungen bei Grundnahrungsmitteln. Die Menge randalierte, plünderte, zündete Autos an. Das Land schien am Rande einer Revolution, die Polizei und Armee-Einheiten waren machtlos. Es gab über hundert Tote. Am 3. Januar 1984 wurde der Ausnahmezustand verhängt, die Armee patrouillierte in den Straßen. Eine Woche später war der Spuk vorüber, ein kurzer Fernsehauftritt von Habib Bourguiba, in dem er die Preiserhöhungen zurücknahm und sein Volk beruhigte, hatte genügt. Wieder einmal hatte das Charisma des 83jährigen *combattant suprême* (des Großen Kämpfers) ein Wunder bewirkt. Das Volk, das noch Stunden zuvor gebrandschatzt hatte, skandierte nun begeistert wie eh und je »Yahia Bourguiba, yahia Bourguiba«, es lebe Bourguiba.

Ein Sündenbock war schnell gefunden, Innenminister Driss Guiga mußte über die Klinge springen. Er konnte sich rechtzeitig absetzen und wurde in Abwesenheit zu 15 Jahren Gefängnis verurteilt. Ministerpräsident Mohammed Mzali kam ungeschoren davon, konnte sogar seine Stellung sichern. Guiga war nämlich sein erbittertster Rivale um das Amt des Ministerpräsidenten gewesen. Damit war zwar Ruhe im Land eingekehrt, doch keines der Probleme war gelöst. Dem geborenen Schauspieler war es gelungen, seine Rolle als Landesvater mit Brillanz zu spielen. Seitdem steht vielmehr die Frage im Vordergrund, wie lange noch die »Magie« des greisen Staatsmannes als wirksames Instrument gegen Unruhen eingesetzt werden kann, denn die wenigen Minuten vor der Fernsehkamera hatten Bourguiba sichtbar erschöpft.

Was mit Tunesien nach Bourguibas Abgang von der politischen Bühne, auf der er nur noch physisch vorhanden ist, aber kaum mehr agiert, geschehen soll, ist Tunesiens großes Problem. Betrachten wir einmal die Karriere dieses Mannes, die seit einem halben Jahrhundert gleichbedeutend mit der Geschichte des Landes ist.

Als die tunesische Unabhängigkeitsbewegung sich zu formieren begann, war Bourguiba erst fünf Jahre alt: 1908 wurde, nach dem Vorbild der Jungtürken, die Jungtunesische Partei gegründet. Aus ihr ging nach dem Ersten Weltkrieg die Destour-Partei hervor, die schon in den Versailler Friedensverhandlungen die Unabhängigkeit für ihr Land verlangte. Sie konnte ihre Forderung nicht durchsetzen und begann in Tunesien mit Agitation. Der Destour schuf Parteibüros, Jugendorganisationen, Frauenvereine und auch Zeitungen. Aufgrund seiner eher konservativ-klerikalen Ausrichtung kam er bald auf Kollisionskurs mit der Jugend. Jüngere Intellektuelle, unter ihnen die beiden Brüder Habib und Mohammed Bourguiba, gründeten im März 1934 den Neo-Destour. Seit 1930 hatte sich der junge Rechtsanwalt Habib Bourguiba in der Zeitung *La voix du Tunisie* für die gesellschaftliche Emanzipation und Unabhängigkeit des Landes eingesetzt.

Im Gegensatz zum alten Destour hatte Bourguiba bereits sehr dezidierte Vorstellungen von einem künftigen Tunesien, die er ohne Zweifel während seiner Studienzeit in Paris gewonnen hatte: Gleichberechtigung der Frau, Parlamentarismus, Unterrichtsreformen, kurz, eine Synthese zwischen westlichen sozialen Ideen und tunesischem Nationalismus.

Im Jahre 1934 gründete der Destour sein Parteiorgan *Al-Amal*, Bourguiba wurde Chefredakteur und obendrein Generalsekretär der Partei. Während der Neo-Destour, sehr zum Ärger der französischen Kolonialmacht, einen rasanten Aufschwung nahm, verkümmerte der »alte« Destour zu einem Verein religiöser und bourgeoiser Notabeln. Kurz darauf wurde Bourguiba zum erstenmal verhaftet und ins Lager Bordj-Leboeuf am Sahararand deportiert. Zwanzig Monate verbrachte er dort, seine Gesundheit litt, doch er schrieb politische Traktate an seine Getreuen und dachte nach.

Nachdem in Paris die Volksfront-Regierung an die Macht gekommen war, wurde Bourguiba 1936 aus der Haft entlassen. Fieberhaft stürzte er sich in den weiteren Aufbau der Partei, von der Linksregierung in Frankreich erhoffte er sich Entgegenkommen für seine nationalen Bestrebungen. Gespräche mit Volksfrontpolitikern in Paris schienen seine Hoffnungen zunächst zu bestätigen. Diese schlugen völlig neue Töne an, etwa, daß »private Interessen von Franzosen in Tunesien nicht unbedingt identisch seien mit den Interessen Frankreichs«. Das schreckte natürlich die französischen Colons, die Großgrundbesitzer, auf. Sie griffen sogar zur »Selbsthilfe«, und es kam zu einigen blutigen Zusammenstößen mit Anhängern des Neo-Destour.

Schnell zeigte sich, daß die in die Volksfront gesetzten Hoffnungen sich nicht erfüllten. Auf dem Parteikongreß von 1937 gab Bourguiba seiner Enttäuschung offen Ausdruck, 1938 kam es wieder zu Unruhen, die in einem Generalstreik gipfelten. Wieder wurde Bourguiba, zusammen mit seinen Getreuen, verhaftet und diesmal im Militärgefängnis von Tunis eingekerkert. Später verfrachtet man ihn nach Teboursouk, im Frühjahr 1940 nach Marseille ins Gefängnis.

Bourguiba befand sich zum zweitenmal und seit einigen Jahren in französischer Gefangenschaft, als er auf dem Höhepunkt des siegreichen Vormarsches der Achse, seinem Freund und Kampfgenossen Dr. Habib Thameur eine Botschaft zukommen ließ. Darin erklärte er, daß die Tunesier auf den Sieg der Alliierten setzen müßten, damit sich der Neo-Destour nach dem Krieg auf der Seite der Sieger befände. Diese Einschätzung zeugte nicht nur von einem erstaunlichen politischen Instinkt, dem die schlechten Erfahrungen mit den Franzosen nichts hatten anhaben können, sondern bewiesen auch Bourguibas antiklerikalen Realismus. Denn für viele Tunesier, insbesondere die islamischen Elemente, war die französische Niederlage die »gerechte Strafe Allahs« gewesen. Aber auch bei vielen seiner

Anhänger stiftete Bourguibas Einstellung Verwirrung und bewirkte sogar Erschütterung.

Inzwischen hatte man Bourguiba in ein Gefängnis von Lyon gebracht und von dort in die Festung Vancia, wo ihm eines schönen Tages ein SS-Offizier mitteilte, daß der Führer seine Entlassung beschlossen habe. Die Achsenmächte trachteten offensichtlich, sich seiner zu bedienen. Auf dem Umweg über Nizza erreichte Bourguiba zusammen mit anderen freigelassenen Neo-Destour-Führern am 9. Januar 1943 Rom. Dort stellte ihnen der Duce eine Villa dicht neben der Residenz eines anderen Arabers zur Verfügung, des Großmuftis von Jerusalem, Hadj Amin el-Husseini, der vergeblich versuchte, Bourguiba vom Endsieg der Achse zu überzeugen.

Die Italiener schlugen Bourguiba nun vor, eine tunesische Exilregierung zu bilden. Er lehnte ab, schließlich hatte er sich bereits seine Meinung über den Kriegsverlauf gebildet. Auch schützte er seine Loyalität gegenüber dem Bey von Tunis vor. Während Bourguibas Gefährten von den Italienern nach Tunis, wo noch die Truppen der Achse waren, zurückgeschickt wurden, geriet Bourguiba unter Druck. Der Duce wollte ihm eine Erklärung abpressen, mit der er die Sache der Deutschen und Italiener unterstützen sollte. Er zog sich mit einigen gewundenen Phrasen aus der Affäre und wurde ebenfalls heimgelassen.

Bourguiba und der Neo-Destour begrüßten mit Begeisterung und Hoffnungen den Einzug der Alliierten in Tunis. Doch als erster kreuzte General Juin auf, der Moncef Bey wegen angeblicher Kollaboration mit dem Feind absetzte. Das war gewissermaßen ein Probelauf für die Exilierung des marokkanischen Sultans Mohammed V., die zehn Jahre später unter der Verantwortung des inzwischen zum Marschall avancierten Juin erfolgen sollte. Als neuer Bey wurde Mohammed al-Amin eingesetzt, der bis 1957 im Amt blieb. Bourguiba mußte schnell einsehen, daß die neue französische Kolonialverwaltung ebensowenig den tunesischen Bestrebungen entgegenzukommen geneigt war, wie die der Dritten Republik. Sein Versuch, die Engländer und besonders die Amerikaner zu mobilisieren, die während des Krieges immer wieder Versprechungen gemacht hatten, blieb ohne Erfolg.

Die Franzosen verstärkten den Druck, 1945 floh Bourguiba auf abenteuerliche Weise nach Kairo, wo er bis 1949 blieb. Hier nun erlebte er die Gründung der Arabischen Liga, suchte Unterstützung bei arabischen Politikern und Staatsmännern. Diese in der ägyptischen Hauptstadt verbrachten Jahre sollten nicht ohne Folgen für die spätere tunesische Politik bleiben: Bourguiba durchschaute schnell die Hohlheit, Wichtigtuerei und Machtlosigkeit der arabischen Politiker jener Zeit. Aus seinen Reden als Staatspräsident konnte man später immer wieder ein leichtes Gefühl der Verachtung für die Araber des Nahen Ostens heraushören. Er setzte seinen französisch geschulten, »kartesianischen« Intellekt gerne in Gegensatz zur mangelnden Logik und raschen Erregbarkeit jener Araber.

Indes, auch Bourguiba ließ sich nicht immer nur von Vernunft und Logik leiten. »Man kann mit ihm stundenlang ruhig sprechen, er ist logisch, vernünftig, durch und durch französisch. Plötzlich jedoch beginnen seine Augen zu rollen, der Araber bricht durch. Er steigert sich in eine heftige Tirade, jeder Dialog wird unmöglich, doch ebenso schnell verraucht der Ausbruch«, erklärte mir einmal ein ausländischer Diplomat in Tunis. Tunesiens Politik war denn auch immer ein getreuer Spiegel von Bourguibas Wesen, eines durch französische Erziehung gezügelten Temperaments.

Doch wir haben vorgegriffen. Während Bourguiba in Kairo weilte, war sein Parteifreund und späterer Rivale Salah Ben Youssef in Tunis geblieben, wo die Franzosen schüchterne Reformversuche unternahmen. Die Tunesier erhielten ein beschränktes internes Mitspracherecht, doch das war den Colons bereits zuviel. 1949 kehrte Bourguiba nach Tunesien zurück und begann erneut mit seinen politischen Aktivitäten: Verhandlungen mit französischen Politikern, Reisen ins Ausland und vor allem Rede-Tourneen im eigenen Land. Hier entfaltete er sein Talent als Volkstribun und riß die Massen mit.

Und 1952 war es wieder einmal soweit: Bourguiba wurde

erneut verhaftet, in mehrere Gefängnisse geschickt, bis er zuletzt auf der trostlosen Insel Galite bei Biserta interniert blieb. Nun begann eine neue Phase im Kampf um die Unabhängigkeit: der Bandenkrieg. Bewaffnete »Fellagha« griffen französische Objekte an und terrorisierten die Colons. Wir sind diesem Begriff bereits in den Kapiteln über Algerien begegnet: Er bedeutet in der arabischen Umgangssprache »Bandit« und wurde von den Franzosen auch in dieser Bedeutung verwendet. Für die Tunesier dagegen war es ein Ehrentitel. Und wie später in Algerien organisierten die französischen Siedler den Gegenterror und nannten ihre Organisation »Rote Hand«.

Im Jahre 1954 sah man in Paris ein, daß schleunigst eine Lösung gefunden werden mußte. Bourguibas Haftbedingungen wurden verbessert, man brachte ihn zuerst auf die bretonische Insel La Goix, dann setzte man ihn in einem Schloß in der Nähe von Orleans und schließlich in Chantilly bei Paris unter Hausarrest. Wie man sieht, ein beinahe symbolischer Weg in Richtung Hauptstadt und dem Zentrum der Politik. Von hier aus steuerte er die Verhandlungen, die Mongi Slim und Mohammed Masmoudi (beide übrigens spätere Außenminister) mit der französischen Regierung führten. Weiterer Verhandlungspartner war die tunesische Regierung, jenes »Selbstverwaltungsorgan« mit beschränkten Kompetenzen, das die Franzosen wenige Jahre zuvor eingesetzt hatten. Es stand unter Führung von Tahar Ben Ammar und war mehrheitlich aus gemäßigten Nationalisten zusammengesetzt.

Inzwischen war Pierre Mendès-France französischer Ministerpräsident geworden, der Mann, der den Indochinakrieg beendete. Unter seiner Führung begannen in Carthage Autonomie-Verhandlungen mit den Tunesiern. Mendès-France wurde im Februar 1955 gestürzt, bevor greifbare Erfolge erzielt waren, doch bereits im März wurden die Verhandlungen weitergeführt und Anfang Juni in Paris ein Abkommen unterzeichnet. Bourguiba kehrte im Triumph nach Tunis zurück, doch wie so oft in der arabischen Welt gab es nun einen Bruderzwist. Salah Ben Youssef fand dieses Abkommen zu eng und agitierte gegen seinen einstigen Freund. Auf dem Parteikongreß des Neo-Destour im November 1955 siegte jedoch Bourguiba, Ben Youssef wurde aus der Partei ausgeschlossen und zog sich nach Kairo zurück. Er begann einen erbitterten Kampf gegen Bourguiba mit Unterstützung der Ägypter, was Bourguibas Mißtrauen und Verachtung für die nahöstlichen Araber weiter verstärkte. Ben Youssef formierte Guerillatrupps, die unter der Bezeichnung »Schwarze Hand» in Tunesien ihr Unwesen trieben; er plante Attentate gegen Bourguiba, die jedoch immer rechtzeitig aufgedeckt wurden. Ben Youssef unterhielt auch Verbindungen zur algerischen Befreiungsfront, insbesondere zur ALN, der Grenzarmee. Doch Ende der fünfziger Jahre versagten ihm die Ägypter jede weitere Unterstützung und verwiesen Salah Ben Youssef des Landes. Das war das Ende des »Youssefismus«, wie diese Oppositionsbewegung genannt wurde. Am 12. August 1961 wurde Salah Ben Youssef in einem Hotel in Frankfurt ermordet.

Im Jahre 1955 hatte Tunesien also eine interne Autonomie erlangt, Außenpolitik und Verteidigung blieben in den Händen der Franzosen. Die gemäßigten Politiker des Neo-Destour versuchten unter Bourguibas Führung, den Franzosen in Verhandlungen weitere Konzessionen abzutrotzen. Am 27. Februar 1956 begann eine Konferenz in Paris, und am 20. März wurde der Vertrag unterzeichnet, in dem Tunesien die volle Unabhängigkeit zugestanden wurde. Während einer Übergangsperiode durfte Frankreich noch Soldaten auf tunesischem Territorium stationiert halten; auch die Flottenbasis Biserta blieb weiterhin in französischer Hand, wenngleich die Stadt unter tunesische Souveränität kam.

Bereits am 25. März 1956 fanden Wahlen für eine Verfassunggebende Versammlung statt, aus denen Bourguibas Leute als Gewinner hervorgingen. Bourguiba wurde am 11. April Premierminister, 16 von 17 Kabinettsmitglieder gehörten dem Neo-Destour an. Nach und nach wurden auch noch die verbliebenen Prärogativen des Bey beschnitten. Er hatte ohnehin nie viel zu sagen gehabt, jetzt machten ihm die Nationalisten den

Vorwurf, sich nur halbherzig für den Unabhängigkeitskampf eingesetzt zu haben. Am 25. Juli 1957 beschloß die Verfassunggebende Versammlung, Mohammed al-Amin abzusetzen und die Repulbik einzuführen. Habib Bourguiba wurde Staatspräsident. In der Verfassung von 1959 wurde dann verankert, daß der Präsident der Republik gleichzeitig Staatsoberhaupt und Chef der Exekutive ist. Am 18. März 1975 wurde Bourguiba zum Präsidenten auf Lebzeiten ernannt.

Fürwahr ein außergewöhnliches Schicksal dieses Mannes, der seinem Land rund ein halbes Jahrhundert den Stempel aufgedrückt hat. Deshalb soll, bevor wir dem weiteren Verlauf der politischen Entwicklung nachgehen, die Persönlichkeit von Habib Bourguiba kurz skizziert werden, die Motive und Triebfedern seines Handelns. Er liebte Reisen, vertrauliche Gespräche mit den Großen dieser Welt, den Beifall der Menge und politische Initiativen, die ihn für eine kurze historische Sekunde zu einem Hauptakteur auf der Weltbühne werden ließen. Manchmal vergriff er sich auch, was verheerende Folgen hatte. Wir werden noch darauf zurückkommen.

Er liebte die Macht und die Inszenierung. Das Palais von Carthage, eine Mischung von arabisch-maurischen Elementen und kitschigem europäischem Fin-de-Siècle – sogar ein intimes Privattheater fehlt nicht – oder sein Sommerpalast bei Monastir, eine modern gehaltene, riesige Villa inmitten herrlicher Gärten, in denen rot-weiß uniformierte Spahis mit gezogenem Säbel Spalier standen, waren bevorzugte Kulissen für die Auftritte dieses politischen Mimen, wobei die Größe des Publikums keine Rolle spielte. Vor der Menge war der *combattant suprême* ein Volkstribun mit Charisma – er hat sich einmal darüber beklagt, wie peinlich es ihm sei, daß er, wenn er in Fahrt komme, Mussolini gleiche. Auch im kleinen Kreis konnte er einen unwiderstehlichen Charme entfalten. Und wenn er bei offiziellen Empfängen in Carthage oder Monastir eine Stunde lang die schlangestehenden Diplomaten, Minister, Beamte und Journalisten mit Handschlag begrüßte, blickte er jedem forschend-freundlich in die Augen und begrüßte ihn mit festem

Händedruck. Wassila, seine zweite Frau, stand mit säuerlich-gelangweiltem Ausdruck neben ihm.

Bourguibas Politik und Weltanschauung waren nicht nur durch Geographie und Wirtschaft seines Landes bestimmt, sondern durch seine Persönlichkeit, Erziehung und Erfahrungen bedingt. Schon während seiner Schulzeit im »El-Sadiki«-Collège in Tunis wurde der junge Habib zwischen den Demütigungen durch Frankreich und der Zuneigung einiger Lehrer, die in dem kleinen Tunesier die Liebe zur französischen Kultur weckten, hin- und hergezogen. Das sollte zur wichtigsten Konstante seines Lebens werden. Nach den juristischen Studien in Frankreich, wo er seine erste Frau, die Mutter seines Sohnes, kennenlernte – Mathilde Lorrain, die zum Islam übertrat und den Namen Moufida annahm –, ließ er sich in Tunis als Anwalt nieder und trat der Destour-Partei bei, von der er sich jedoch bald trennte und den Neo-Destour gründete. Während der Jahre des Kampfes und der harten Auseinandersetzungen mit Frankreich blieb die Grundsituation des kleinen Habib im Sadiki-Collège bestehen: Frankreich warf ihn ins Gefängnis und verbannte ihn – aber immer gab es Franzosen, die dem tunesischen Freiheitskämpfer zur Seite standen, ihn ermutigten und sich für ihn einsetzten. Auch in den schwärzesten Tagen blieb er sich bewußt, daß es neben der »Résidence«, der Verkörperung der Kolonialherrschaft, jenseits reaktionärster Wirtschaftsinteressen und kolonialer Ausbeutung, neben halbfaschistischen Offizieren und einer militanten, obskurantistischen Kirche im Dienste der Colons noch ein anderes Frankreich gab. Franzosen wie Eirik Labonne beispielsweise, dem wir schon in Marokko begegnet sind, Politiker wie Edgar Faure und Pierre Mendès-France, die Tunesien den Weg in die Freiheit ebneten, repräsentierten für Bourguiba das wahre Frankreich, das er jenseits kurzfristiger politischer Verstrickungen immer wieder suchte.

Zu diesen Verstrickungen gehörte die Biserta-Krise von 1961. Es war klar, daß früher oder später die französische Flottenbasis zum Zankapfel werden mußte, ein unabhängiger Staat der Dritten Welt war es sich schuldig, dieses Überbleibsel des Kolonialismus zu beseitigen. Doch Bourguiba hatte sich in seinem Partner getäuscht. Im Februar 1961 traf er in Schloß Rambouillet mit Charles de Gaulle zusammen und glaubte, ihn verstanden zu haben. Knapp fünf Monate später, am 5. Juli, verlangte Bourguiba ziemlich ultimativ die Rückgabe der Flottenbasis. Der General reagierte nicht, bald darauf kam es in Biserta zu Unruhen und zu Kämpfen zwischen tunesischen und französischen Truppen. Als der »Krieg« am 22. Juli zu Ende war, waren die Franzosen immer noch in Biserta, 800 Tunesier waren tot.

Die Beziehungen zu Frankreich waren auf einem Tiefpunkt angelangt, die Atmosphäre im Land gespannt, die Europäer wurden mit Mißtrauen betrachtet. Das vorher so liebenswürdig charmante Tunesien gab sich verkrampft. Bourguiba hatte sich verrechnet und eine Schlappe erlitten. Er ging zu Frankreich und dem Westen auf Distanz und näherte sich den radikalen arabischen Staaten an.

Doch Bourguiba wäre nicht er selbst gewesen, wenn er nicht schon bald darauf versucht hätte, das zerschlagene Porzellan zu kitten. Kontakte mit Paris wurden aufgenommen, und im Juni 1962 wurden die Schiffswerften von Menzel Bourguiba bei Biserta den Tunesiern übergeben. Schließlich wußte auch de Gaulle, daß der Flottenbasis nicht mehr die Bedeutung wie zur Zeit vor dem Ersten Weltkrieg zukam. Für das französisch-tunesische Verhältnis war ebenfalls von Vorteil, daß 1962 der Algerienkonflikt beigelegt wurde. Wenn sich der maghrebinische Nachbar mit Paris arrangierte, wollte Bourguiba natürlich nicht abseits stehen. Um so weniger, als er schon im ersten Jahr der algerischen Unabhängigkeit mit dem neuen Bruderstaat auf Kollisionskurs kam: Im Januar 1963 rief er seinen Botschafter aus Algerien zurück, weil die dortige Regierung die »Youssefisten« unterstützte.

Bald darauf erfolgte die endgültige Übergabe der Flottenbasis von Biserta an die Tunesier. Das Leben in Tunesien kehrte zu seinem normalen provinziellen Charme zurück, die Biserta-

Krise schien vergessen, Bourguiba und de Gaulle hatten sich ausgesöhnt.

Doch am 11. Mai 1964 begann der *combattant suprême* ganz unvermutet wieder mit den Augen zu rollen: Er nationalisierte den ausländischen Grundbesitz. Nie zuvor hatten Tunesiens administrative Mühlen schneller gemahlen. An einem Sonntag verabschiedete die Regierung ein neues Agrargesetz, am Montag wurde es vom Parlament genehmigt und am Diesntag vom Präsidenten unterzeichnet. Die Diplomaten in Tunis und auch wir Journalisten wurden völlig überrollt.

Rund 300 000 Hektar Grundbesitz wurden beschlagnahmt, 270 000 gehörten Franzosen, 30 000 Italienern, Anglo-Maltesen und auch einigen Schweizern. Als Tunesien die Unabhängigkeit erlangte, befanden sich rund 600 000 Hektar in französischem Besitz. Die Hälfte davon wurde im Laufe der Jahre etappenweise zurückgekauft, und der Rest hätte gemäß einem 1960 abgeschlossenen Vertrag ebenfalls schrittweise übereignet werden sollen. Ein im März 1963 unterzeichnetes Zusatzprotokoll sah vor, daß 1964 über einen weiteren Teil von 50 000 Hektar hätte verhandelt werden sollen. Gleichzeitig hatten die Tunesier feierlich versprochen, den restlichen Landbesitzern noch fünf Jahre lang den Genuß ihrer Ländereien zu belassen.

Die formaljuristische Lage war klar, und die Franzosen bezichtigten Bourguiba, das Abkommen kaltblütig gebrochen zu haben. Paris stellte die Wirtschaftshilfe ein und drohte mit weiteren Repressalien.

Da die Tunesier diesen Tatbestand nicht bestreiten konnten, verlegten sie die Diskussion auf eine andere Ebene: Seit Jahren schon hätten sie die endgültige Beseitigung dieser *séquelles du colonialisme* verlangt, doch die Franzosen hätten sich immer wieder taub gestellt. Diese Ländereien seien für die tunesische wirtschaftliche Entwicklung von vitalem Interesse (sie machten weniger als 10 Prozent der gesamten Anbaufläche aus), und – hier folgte nun das Hauptargument – die französischen Colons hätten jene Ländereien den Tunesiern mit Druck, gesetzeswidrig und mit Hilfe der französischen Armee abgezwungen und später ungeheure Profite daraus gezogen. Es sei somit absurd, daß man jetzt noch ein Heidengeld bezahlen müsse, um rechtmäßiges Eigentum wieder zurückzuerlangen.

Der französischen Forderung auf Abrechnung in Francs und Centimes stellten die Tunesier eine historische Aufrechnung entgegen. Die Franzosen pochten auf ihren Vertrag, die Tunesier auf eine unbestreitbare historische Tatsache: Der französische Kolonialismus der Jahrhundertwende war wirklich nicht sehr wählerisch in seinen Methoden gewesen.

Die Aufregung in Tunis schlug hohe Wellen, die Diplomaten fragten sich, ob Bourguiba noch ein »Bourguibaist« sei, ein vernünftiger, gemäßigter Politiker. Ohne Zweifel spielten damals auch außenpolitische Faktoren mit, es gab ein Dreiertreffen Nasser–Ben Bella–Chruschtschow, und Bourguiba schickte sich an, einen Staatsbesuch in Algerien zu absolvieren. Das war jedoch sekundär. Die wirklichen Motive lagen anderswo.

Da war einmal die unbestreitbare Tatsache, daß der Landbesitz der Colons in Nordafrika ein ausgesprochenes Reizthema war, verkörperte er doch recht eigentlich den Kolonialismus. Und noch etwas viel Wichtigeres kam dazu: Der Westen hatte es sich selber zuzuschreiben, daß Bourguiba, dieser Musterknabe unter den Führern der Dritten Welt, seine Methoden radikalisierte. Immerhin hatte er bereits die Hälfte der Ländereien höchst manierlich zurückgekauft, als er sehen mußte, was die freie Welt von seinen rabiateren Kollegen alles schluckte: Trotz viel weitergehender Nationalisierungen, Sequestrierungen und Vertragsbrüche päppelten damals die Amerikaner Gamal Abdel Nasser immer wieder hoch, Ben Bella durfte ungestraft auf einen Schlag die französischen Landbesitzer enteignen, und sogar die Holländer begannen in jenen Jahren, Sukarno in Indonesien wieder den Hof zu machen. Bekanntlich verderben schlechte Beispiele gute Sitten, Bourguiba machte da keine Ausnahme.

Parallel zur Landenteignung wurde auch eine Sozialisierung der tunesischen Wirtschaftsstrukturen, nicht nur in der Landwirtschaft, sondern im Import und Export und dem Detailhandel durchgeführt. Treibende Kraft war Ahmed Ben Salah, der Finanzminister, der von 1964 bis 1969 Bourguibas wichtigster wirtschaftlicher Ratgeber – manche sagen auch, böser Geist – war. Solange sich Ben Salahs Sozialisierungsmaßnahmen nur gegen Ausländer und tunesische Juden richtete, ging alles mehr oder weniger reibungslos. Als sie jedoch auch das Großbürgertum und die traditionellen Landbesitzer im Süden trafen, die von Kollektivierung ihrer Ländereien gar nicht begeistert waren, stieg die Unzufriedenheit im Land. Im September 1969 fiel Ahmed Ben Salah in Ungnade und wurde zum Sündenbock für alle wirtschaftlichen Schwierigkeiten gemacht, abgeurteilt und zu zehn Jahren harter Zwangsarbeit verurteilt. 1973 gelang es ihm, mit Hilfe von Komplizen aus dem Gefängnis zu entkommen.

Nach der Landenteignungs-Krise von 1964 steuerte Tunesiens Außenpolitik in ruhigeres Fahrwasser. Bourguiba näherte sich wieder dem Westen an, er war schließlich auf Wirtschaftshilfe angewiesen. Mit dem Ostblock konnte er nicht viel anfangen, die kommunistischen Diplomaten in Tunis standen im Schatten, und über unsere Journalisten-Kollegen von »Tass« und »Novosti« erzählte mir der zuständige Mann der tunesischen Sicherheitsorgane augenzwinkernd hübsche Geschichten – sie berichteten ja mehr ihren Vorgesetzen vom KGB als den Büros der Presseagenturen in Moskau.

Eine kleine Episode aus dem Jahre 1964 sei noch erwähnt: Anläßlich des Besuches des chinesischen Ministerpräsidenten Tschu En-lai in Tunis gab es ein – denkwürdiges – Bankett, bei dem Bourguiba wieder einmal als Weltpolitiker brillieren durfte. Zwar empfing er den damals »starken Mann« der Chinesen nach allen Regeln der Gastfreundschaft, doch beim offiziellen Diner hielt er ihm eine Standpauke, kritisierte Chinas Einstellung zum Atomtestabkommen, bezichtigte Tschu der Aggression gegen Indien und verwahrte sich gegen die chinesische Infiltration in Afrika. Es war ausgesprochen komisch, aber für Bourguiba typisch, wie sich der *combattant suprême* in

Positur setzte und den Chinesen »abkanzelte«. Tschu, damals einer der mächtigsten Männer der Welt, saß freundlich und chinesisch-mysteriös lächelnd am Tisch und hörte sich alles an. Hauptsache für ihn war, daß Tunesien die chinesische Volksrepublik nun endlich anerkannte.

Im April 1965 verspürte Bourguiba einmal mehr das Bedürfnis nach einem *éclat*, zu lange für seinen Geschmack war es um ihn ruhig gewesen. Er kritisierte die Arabische Liga wegen ihrer Haltung gegenüber Israel und schlug vor, daß man mit dem Judenstaat auf der Basis des Teilungsplanes von 1947 über eine Beilegung des Konfliktes verhandeln solle. Nasser war wütend, und auch die anderen arabischen Staaten, mit Ausnahme von Saudi-Arabien, Marokko und Libyen (das war vor Ghaddafi), fielen mit verbalen Attacken über Bourguiba her. Als er sich dann nach dem Botschafteraustausch zwischen der Bundesrepublik und Israel noch weigerte, wie andere arabische Staaten die diplomatischen Beziehungen zu Bonn abzubrechen, war für die Araber das Maß voll. Die Arabische Liga boykottierte Tunesien. Wie Marokko nahm auch Tunesien eine bedeutend weniger emotionsgeladene Haltung im Palästinakonflikt ein. Nicht nur weil Bourguiba Realist ist, sondern auch weil er wußte, daß Israel in manchem für die landwirtschaftliche Entwicklung ein Vorbild sein könnte. Auf dem Schreibtisch des Direktors des größten Entwicklungsprojektes jener Zeit, der großflächigen landwirtschaftlichen Planung des Medjerdatals im Norden von Tunis, entdeckten Journalisten dicke Bände über das Lachisch-Projekt in Israel, wo in den fünfziger Jahren erstmals in großem Stil Dörfer gebaut wurden. Und einer der großen Coups des tunesischen Geheimdienstes in jenen Jahren war die »Entführung« einer Kiste mit Jaffa-Orangen in Marseille, weil die zuständigen Herren im Landwirtschaftsministerium herausfinden wollten, wie die Israeli ihre Zitrusfrüchte für den Export präparierten.

Der Sechstagekrieg von 1967 brachte wieder eine Annäherung an die arabischen Staaten. Bourguiba entsandte sogar einige Truppeneinheiten, bevor sie jedoch an der Front eintrafen, war der Krieg zu Ende. Schon im Mai 1968 kam es wieder zum Krach, diesmal mit Syrien, das den Tunesiern Verrat an der heiligen Sache der Palästinenser vorwarf. Die Tunesier ihrerseits beschuldigten die syrischen Diplomaten subversiver Aktivitäten in ihrer Hauptstadt und wiesen sie aus. Wieder einmal boykottierte daraufhin Tunesien die Arabische Liga. Dafür verbesserten sich die Beziehungen zu Algerien. In zähen Verhandlungen konnte man sich über Entschädigungen für Enteignungen einigen – die Algerier hatten nach Erlangung ihrer Unabhängigkeit auch tunesischen, die Tunesier bei der Landreform algerischen Besitz nationalisiert. Und im Süden, am Wüstenrand, konnte man endlich definitive Grenzen ziehen. Es ging natürlich nicht um einige Quadratkilometer Sand, sondern um das darunter vermutete Erdöl.

Auch in der Innenpolitik tat sich einiges. Der jähe Sturz des allmächtigen »Wirtschaftszaren« Ahmed Ben Salah, 1969, ist bereits erwähnt worden. Im selben Jahr ernannte Bourguiba seinen langjährigen Vertrauten Bahi Ladgham zum Ministerpräsidenten. Der Name bedeutet »der schöne Finstere«. Wir Journalisten, die mit ihm zu tun gehabt hatten, fanden ihn bedeutend mehr Ladgham als Bahi, er war viel finsterer als schön. Doch schon 1970 wurde Ladgham durch Hedi Nouira ersetzt, den vormaligen Präsidenten der Staatsbank, den wir als tüchtigen Verwaltungsbeamten und Volkswirtschaftler kennengelernt hatten. Ein Jahr später ernannte ihn Bourguiba zu seinem presumptiven Nachfolger. Das war zuviel für Ladgham, der sich aus allen offiziellen Funktionen in den Schmollwinkel zurückzog. Dann war die Reihe an Mahmoud Mestiri, dem Innenminister, der gewisse Reformen durchführen wollte, die das Präsidialregime eingeschränkt hätten. Das war nun gar nicht nach Bourguibas Geschmack, 1971 trennte er sich von Mestiri, ließ ihn 1972 aus der Partei und 1973 aus dem Parlament ausschließen.

Unbeirrt ging der *combattant suprême* seinen Weg weiter. 1974 ließ er sich vom Parteikongreß der PSD (Parti Socialiste Destourien) zum Parteipräsidenten auf Lebenszeit wählen,

Hedi Nouira wurde Generalsekretär. Anschließend wurden Wahlen durchgeführt, die die PSD überwältigend gewann. Erste Amtshandlung des neuen Parlaments war eine Verfassungsrevision, die Bourguiba das Amt des Staatspräsidenten auf Lebenszeit zusicherte. Gleichzeitig verabschiedeten die Abgeordneten verschiedene Gesetze, die Bourguibas Machtbefugnisse noch ausweiteten. Er war immerhin schon 73 Jahre alt!

Als Reaktion auf das sich verhärtende Präsidialregime, kam es in den folgenden Jahren zu Unruhen. Bourguiba griff hart durch, Dutzende Oppositionelle wurden verhaftet. Mestiri hatte inzwischen eine Partei, das MUP (Mouvement d'Unité Populaire) gegründet, das immer wieder auf Kollisionskurs mit der Regierung kam. Im Januar 1974 gab es zudem ein eher komisches außenpolitisches Intermezzo. Mohammed Masmoudi, der Außenminister, der sich seit seiner Amtsübernahme im Juni 1970 für eine Verbesserung der Beziehungen mit den radikalen arabischen Staaten eingesetzt hatte, brachte Bourguiba und Libyens Ghaddafi auf mysteriöse Weise dazu, beide Staaten in einer »Union« zu vereinigen. Bourguiba sollte ihr Präsident werden, Ghaddafi begnügte sich mit dem Posten eines Vize. Man hat nie richtig geklärt, wie es zu dieser Vertragsunterzeichnung gekommen ist, denn Bourguiba war immer gegen enge Beziehungen mit Libyen gewesen. Die plausibelste Version ist, daß Bourguiba während des Treffens einen totalen »Blackout« hatte und sich von Masmoudi manipulieren ließ. Wutentbrannt kehrte Ministerpräsident Nouira, der sich damals gerade im Ausland befand, zurück, Masmoudi wurde sofort entlassen, die Union blieb Totgeburt.

In jener Zeit wurde die grundsätzliche Problematik von Bourguibas Herrschaftssystem deutlich. Der *combattant suprême* hatte seinem Land die Unabhängigkeit gegeben und es auf den Pfad des Fortschritts und der politischen Evolution geführt. Doch Staat und Verfassung, von den Institutionen bis zum Einparteiensystem, waren immer weitgehend auf ihn selber zugeschnitten, eine Tendenz, die sich mit zunehemdem

Alter verstärkte. Zwar gelang es Bourguiba immer wieder, die Schwächen des Regimes mit seiner Persönlichkeit, seinem Charme und seiner Dynamik zu verdecken. Ja sogar seine Eleganz verbarg die Probleme des Landes. Der weiße Seidenschal im schwarzen Mantel, von dem sich das kühn geschnittene, gebräunte Gesicht mit den blauen Augen so photogen abhob, war dafür symbolisch. Das Foulard war keineswegs modisches Accessoire eines Weltmannes, sondern bittere Notwendigkeit für einen chronisch-kranken Kehlkopf. Es gab nichts Quälenderes, als Bourguiba am Mikrophon vor einer Volksmenge seinen müden Stimmbändern das Letze abverlangen zu hören. Seine Herrschaft hing im wahrsten Sinne an seiner Kehle. Jede Erkältung war eine Staatsangelegenheit, die sich leicht zur Krise hätte entwickeln können. Doch irgendwie ging es immer weiter. Zu meiner Beschämung habe ich beim Wühlen in meinen Reportagen einen Artikel gefunden, mit dem Titel »Bourguiba – und nachher?« Er stammte aus dem Jahre 1964! Der alte Herr hat sich inzwischen souverän weitere zwei Jahrzehnte über alle Unkenrufe der Journalisten hinweggesetzt.

In den späten siebziger Jahren trat ein weiterer politischer Faktor in Erscheinung: die Gewerkschaften. Wegen der sich verschlechternden Wirtschaftslage stieg unter den Arbeitern die Unzufriedenheit und machte sich in Demonstrationen und Streiks Luft. Die UGTT (Union Générale des Travailleurs Tunisiens), einst lediglich Anhängsel des Neo-Destour, erhob unter ihrem Führer Habib Achour die Stimme. Doch Bourguiba und seine Anhänger wollten die Zeichen der Zeit nicht sehen, sondern schoben die Unmutsäußerungen ausländischen Agitatoren in die Schuhe. Das war eine grobe Vereinfachung, die Unzufriedenheit hatte reale soziale Ursachen, daß sie von den Libyern und anderen Bourguiba feindlich gesinnten Kräften geschürt wurde, ist ebenfalls unbestritten. Es kam zu einem Prozeß gegen Achour und andere Gewerkschaftsführer, der einigen internationalen Staub aufwirbelte und zu einer Solidarisierung der internationalen Gewerkschaftsorganisationen führte. Achour wurde zu zehn Jahren Zwangsarbeit verurteilt, doch kurz darauf von Bourguiba zu Hausarrest begnadigt.

Das Jahr 1980 begann mit den Unruhen in Gafsa, wo eine Guerillagruppe staatliche Institutionen angriff. Bourguiba beschuldigte die Libyer. Die Krise war ernst genug, um sogar die Franzosen auf den Plan zu rufen; sie mobilisierten Flotteneinheiten, um allenfalls Tunesien gegen Ghaddafi zu Hilfe eilen zu können. Kurz darauf erkrankte Hedi Nouira ernsthaft. Bourguiba war plötzlich ohne designierten Nachfolger und Ministerpräsidenten. Er berief Mohammed Mzali, einen altgedienten Kämpen, auf diesen Doppelposten, was keine schlechte Wahl war. Nouira war zwar ein ausgezeichneter Technokrat, doch mit dem politischen Fingerspitzengefühl war es nicht weit her.

Mzali versuchte, das Regime zu liberalisieren. Er entließ die meisten politischen Häftlinge, mit Ausnahme der islamischen Fundamentalisten, und unternahm auch schüchterne Versuche in Richtung auf einen Mehrparteienstaat. In den Parlamentswahlen von 1981 erlangte jedoch keine der Oppositionsparteien einen Sitz in der Nationalversammlung. Auch die 1983 intensivierten Bemühungen um ein Mehrparteiensystem blieben auf halbem Weg stecken. Sowohl das »Mouvement des Démocrates Socialistes« (MDS) von Mahmoud Mestiri als auch das einst vom exilierten Ben Salah gegründete »Mouvement de l'Unité Populaire« (MUP) sind in verschiedene Gruppierungen zerfallen. Es gibt auch eine kommunistische Partei, die bei den Wahlen von 1981 0,78 Prozent der Stimmen erhalten hat. Nur die extremistisch arabischen und islamischen Parteien blieben verboten: das »Mouvement de la Tendance Islamique« und das »Rassemblement Nationale Arabe«. Damit waren die Fronten klar abgesteckt, wenngleich – die Wahlen von 1981 hatten es gezeigt – noch keine Parteienvielfalt vorhanden war.

Mehr noch: Die herrschende Partei Bourguibas fiel in eine Stagnation. Dieselben Gesichter, die ich als Korrespondent Anfang der sechziger Jahre bei Pressekonferenzen und Empfängen gesehen hatte, agierten immer noch auf der politischen Szene. Mzali war damals ein junger Staatssekretär für Jugend und Sport, heute betreibt er immerhin noch Jogging. Die politische Elite des Landes hatte kaum Blutauffrischung erhalten. Im Sommer 1983 sorgte die Präsidentengattin Wassila für eine Sensation: Die Frist Lady des Landes gewährte der in Paris erscheinenden Wochenzeitung *Jeune Afrique* ein Interview, das Aufsehen erregte.

Zum besseren Verständnis: *Jeune Afrique*, heute eine angesehene und in ganz Afrika verbreitete (gelegentlich auch da und dort beschlagnahmte) Zeitung, ist in Tunis entstanden. Damals hieß sie *Afrique Action*, und ihre Herausgeber und Redakteure waren junge tunesische Intellektuelle, die französischen Journalisten der linken Presse nahestanden. Das Blatt war gut informiert, spritzig und angriffslustig und stach wohltuend vom byzantischen Hofstil der tunesischen Zeitungen ab. Es kam, wie es kommen mußte: Die Zeitungsmacher wurden dem Regime unbequem und setzten sich nach Paris ab, wo das Blatt in *Jeune Afrique* umbenannt wurde und einen beachtlichen Aufschwung nahm.

Ausgerechnet diese Zeitung wählte Wassila für ihr Interview, in dem sie für eine demokratischere Auswahl der Präsidentschaftskandidaten eintrat, die politische Apathie der Jugend beklagte und sich sogar zu dem Satz verstieg: »Bourguiba kann das Land nicht von seinem Grab aus regieren. Und wir müssen uns fragen, ob das tunesische Volk nicht genug davon hat, seit dreißig Jahren immer dieselben Gesichter zu sehen.«

Wassila hatte natürlich recht mit ihrer Analyse, auch wenn ihre Motive nicht ganz lauter waren. Die Dame hatte schließlich seit Jahrzehnten ihrem Ehrgeiz freien Lauf gelassen, sie galt als der »starke Mann« des Regimes, sie förderte und vernichtete Karrieren – kurz, man schrieb ihr einen nicht immer glücklichen Einfluß auf den alternden Bourguiba zu. Und mit jedem Jahr, das den Präsidenten noch mehr im Greisenalter versinken ließ, stieg ihr Einfluß, vor allem jener ihres Clans, der Ben Ammar. Offensichtlich wollte sie gegen Mzali dessen Ansprüche anmelden.

Die Eskapade der Präsidentengattin hatte keine weiteren Folgen, außer daß *Jeune Afrique* in Tunesien verboten wurde. Dann kam das Jahr 1984 mit den »Brotunruhen« im Januar, und Bourguiba konnte eine Katastrophe verhindern. Seither ist wieder Ruhe im Land eingekehrt, Mzali ist weiterhin Ministerpräsident, und jedermann fragt sich, wie es eines Tages weitergehen soll.

Die Antwort darauf fällt nicht leicht, und der Vergleich mit Marokko drängt sich auf: In beiden Ländern übt seit Jahrzehnten ein Mann die Herrschaft aus. Doch Hassans II. Regime wurzelt in alten Traditionen, dem Prestige der Alaouitendynastie und der Tatsache, daß er auch *commandeur des croyants*, religiöses Oberhaupt, ist. Das garantiert zwar noch keine Nachfolge, ist aber doch ein besseres Fundament als Bourguibas Herrschaft, die ganz auf seine Person zugeschnitten wurde.

Bourguiba war in seiner aktiven Zeit einer der sympathischsten und vernünftigsten Führer der Dritten Welt seiner Generation, der Männer, die den Weg vom Kolonialismus zur Unabhängigkeit erkämpft haben. Solange ein wirtschaftlicher Aufschwung stattfand, ging alles mehr oder weniger glatt. Seit sich in den siebziger Jahren und insbesondere seit 1980, als die Arbeitslosenziffer auf 15 Prozent stieg, die Kluft zwischen den verarmenden Massen und einer relativ wohlhabenden Mittelschicht zunehmend vergrößerte, islamischer Fundamentalismus auch unter den bislang so gemäßigten Tunesiern Anhänger fand, ist es schwer geworden, Prognosen für Tunesiens Zukunft zu stellen.

Ohne Bourguibas Charisma dürfte es nicht leicht sein, eine funktionsfähige Regierung zu bilden, die die Gegensätze im Land ausgleichen kann. Algerien und Libyen haben bereits ein Auge auf den Nachbarstaat geworfen und warten auf ihre Stunde. Das Land geht einer ungewissen Zukunft entgegen.

Vereinigter Maghreb –
Fernziel oder Illusion?

Ein nachdenkliches Nachwort

Über 1500 Kilometer zieht sich ein Wall durch die Westsahara und beschützt den »nützlichen Teil« dieses Gebietes vor Angriffen der Polisario. Er wird »Hassans Wall« genannt. Eigentlich sind es deren drei: mit elektronischen Geräten bestückte Sandmauern, die auch den kleinsten Infiltrationsversuch von Polisario-Kriegern sofort entdecken.

Symbolisch jedoch zieht sich »Hassans Wall« durch den ganzen Maghreb, durch Politik und Volksbewußtsein der drei Staaten Marokko, Algerien und Tunesien. Libyen, das manchmal in die Bemühungen um einen »Vereinigten Maghreb« einbezogen wird, gehört nicht recht dazu; mit dem exzentrischen Obersten Ghaddafi können die frankophonen Nordafrikaner, die historisch, kulturell und politisch so ganz anders gelagert sind, wenig anfangen: Sie benutzen ihn von Fall zu Fall als Schützenhilfe gegen einen der maghrebinischen »Bruderstaaten«.

Woher rührt das krampfhafte Bemühen der Staaten Nordafrikas, einen »Vereinigten Maghreb« zu schaffen? Hier spielt einmal die Geographie eine Rolle, schließlich bildet man ja auf der Landkarte eine »Einheit«, zum anderen diese arabische Ursehnsucht, sich zusammenzuschließen, was besonders in Algerien festzustellen ist. Der Maghreb würde dann wieder Teil der arabischen Nation, der *umma*, sein.

Marokko, Tunesien und Algerien, die innerhalb desselben Jahrzehnts ihre Unabhängigkeit erlangten, sich – wenn auch auf verschiedene Weise – von derselben Kolonialmacht emanzipiert hatten, aber auch weiterhin eine französische kulturelle Komponente aufweisen, haben auf den ersten Blick somit manches gemeinsam. Warum sind während drei Jahrzehnten alle Bemühungen im Sande, genauer: im Wüstensand verlaufen? Nach Grenzkriegen zwischen Tunesien und Algerien, zwischen

Marokko und Algerien kamen zu guter Letzt alle maghrebinischen Einigungsbestrebungen im Sand der Westsahara mit lautem Knirschen zum Stillstand.

Die Streitigkeiten zwischen Algerien, Marokko und Tunesien waren das Erbe des Kolonialismus, der die Grenzen im 19. Jahrhundert recht willkürlich, ohne Rücksicht auf historische Traditionen gezogen hatte. Es ist jedoch eines der Paradoxe der Entkolonisierung und des Antikolonialismus, daß die einst von den verhaßten fremden Eroberern gezogenen Grenzen sakrosankt sind, an ihnen darf nicht gerüttelt werden. Das gilt in ganz besonderem Maße in Afrika, aber ebenso im Nahen Osten: Man denke an die Streitigkeiten zwischen Israel und Ägypten um tausend Quadratmeter in Taba am Golf von Akaba. Auch da wurde mit quasireligiösem Eifer von »heiliger Erde« Ägyptens gesprochen, obschon es die Engländer zu Beginn des Jahrhunderts gewesen waren, die den Sinai, der nie zu Ägypten gehört hatte, den Türken wegnahmen, um den Suezkanal zu schützen. Daß in den umstrittenen nordafrikanischen Saharagebieten Bodenschätze liegen, machte die Sache nicht leichter.

Jene Konflikte wurden schließlich beigelegt, man suchte Kompromisse, unterzeichnete in feierlichen Zeremonien Verträge, in denen wieder die Einheit des Maghreb in blumigen Worten beschworen wurde. Zwischendurch versuchte einmal Libyen beim Nachbarn Tunesien Habib Bourguibas Regime zu destabilisieren. Dann wieder, 1974, inszenierte man die Komödie der »Union« zwischen Libyen und Tunesien, die nur einige Tage dauerte.

Maghrebinische »Einigkeit« war bislang immer eine Annäherung von zwei Staaten gegen einen dritten, aber kaum Ausdruck echter arabischer »Brüderlichkeit«. Algerien fraternisierte mit Libyen, um im Saharakonflikt gegen Marokko einen Verbündeten zu haben, Tunesien näherte sich periodisch Marokko an, um Rückendeckung gegen Algerien zu erlangen, oder suchte den Beistand Algeriens, wenn Ghaddafi wieder einmal eine Eskapade gegen Tunesien plante.

Doch Mitte der siebziger Jahre geschah etwas, das die nordafrikanischen Beziehungen bis auf den heutigen Tag vergiften sollte. Als sich Spanien anschickte, seine Kolonie Westafrika in die Unabhängigkeit zu entlassen, wurden Marokko und Algerien begehrlich. Hassan, weil er jene Gebiete als historisch zum scherifischen Reich gehörend betrachtete, Algerien, da es die einzigartige Chance erblickte, Marokko in die Zange zu nehmen und obendrein einen Zugang zum Atlantik zu erhalten.

Also wurde flugs eine »sahraouische Befreiungsbewegung« ins Leben gerufen, die ihren Anspruch auf Unabhängigkeit der von Spanien geräumten Gebiete anmeldete. Von Algerien unterstützt, bewaffnet und politisch-propagandistisch auf der Weltbühne begleitet, erzielten die knapp zwanzigtausend »Sahraouis« gewisse Anfangserfolge. Schließlich profitierten sie auch vom »Zeitgeist«: Befreiungsorganisationen waren große Mode. Als dann gar eine UNO-Kommission zu berichten wußte, daß die Nomaden der Polisario, wie die Befreiungsfront sich nannte, einen unabhängigen Staat forderten, war die Sachlage für alle progressiven Kräfte in der Welt glasklar. Auf der einen Seite dieser anachronistische reaktionäre Hassan II., auf der anderen die Bannerträger des Fortschritts und der Selbstbestimmung. Daß die Polisario lediglich Instrument der Algerier im Hegemoniekampf um Nordafrika ist, nahm man nicht zur Kenntnis. Ganz abgesehen davon, weiß niemand, wie viele »Sahraouis« es wirklich gibt. Die letzten spanischen Statistiken weichen auf geradezu groteske Weise von den Zahlen ab, die die Algerier und ihre Freunde in die Welt setzen.

Als der Internationale Gerichtshof sich für einen unabhängigen Sahraoui-Staat aussprach, beschloß Hassan II. zu handeln. Am 6. November 1976 marschierte er an der Spitze von 350000 unbewaffneten Marokkanern in die Westsahara, man nannte diesen Massenausflug den »Grünen Marsch«. Die Spekulation des Königs ging auf. Spanien, damals praktisch gelähmt wegen des Machtwechsels von der Ära Franco zur Demokratie, unterzeichnete am 14. November einen Vertrag, aufgrund dessen die Verwaltung der Saharaprovinz einer gemeinsamen marokkanisch-mauretanischen Administration übergeben werden sollte. Sofort marschierten marokkanische Truppen in die Region ein, besetzten den Hauptort El-Ajoun, wobei es zu kriegerischen Auseinandersetzungen mit von Algerien unterstützten Polisario-Einheiten kam. Boumedienne hatte eine Runde verloren. Von nun an begann der Kleinkrieg, dem dann durch den Bau der Wälle ein Ende gesetzt wurde. Doch für Marokko wurde der Saharakonflikt zu einer schweren wirtschaftlichen Bürde.

Mit Wällen und rund 100 000 Soldaten, die dort stationiert sind, beherrscht Hassan II. die Westsahara. Anläßlich des 24. Jahrestages seiner Thronbesteigung, der 1985 zuerst in Marrakesch gefeiert wurde, begab er sich auch mit Pomp und Zeremoniell nach El-Ajoun, das sich in den letzten Jahren mächtig entwickelt hat. Das Städtchen erfreute sich kräftiger staatlicher Förderung.

Als Rückendeckung und Verbündeten gegen Algerien war dem Monarchen der libysche Revoluzzer gerade gut genug. Die völlig überraschende »Union« zwischen Hassan und Ghaddafi vom August 1984 dient dazu, der Polisario die libysche Hilfe zu entziehen und die Algerier unter Druck zu setzen. Daneben versprach sich Hassan Arbeitsmöglichkeiten für Marokkaner in Libyen. Also wieder eine gegen einen anderen Maghrebstaat gerichtete Zweckallianz und nicht inneres Bedürfnis nach einem »Vereinigten Maghreb«.

Allerdings gibt es einen Aspekt, der zumeist übersehen wird. Michel Jobert, ehemaliger französischer Außenminister und Maghrebkenner, hat es in einem Interview mit *Jeune Afrique* so ausgedrückt: »In Marokko ist die Sahara eine nationale Angelegenheit. Die Unterstützung Algeriens für die Polisario ist Sache der Regierungspolitik.« Dies trifft den Kern: Auch die »progressiven« Marokkaner, die nicht unbedingt mit des Königs Politik konform gehen, sind Nationalisten und stehen hinter seiner Saharapolitik. Auch als »Linke« fühlen sie sich dem nationalen Erbe verpflichtet. Für die algerische Regierung war die Schaffung und Unterstützung der Polisario ein politisches Mittel zum Zweck, nämlich Zugang zum Atlantik zu erhalten und eine Runde im Kampf um die Hegemonie im Maghreb zu gewinnen. Für das algerische Volk ist die Polisario eine Bewegung, über die man in der Parteipresse liest und deren Führern man auf Befehl von oben zujubelt. Aber keinesfalls ein echtes nationales Anliegen.

Der Saharakonflikt erscheint somit als das größte Hindernis auf dem Weg zu einem »Vereinigten Maghreb«, doch wäre es eine Illusion zu glauben, daß mit seiner Lösung das Ziel erreicht werden könnte. Aller Rhetorik zum Trotz ist er nur Episode im Hegemoniekampf zwischen Algerien und Marokko. Nächster Zündstoff dürfte die Nachfolge von Habib Bourguiba sein, wenn Algerien und das (wie lange?) mit Marokko liierte Libyen versuchen werden, ihren Einfluß geltend zu machen.

Solange nationaler Ehrgeiz die Politik der Maghrebstaaten bestimmt, muß der »Vereinigte Maghreb« eine Illusion bleiben. Allerdings wäre im Maghreb schon viel gewonnen, wenn sich die drei Staaten wenigstens nicht ins Gehege kämen. Doch sogar dieses Minimalziel scheint heute nicht leicht erreichbar.

Register

Bildnachweis

Fremdenverkehrsamt Tunesien, Frankfurt a. M., Seite 15, 273, 325, 335
Willy Guggenheim, Seite 327
Süddeutscher Verlag, München, Seite 119, 129, 135, 163, 169, 185, 209, 259

Piper Panoramen der Welt

Fritz René Allemann
8mal Portugal
Überarb. und erweiterte Neuausgabe. 3. Aufl., 15. Tsd. 1983
369 Seiten mit 37 Fotos

Harald R. Bilger
111mal Südafrika
1982. 399 Seiten mit 35 Fotos. (Auch in der Serie Piper 5102 lieferbar)

Raymond Cartier
50mal Amerika
Übersetzt aus dem Französischen von Leonore Schlaich/
Max Harriès Kester. 16. Aufl., 102. Tsd. 1983. 519 Seiten mit 31 Fotos
(Auch in der Serie Piper 5101 lieferbar)

Gerhard Dambmann
25mal Japan
Weltmacht als Einzelgänger. 2. Aufl., 12. Tsd. 1981. 337 Seiten mit 22 Fotos

Tony Gray
50mal Irland
Aus dem Englischen von Ute Wiechern/Hans Jürgen von Koskull
3., überarb. Aufl., 17. Tsd. 1981. 417 Seiten mit 19 Fotos
(Auch in der Serie Piper 5105 lieferbar)

Erich Helmensdorfer
50mal Ägypten
2., überarb. und erweiterte Aufl., 9. Tsd. 1981. 346 Seiten mit 28 Fotos

Toni Kienlechner
12mal Italien
1980. 454 Seiten mit 19 Fotos

Ernst Kobbert
26mal Belgien – 1mal Luxemburg
1983. 331 Seiten mit 29 Fotos

Catherine Krahmer/Josef Müller-Marein
21mal Frankreich
4., überarb. Aufl., 30. Tsd.1985. 449 Seiten mit 17 Fotos

Piper

Piper Panoramen der Welt

Rudolf Walter Leonhardt
77mal England
Panorama einer Insel. 13. Aufl., 71. Tsd. 1983. 433 Seiten mit 33 Fotos

Eka von Merveldt
4mal Florenz
1982. 349 Seiten und 61 Abbildungen auf Tafeln

James Morris
3mal Venedig
2., überarb. Aufl., 11. Tsd. 1983. 360 Seiten mit 24 Fotos

Marcel Niedergang
20mal Lateinamerika
Von Mexiko bis Feuerland. 5. Aufl., 28. Tsd. 1978.
575 Seiten mit 17 Karten und 26 Fotos

Heinz Ohff
2mal Berlin
1985. 363 Seiten mit 38 Fotos

Dietmar Rothermund
5mal Indien
2. Aufl., 10. Tsd. 1983. 459 Seiten mit 22 Fotos

Hermann Schreiber
6mal Paris
Biographie einer Weltstadt. 2. Aufl., 11. Tsd. 1981. 450 Seiten mit 62 Abbildungen und 23 Tafeln

Klaus Viedebantt
30mal Australien und Neuseeland
3. Aufl., 17. Tsd. 1983. 354 Seiten mit 23 Fotos

Günter C. Vieten
30mal Holland
1983. 293 Seiten mit 20 Fotos

Rudolf Woller
6mal Kanada
1984. 398 Seiten mit 16 Fotos und 2 Karten

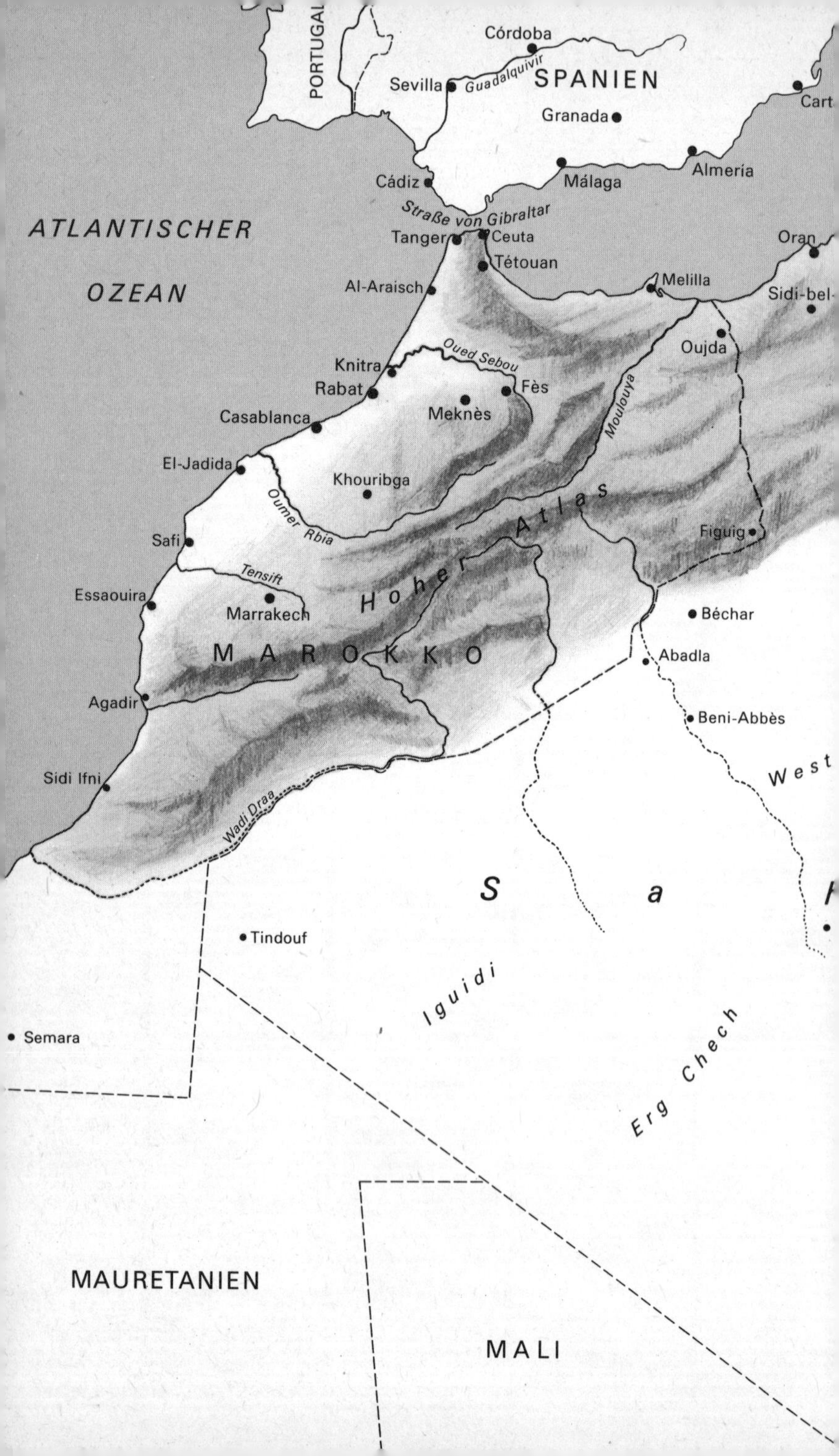

PORTUGAL
Córdoba
Sevilla
Guadalquivir
SPANIEN
Granada
Cart
Málaga
Almería
Cádiz
Straße von Gibraltar
ATLANTISCHER
OZEAN
Tanger
Ceuta
Tétouan
Oran
Al-Araisch
Melilla
Sidi-bel-
Oujda
Oued Sebou
Knitra
Rabat
Fès
Meknès
Casablanca
Moulouya
El-Jadida
Khouribga
Oumer Rbia
Hoher Atlas
Safi
Figuig
Tensift
Essaouira
Marrakech
Béchar
MAROKKO
Abadla
Agadir
Beni-Abbès
Sidi Ifni
West
Wadi Draa
Sa
Tindouf
Iguidi
Semara
Erg Chech
MAURETANIEN
MALI